沉浸式环境下的个性化营销决策理论丛书

沉浸式交互购物环境下的
消费者购买决策行为

孙春华　陈夏雨　刘业政　著

科 学 出 版 社
北 京

内 容 简 介

本书系统研究VR/AR/MR技术支持下的沉浸式交互系统对消费者决策行为的影响，主要内容包括沉浸式交互技术的相关介绍、沉浸式交互体验的刻画与度量，沉浸式交互系统与在线直播系统、在线评论系统的协同，以及沉浸式交互系统对整体产品态度、产品属性偏好、消费者购买意愿、消费者记忆、在线评分结构、在线评论文本主题的影响。通过这些研究工作，揭示沉浸式交互系统对消费者购买决策的影响机理和影响路径，为企业更好地洞察消费者行为，推动虚拟化智能新零售的最佳实践提供理论依据。

本书可供电子商务、市场营销、VR与元宇宙、信息管理与信息系统等领域的研究人员、管理人员和工程技术人员阅读、参考，对于相关专业的研究生和高年级本科生也有较高的参考价值。

图书在版编目（CIP）数据

沉浸式交互购物环境下的消费者购买决策行为 / 孙春华，陈夏雨，刘业政著. —北京：科学出版社，2024.1
（沉浸式环境下的个性化营销决策理论丛书）
ISBN 978-7-03-074840-9

Ⅰ. ①沉⋯　Ⅱ. ①孙⋯　②陈⋯　③刘⋯　Ⅲ. ①消费者-购买行为-研究　Ⅳ. ①F713.55

中国国家版本馆 CIP 数据核字（2023）第 026923 号

责任编辑：李　嘉 / 责任校对：姜丽策
责任印制：张　伟 / 封面设计：有道设计

科 学 出 版 社 出版
北京东黄城根北街 16 号
邮政编码：100717
http://www.sciencep.com
北京中科印刷有限公司 印刷
科学出版社发行　各地新华书店经销

*

2024 年 1 月第 一 版　开本：720×1000　1/16
2024 年 1 月第一次印刷　印张：18 1/2
字数：380 000

定价：228.00 元
（如有印装质量问题，我社负责调换）

目　　录

　　本书系统阐述了 VR/AR/MR 技术支持下的沉浸式交互系统对消费者决策行为的影响,全书共分为 10 章,围绕沉浸式交互系统概述、沉浸式交互系统与其他系统的协同、沉浸式交互系统对消费者购买决策的影响而展开。

　　本书由合肥工业大学管理学院孙春华、陈夏雨、刘业政合作完成。刘业政负责丛书的策划和全书的提纲制定,孙春华负责编撰统筹并形成最终书稿。各章撰写分工如下:第 1 章,刘业政;第 2 章、第 4 章,孙春华和刘业政;第 3 章,陈夏雨;第 5 章、第 6 章、第 7 章、第 9 章、第 10 章,孙春华;第 8 章,丁正平和陈夏雨。

　　在成稿之际,笔者首先感谢课题组的全体教师和研究生四年多的辛勤付出,研究生方圆、孔梦、柳灿、叶晨辉、吴荣荣、李常旦、甘子琴、汪冬梅等为本书的完成付出了大量的时间和精力。本书在分析、综述相关研究问题时引用了大量国内外研究成果,谨向有关专家学者诚挚致谢!感谢"网络空间行为与管理"安徽省哲学社会科学重点实验室、"数据科学与智慧社会治理"教育部哲学社会科学实验室、大数据流通与交易技术国家工程实验室为本书提供的研究支持,特别感谢国家自然科学基金委员会对本书研究工作的资助。在本书出版过程中,科学出版社及本书责任编辑马跃、李嘉等给予了极大的帮助,在此一并致谢。

　　本书涉及管理科学、营销学、行为科学、心理学、数据科学等多领域知识,加上作者水平有限,书中难免存在疏漏或不足之处,某些研究结论甚至可能存在争议,恳请读者批评指正。

作　者

2024 年 1 月

前　　言

　　电子商务是一种非面对面的交易，如何减少在该交易环境下消费者的产品不确定性，改善消费者的购物与使用体验，提高消费者购买意愿和购买后满意度，是学术界和电子商务企业持续关注的热点问题。近年来，原本在工业领域和专业领域应用的虚拟现实（virtual reality，VR）、增强现实（augmented reality，AR）、混合现实（mixed reality，MR）、智能机器人（intelligent robot，IR）等技术不断发展，并与智能移动终端设备相结合，迅速渗透到电子商务领域。主流的电子商务平台，如天猫、京东、淘宝及亚马逊等，陆续上线了模式多样的虚拟化智能零售系统，为解决上述问题提供了新的技术路径。例如，京东的"AR 实验室"、汽车之家的 VR 全景看车等，可以把线下的真实感受还原出来，打造可视化购物场景和体验。

　　虚拟化智能零售系统通过创造沉浸式、强交互的虚拟购物环境来重塑消费者体验，并为企业创造价值，在沉浸式交互购物环境下，消费者的信息获取来源、产品信息展现形式、购买决策影响因素等均发生改变，消费者交互的对象从营销者转化成机器人等智能设备，消费者不仅能够获取产品、服务及提供商的相关信息，还可以获得使用情境及产品体验信息，沉浸式交互购物环境的媒介丰富性、生动性和交互性增强了消费者的认知，提高了消费者的体验，改变了消费者的态度和行为。因此，综合利用网络空间大数据和沉浸式交互购物环境下的痕迹数据，结合传统的实证研究方法，研究沉浸式交互体验的刻画与度量方法，以及沉浸式交互体验的影响机理、影响路径及影响的个性化差异，建立沉浸式交互购物环境下的消费者购买行为理论，对于理解沉浸式交互购物环境下的消费者购买决策行为，优化企业营销决策，促进大数据驱动的管理与决策理论的发展、创新虚拟化智能新零售商业模式均具有重要价值。笔者在国家自然科学基金重大研究计划"大数据驱动的管理与决策研究"重点支持项目"沉浸式交互购物环境下的个性化营销决策理论"（91846201）、国家自然科学基金面上项目"基于 VR/AR 技术的网络营销系统的价值创造机制研究"（72071069）的支持下，对上述问题开展了较为系统的研究，形成了一系列成果，这些成果是本书的主要内容。

第1章 绪 论

本章主要包括三部分：第一，对沉浸式交互技术的应用、机遇与挑战进行分析；第二，结合消费者购买决策阶段理论和沉浸式交互技术特征，确定沉浸式交互环境下的消费者购买决策行为框架；第三，介绍本书的章节组织安排。

1.1 沉浸式交互技术的应用、机遇与挑战

随着 VR、AR、MR、智能机器人、数字孪生（digital twin，DT）等技术在零售业的应用，虚拟化智能新零售商业模式开始出现。虚拟化智能新零售商业模式打破了消费者、产品、购买场景和应用情境的界限，通过将商业要素数字化、虚拟化和智能化，帮助消费者利用视觉、听觉、触觉等感官体验与产品、购买场景和应用情境进行深度交互，从而形成了沉浸式、强交互的虚拟购物环境。挖掘消费者与产品、购买场景和应用情境的互动所产生的痕迹数据，理解沉浸式交互购物环境下的消费者购买决策行为，综合利用网络空间大数据和沉浸式交互购物环境下的痕迹数据，优化企业营销决策，对促进大数据驱动的管理与决策理论的发展、创新虚拟化智能新零售商业模式具有重要价值。

沉浸式交互购物环境下的商业模式创新和管理决策创新是企业界和学术界关注的热点。在企业界，2018 年 7 月，亚马逊推出基于 VR 技术的售货亭，用户可以在多种虚拟情境下对服装、家电等不同品类产品进行全方位体验（Horwitz，2018）。淘宝与微软 HoloLens 合作于 2018 年 9 月推出"未来购物街区"项目，通过现实产品和虚拟世界的相互叠加，创新用户体验模式（中国新闻网，2018）。管理咨询公司 Gartner 发布的 2018 年技术成熟度曲线表明，以智能机器人、人工智能、AR 技术为代表的沉浸式交互技术在未来 5~10 年将进入实质生产的高峰期（Panetta，2017）。在学术界，Skibba 博士在 2018 年发表于 *Science* 上的文章中指出，VR 的时代正在到来，为商业、教育、医疗等不同领域的模式创新带来重要

机遇（Skibba，2018）。Matthews（马休斯）教授在 2018 年发表于 *Nature*（《自然》）上的文章指出，以 VR、AR 为代表的沉浸式交互技术为科学研究提供了新的视角，但相关技术仍停留在工具使用阶段（Matthews，2018）。在国际期刊 *Management Science* 于 2018 年 2 月出版的编辑声明（editorial statements）（Arora et al.，2018）中，Ashish Arora 教授等将基于人工智能、VR 和 AR 技术的应用作为管理领域研究的新兴话题。近年来，研究者针对 VR 和 AR、导购机器人等新兴技术对消费者购买行为的影响进行了较多的探讨，但相关领域的科学研究尚处于起步阶段，鲜有高水平研究成果的出现（Hassan et al.，2018）。

学术界和企业界的广泛关注表明，以 VR、AR、MR 等为代表的沉浸式交互技术在商业领域具有广阔的应用前景，但由于沉浸式交互技术的应用尚处于起步阶段，虽然管理学界在组织的技术采纳、消费者的技术接受及应用领域、应用模式、应用效果等方面开展了一些探索性研究，但尚未形成系统性的、一致性的研究成果。由于沉浸式交互购物环境下消费者决策行为及其影响因素的复杂性，理解消费者个性化购买决策行为并制定有效的营销激励策略面临着诸多挑战。具体而言，沉浸式交互体验是沉浸式交互购物模式与其他商业模式的本质区别。体验经济理论认为，与产品和服务相比，有效的消费者体验可以为企业创造更大的附加价值（Pine and Gilmore，2011），为沉浸式交互环境下的消费者购买决策行为研究提供理论支撑。但是，消费者体验创造附加价值的必要条件是在沉浸式交互体验的基础上提高消费者的购买转化率。消费者购买决策行为受到产品、服务、体验、社会规范、个体特征等多重因素的影响，在沉浸式交互购物环境下，以消费者需求动机为起点，从沉浸式交互体验到购买决策的路径受人格特质、营销激励等诸多调节或中介因素的影响，需求动机也会在沉浸式交互环境下发生动态变化。因此，如何度量沉浸式交互购物环境下的消费者体验，如何将消费者体验纳入现有的消费者行为模型中并形成一个统一的理论框架等均面临着极大的挑战。

1.2　沉浸式交互环境下的消费者
购买决策行为框架

消费者购买决策是指消费者谨慎地评价某一产品、品牌或服务的属性，并进行理性的选择，即用最小的成本购买能满足某一需要的产品的全过程（卢泰宏和周懿瑾，2018）。消费者的购买决策过程受到消费者个人特征、产品特征与情境特征的共同影响。在沉浸式交互环境下，技术赋能的产品呈现与广告信息传递方式可以视为一种情境特征，与消费者个人特征和产品特征共同发生作用。

消费者的购买决策过程可分为三个阶段，即购买前阶段、购买中阶段及购买后阶段（Roggeveen and Sethuraman，2020）。购买前阶段，消费者由于内在需要或者外部刺激而产生需求，开始收集和处理来自各个渠道的信息，在此基础上构建产品备选集和属性评价集，并形成对产品属性及产品整体的态度，在此阶段，沉浸式交互系统由于提供了更加沉浸和交互的产品测试体验，可能对消费者的产品需求与心理期望、信息获取和加工的收益与成本、产品属性评价方式及整体产品态度的形成产生作用。购买中阶段，消费者形成购买意愿和完成实际购买行为，在此阶段，沉浸式交互系统所产生的虚拟与真实体验及视觉、听觉、味觉、嗅觉、触觉等多感官体验可能会带来更高水平的产品记忆水平、产品购买意愿和产品溢价支付意愿。购买后阶段，消费者使用产品并形成产品评价，在此阶段，沉浸式交互系统可能带来消费者在线评论结构、在线评论主题及情感的变化。

综上所述，本书关注的是沉浸式交互技术所产生的特殊体验及其在消费者的购买决策过程的三个阶段的影响。我们考虑的是沉浸式交互技术的出现是否导致了消费者购买决策行为的改变，与在线评论、在线直播等其他系统相比，沉浸式交互系统究竟有何特殊性，又如何与其他系统一起产生协同作用。在此基础上，我们进一步讨论了沉浸式交互技术的具体特征，包括沉浸度、感官丰富度、物理控制水平、环境嵌入水平等如何改变消费者的购买决策行为，包括购买前、购买中和购买后行为。

1.3　本书的组织安排

本书按照沉浸式交互体验的刻画与度量，沉浸式交互系统与其他系统的协同，沉浸式交互环境下的产品态度、购买意愿、购后评价等内容进行组织，共分为 10 章。

第 1 章为绪论，主要对沉浸式交互技术的应用、机遇与挑战进行分析，构建沉浸式交互环境下的消费者购买决策行为框架。

第 2 章为刻画与度量，先归纳总结沉浸式交互技术的定义与特征，然后介绍沉浸式交互技术在营销领域的应用，最后梳理沉浸式交互体验的刻画与度量指标。

第 3 章和第 4 章主要介绍多系统协同，分别研究在线直播系统和在线评论系统与沉浸式交互系统的协同作用机制。

第5章和第6章主要介绍沉浸式交互环境下的产品态度,聚焦于购买前阶段,分别从整体产品态度视角和产品属性偏好视角研究沉浸式交互技术对消费者购买决策行为的作用机制。

第7章和第8章研究沉浸式交互环境下的消费者购买意愿和消费者记忆效果,聚焦于购买中阶段,分别从虚拟与真实体验、视觉和听觉上的多感官体验两个角度,研究沉浸式交互技术对消费者购买决策行为的作用机制。

第9章和第10章主要介绍沉浸式交互环境下的购后评价,聚焦于购买后阶段,分别从在线评分结构和在线评论文本主题两个方面,研究沉浸式交互技术对消费者购买决策行为的作用机制。

参 考 文 献

卢泰宏,周懿瑾. 2018. 消费者行为学:洞察中国消费者. 北京:中国人民大学出版社.

中国新闻网. 2018-06-06. 淘宝造物节将打造超300平"未来街区"升级AR购物体验. https://www. chinanews.com/business/2018/06-06/8531839.shtml.

Arora A,Sridhar T,Stuart T. 2018. Editorial statements. Management Science,64(2):vi-x.

Hassan A,Ekiz E,Dadwal S S,et al. 2018. Augmented reality adoption by tourism product and service consumers:some empirical findings//Jung T,Dieck M C T. Augmented Reality and Virtual Reality. Cham:Springer:47-64.

Horwitz J. 2018-07-12. Watch Amazon's VR kiosks transform the future of shopping. https://ispr.info/2018/07/13/watch-amazons-vr-kiosks-transform-the-future-of-shopping/.

Matthews D. 2018. Science goes virtual. Nature,557:127-128.

Panetta K. 2017-10-03. Gartner Top 10 strategic technology trends for 2018. https://www.gartner.com/smar-terwithgartner/gartner-top-10-strategic-technology-trends-for-2018.

Pine B J,Gilmore J H. 2011. The Experience Economy. Boston:Harvard Business Review Press.

Roggeveen A L,Sethuraman R. 2020. Customer-interfacing retail technologies in 2020 & beyond:an integrative framework and research directions. Journal of Retailing,96(3):299-309.

Skibba R. 2018. Virtual reality comes of age. Science,553:402-403.

第 2 章　刻画与度量

尽管以 VR 和 AR 等为代表的沉浸式交互技术已经在现实中得到广泛应用，但是学术界对于沉浸式交互技术的认识尚未统一。沉浸式交互技术的核心特征是什么？它包括哪些具体的技术类型？这些具体技术之间有什么联系和差异？它们在营销领域的应用现状如何？又如何塑造了消费者的沉浸式交互体验？本章主要对沉浸式交互技术和沉浸式交互体验进行梳理，具体包括三部分的内容：第一，界定了沉浸式交互技术的定义与特征；第二，介绍了沉浸式交互技术在营销领域中的应用；第三，对沉浸式交互体验进行界定，介绍了各种主观和客观的沉浸式交互体验测量方法。

2.1　沉浸式交互技术的定义与特征

2.1.1　沉浸式交互技术

1. 定义

沉浸式交互技术是一个总括性的概念，它并不是指某种单一的技术手段，而是集合了当下多种数字技术的一个复合概念。可以将其理解为能够为用户带来沉浸式交互体验的一种交互技术，因此在定义沉浸式交互技术时，可从"沉浸感"和"交互技术"两个方面入手。

沉浸感就是让用户感觉到全身心地投入某一行动中，从而忘记自己所处的现实环境。沉浸感这一术语已经得到了广泛的应用和讨论，常用于描述游戏体验、绘画、文学和电影等（Kitson et al.，2018）。最早提出沉浸概念的是美国心理学家 Csikszentmihalyi（1975），他提出当人们在进行某一活动时集中注意力完全投入情境当中并过滤掉所有不相关的知觉时，便进入了一种沉浸的状态。目前，学者广泛使用的是 Slater 和 Wilbur（1997）对沉浸感的定义："计算机能够向人类用户展示的，具有包容性的、广泛的和生动的现实幻觉的程度。"

交互技术主要描述了以计算机为媒介的在数字环境中进行互动的技术，被定义为"能够使用户参与到以数字技术为基础的沟通中的设备或工具"（Varadarajan et al.，2010），如电子邮件、社交网络、搜索引擎等。交互技术最大的媒介特点就是具有交互性，即用户能够实时参与修改中介环境的形式和内容（Steuer，1992），如搜索引擎能够根据用户输入的关键词提供相应的信息，而图片、视频等无法针对用户的行为进行改变的则不具有交互性。

因此，沉浸式交互技术通常是指能够使用户完全沉浸在所创造的情境之中，并能通过类似自然交互的方式与环境中的物体进行互动的技术。研究人员从不同角度对沉浸式交互技术进行了定义，一些研究人员将感官信息描述为沉浸式交互技术的一种独特属性，如 Slater（2009）将沉浸式交互技术定义为"向用户提供高质量或高数量感官信息的技术"；有些研究人员强调用户在使用技术时的沉浸式交互体验，如 Suh 和 Prophet（2018）将沉浸式技术定义为"模糊了物理世界和虚拟世界之间的界限，创造沉浸感和增强虚拟体验的真实感的技术"。Ryan 等（2022）结合了这两种特征，将其定义为"能够提供感官刺激从而形成真实感和沉浸在与计算机生成世界的交互中的设备"。沉浸式交互技术是指几种不同的技术，它主要包括 VR 技术、AR 技术和 MR 技术。目前，随着技术的进步及 AR 眼镜、VR 游戏手柄等科技产品的普及，人们对于相关技术已经形成了一定的认识，但对于各种现实概念的区别并没有太多的共识，在术语的使用上也并不统一，下文将对相关概念进行解释。

2. 相关概念

关于各种现实分类，最著名也最被广泛认可的是 Milgram 和 Kishino（1994）提出的现实–虚拟连续体（reality-virtuality continuum），这是研究者对各种各样的现实进行分类的起点，大量的研究在此基础上进行。这种分类方式设置了一个从真实环境（real environment，RE）到虚拟环境（virtual environment，VE）的连续体（Milgram and Kishino，1994），其中包含以下几个概念。

（1）真实环境：指现实世界本身，它包括直接或者间接（通过视频）展示的真实场景。

（2）虚拟环境：完全由计算机生成的环境，其中的所有对象均为计算机虚拟构造，这些虚拟对象显示在用户的设备上，且用户（通常用虚拟角色来代表）能够与其进行实时交互。

（3）MR：真实环境和虚拟环境两个端点之间的现实，其中同时存在着真实的和虚拟的物体，这一部分又被划分为以下两部分。

AR：主要通过将虚拟元素（如图像、虚拟物品）叠加到真实环境中来修改用户的实际物理环境。

AV（augmented virtuality，增强虚拟）：将真实环境中元素叠加在虚拟环境中（Flavián et al.，2019）。

目前常用的概念主要有 VR、AR 和 MR，这三者常被合称为 XR，其中对"X"有两种解释方式，一种将其解释为扩展现实（expanded reality），另一种解释是作为变量"X"，表示任何形式的现实。

随着更多复杂技术的出现，相关研究在现实-虚拟连续体的基础上提出了很多细分概念。例如，Flavián 等（2019）提出 MR 应独立于 AR 和 AV，在 AR 和 AV 之间加入了纯混合现实（pure mixed reality，PMR）的概念；Jeon 和 Choi（2009）在连续体中添加了触觉维度，扩展为"视觉-触觉现实-虚拟连续体"。类似的扩展概念还有很多，此处不再详细介绍，下面将针对 VR、AR 和 MR 这三种目前主要的沉浸式交互技术进行介绍。

2.1.2　VR

1. 定义

VR 技术是一种仿真技术，也是一门极具前沿性的交叉学科，它通过计算机将仿真技术与计算机图形学、人机交互技术、传感技术、多媒体技术相结合，生成一种虚拟的场景，这种虚拟的 3D（three dimensions，三维）立体动态场景给人的感觉就像真实的世界一样（谢思全等，2018）。VR 是通过计算机技术创造一个完全虚拟的环境，它可能模仿真实世界，也可能不模仿真实世界（Milgram and Kishino，1994），能够屏蔽用户在"真实世界"的感官体验，让用户沉浸在合成的虚拟世界中（Bonetti et al.，2018）。VR 体验需要通过各种硬件设备来传递。例如，头戴式显示器（head mounted display，HMD）、洞穴式自动虚拟环境（cave automatic virtual environment，CAVE）沉浸式系统、大屏幕、移动设备（智能手机、平板电脑）、台式电脑等，有时还会与其他设备相结合，这些设备能够为用户提供感官体验（目前主要是视觉和听觉），同时，有些设备还能够获取用户的肢体动作，使用户可以在虚拟环境中进行实时的互动。因此，VR 可以被定义为一种由交互式计算机模拟组成的媒介，它通过一种或多种感官体验取代或增强对用户行为的反馈，让用户沉浸在虚拟世界中（Bonetti et al.，2018）。

2. 特征

VR 的一个关键特征是能产生丰富的临场感，增加用户在虚拟环境中的临场感，弱化对当前物理环境的感知，让用户沉浸在整个虚拟世界中。临场感的本质是一种与"位置转移"相联系的感受，即用户"离开"本来所在的真实环境，"到达"被技术创建的虚拟环境，产生该虚拟环境是真实存在的错觉（陈娟等，2019）。此外，VR 的另一个特征是多感官体验，不仅能够将视觉、听觉、嗅觉、触觉等多种感官体验信息反馈给用户，而且用户可以通过 VR 设备与虚拟环境实时互动，因此用户能获得更自然、更丰富的体验。当然，这种体验的真实性受技术因素的影响很大，虚拟环境的保真度完全取决于技术水平的高低，同时 VR 技术也有一些目前无法避免的缺点，最突出的是缺乏现实世界所提供的触觉丰富性，因为 VR 中的环境是虚构的，虚拟物体无法提供实物一样的触感，如果某种体验高度依赖于对触觉的感知，那用户的体验会大打折扣。此外，另一个缺点在于用户使用 VR 设备后会产生不良反应，如眼睛疲劳、眩晕、头痛、恶心等，造成用户生理上的不适，这些都是未来 VR 发展中需要解决的问题。

　　3. 发展历程①

　　人类对 VR 技术的探索可以追溯到 1838 年，英国著名的物理学家查尔斯·惠特斯通（Charles Wheatstone）首次发现了立体图原理，并创造了立体镜，使人们可以从两张略有不同的 2D 照片中观察到立体的 3D 效果。在该时期人们对 VR 技术的探索仅限于光学技巧，并没有得到实际的应用。

　　1935 年，美国作家 Stanley G. Weinbaum 在小说《皮格马利翁的眼镜》（Pygmalion's Spectacles）中描述了一款眼镜，可以为使用者提供视觉、嗅觉、味觉、触觉等全方位沉浸式交互体验，感觉自己就在故事之中，后来这部小说被认为是世界上最早提出 VR 概念的作品（胡正荣和周亭，2017）。

　　1956 年，电影摄影师莫顿·海利希（Morton Heilig）发明了名为 Sensorama 的仿真模拟器。这款设备是为增强电影观看体验而设计的，具有 3D 显示和立体声效果，同时还有振动座椅、风扇和气味生成器等装置，用户需要坐在椅子上将头部探进设备内部才能体验到沉浸感。这款设备后来被誉为 VR 的原型机。

　　1968 年，计算机图形学之父伊万·萨瑟兰（Ivan Sutherland，也被称为"VR 之父"）设计了第一款头戴式 VR 设备——Sutherland。这款设备能够连接电脑，而且当用户转动头部的时候，计算机会实时计算出新的图形并显示出来，但由于当时技术条件的限制，设备过于沉重，最终未能走出实验室。

　　1989 年，美国 VPL Research 公司推出了世界上第一款真正投放市场的 VR 产品——EyePhone，同时普及了 virtual reality 这个术语，但当时技术的制约致使用户体验和沉浸感都十分糟糕，且当时的售价高达 9 400 美元，严重阻碍了产品

---

① 资料来源：https://new.qq.com/rain/a/20220901A0AOV000.

的推广，但自此开始，VR 设备正式被推向了民用市场。

到了 20 世纪 90 年代，VR 迎来第一次热潮，各类科技公司纷纷大力布局，在当时市场上出现各式产品，如 1991 年推出的名为 "Virtuality 1000CS" 的 VR 头盔、1995 年任天堂公司推出的 "Virtual Boy" 家用游戏机等，但都出于技术原因导致市场反应平平，最终销声匿迹。随着诸多尝试的相继失败，市场迅速对这个领域失去兴趣，这股热潮匆匆退去。

步入 21 世纪，随着计算机性能、图形处理技术、动作捕捉技术的进步，VR 才真正享受到计算机技术进步的红利。2012 年，Palmer Luckey 制作出名为 "Oculus Rift" 的头戴式显示设备，并成立了自己的公司 Oculus。2014 年，Facebook 以 20 亿美元收购 Oculus 公司，沉寂了十多年的 VR 再次爆发了。同年，各大公司纷纷推出了自己的 VR 产品，从 Google 的 Cardboard 到三星的 Gear VR，各种产品层出不穷，VR 之战正式打响。

4. 应用领域

近年来，随着国内政策的大力扶持及产业和技术的不断成熟，VR 产业显现出巨大的发展潜力，越来越多的行业关注到该技术并积极引进，应用领域从最初的军事、游戏迅速扩展到工业生产、教育培训、医疗健康、文化传播等各个领域，且 VR 设备也在不断地更新迭代，功能越发多样和强大，未来，随着 5G、人工智能、物联网等新一代信息技术的融入，VR 的应用领域将会更加多元。

在军事领域，相比配置真实的军事设备，VR 系统的经济性让它成为军事模拟的重要组成部分之一，它可以帮助用户在现实生活中进行罕见、昂贵或危险的训练。军事 VR 训练系统是基于 VR 的作战仿真系统，能够通过虚拟 3D 模型的模拟实现军事训练的环境，受训士兵可以通过 VR 头盔、虚拟武器装备、全向跑步机、飞行模拟器、驾驶模拟器等硬件设备虚拟进入战争进行仿真实训。已经有越来越多的国家将 VR 技术应用于军事训练中，如 2016 年中国空军利用 VR 全景训练系统进行跳伞训练，2014 年挪威军队将 VR 头戴式显示器用于坦克驾驶系统上，2019 年以色列士兵利用 VR 技术进行隧道环境军事演练，等等。VR 技术在军事模拟和训练上优势巨大，预计未来将在军事领域广泛应用。

在工业领域，VR 工厂系统使得从工业生产机械设备的运作状态、工况监测数据到产品的装配、调试等环节都能实现 3D 立体可视化，可以用于工厂建筑的布局规划、工厂数据的实时监测和可视化、工程师的虚拟产品设计及工厂员工的机械操作培训等。

在教育领域，VR 技术可以用于构建各种教学场景，如重大历史事件再现、世界各地的地理风貌、微观世界中的分子及原子、宇宙中的太空和太阳系等，这些抽象、难以再现的知识点都能够通过 VR 系统模拟出来。

在医疗健康领域，VR 技术能够用于手术模拟、手术突发状况练习等，能帮助医护人员深入人体观察器官运行和血液循环、进行解剖等，加强对于器官的认识，提高手术的安全性。此外，VR 技术还多用于治疗和培训学习，如健康保健、医疗培训、临床诊断和医学干预，对有心理障碍、自闭症、抑郁症、成瘾症、慢性疾病的疼痛等进行治疗。未来，随着技术不断成熟和产品价格的大众化，VR 技术在医疗领域将发挥更重要的作用。

在文化领域，VR 技术主要应用在影视内容、直播、艺术创作、数字博物馆等方面。近年来，数字博物馆大量运用 VR 技术，突破了原有技术条件和保存方式，对收藏珍品进行展示，观众通过感应终端操作，实现了对虚拟文物的旋转、放大、缩小等，实现了真实文物无法提供的交互式参观（陈左宁等，2021）。

2.1.3 AR

1. 定义

AR 是在 VR 的基础上发展起来的，也叫增强式 VR，是 VR 的技术延伸（孙立军和刘跃军，2021）。通过前面的介绍我们知道 VR 技术是构造一个全虚拟世界，让人们能够完全沉浸其中，而 AR 技术构建的则是一个虚实融合的世界。Azuma（1997）提出了关于 AR 的第一个定义，指出其三个主要特征：①真实与虚拟元素的结合；②实时交互；③在 3D 中注册任何内容。根据该定义，AR 的三大关键技术可总结为 3D 注册技术、虚实融合显示技术及人机交互技术。目前人们普遍认为 AR 是一种"能够将计算机生成的数字信息叠加到用户对物理世界的查看中"的技术（Dwivedi et al.，2021）。它融合了虚拟和现实世界，通过摄像头捕捉真实世界的环境数据，将由计算机产生的文本信息、图像、虚拟 3D 模型、视频、音频等实时地叠加在真实场景上，使人们能够通过听、看、摸和闻等方式自然地与这些虚拟信息进行交互。这些交互行为通常需要借助智能手机或平板电脑、可穿戴设备、投影仪或固定的交互屏幕等硬件设备，由此为消费者创造更多的互动性、生动性和更丰富的体验（Bonetti et al.，2018）。

2. 特征

从定义可以看出，AR 技术最大的特征就是能够使虚拟物体和真实物体在同一空间共存。它保持了用户在当前物理空间中的临场感，将无法获得的物品虚拟化，并利用这些虚拟化的物体来增强物理世界，这能够为用户带来很大的便利，而且这些虚拟化的物体是不需要遵循物理定律的（如重力），用户可以自主操控这些物体。例如，宜家推出的 AR 应用允许用户将沙发、桌椅等家具虚拟地摆在家中，以便用户挑选，类似的还有虚拟试妆、试衣等应用，这些应用极大地方便了用户。然而，同时呈现真实物体和虚拟物体也带来了一些技术难题，一方面，虚拟物体的保真度可能不够高，这将直接影响到用户的使用感受，如果虚拟物体的模型不足以使其在环境中足够适合，可能会让用户觉得不够真实，降低技术的可信度；另一方面，如何在物理空间中准确定位虚拟内容也是一种技术挑战，当虚拟物体和物理对象"碰撞"并占据相同的空间时，交互作用就显得不那么真实了。这些因素都可能导致不愉快的体验，未来的技术需要在这些问题上进行突破，为用户带来更生动、愉快的体验。

3. 发展历程[①]

AR 技术从产生到爆发，经历了大概 50 年的发展历程，1968 年，由计算机图形学之父 Ivan Sutherland 开发了第一套 AR 系统同时也是第一套 VR 系统——Sutherland。

1992 年，AR 这一术语正式诞生。波音公司的研究人员汤姆·考德尔（Tom Caudell）和大卫·米泽尔（David Mizell）在论文 "Augmented reality: an application of heads-up display technology to manual manufacturing processes" 中首次使用了 AR 这个词，用来描述将计算机呈现的元素覆盖在真实世界上这一技术。同年，两个早期的 AR 原型系统被提出，即 Virtual Fixtures 虚拟帮助系统和 KARMA（knowledge-based augmented reality for maintenance assistance，基于知识的增强现实维修助手）机械师修理帮助系统。

1997 年，北卡罗来纳大学教授 Ronald Azuma，在其论文 "A Survey of Augmented Reality" 中首次提出了一个被广泛接受的 AR 定义。

1999 年，奈良先端科学技术大学院大学的加藤博一（Kato Hirokazu）教授主导开发了第一个 AR 开源框架——AR Toolkit，自此 AR 技术开始逐步走向大众，直到今天 AR Toolkit 依然是最流行的 AR 开源框架。

2000 年，第一款 AR 游戏 AR-雷神之锤（AR-Quake）发布，将 AR 带到了室外的真实场景，这是一款第一人称射击游戏。使用者需要一个可穿戴式电脑的背包，一台头戴式显示器和一个只有两个按钮的输入器，一般游戏中的鼠标和键盘操作由使用者在实际环境中的活动和简单输入界面代替。

2012 年，谷歌（Google）推出了第一款 AR 眼镜谷歌眼镜（Google Glass），它具有和智能手机一样的功能，可以通过声音控制拍照、视频通话和辨明方向，以及上网冲浪、处理文字信息和电子邮件等。它的出现让更多人了解到 AR 技术，引发了公众的兴趣。

---

① 资料来源：https://www.yunliebian.com/yingxiao/article-30154-1.html.

2016 年，第一款风靡全球的 AR 游戏 Pokémon GO 在澳大利亚新西兰区域正式首发，由任天堂公司、宝可梦（Pokémon）公司授权，奈安蒂克（Niantic Labs）公司负责开发。它第一次让世界范围内的用户感受到 AR 所带来的独特魅力。

2021 年，随着元宇宙概念的火爆，AR 眼镜作为沉浸式交互体验的入口，受到了国内外各大科技巨头及风险投资的青睐，加速了 AR 产业的发展。未来，随着 5G、衍射光波导、SLAM（simultaneous localization and mapping，同时定位与地图构建）等 AR 核心技术的迭代升级，AR 技术将不断迭代升级，为世界带来更多可能性。

4. 应用领域

VR 技术构造的是一个全虚拟的世界，需要模拟出整个环境，因此其系统构成通常比 AR 的复杂，硬件设备等的需求也会更高，而 AR 技术只需将虚拟内容叠加在现实世界中，通常通过头戴式显示器、眼镜或者是手机就能够实现，更加地灵活和方便，因此在日常的应用中更为常见。AR 技术与 VR 技术拥有相类似的应用领域，AR 技术甚至在各领域的应用更广泛、更普及，而且由于其具有能够对真实环境进行增强显示输出的特性，具有比 VR 技术更加明显的优势。

在军事领域，AR 技术更多地用于信息可视化。例如，应用于战斗机内的抬头显示器，将所有关键信息（空间方向数据、武器瞄准等）叠加到飞行员的面罩上；应用于实际作战中的战场环境显示，通过增加虚拟物体强调肉眼无法看见的环境信息；应用于军事医疗救治的病人信息显示，将伤病员的各类信息叠加在伤病员身体或实物人体模型上，帮助医生进行手术方案制订、手术时的精确定位等。

在工业领域，AR 技术可以全方位展示工业产品的内部结构、运作模式、合成部件等各项信息，有利于销售人员进行产品介绍和产品展示，还能够用于机械操作的培训。利用 AR 眼镜观看教程，不仅能够提高工作效率，还降低了企业生产成本。未来 AR 技术将会是推动工业智能化的重要助力。

在教育领域，AR 技术的表现形式多种多样，常见的有书籍中的"扫一扫"，通过扫描二维码获取书籍中相关内容的 AR 模型，另外还有 AR 沙盘、AR 光学实验、AR 力学实验等，可以将单调的平面信息转化为 3D 逼真图像，为学生带来全方位的体验。此外，AR 技术还可以应用于特殊人群教育中，如手语教学，帮助聋哑人及与他们接触的亲人、社工、言语康复师等学习手语。

在商业领域，AR 技术的应用主要定位于虚拟购物、虚拟展示，主要有在线应用程序、店内 AR 设备和移动应用程序三种表现方式，如京东平台的虚拟试衣间、丝芙兰店内的 AR 镜子（AR Mirror）、宜家的"IKEA Place"应用程序等（Caboni and Hagberg，2019），它们为消费者带来了更加生动、立体的体验，颠覆了传统电子商务的展示模式，为用户带来了全新的交互购物体验。

2.1.4　MR

MR 技术是 AR 技术的延伸，二者没有一个明确的分界线，目前人们对 MR 的普遍理解已经发展成为"非常现实的 AR"的同义词，即内容不但是叠加的，而且是真实地融入环境中（Dwivedi et al.，2021）。在 MR 环境中，用户处在现实世界中，数字内容能够融入他们所在的环境中，同时用户可以选择与物理或数字内容进行交互（Ameen et al.，2021）。MR 在技术上与 VR 和 AR 相似，但在内容上又有差异之处，VR 世界是完全由计算机生成的，AR 则是将虚拟对象叠加在物理现实中，而 MR 是将计算机生成的 VR 与物理现实结合在一起（Regenbrecht et al.，2017），创造出新的视觉环境，其中物理元素和数字元素共存并实时交互（Milgram and Kishino，1994）。

早在 1994 年，就有学者提出了 MR 的定义，并利用现实–虚拟连续体的形式阐述了三者的关系，将真实环境和虚拟环境两个端点之间的部分称为 MR，它原是一个连续性的概念，并非某种特定的技术，但在技术不断更新发展的过程中，人们按照肉眼可见的现实与虚拟的结合程度，划分了 VR/AR 这样不同体验的产品。于是，以微软为代表的一些厂商把 MR 定义成 VR 和 AR 的融合技术，它让虚拟物品不仅仅作为图像出现在现实世界，而是以更逼真的方式融入现实世界，或者反过来让现实空间的对象融入虚拟空间，打破两个空间的隔阂，使得两个空间的实体可以互相交互。MR 的技术难度在三者中最高，最典型的产品是微软 2015 年推出的 MR 头戴式显示器——HoloLens，与 Google Glass 的 AR 技术不同的是，HoloLens 运用的 MR 技术具备环境学习能力，能够实现全息影像和真实环境的融合，它的主要硬件包括全息处理模块、光导透明全息透镜、LCos 微型投影仪、摄像头等，搭载了当时最高水平的硬件设备，从使用感受来看，其分辨率、识别准确度、Holographic 系统完成度等方面都达到既定预期，但也存在视场较窄、切换场景延迟、头部舒适度差、存在重启现象、电池续航短等缺陷。2019 年，微软发布了 HoloLens 的二代产品，在性能、舒适度、性价比等方面都有全面提升，但这款产品仍然是面向企业级客户服务，定价在 3 500 美元，距离其发展为消费级产品还存在一段距离。

在目前的市场应用中，AR 是最具有商业化应用前景的，VR 因缺乏良好的投射设备及使用后不良反应等而受到阻碍，MR 目前尚未得到广泛的应用，可能还需要很长的时间才能发展普及，进入大众消费的视野，但随着未来技术水平的不断提升，MR 很可能在未来产生巨大的影响。

2.2　沉浸式交互技术在营销领域的应用

5G、大数据、云计算、人工智能区块链等技术的进步，助力解决了 AR/VR 以往计算能力、传输速率、分辨率不足等问题导致的痛点，同时还增强了设备的运算水平，在这样的技术推动之下，行业发展迎来了新的高潮。根据国际数据公司（International Data Corporation，IDC）最新预测数据，2021 年全球 AR/VR 总投资规模接近 125.4 亿美元，并有望在 2026 年增至 508.8 亿美元，5 年复合增长率将达 32.3%。其中，中国市场 5 年复合增长率预计将达 42.2%，增速位列全球第一，可见市场前景之大。各大巨头公司也纷纷在商业发展中布局 AR/VR 技术，顺应电子商务、商业展示等领域场景式购物趋势，发展和应用专业化 AR/VR 展示系统，提供个性化虚拟体验与交易平台，创新营销推广和购物体验模式。

AR/VR 技术在营销领域已经逐渐走进了大众视野，从电子商务到百货，从美妆、服装到汽车、房产等，形成了浸润更多行业的趋势，其在营销中的作用在于能够增强消费者在与媒体内容互动时的注意力、参与度（involvement）、好奇心和新奇感，通过沉浸式的消费体验和消费情境营造来传播营销信息、强化品牌认知、提升品牌形象，进而导致消费者对广告态度、品牌态度和购买意愿的积极变化（龚思颖等，2021）。目前，AR/VR 技术已经成为场景化互动营销的新武器，适用于餐饮、展会、娱乐、影视、旅游、时尚、交通、购物等各种应用场景，新技术与传统的网络营销、广告营销、事件营销等营销模式相结合，开创了营销新模式。

2.2.1　AR/VR+电子商务

早在 2009 年基于 3D 技术的虚拟购物中心就已经出现，只是囿于技术和硬件设备未曾大众化，近十年来，随着 AR/VR 技术更加成熟，能被市场接受的设备越来越多，AR/VR 技术在电子商务领域也获得了前所未有的发展，其将在线购物体验从传统的点击和拖拽转变为在 2D 网站上的实时、沉浸式交互体验，用户能够在虚拟商店中浏览，并且与实体产品的虚拟模型进行交互，就像他们在实体商店中所做的那样（Alcaniz et al.，2019）。AR/VR 技术为消费者提供了更加便捷、高效、趣味性和参与感的用户体验从而影响了购买意愿，促进了产品销售。

目前，不仅淘宝、京东等电子商务平台推出了 AR/VR 体验功能（如淘宝的"BUY+"计划、京东的"ARVR 畅想购"），不少品牌也推出了虚拟试用应用程序（如宜家的 "IKEA Place"、匡威的 "The Sampler"），其目的在于克服在线购物中无法体验到产品实物的缺陷，通过向消费者展示虚拟的产品模型并允许消费者与之互动，增强体验的趣味性，同时预先体验产品与自身的匹配度，从而降低决策成本。

目前电子商务平台上所推出的线上 AR/VR 营销活动主要通过 AR 展示、趣味游戏等互动方式吸引用户，增加商品与用户的交互，增强用户体验，然后将用户引流至店铺内，通过发放优惠券、限时优惠等方式实现用户转化。以京东平台为例，2017 年 9 月，京东推出了 "ARVR 畅想购" 频道，其中包含了 360 全景、3D 模型、AR 摆摆看、在线试妆等功能，可购买产品涉及家装、化妆品、鞋、电器等种类，直至 2023 年，该模块仍在使用中并在不断丰富更新。

不仅如此，京东在 2017 年还发起了天工计划，目前已经推出了京东天工 AR 开放平台，主要提供 AR、3D 建模等内容服务。此外，京东还专门开发了进行 AR/VR 营销的 JD Matrix 营销平台，提供图像识别、物体识别、手势识别、3D 模型渲染、全景渲染等多项功能。现已与多个品牌达成合作，包括华为、海尔、格力、康佳、长虹、欧莱雅、玉兰油、卡姿兰、江小白、欧珀（OPPO）、维沃（vivo）等，完成了众多 AR 营销案例，创造了极为丰富并充满活力的购物场景。

JD Matrix 营销平台营销案例

2019 年 4 月，JD Matrix 营销平台为伊利金典有机奶进行了 AR 品牌营销，结合了伊利代言人和伊利冠名节目《歌手》，引导用户扫描伊利产品包装，邀请用户观看 "有机天然牧场"，用户使用手机扫描地面，即可看到农场等原产地环境优美的画面，且可与其互动。

2019 年 11 月，京东超市 "双十一" 大促 AR 营销，主要利用了手势互动功能。用户进入 AR 互动后伸出拳头召唤 "京东超市""双十一" 大卖 "咒语"，摊开拳头掌心随机出现不同面值优惠券、锦鲤或者未中奖的纸团，通过互动形式进行优惠券的发放为会场引流，用户可将活动分享到朋友圈以获得更多的游戏次数，以此实现用户裂变。

2020 年 3 月，京东 "女神节" 化妆品营销，用户进入多动页面后可通过不同表情召唤不同妆容，同时页面会展示相应妆容对应的产品，通过发放品牌优惠券的形式，引导用户将产品加入购物车、关注店铺，为店铺引流。

电子商务平台的 AR/VR 营销方案往往是为平台商家提供的，面向的产品种类、数量都较大，需要进行大量的产品 3D 建模工作，出于各种原因目前电子商务平台上可用于 AR 展示的产品数量总体较少，只有化妆品类目下的可试用产品数量相对较多。此外，电子商务平台推出的 AR/VR 营销活动通常需要针对不同的品牌方制定特殊的营销策略，而品牌的移动应用程序中推出的 AR/VR 营销则更加个性化，只需要针对本品牌的部分产品建模，而且在节假日等推出 AR/VR 营销活动还能够与线下门店进行联动。

　　提及品牌方在 AR/VR 应用程序上的探索，宜家的地位不容忽视，宜家作为家居行业的领军企业一直致力于使用各种高新技术来提升消费者购物体验，在 AR/VR 营销方面也做出了诸多尝试。2017 年苹果刚推出移动 AR 平台时，宜家就立刻宣布着手开发相关联的手机应用程序，并成为首批 AR 应用程序之一，这款应用最终被确定为 "IKEA Place"，是一款基于 AR 场景交互体验应用的手机软件，它能够让用户在现实环境中放置单件 AR 家具和装饰品，并且不断地更新产品信息，仅仅 7 周的时间，该应用就覆盖了 2 000 款产品，包括宜家所有的沙发、扶手椅、脚凳、咖啡桌等，目标是要完全对应到线下商场能够提供的所有商品。2021 年，宜家又启动了旗下应用 IKEA Studio 的测试，相比原版软件在功能上做出了升级，这款应用不仅仅支持将单件商品放置在房间内，还允许用户使用宜家品牌的家具和装饰品自定义整个房间，而且它能够识别实际环境的表面、物体和几何形状，并生成等比例的网格，用户甚至可以将虚拟的新家具堆叠放置，如在柜子上放置一个花盆或一盏台灯，部分家具还拥有简单的交互元素，为用户带来更加逼真的 AR 体验。

　　可见，VR 和 AR 在电子商务应用中已经占据一席之地，未来 AR/VR 技术将会是电子商务发展的一大助力，但目前的虚拟购物仍然是一个开端，处在市场培育期，需要耐心地传达购物理念、逐步地培养消费习惯。此外，VR 眼镜和 VR 头戴式显示器等设备目前还不够普及，因此，基于网页或者是移动设备（如手机）的 AR 应用程序可能会是最广泛也最容易被大众接受的方式，而需要额外的外部设备支持的营销方式可能还需要一段时间的发展，或者可能出现在线下的实体店场景中，作为吸引顾客的手段来达到营销目的。

2.2.2　AR/VR+新零售

　　"新零售"一词自从被提出后就受到了业内外人士的高度关注，它本质上是一场由技术推动的零售业重大变革，借助互联网、物联网、人工智能及大数据等技术的支持，整合线上线下资源，帮助实体零售店改善用户体验，提升销售效率。对传统实体零售的购物场景而言，通常通过优美的购物环境、丰富的商品及人性化的服务来给予顾客体验，但这样的场景如今已经千篇一律，新零售下的销售场景，更加注重娱乐、互动和体验，在商业环境融入更多人文、艺术等跨界元素，创造更加深刻、有趣的购物体验。AR/VR 作为构建用户沉浸式交互体验的新技术在新零售中提供了不少助力，通过在线下门店开展 AR/VR 营销活动吸引顾客参与，既可以增强顾客在线下门店的购物体验，又可以促进顾客通过线上的方式参与活动并进行商品查看和下单，积累顾客的消费数据，便于对顾客群体进行用户画像，为制定后续的营销策略提供数据参考，从而提升整体零售的运营效率。星巴克、可口可乐、戴森、Tiffany、丝芙兰等众多品牌都曾采用 AR/VR 营销赋能新零售，其中，星巴克所采用的 AR 体验式零售是经典的营销案例之一。

星巴克的 AR 营销中最著名的当数坐落于上海的全球最大的 AR 咖啡烘焙坊，共两层，占地 3 万平方英尺（1 平方英尺 ≈ 0.09 平方米），在店内陈设中的十几个关键位置隐藏有 AR 线索，用户扫描这些线索后，手机会出现标签提示并播放透明视频，讲解该设备的工作流程、细节、运作原理，如扫描玻璃制的过滤罐，就能够看到罐子的使用方法和详细介绍，扫描咖啡豆烘焙罐就可以看到咖啡豆的烘焙过程，在解锁这些 AR 线索的过程中还会随机弹出一些"小惊喜"（如达成任务后的荣誉称号），增强用户的探索欲望。此外，用户在进入咖啡店之后，用户的淘宝软件里就会收到页面推送，用户可以直接购买店内的产品，这样可以缓解客服压力，同时淘宝用户在自拍后会生成一个烘焙店的专属照片，便于消费者在朋友圈分享打卡，带动社交网络营销。此外，星巴克还与社交相机色拉布（Snapchat）合作推出星巴克 AR 特效，与视频图片社区照片墙（Instagram）合作推出限量版假日杯和相应的 AR 滤镜等一系列 AR 营销活动，形式多样、载体丰富，让 AR 渗透在各个环节中。

与星巴克的 AR 营销策略不同，餐饮行业的另一知名品牌麦当劳更青睐 VR 营销，2016 年麦当劳店内推出了一款名为"Happy Goggles"的"炸鸡味"VR 眼镜，它是一款由开心乐园套餐的餐盒改造而成的 VR 头戴式设备，消费者只需把餐盒进行折叠穿孔然后插入 VR 镜片，再将手机放入其中，下载相应的游戏或应用就能够获得身临其境的体验，这款眼镜的售价为 4 美元，且只在活动期间限量销售，限量、开心乐园套餐、VR 这 3 个元素让这款眼镜大受欢迎。不久，麦当劳又在英国开启了一项名为"Follow Our Footsteps"（跟着我们的脚步）的 VR 体验活动，用户佩戴上 VR 设备后可以观看麦当劳食品原材料的生产过程，还能跟着农夫一起种植麦当劳套餐的原料。同时，麦当劳还推出了一款类似于 VR 版"开心农场"的拖拉机双人小游戏，用户可以通过佩戴 VR 设备来"驾驶"拖拉机收割马铃薯。

不仅仅是星巴克和麦当劳，必胜客、可口可乐等众多餐饮零售品牌均在广泛涉猎 AR/VR 营销：必胜客为购买"恐龙复活了"儿童套餐的顾客，赠送《科学跑出来系列》AR 科普书；可口可乐在可乐瓶上添加了"摇一摇"标志，用户扫描后可以收听对应的音乐。而且，不仅仅是餐饮零售业在积极地探索 AR/VR 营销策略，很多行业的品牌也在积极布局 AR/VR 营销策略。服装零售店内的虚拟镜子（如阿迪达斯实体店内的"Smart Fitting Room"、Burberry 推出的虚拟商店）、汽车零售店的虚拟试车（如奥迪汽车销售店内的 VR 选车头戴式显示器）、美妆零售店的虚拟试妆镜（如丝芙兰店内的 "AR Mirror"），这些都是 AR/VR 助力新零售的典型代表，它们为零售行业注入了全新的科技力量，已然成为新零售环境下开展线上线下流量融合、实行智能化购物的重要突破口。

2.2.3　AR/VR+广告营销

广告作为最普及、最常见的营销方式之一，已经覆盖到我们日常生活的方方面面，地铁广告、电梯广告、短视频广告、朋友圈广告等各种形式的广告充满我们的生活场景，广告营销一直以来也是各大品牌营销策略的重要内容之一。几百年来广告的传播形式也一直在随着科技进步而发展，从传统的口头吆喝到印刷广告，从电视广告到如今的网络广告，科学技术的进步所带来的传播手段的革新，无不对广告的发展产生巨大的推动作用。广告营销的效果与其内容质量息息相关，内容越新颖、生动的广告越能给消费者留下深刻的印象，其内容形式包括图文、音乐、视频、微电影等，AR/VR 技术的兴起为广告业带来了新的机遇，它比任何媒体都更具有生动性和沉浸感，新兴技术的加持让广告本身自带话题性和吸引力，加上有创意的内容和趣味的形式，应用前景还是十分广阔的。线上的 AR/VR 广告主要包括全景视频、互动游戏、物体识别等形式，其最终还是展现在用户的屏幕上，线下的 AR/VR 广告有 3D 大屏、AR 广告牌等形式，都能够为用户带来生动的视觉体验。

迪士尼的 AR 广告就是 AR 技术融入广告的营销经典案例之一，2011 年 11 月，在米老鼠 83 岁纪念日期间，迪士尼利用 AR 技术在纽约城市街头投放广告，当人们站在贴有 AR 标记的地板上时就能够与各种经典卡通人物互动，如向白雪公主敬礼、与船长胡克决斗、惊醒空中沉睡的小精灵等，实现了很多人梦寐以求的迪士尼梦。2016 年 10 月，迪士尼在新加坡街头的公共汽车候车厅投放了一块"魔法广告牌"，广告牌内会出现包括米老鼠、狮子王、人鱼公主在内的各种卡通形象，人们能够看到的是附加街道场景的卡通人物，就好像它们出现在现实生活中一样。这种互动的广告形式打破了以往广告单方面输出与用户被动接受的传播模式，增加了用户的参与度与体验感，让广告更具备感染力，也收获了更好的传播效果。

百事可乐也利用 AR 技术在伦敦街头的候车亭投放了 AR 广告，屏幕中展示了很多电影情节，如外星人入侵地球、下水道中伸出不明触手掳走路人等，而屏幕后面却空空如也，许多路人在屏幕后面配合表演，如做出被外星人抓走而感到害怕的表情等进行互动，引得不少路人合影、录视频，还时不时出现百事可乐的宣传语。AR 广告不仅让观众产生了仿佛置身于电影片段中的感受，还在无形中传递了企业文化。不仅如此，该 AR 广告还被上传到网络，促使这条广告在网络中进行了二次传播，可见 AR 广告的传播力和感染力之强。

如今，各种类型的互动大屏已经出现在地铁、广场、博物馆、展馆等各种人流密集的线下场合，AR/VR 广告营销也由于合作便捷、展现方式丰富多样及效率高的优点，已经被越来越多的品牌和公关公司注意，这也预示着未来的广告将会更加注重场景互动体验，而不再是以往的单纯卖产品的文字信息，沉浸式广告通过虚拟和现实相结合的方式展示产品特色、宣传品牌文化，为消费者提供更深刻的感官体验，让营销更具吸引力和说服力。

2.2.4　AR/VR+事件营销

事件营销是指企业有计划地策划、组织、举办或利用具有新闻价值的活动，通过制造具有"热点新闻效应"的事件，吸引媒体和消费者的关注，以达到提高企业知名度、塑造企业良好形象的目的，最终促进市场销售。事件营销一直以来都是国内外十分流行的营销手段之一，因其巨大的传播力备受青睐，如蒙牛借"神舟五号"推出的"航天员专用奶"，支付宝的"转发锦鲤"活动，华帝在世界杯期间推出的"夺冠退全款"活动，等等。这些事件本身具有话题性和传播性，能够引发人们的讨论，提升参与感。近年来，事件营销的形式越发丰富，不断引入了文化、体育、娱乐、社会等内容，互联网成为事件营销的发酵场所，任何能够引起广大网民关注和讨论的活动都被视为一次有成效的事件营销。随着科技的不断发展，越来越多的智能技术被运用到营销当中，除去事件自身的话题性，如何在技术的加持下提升用户的参与度和体验感对于事件营销的传播而言也尤为重要，而 AR、VR 等智能技术的应用为提升事件营销的参与度和讨论度都带来了更多可能。

AR 助力事件营销的案例中，影响力最大的当数 2016 年借助里约奥运会推出的"QQ-AR"传火炬活动，这次活动被称为有史以来规模最大的 AR 营销活动。在活动期间，用户需要下载最新版手机 QQ，通过"刷一刷"功能点燃火种，即可成为 QQ 火炬手进行火炬传递。所有参与火炬传递的用户均可获得"火炬"识别标识，显示在 QQ 头像旁边。而且还有相应的线下传递 AR 火炬活动，用户将自己成功点燃火炬的界面让好友扫描，好友的手机中就会跳出奥运主火炬、奥运主场馆和 Q 仔，Q 仔在喝红牛后举起火炬去点燃完成传递。数据显示该次活动覆盖了 157 个国家，366 个城市，全球超过 1 亿人参与，创下了新的吉尼斯世界纪录。这次活动在互动性上的创意可圈可点，在营销中融合社交、参与感、新技术，再加上奥运会的热点效应，引爆了传播。

另一个几乎全民参与的 AR 事件营销是自 2016 年春节开始,支付宝推出的 AR 扫一扫集五福领红包活动。用户打开支付宝"AR 扫一扫",让自己的朋友或者家人在手机镜头前比出"五福到"的手势,就会触发多种特效,并有机会获得福卡。活动发起后"支付宝五福卡"的多个相关话题迅速登上热门微博,支付宝话题矩阵在活动期间累计阅读量超过 15 亿次,几乎是教科书般的营销案例。支付宝的两亿元红包带着支付宝的祝福,用这样创新的科技互动方式,传达到数以亿计的用户手中,提升了支付宝和用户的互动效果,成功地进一步提高了支付宝的品牌影响力和品牌形象。

事件营销活动的参与性、话题性、趣味性和创意性是吸引消费者的重要因素,一个事件营销活动的参与度、话题度、趣味度和创意度越高,就越有利于事件的传播。AR/VR 技术能够很好地提升营销活动的这些属性,其所创造的生动的视觉体验能够增强活动的趣味性,同时,其支持与交互的特点能够增强用户的参与感,而且将新兴技术融入营销活动本身就具有创意性和话题性,因此 AR/VR 技术能够很好地促进事件营销的传播。

2.2.5 "AR/VR+"营销

随着 AR/VR 等技术手段的成熟,越来越多的商家开始接受全新的营销方式,营销和科技的结合一直以来备受关注,消费者渴望更多新奇的创意。"AR/VR+"的营销模式让传统营销的"灌输式体验"变成"沉浸式体验",这也意味着我们将会与传统的营销历史告别,开启新的营销时代。

虽然 AR 技术是在 VR 技术的基础上发展而来的,但二者在内容和应用上还存在很大区别,AR 所要构造的是一个虚实结合的世界,将虚拟物体叠加在现实环境中即可,而 VR 所要构造的是完全虚拟的世界,而且要让消费者忘记现实世界从而完全沉浸在虚拟环境中,这对硬件设备提出了较高的要求。AR 与 VR 的区别在营销领域的应用上也可了解一二。

AR 营销是近年来深受品牌方喜爱的营销方式之一,它为营销活动的进行提供了更新颖、更创新的信息展示方式,让消费者能深刻感受品牌魅力。AR 的神奇之处在于,任何拥有智能手机或平板电脑的人都可以体验真实世界和数字世界的相互融合,营销人员将不再受物理世界的限制来推广自己的产品。AR 营销最显著的优势在于互动性强,能够让用户参与到营销活动中,手势识别、物体识别等方式大大增强了用户的互动体验,告别了传统营销单方面输出的传播形式,此外,智能手机中提供的"AR 扫一扫"功能让任何物体都有机会成为 AR 营销传播媒介(如产品外包装、门店内的海报等)。现阶段 AR 营销的发展还是比较缓慢的，目前还有大部分手机不支持 AR 功能，而且网络速度的限制会导致资源包加载缓慢、AR 展示效果卡顿等，这些问题在一定程度上制约了 AR 营销的发展，不过 5G 技术的进一步普及及手机的逐步更新换代将大大有利于 AR 的繁荣。伴随着 AR 营销的市场接受程度和普及率不断提高，AR 将会成为品牌营销活动中不可或缺的一环。

与 AR 营销不同，现阶段 VR 营销存在一些瓶颈：一方面，能够提供优质体验的 VR 硬件通常成本高昂，普通用户难以承受，从而阻碍了 VR 产业的快速渗透；另一方面，高质量的 VR 内容制作花费不菲，但传播效果有限。不过，VR 营销所带来的沉浸式交互体验，是其他媒介形式（如电视、广播、杂志或是网络）所望尘莫及的，因此，各个行业的一些头部品牌都在积极地尝试和布局 VR 营销，包括可口可乐、麦当劳、迪士尼、路易威登、宝马、奔驰等。VR 营销的独特之处在于其高度的交互性和沉浸性能够在短时间内吸引用户的全部注意力，其中的 VR 场景能够结合品牌风格进行个性化设计，与产品特征进行融合，调动消费者的多种感官，传达产品特性和价值。营销活动的关键在于"讲故事"，VR 技术能够让故事更具真实性和说服力，为消费者带来富有感染力的体验，提高用户记忆留存率。

从以往的经验来看，技术驱动营销模式的变化是常态，而 AR 和 VR 技术对营销的影响也一样，这些新兴技术本身的新奇性就能够吸引用户的眼球，而且已经有不少 AR/VR 营销的成功案例，"AR/VR+"的营销模式正逐渐形成扩大的趋势。而且，随着技术的逐步完善，AR/VR 规模化应用能够为营销带来更丰富的数据，从而带来更加精准有效的营销体验，"AR/VR+"将会是下一个营销风口。

2.3　沉浸式交互体验的刻画与度量

2.3.1　沉浸式交互体验的刻画

网络技术的飞速发展，尤其是 5G 时代的到来，推动了各种新兴的交互式网络服务，网络服务的评估范式正逐渐由体验质量（quality of experience，QoE）转变为沉浸式体验（immersive experience，IE）。沉浸式体验能够准确地描绘交互式网络服务所带来的生动的场景体验（Gao et al., 2022），是针对评价交互式网络服务而提出的新概念。体验质量通常用于评估传统的音视频服务，迄今为止对它的研究已经相对充分，被定义为"从用户角度对所提供的服务或应用程序的整体价值的主观衡量"；相比之下，沉浸式体验则专注于评估具有交互特征的网络服务，它是一种更复杂、多维度的感知，更注重于描绘用户与虚拟环境交互时所产生的深入的精神参与，目前相关的研究还处于初步阶段，关于它的正式定义也尚未达成普遍共识。

如何定义沉浸式体验关键在于如何定义"沉浸感"。沉浸感这一概念最早出现在心理学领域的研究中，在不同的研究背景下的内涵不一。由于 VR/AR/MR 等技术的特性，相关研究中常用"沉浸感"这一概念来描述用户对虚拟环境的感知，常被认为是用户在非物理的、中介的或模拟的虚拟环境中进行物理定位的感官和知觉体验。关于沉浸感的定义一直存在争议，尚未形成统一的定论，其中比较有代表性的说法有两种：Slater 和 Wilbur（1997）认为沉浸感是对显示技术的一种客观描述，它刻画了显示技术能够在多大程度上向用户传递的一种包容的、多感官的、全方位的和生动的展示效果，该效果可以根据现实刺激、感官模式、视野范围和分辨率进行客观评估，任何特定系统所提供内容的沉浸感都能够借此进行客观和量化描述。Witmer 和 Singer（1998）则否定了 Slater 和 Wilbur（1997）的观点，他们认为沉浸感是个人体验的一部分，将沉浸感描述为一种心理状态，即用户感知到自己被一个能够提供持续刺激和体验的环境包围并能够与之互动，它取决于用户对与物理环境隔离的感知、对融入虚拟环境的感知、对互动和控制的模式自然性的感知及对自我运动的感知。二者对于沉浸感的定义存在差别，前者强调的是将沉浸感传递给用户的技术本身，而后者则强调用户沉浸在虚拟环境中的感受（Kim，2013）。Daassi 和 Debbabi（2021）则提出这两种概念不是对立的，而是互补且密切相关的，因此他们综合了以上两种观点，提出沉浸感的概念有两层含义：一是以系统为中心，即基于媒介特征的感官沉浸，是对虚拟环境的客观描述，反映了技术的沉浸质量；二是以用户为中心，即基于用户与环境互动的心理沉浸，是用户体验的主观描述，反映了用户的心理状态。因此，尽管学者对沉浸感的定义各不相同，但能够达成共识的是，沉浸感可以描述为两个方面：一是用户与虚拟环境进行交互时所经历的多感官刺激的一种感觉；二是用户深度参与、投入或全神贯注的一种心理状态（Zhang，2020）。前者所描述的是如何从技术上实现沉浸式体验，后者则是强调如何从用户端传达沉浸式体验，但并不是所有的研究中都会同时考虑到这两个方面，部分文章会根据具体研究背景选择关注其中某一个方面，给出相应定义并进行深入讨论，但仍然使用沉浸感这一术语，这就导致了这一术语的定义存在很多分歧和重叠，没有统一的定论。

此外，还存在另一个与沉浸感相似的术语——临场感，它所反映的是一种用户存在于中介环境中的感觉，在用户与虚拟对象进行互动时能够体会到（Daassi and Debbabi，2021）。这一概念在 VR、AR、计算机媒介等各种背景下都得到了广泛的研究，也衍生出许多不同的定义。由于沉浸感和临场感的概念较为相似，大部分研究在定义沉浸感的同时也会定义临场感。Slater 和 Wilbur（1997）将沉浸感和临场感区分开，认为沉浸感是客观的，而临场感是主观的，但二者是相伴而生的，可以说临场感相当于是用户对技术的一种主观感知，即身处于虚拟环境中的一种意识状态，具有高度临场感的用户会认为虚拟环境比周围物理环境更真实，并将显示器指定的环境视为他所处的地方而不是看到的图像。Witmer 和 Singer（1998）则认为沉浸感和临场感都是主观的，是个人体验的一部分，他们将临场感定义为用户在一个地方或环境中的主观体验，即一个人身处于另一个地方或环境中，它取决于一个人的注意力从物理环境转移到 VR 中的程度，它并不要求用户的注意力从物理环境中完全转移，不同程度的注意力转移对应着不同程度的临场感。尽管表达方式不同，但二者对临场感的界定是比较相似的，都承认了其主观性，同时强调了用户对于物理位置的感知。另外一个常用的定义是 Steuer（1992）提出的，他将临场感定义为"一个人感觉到自己位于中介环境中而不是在直接的物理环境中的程度"。总之，在定义临场感这一概念时，学者使用了各种术语，如"主观体验""意识状态""非中介的知觉错觉""心理状态""在那里的知觉错觉"等，将概念限定为一种主观的感知或体验（Daassi and Debbabi，2021），最常用的一种说法是"非中介的知觉错觉"（Qiu and Benbasat，2005；Fraustino et al.，2018）。这些定义的共同之处就是它们都强调了用户对于地点和环境的感知，以及一种"被传输"的感觉（用户被转移到另一个地方、物体被转移到用户所在的地方、与其他用户共享同一个地方）（Daassi and Debbabi，2021）。Lee（2006）总结了之前的观点，认为临场感是一种用户感觉自己被传送到一个虚拟世界，或者感觉虚拟世界来到身边而自己仍停留在最初的位置，或者用户与虚拟伙伴在虚拟世界中共享一个空间的心理状态（Fraustino et al.，2018），并给出了综合性的定义——"临场感是一种心理状态，在这种状态下，虚拟物体以感官或非感官的方式被体验为真实物体"（Lee，2006），这也是后续研究中常被引用的一种定义。

在与虚拟环境（AR/VR/MR）相关的研究中，沉浸感和临场感是两个经常被使用的概念，用于描述用户通过与媒介交互所产生的沉浸式体验，有文章提出为了避免概念混淆，应该考虑将沉浸感用于描述虚拟环境的客观属性，即衡量媒介在多大程度上呈现了一个生动的虚拟环境同时又排斥了物理现实，而将临场感用于描述用户的主观反应，即用户认为他们已经被传送到虚拟环境中的程度，或者说，临场感是对客观的沉浸质量的主观反应（Hsu and Cheng，2021），这一观点在研究中得到了广泛的应用。

事实上，无论沉浸感和临场感的概念如何界定，我们可以确定的是，在刻画沉浸式体验时，可以从客观和主观两个方面进行。从客观角度来看，沉浸式体验主要与技术为用户提供的虚拟体验的程度有关，包括：①包容性，用户与虚拟世界充分接触，注意力完全集中在虚拟世界，来自物理现实的信息被完全隔离；②广泛性，用户在虚拟世界中获得感官体验的程度，如视觉、听觉、触觉等；③周围环境，系统提供的虚拟环境是全景的，任何视角都能够查看，而不是局限于某一个狭窄的视野；④生动性，虚拟内容真实而丰富，能够提供高质量的信息、内容和界面，与分辨率、保真度等相关；⑤匹配性，用户的动作（如步行）造成各种感官的变化（如景物变化）与现实生活情景一致（Slater and Wilbur，1997）。从主观角度来看，沉浸式体验与用户的注意力、情感、认知、感官、知觉和记忆等一系列的心理变化相关（Zhang，2020），是一种复杂的多维感知，通过感官数据和认知过程的相互作用而形成，当用户对虚拟内容的注意力越高时，其对虚拟内容的认同感和沉浸感就会越强（Witmer and Singer，1998）。

2.3.2　沉浸式交互体验的度量

根据体验质量的评估范式，在测量时主要考虑用户"感知"的服务或应用的质量，同样，在测量用户的沉浸式交互体验时我们关注的是用户对 AR/VR/MR 系统的"感知"沉浸性。在许多测量沉浸感的方法中，最流行的方法有两种：一是主观测量，主要通过心理问卷测量的形式进行，将沉浸感视为一个多维结构，利用测量量表来量化用户对沉浸环境的主观感知和判断，参与者需要对自己的心理状态的反应进行主观判断。二是客观测量，常用的有生理指标测量、行为指标测量和任务绩效测量等几种方式，其中生理指标包括心率、血压、皮肤电导（skin conductance，SC）水平等，将一些客观的生物信号或情绪反应作为指标，行为指标测量则是观察和记录用户在实验过程中的表情、动作等的变化，任务绩效测量则是将用户在沉浸系统中的任务完成情况作为用户沉浸程度的体现，这些测量指标的变化都是用户在体验过程中自动产生的，无须经过用户主观思考便能进行测量。目前使用最多的是心理问卷测量，一些经常使用的测量量表大都经历了从理论分析到实证检验的一系列过程，而且在不断地修正和改进，现已发展得较为成熟，是最主要的测量方法。使用较多的是生理指标测量，而且通常会使用多个生理指标同时测量，由于客观测量方法在数据解释上存在一定困难，通常会同时使用问卷测量，并将客观数据结果与问卷测量结果进行相关性分析，增强结果的可信度。

1. 主观测量方法

主观测量方法测量的是用户对于沉浸系统的"感知"沉浸性，经常被用于评估用户的沉浸式交互体验，其测量形式有很多，在社会科学领域比较流行的有问卷测量、自我报告、小组讨论、半结构化访谈等，其中问卷测量是使用最广泛的方法，其测量数据来源于用户在沉浸系统使用期间的自我报告或是使用之后所征求的问卷，这些数据能够帮助研究者获取真实的数据并发现各种因素之间的潜在关系。利用问卷进行测量的前提是需要明确的测量变量的定义及测量量表，在沉浸式技术的相关研究中，常用沉浸感这一术语来描述用户对于 AR/VR/MR 等沉浸式技术的体验，根据用户的不同沉浸程度，这一概念被分为三个层次：第一层次的沉浸感被称为"参与"，此时用户需要投入时间、精力和注意力来学习如何使用设备和控制物体；第二层次的沉浸感被称为"全神贯注"，此时用户对物理环境的意识和自我意识更少；第三层次的沉浸感被称为"完全沉浸"，表示一种与现实隔绝的状况，仿佛完全置身于虚拟环境中，这与"临场感"的概念十分接近（Jennett et al.，2008），因此文献中最常用于测量用户沉浸式交互体验的就是临场感量表，此外，心流理论（flow theory）中将用户沉浸在某项活动中的过程称为"心流体验"，因此心流量表也常被用于测量用户的沉浸式交互体验。

1）临场感量表

临场感是一个适用于评估虚拟体验的指标，在 AR/VR/MR 的相关研究中常被使用，迄今为止也有不少研究关注临场感的测量问题，其中最常用的是临场感问卷（presence questionnaire，PQ）和 SUS（Slater-Usoh-Steed）问卷（Alcaniz et al.，2019）。两份问卷各有特点，临场感问卷的每个问题非常详细和具体，涉及的范围更加广泛和全面，但过多的题量可能会对受试者造成一定负担。SUS 问卷题量相对较少，应用更加广泛，两个量表都被证实能够有效测量临场感。

临场感问卷最初是由 Witmer 和 Singer（1998）在对已有文献进行分析的基础上开发的，他们提出了一份包含 4 个子量表、共 32 个测量项的问卷。他们将临场感定义为"身处一个地方或环境中的主观体验，即使一个人的物理位置在另一个地方或环境中"，并且认为临场感与用户在虚拟环境中的体验相关，从控制因素、感官因素、分心因素和真实性因素四个方面分析，开发了临场感问卷用于衡量虚拟环境中的临场感（Witmer and Singer，1998）。后来他们又对各个因素进行分析和实证检验，对问卷不断进行修正，最终提出了临场感问卷的 4.0 版本（表 2.1），通过主成分分析最终确定了四个因素，分别是参与度、感官保真度（sensory fidelity）、适应性（adaptation）和界面质量（interface quality）（Witmer et al.，2005），该问卷共包含了 29 个题项，对临场感进行了较为全面的测量，由于题量较多，一些实证研究常在此问卷的基础上进行适当删改后再使用。

表2.1　临场感问卷

参与度	你能在多大程度上控制事件
	环境对于你所做动作的响应程度如何
	你与环境的互动看起来有多自然
	环境的视觉方面你参与了多少

续表

参与度	环境中控制运动的机制有多自然
	你对物体在空间中移动的感觉有多强烈
	你在虚拟环境中的体验与现实世界中有多一致
	你使用视觉对环境进行调查或搜索的能力如何
	你对自己在虚拟环境中移动的感觉有多强烈
	你在虚拟环境中移动或操作对象的能力如何
	你对虚拟环境体验的参与程度如何
	你通过物理互动来识别物体有多容易，如触摸物体，在表面上行走，或者撞到墙面或物体
感官保真度	环境的听觉方面你参与了多少
	你识别声音的能力如何
	你定位声音的能力如何
	你通过触摸去调查或搜索虚拟环境的能力如何
	你能够多仔细地观察物体
	你从多个视角检查对象的能力如何
适应性	你能预料到你采取行动之后会发生什么以响应你的操作吗
	你适应虚拟环境的速度有多快
	在体验结束时，你对虚拟环境的移动和与其互动的熟练程度如何
	你能在多大程度上集中精力于完成任务而不是执行这些任务的机制
	你的感官在这次体验中的投入程度如何
	在虚拟环境体验期间，你是否有过完全专注于任务或环境的时刻
	你能轻松地适应用于与虚拟环境交互的控制设备吗
	你在虚拟环境中通过不同感官体验（如视觉、听觉、触觉）提供的信息是否一致
界面质量	你的行动和预期结果之间有多少延迟
	视觉显示质量在多大程度上干扰或分散了你执行指定任务或所需活动的注意力
	控制设备对分配任务的执行或其他活动的干扰有多大

　　SUS 问卷则是 Slater 及其同事在大量研究中发展起来的，他们总结了已有文献中影响临场感的五个因素：①高分辨率信息以不提示设备存在的方式显示给用户；②所有感官模式所感知到环境的一致性；③用户能够通过环境中的物体进行导航并与之互动，包括与其他参与者的互动；④个体在虚拟环境中的自我表现应该在视觉或功能上与自己在现实中的反应相似；⑤用户行为与行为造成的后果之

间的联系应该合理。他们根据这些因素编制了 SUS 问卷，问卷主要包括三个方面的问题：身处在虚拟环境中的感觉，虚拟环境在多大程度上主导现实，虚拟环境在多大程度上被视为一个"地方"。其中与临场感相关的问题主要有以下六个（Usoh et al.，2000）。

（1）请给你在虚拟环境中的感觉打分，从 1 到 7，7 代表你在一个现实世界中的地方的正常体验：1-完全没有，7-非常。

（2）在这段体验中，你有多少次认为虚拟环境就是你的现实环境：1-任何时候都不觉得，7-几乎所有的时间都这么认为。

（3）当你回想你的经历时，你认为虚拟环境更多的是你看到的图像，还是你参观过的某个地方：1-我看到的图像，7-我去过的某个地方。

（4）在这段经历中，哪一种感觉最强烈，是在虚拟环境，还是在其他地方：1-在其他地方，7-在虚拟环境。

（5）想想你在虚拟环境中的记忆，就记忆结构而言，它和你今天去过的其他地方的记忆结构有什么相似之处（通过"记忆结构"考虑诸如在多大程度上你有虚拟环境的视觉记忆，包括颜色、大小、位置、生动性、真实性）：1-一点儿也不，7-非常相似。

（6）在近段时间里，你是否经常觉得自己处在虚拟环境中：1-不经常，7-总是。

2）心流量表

"心流"这一概念来源于 Csikszentmihalyi（1975）提出的心流理论，心流体验是指那些让我们感觉"能够控制自己的行动，掌控自己的命运"的一种最佳的、令人愉快的体验，即人们完全沉浸在自己的活动中，当处在"心流"状态时，会感到享受和兴奋感。心流理论认为心流状态具有以下 4 个维度的特征：①用户感知到自身对交互的控制感；②用户感知到自身注意力集中在交互上；③用户在交互过程中被激发好奇心；④用户发现交互本质上很有趣（Trevino and Webster，1992）。心流的测量问卷是 Webster 等（1993）在心流理论的基础上针对人机交互行为所开发的，共包含 4 个维度 12 个题项，具体内容见表 2.2。

表2.2 心流问卷

控制	我感觉自己能控制事物
	我觉得我无法控制自己与系统的互动（反向得分）
	系统允许我控制交互
注意力	在体验时我想到了其他事情（反向得分）
	在体验时我意识到自己分心了（反向得分）
	在体验时我完全沉浸在我正在做的事情中

续表

好奇心	这次体验激发了我的好奇心
	体验中的互动让我很好奇
	这次体验唤起了我的想象力
内在兴趣	这次体验让我感到厌烦（反向得分）
	这次体验本身就很有趣
	这次体验对我来说很有趣

3）用户体验量表

用户体验是指"用户使用一个系统或服务产生的感知和反应"（Tcha-Tokey et al., 2016）。以上关于"临场感"和"心流"的测量量表都是通过一些理论依据对沉浸式交互体验进行解释并在此基础上开发的，部分学者在研究中直接利用这些量表的测量数据来代表用户的沉浸式交互体验，后来有学者将这些相关概念整合为一份量表的不同维度，构建了一个整体的测量框架，用来测量用户在沉浸式技术中的用户体验。Tcha-Tokey 等（2016）整合了 9 份经典问卷，提出了包含 82个题项的用于测量沉浸式虚拟环境中用户体验的整合问卷，共有以下 10 个与沉浸式交互体验相关的维度。

（1）临场感：用户处在虚拟环境中的感觉。

（2）参与：用户与其活动之间的联系，包括行为、情感和认知方面。

（3）沉浸感：用虚拟感官刺激代替用户真实感官刺激的感觉。

（4）心流：一种愉快、有控制感和喜悦的心理状态。

（5）技能：用户在虚拟环境中掌握自己活动所获得的知识。

（6）情绪：用户在虚拟环境中的感觉（喜悦、满意、失望、焦虑等）。

（7）可用性（usability）：虚拟环境的易学习性（易学性和记忆性）和易使用性（效率、有效性和满意度）。

（8）技术接纳（technology adoption）：用户为将来使用或打算使用虚拟环境而采取的行动和决定。

（9）判断力（judgement）：对虚拟环境中体验的整体判断。

（10）体验后果（experience consequence）：用户在虚拟环境中体验到的不良症状（如晕屏、压力、头晕、头痛等）。

随后，有学者利用这种整合量表的方式来测量用户的沉浸式交互体验，而且针对不同的应用背景及技术特性进行量表的设计，以 TINMER 问卷为例，这是 Sandoval-Henríquez 和 Badilla-Quintana（2021）针对沉浸式技术在教育领域应用的背景下所提出的测量用户对沉浸式技术反应的问卷，分析了沉浸式技术在教育领域中的应用特点及对学生的影响，通过对已有文献的分析和总结提出了初步的测量问卷，然后通过专家判断、认知访谈、试点测试、探索性和验证性因素分析等方式进行修正，最终得到了一个包含交互性、临场感、心流 3 个维度的共 16 个题项的 TINMER 问卷，具体内容如表 2.3 所示。

表2.3　TINMER问卷

交互性	我能够从不同的角度查看虚拟对象
	我能够移动虚拟对象
	我能够放大虚拟对象
	我能够通过虚拟对象获取信息
	我能够旋转虚拟对象
	我能够移走虚拟对象
临场感	感觉到虚拟物体在我周围
	我认为虚拟物体存在于现实中
	感觉我正在经历一些真实的事情
	拥有置身其中的感觉，而不仅仅是观看
	感觉就像置身于虚拟环境一样
心流	我感觉体验是很愉快的
	了解我做得有多好
	感觉自己能够迎接挑战
	我的注意力非常集中
	感觉时间在不知不觉中流逝

心理量表测量法在研究中的用途非常广泛，这种方法能够量化用户的沉浸式交互体验，有助于比较不同设备的沉浸感水平、测试系统的可用性和质量、探究不同个体对同一设备体验的个体差异、识别影响用户沉浸式交互体验的因素等，能够为技术的改进及制定合适的应用策略提供参考。

总之，心理量表测量法在测量沉浸式交互体验方面具有以下优势（Zhang，2020）。

（1）易于实验管理。在进行实验时只需要让受试者体验完设备后填写问卷即可，不需要进行复杂的实验设计和系统调试。

（2）数据可靠。首先，在实验过程中，受试者独立完成设备的使用，沉浸式交互体验不会被干扰；其次，受试者会被要求回忆实验期间的沉浸式交互体验来报告数据，不会受到与测试刺激无关事物的影响；最后，它直接指向沉浸的主观体验，而不局限于特定的内容、设备或应用程序，因此得到的结果能更真实地反映沉浸式交互体验的本质。

（3）便于数据分析和假设检验。沉浸式交互体验可能是一个多维度的结构，可能会有不同的因素对整体沉浸式交互体验产生影响，问卷测量得到的数据能够用于聚类或因子分析，提取影响用户沉浸式交互体验的因素，还能够检验各因素之间的关系，促进严谨的理论发展。

同时，这种方法也不可避免地存在以下不足之处（Zhang，2020）。

（1）这种测试方法依赖于受试者体验后的回忆进行测量，很难跟踪受试者整个体验过程的沉浸感的变化，而且测试结果可能会受到近因效应和持久性忽视的影响，也无法知道受试者的沉浸感在何时达到峰值。

（2）问卷的测量题项是基于以往研究事先确定的，数据结果将限制在已有的问题中，很难发现新的影响因素。由于对沉浸式交互体验的研究还处在初步阶段，对它的认识和界定还不够完善，尽管通过主成分分析可以确定更重要的影响因素，但在分析中可能会忽略或丢弃次要但同样重要的因素，所以心理测量问卷的评估范围不可能考虑到沉浸式交互体验的全部内容。

（3）测量问卷的返回值是 1~5 或 1~7 的分类值，它在表达用户感知的广度和深度方面，以及在不同感知水平的区分度方面是存在局限的。此外，即使问卷对一个因素进行了多维度的探究，但受试者对每一个单独问题的理解仍然是多方面的，并不总是能做出准确的评估。

2. 客观测量方法

客观测量方法的原理是"响应相似理论"（response similarity theory）（Ijsselsteijn，2004），该理论认为"随着所显示环境的逼真度增加，我们对该环境的反应将越来越类似于我们对真实环境中相同的物体、主体或事件的反应"，根据这一理论形成了一系列不同的客观测量方法，如生理指标测量、行为指标测量、任务绩效测量等。生理指标测量主要通过心电图（electrocardiogram，ECG）、脑电图（electroencephalogram，EEG）、皮肤电导水平等数据来量化用户身体内在反应，行为指标测量则根据用户使用时的语言、表情动作等来反映用户的沉浸式交互体验，任务绩效测量则是根据用户在虚拟环境中的任务完成程度来反映其注意力的分配。这些测量方法能够获得真实的客观数据，不受参与者主观解释的影响，同时，它们的测量可以在用户使用系统的同时进行，能够贯穿用户体验全过程，进行实时测量。

1）生理指标测量

心电图测量是对用户心脏中波动的电信号的记录，而且以连续图形的形式展示，它包含的内容很多，如心率、节律、各个波形的振幅及时限、PQ 间期和 QT

间期、PQ 段和 ST 段等一系列指标[①]。心脏活动被证明与情绪体验、享乐价值、对新奇事物的定向反应和防御反应有关（Witmer and Singer，1998）。Meehan 等（2002）曾在一个沉浸式虚拟环境进行实验，探索了心率、皮肤温度和皮肤电导水平三种生理指标所测量的临场感水平与 SUS 问卷所测量的主观的临场感水平之间的相关性，结果发现，心率的变化表现最好，它在不同的条件下具有更高的敏感性和更高的统计能力，并且与主观测量的数据相关性最高，而且更具差异性。这表明，在沉浸式虚拟环境下，心率变化这一生理指标能够作为客观测量指标。

　　皮肤测量主要有两种指标，即皮肤温度（skin temperature，ST）和皮肤电导，其中皮肤电导的测量常被称为皮肤电活动（electrodermal activity，EDA）或皮肤电反应（galvanic skin response，GSR），通过手指或手掌来记录皮肤电导水平的变化。与皮肤温度相关的研究结果表明，当暴露于刺激物前的时间超过两分钟时皮肤温度的变化会比较显著，相比之下皮肤电导水平的差异会更显著，但与心率变化不一致（Meehan et al.，2002），因此有研究建议将心率、皮肤电导水平、脑电图等生物信号同时采集，作为测量用户对于虚拟环境的客观反应（Athif et al.，2020）。

　　脑电图测量已经被广泛用于研究心理状态，它是从头皮上将脑部的自发性生物电位加以放大记录而获得的图形。脑电图信号是由不同频率（1~100 赫兹）组成的，不同频率对应着不同的心理状态。例如，δ 波（0.5~3 赫兹）可能与放松、无意识的状态有关，而 θ 波（4~7 赫兹）则与认知任务、直觉、创造力和做梦有关；α 波（8~13 赫兹）指放松但清醒的状态，β 波（14~40 赫兹）代表警觉、激动和情绪影响，而 γ 波（40~100 赫兹）与运动功能和更高的精神活动有关（Salgado et al.，2018）。脑电图测量被认为是从认知或情绪角度研究临场感的一种手段。这种测量方法的优点在于：脑电图测量是一种直接测量大脑活动的非侵入性技术，具有较高的时间分辨率，它几乎可以在任何环境下使用（Schlögl et al.，2002）。它的缺点在于：仪器在记录大脑活动的相关信息时，一些明显的噪声或不相关的信息也可能被捕获，如运动假象（如眼睛和面部运动），以及电磁干扰的影响（Duncan et al.，2009）。此外，使用脑电图仪器时需要使用湿/凝胶电极，对参与者头皮有一定要求，而且用户需要尽量避免身体的移动来减少测量噪声，减少了用户的移动自由度（Salgado et al.，2018）。Mikropoulos 等（2004）已经通过实验证实了虚拟环境中临场感的相关因素会影响大脑的电活动，脑电图测量已经被认为是虚拟环境中临场感的一种客观测量方式。

　　功能性磁共振成像（functional magnetic resonance imaging，FMRI）是一种新

---

　　① P、Q、S、T 是心电图中波段的名称。PQ 间期（常称 PR 间期）是指从心房开始除极到心室肌除极时间；QT 间期是指从心室开始除极到心室复极结束时间；PQ 段是指心房复极，房室传导；ST 段是指心室早期缓慢复极。

兴的神经影像学方式，其原理是利用磁共振造影来测量神经元活动所引发的血液动力的改变，利用磁场提供大脑在认知任务中被激活区域的图像，因此，常被用于研究各种与心理活动相关的脑部反应。Baumgartner 等（2008）比较了儿童和青少年在观看虚拟过山车视频时的脑部区域激活情况，并得出结论认为背外侧前额叶皮质是与沉浸式交互体验相关的大脑区域。Clemente 等（2014）测量了不同沉浸式配置水平下参与者的大脑激活情况，同时通过 SUS 问卷测量临场感，最后得出，背外侧前额叶皮质的激活与临场感呈负相关关系，而且与脑岛相关的刺激和自我意识过程可能与临场感有关。类似的研究还有很多，不同的实验设置和研究方法造成研究结果存在差异，但能够确定的是，这种测量方法已经被广泛地应用于沉浸式环境中用户体验的测量了。

以上四种是较为常用的客观测量方法，有些研究只采用单一指标进行测量，有些则会使用多项客观指标同时测量，有时还会和主观测量方法同时使用。

生理指标测量方法的优点如下。

（1）与其他方法相比，生理指标测量是能够最直接、最准确地反映用户沉浸感的方法。当用户使用 AR/VR 技术时会产生诸如眩晕感或疲劳的不良反应，这些生理反应会伴随生理信号的变化，因此可以利用这些生理信号的变化检测和测量用户在虚拟环境中的体验，它是直接获取参与者生理上的客观数据，不会被主观意见或个人判断影响，因此不容易出现由主观描述引起的错误，其测量结果更容易让人信服。

（2）能够获取用户连续、实时的生理数据，可以准确地观察用户的沉浸水平，为重新配置系统因素来设计更好的沉浸式交互体验提供帮助。例如，对于讲故事的内容，如果生理信号的峰值映射到故事发展的高潮，我们可以确认沉浸发生了。

生理指标测量方法的缺点如下。

（1）目前的研究还没有将生理信号与心理过程相对应，不同的刺激可能会引起相似的生理信号的变化，因此很难解释这些信号所测量的过程。

（2）生理信号非常敏感，任何由其他因素引起的噪声可能被记录下来，影响最终的测量结果。例如，一些突然的外部因素，或者用户的身体动作，导致测量仪器接触不良等一系列外部因素造成的测量结果误差。此外，每个个体的基础生理水平的个体差异也可能对结果造成影响。

（3）测量方法复杂。购买设备和学习设备使用方法需要花费较高的成本，而且系统设置需要严格校准，数据解释和分析需要相应的专业知识，此外，复杂的测量设备可能会影响用户体验感。

2）行为指标测量

与生理指标测量一样，行为指标测量的原理是参与者在虚拟环境中感受到得越多，对刺激的反应就会越类似于在类似的真实环境中所表现出的反应。因此，有学者提出，面对刺激的自然行为反应，如语言、表情、动作等反应可以作为测量用户沉浸式交互体验的指标。Huang 和 Alessi（1999）提出面部表情的观察可以用来研究临场感的情绪成分，面部表情既可以由观察者进行评分，也可以通过程序分析自动识别，最常用的有面部动作编码系统（facial action coding system，FACS）和最大区别情感编码系统（maximally discriminative affect coding system）（Scherer and Ekman，1982）。此外，体态反应（postural responses）也能够用于测量，但通常需要设置一些特殊刺激来促使受试者发生姿势变化。例如，Schirm 等（2019）在一款游戏中嵌入了两个惊吓事件，由此来观察受试者的身体反应，第一个事件是受试者头顶的吊灯松动并摆动，测量了受试者的移动距离作为评价标准，第二个事件是受试者走进狭窄走廊尽头的一扇锁着的门后会看见"幽灵"，测量了受试者的移动速度和总移动范围。与问卷测量和生理指标测量相比，行为指标测量的方法使用相对较少，只是作为一种可能的测量临场感的方法被提出，因为行为指标测量的结果难以解释用户在虚拟环境中的临场感，而且其测量数据往往与主观测量数据间存在差异（Schirm et al.，2019），因此很少单独作为测量指标，通常会与生理指标测量或主观测量方法同时使用，以提高数据的可信度。

行为指标测量的优点如下。

（1）用户的行为反应是自然发生的，不受用户主观意识的控制，也不需要实验者进行任何的提示和培训。当用户沉浸在虚拟环境中时，会对其中的事物做出相应的反应，如躲避、跳跃等行为，这些都是下意识发生的，如果环境不够真实或不足以让用户信任，便不会产生这些行为，因此在一定程度上也能够反映用户的沉浸式交互体验。

（2）测量方式简便，不会影响用户体验。行为指标测量只需要记录用户自发发生的面部或身体的行为反应，不需要学习复杂的生理测量仪器，也不需要受试者进行事后回忆，相对而言更加简单、直接，而且没有外物的限制，不会影响用户的体验。

（3）测量数据连续。行为指标测量主要获取用户行为变动的幅度、频率等数据，能够根据用户在不同阶段的反应程度得到连续的反应数据，容易分析其与主观测量数据的相关性。

行为指标测量的缺点如下。

（1）尽管用户的面部表情、身体动作变化比较容易被捕捉到，但如何量化这些数据存在一定的主观偏见，如在人工识别表情变化时如何进行评分，采用哪些数据量化身体动作，这些主观因素可能会影响测量方法的准确度。

（2）已有研究所测量的行为数据并不总是与主观临场感相关，因此如何合理解释这些行为数据及其与用户临场感之间的关系成为难题，而且行为指标测量通常不会单独作为沉浸式交互体验的测量方式，常与主观测量方法同时使用。

（3）这种测量方法的使用范围有限，并不是任何的虚拟环境都能够采用行为指标测量，只有在能够引发用户产生行为变化的特定环境或内容中才能够发挥作用。

3）任务绩效测量

Barfield 和 Weghorst（1993）提出任务绩效可以作为沉浸式交互体验的客观测量指标。这种方法包括主要任务绩效和次要任务绩效两种测量方式，它的基本原理是当一个人的注意力越多地分配到虚拟环境中时，他的沉浸程度就越高，对主要任务的完成度也会越高，同时大部分来自物理现实的外部刺激会被忽略，也就难以将注意力转回到现实环境中去响应次要任务的要求，次要任务的完成度就会降低（Zhang，2020）。主要任务绩效测量方法就是在虚拟环境中为用户设置任务，通过统计用户完成任务所花费的时间、任务的错误率、完成任务的操作步骤等方式来衡量用户在虚拟环境中的沉浸程度。次要任务绩效测量方法则是在用户于虚拟环境中完成主要任务的同时，在物理环境中发布次要任务，统计其对次要任务的反应时间或错误率，次要任务的难度和频率可以根据所需要测量的内容进行适当的调整，如果更多的注意力被分配到中介环境中，那么次要任务的表现将会下降。

这种方法的优点在于，用户在完成任务时必然涉及与系统的交互，具有多个体验维度，因此任务绩效与用户的沉浸感是高度相关的，非常适合测量用户在沉浸系统中的体验质量。但该方法也存在一些缺陷：首先，这种测量方法仅适用于有明确任务的媒体环境，适用范围受到一定的限制；其次，这样的实验设计可能会比较复杂，涉及许多干扰因素和意外事件，测量结果具有偶然性，而且由于主要任务和次要任务的内容和性质不同，对两种绩效进行直接对比可能并不严谨；最后，人类的注意力受多种因素影响，这些因素并不严格限于系统的沉浸性，也可能和用户本身的偏好及情境方面的因素有关。

本 章 小 结

交互技术是能够使用户参与到以数字技术为基础的沟通中的设备或工具。沉浸式交互技术通过向用户提供高质量或高数量感官信息，使用户形成真实感并沉浸在与计算机生成世界的交互中。目前，VR、AR、MR 等技术构成了从虚拟环境到真实环境的连续体，为消费者的沉浸式购物提供了支撑。本章主要从相关文献资料中梳理了沉浸式交互技术的定义和特征，介绍了沉浸式交互技术在营销领域中的应用，并对沉浸式交互体验的各种主观和客观测量方法进行了归纳。

参 考 文 献

陈娟，奚楠楠，宁昌会，等. 2019. 虚拟现实营销研究综述和展望. 外国经济与管理，41（10）：17-30.

陈左宁，张军，黄子河. 2021. 中国信息化形势分析与预测（2019-2020）. 北京：社会科学文献出版社.

龚思颖，沈福元，陈霓，等. 2021. 沉浸营销的渊源与发展刍议. 新闻与传播评论，（3）：102-117.

胡正荣，周亭. 2017. 新媒体前沿（2016-2017）——人工智能与虚拟现实. 北京：社会科学文献出版社.

孙立军，刘跃军. 2021. 中国虚拟现实产业发展报告（2020）. 北京：社会科学文献出版社.

谢思全，张京成，康军. 2018. 天津文化创意产业发展报告（2017~2018）. 北京：社会科学文献出版社.

Alcaniz M，Bigne E，Guixeres J. 2019. Virtual reality in marketing：a framework，review，and research agenda. Frontiers in Psychology，10：01530.

Ameen N，Hosany S，Tarhini A. 2021. Consumer interaction with cutting-edge technologies：implications for future research. Computers in Human Behavior，120：106761.

Athif M，Rathnayake B，Nagahapitiya S，et al. 2020. Using biosignals for objective measurement of presence in virtual reality environments. 2020 42nd Annual International Conference of the IEEE Engineering in Medicine & Biology Society（EMBC），Montreal.

Azuma R T. 1997. A survey of augmented reality. Teleoperators and Virtual Environments，6：355-385.

Barfield W，Weghorst S. 1993. The sense of presence within virtual environments：a conceptual framework. Advances in Human Factors Ergonomics，19：699-704.

Baumgartner T，Speck D，Wettstein D，et al. 2008. Feeling present in arousing virtual reality worlds：prefrontal brain regions differentially orchestrate presence experience in adults and children. Frontiers in Human Neuroscience，2：1-12.

Bonetti F，Warnaby G，Quinn L. 2018. Augmented reality and virtual reality in physical and online retailing：a review，synthesis and research agenda. Augmented Reality and Virtual Reality：119-132.

Caboni F，Hagberg J. 2019. Augmented reality in retailing：a review of features，applications and value. International Journal of Retail & Distribution Management，47：1125-1140.

Clemente M，Rey B，Rodríguez-Pujadas A，et al. 2014. An fMRI study to analyze neural correlates of presence during virtual reality experiences. Interacting with Computers，26（3）：269-284.

Csikszentmihalyi M. 1975. Beyond Boredom and Anxiety. San Francisco: Jossey-Bass.

Daassi M, Debbabi S. 2021. Intention to reuse AR-based apps: the combined role of the sense of immersion, product presence and perceived realism. Information & Management, 58(4): 103453.

Duncan C C, Barry R J, Connolly J F, et al. 2009. Event-related potentials in clinical research: guidelines for eliciting, recording, and quantifying mismatch negativity, P300, and N400. Clinical Neurophysiology, 120 (11): 1883-1908.

Dwivedi Y K, Ismagilova E, Hughes D L, et al. 2021. Setting the future of digital and social media marketing research: perspectives and research proposition. International Journal of Information Management, 59: 102168.

Flavián C, Ibáñez-Sánchez S, Orús C. 2019. The impact of virtual, augmented and mixed reality technologies on the customer experience. Journal of Business Research, 100: 547-560.

Fraustino J D, Lee J Y, Lee S Y, et al. 2018. Effects of 360° video on attitudes toward disaster communication: mediating and moderating roles of spatial presence and prior disaster media involvement. Public Relations Review, 44 (3): 331-341.

Gao Y, Wei X, Chen J, et al. 2022. Toward immersive experience: evaluation for interactive network services. IEEE Network, 36 (1): 144-150.

Hsu M E, Cheng M T. 2021. Immersion experiences and behavioural patterns in game-based learning. British Journal of Educational Technology, 52 (5): 1981-1999.

Huang M P, Alessi N E. 1999. Presence as an emotional experience. Studies in Health Technology and Informatics, 62: 148-153.

Ijsselsteijn W A. 2004. Presence in Depth. Eindhoven: Technische Universiteit Eindhoven.

International Data Corporation. 2022. Worldwide augmented and virtual reality spending guide, 2022V1.

International Data Corporation. 2022. Worldwide augmented and virtual reality spending guide, 2022V2.

Jennett C, Cox A L, Cairns P, et al. 2008. Measuring and defining the experience of immersion in games. International Journal of Human-Computer Studies, 66 (9): 641-661.

Jeon S, Choi S. 2009. Haptic Augmented reality: taxonomy and an example of stiffness modulation. Presence, 18 (5): 387-408.

Kim M J. 2013. A framework for context immersion in mobile augmented reality. Automation in Construction, 33: 79-85.

Kitson A, Prpa M, Riecke B E. 2018. Immersive interactive technologies for positive change: a scoping review and design considerations. Frontiers in Psychology, 9: 1354.

Lee K M. 2006. Presence, explicated. Communication Theory, 14: 27-50.

Matthews D. 2018. Science goes virtual. Nature, 557: 127-128.

Meehan M, Insko B, Whitton M, et al. 2002. Physiological measures of presence in stressful virtual environments. Acm Transactions on Graphics (tog), 21 (3): 645-652.

Mikropoulos T A, Tzimas E, Dimou G E. 2004. Objective presence measures through electric brain activity. Proceedings of the 7th Annual International Workshop on Presence, Valencia.

Milgram P, Kishino F. 1994. A taxonomy of mixed reality visual displays. IEICE Transactions on Information and Systems, 77（12）: 1321-1329.

Qiu L, Benbasat I. 2005. An investigation into the effects of Text-To-Speech voice and 3D avatars on the perception of presence and flow of live help in electronic commerce. ACM Transactions on Computer-Human Interaction（TOCHI）, 12（4）: 329-355.

Regenbrecht H, Meng K, Reepen A, et al. 2017. Mixed voxel reality: presence and embodiment in low fidelity, visually coherent, mixed reality environments. 2017 IEEE International Symposium on Mixed and Augmented Reality（ISMAR）, Nantes.

Ryan G V, Callaghan S, Rafferty A, et al. 2022. Learning outcomes of immersive technologies in health care student education: systematic review of the literature. Journal of Medical Internet Research, 24（2）: e30082.

Salgado D P, Martins F R, Rodrigues T B, et al. 2018. A QoE assessment method based on EDA, heart rate and EEG of a virtual reality assistive technology system. Proceedings of the 9th ACM Multimedia Systems Conference: 517-520.

Sandoval-Henríquez F J, Badilla-Quintana M G. 2021. Measuring stimulation and cognitive reactions in middle schoolers after using immersive technology: design and validation of the TINMER questionnaire. Computers & Education, 166: 104157.

Scherer K R, Ekman P. 1982. Handbook of Methods in Nonverbal Behavior Research. Cambridge: Cambridge University Press.

Schirm J, Tullius G, Habgood J. 2019. Towards an objective measure of presence: examining startle reflexes in a commercial virtual reality game. https://dl.acm.org/doi/10.1145/3341215.3356263.

Schlögl A, Slater M, Pfurtscheller G. 2002. Presence research and EEG. Proceedings of International Workshop on 9 resence: 9-11.

Skibba R. 2018. Virtual reality comes of age. Science, 553: 402-440.

Slater M. 2009. Place illusion and plausibility can lead to realistic behaviour in immersive virtual environments. Philosophical Transactions of The Royal Society B-Biological Sciences, 364: 3549-3557.

Slater M, Wilbur S. 1997. A framework for immersive virtual environments（FIVE）: speculations on the role of presence in virtual environments. Presence: Teleoperators and Virtual Environments, 6: 603-616.

Steuer J. 1992. Defining virtual reality: dimensions determining telepresence. Journal of Communication, 42: 73-93.

Suh A, Prophet J. 2018. The state of immersive technology research: a literature analysis. Computers in Human Behavior, 86: 77-90.

Tcha-Tokey K, Loup-Escande E, Christmann O, et al. 2016. A questionnaire to measure the user experience in immersive virtual environments. Proceedings of the 2016 Virtual Reality International Conference, Laval.

Trevino L K, Webster J. 1992. Flow in computer-mediated communication: electronic mail and voice mail evaluation and impacts. Communication Research, 19（5）: 539-573.

Usoh M, Catena E, Arman S, et al. 2000. Using presence questionnaires in reality. Presence, 9（5）: 497-503.

Varadarajan R, Srinivasan R, Vadakkepatt G G, et al. 2010. Interactive technologies and retailing strategy: a review, conceptual framework and future research directions. Journal of Interactive Marketing, 24（2）: 96-110.

Webster J, Trevino L K, Ryan L. 1993. The dimensionality and correlates of flow in human-computer interactions. Computers in Human Behavior, 9: 411-426.

Witmer B G, Jerome C J, Singer M J. 2005. The factor structure of the presence questionnaire. Presence: Teleoperators and Virtual Environments, 14（3）: 298-312.

Witmer B G, Singer M J. 1998. Measuring presence in virtual environments: a pesence questionnaire. Presence: Teleoperators and Virtual Environments, 7（3）: 225-240.

Zhang C. 2020. The why, what, and how of immersive experience. IEEE Access, 8: 90878-90888.

第3章 沉浸式交互系统与在线直播系统的协同

在线购买情境下，消费者与产品之间存在物理上的隔阂，消费者无法对产品进行直接检测和判断，消费者对产品的不确定性已经成为抑制购买的一个主要因素。为了解决上述问题，电子零售商平台引入了在线评论系统，利用来自先前消费者的间接产品体验来弥补直接产品体验的不足。近年来，在线直播系统开始出现，消费者可以观察主播试用产品的场景以推断产品质量和适配水平。与在线评论系统和在线直播系统不同的是，沉浸式交互系统提供的是虚拟产品体验。那么，虚拟产品体验与间接产品体验的作用机制是否存在差异？现实情况下，沉浸式交互系统并非独立存在，当沉浸式交互系统与直播或评论系统同时出现，它们之间是互补还是替代的关系？本章主要探讨沉浸式交互系统与在线直播系统的协同作用，主要比较两个系统在降低产品质量和适配不确定方面的作用差异。

3.1 研究背景

AR作为一种重要的沉浸式交互技术，能够将虚拟物体叠加在真实环境中并能够使用户与之进行互动（Suh and Prophet，2018），通过媒介设备将数字感官信息融入用户体验过程中，增强用户的视觉、听觉、触觉等体验（Riar et al.，2023）。近年来，随着移动设备的普及和沉浸式技术的不断发展，AR已经在教育（Zhao et al.，2022）、文旅（Loureiro et al.，2020）、医疗（Tang et al.，2022）、工业（Costa et al.，2022）等多个专业领域有较为成熟的应用，在零售领域尤其是在线零售中也发挥出巨大的商业潜能（Riar et al.，2023）。

AR技术的出现为解决在线购物过程中缺乏产品体验的问题带来了新的机遇，

在线交易双方存在地理上的间隔使得消费者难以获得对产品实物的体验，存在很大的产品不确定性（张耕和刘震宇，2010；Dimoka et al.，2012），成为在线市场中的一个严重障碍（Yi et al.，2015），而 AR 能够提供与实体店相类似甚至更独特的产品体验信息，可以让消费者在不实际接触产品的情况下进行虚拟试用（Pantano et al.，2017；Riar et al.，2023）。例如，用户可以通过在线试妆程序看到口红、眼影等化妆品试用在自己脸上的样子，从而判断产品是否符合自己的偏好和预期，可以在购买产品之前更好地了解和评估产品（Watson et al.，2018；Wang et al.，2022）。此外，商家也会采取其他措施来解决这一问题，其中直播是目前非常流行且有效的一种营销方式（Lu and Chen，2021），在直播中，主播可以对产品进行全面的展示和介绍，还能够试用产品（如试穿衣服等），并与用户进行实时互动，提供一些个性化的指导和建议，为消费者提供丰富的产品线索和逼真的购物氛围（Xu et al.，2020）。

　　从本质上看，AR 和直播都为消费者提供了一种中介体验（Li et al.，2003），在消费者无法直接体验产品实物的情况下利用技术手段提供与产品互动的途径，但它们之间又存在着一定的差别，AR 技术主要是对产品进行虚拟表征，提供产品的虚拟模型并将其与真实环境相结合，使用户能够观察产品与自己周围环境的匹配并与其进行互动，从而获得一种仿佛在与真实产品互动的感觉和试用体验，这被称为虚拟体验（Kim and Krishnan，2015；Yi et al.，2015）。直播则主要是传递产品体验的相关信息，消费者可以从实时视频中获得主播对产品的讲解和试用，能够根据主播的试用情况来判断产品是否符合自己的喜好，还能通过弹幕与主播互动，获得个性化的服务和指导，这种从二手来源信息获得的产品体验被称为间接体验（Hamilton and Thompson，2007；Kim and Krishnan，2015）。AR 和直播为消费者带来的消费体验是存在区别的，以往的研究更多的是单独讨论了某一种体验的作用机制及其效果，而我们则想要了解 AR 和直播提供的两种类型的体验对消费者的影响有何差异及二者是否存在协同效应。我们的研究思路如下：首先，分析 AR 和直播通过怎样的机制产生影响，讨论二者作用效果的异同；其次，对比二者联合使用与单独使用的情况。前文提到产品不确定性是在线购物中的一个严重障碍，我们将以消费者的产品不确定性来评估 AR 和直播的作用。

　　在考虑 AR 和直播对消费者的产品不确定性的影响时，我们重点讨论了临场感的作用，这一概念已经在以计算机为沟通媒介的相关研究中得到了广泛的关注（Kim and Hyun，2016；Ye et al.，2020）。电子商务领域中的临场感是指消费者感觉到自己沉浸在一个类似于真实消费环境的虚拟世界中的感受，被认为是影响用户行为的一个重要因素（Algharabat et al.，2018；康培等，2018）。已有研究主要讨论了两个方面的临场感，即空间临场感和社会临场感，分别用来描述"身临其境的感受"和"与他人同在的感觉"（Ye et al.，2020），二者作为在线购物的关键要素得到了广泛的研究，并被证明会影响消费者认知和行为，如用户参与、信任、态度、购买意向等（Qiu and Benbasat，2005；Algharabat et al.，2018；Ye et al.，2020），因此我们在研究中考虑了空间临场感和社会临场感的作用。

　　总之，AR 作为一种沉浸式交互技术在线上购物中广受欢迎，为消费者带来了独特的体验，目前的研究也证明了 AR 的技术特征能够影响消费者心理从而产生积极的行为结果（Wedel et al.，2020；Riar et al.，2023），但关于 AR 与其他产品展示方式的关系我们知之甚少（Verhulst et al.，2021）。此外，在实际的在线零售应用中，商家为了达到更好的销售效果也会采取多种途径进行产品介绍，因此了解 AR 与其他展示方式之间的相互关系是有必要的，有利于商家更好地选择。本章主要讨论了沉浸式交互技术中的 AR 技术，同时关注到了目前在线购物中较为流行的直播，讨论了两种方式的作用机制的差异及二者联合使用的效果，主要关注以下问题：一是 AR 和直播如何影响消费者感知；二是 AR 和直播对消费者影响的区别；三是 AR 和直播是否存在协同效应。

3.2　文　献　综　述

3.2.1　关于 AR 的研究

　　AR 是一种通过添加虚拟计算机生成的信息来增强现实世界物理环境的实时视图（Carmigniani et al.，2011），这种视图位于物理环境和用户之间，能够将文本信息、图像、视频或其他虚拟项目添加到用户对物理环境的查看中（Javornik，2016）。网络购物中 AR 主要通过以下两种特性来发挥作用：①环境嵌入，即在用户的个人环境中嵌入产品，如将沙发产品虚拟地摆放在用户的家中；②物理控制，即能够模拟对产品的物理控制，如调整沙发的位置和朝向。这两种特性已经被证明会影响消费者的产品态度和购买意愿（Hilken et al.，2017）。

　　早期关于 AR 的文献主要从技术采纳的视角讨论了影响用户使用的因素，如Pantano 等（2017）基于传统的技术接受模型讨论了电子商务中采用虚拟眼镜试戴系统的影响因素，提出了系统的审美质量、互动性、响应时间、信息质量等技术特征会影响用户的感知易用性、感知有用性和感知享乐性，最终影响用户的态度和使用行为；Rauschnabel 等（2018）证明了 AR 智能眼镜的实用价值、享乐价值和象征价值会对用户使用产生积极影响，而感知侵犯他人隐私的风险则会对用户使用产生消极影响；Holdack 等（2022）的研究表明用户对 AR 智能眼镜的感知信息性和感知易用性会影响感知有用性和感知享乐性，进而影响用户态度和行为意愿。这方面的文献主要关注了用户对 web 或移动 AR 应用、可穿戴设备等不同类型 AR 系统的接受度，分析了 AR 技术特征对用户使用意愿的影响。这类文献主要关注用户对各种 AR 设备的使用行为，讨论了系统功能和用户感知的影响。

随着技术不断推广和普及，学者逐渐开始关注 AR 作为一种沟通媒介的特点及其对用户心理和行为的影响，如 Javornik（2016）总结了交互技术相关文献，提出交互技术具有互动性、超文本性、模态性、连通性、位置特异性、移动性和虚拟性等特点，并讨论了 AR 作为一种交互技术所具有的特点及其对消费者反应的影响；Wang 等（2022）根据 SOR（stimulus-organism-response，刺激-机体-反应）模型提出移动 AR 服务的互动性、生动性、增强性和审美体验将影响用户的空间临场感、心流体验和决策舒适度，最终影响用户的产品购买意愿；Park 和 Yoo（2020）证实了移动购物 AR 应用的可控性、响应性和游戏性将影响用户的心理意向进而影响产品态度和行为意愿。这类文献通常讨论 AR 作为沟通媒介的特点及其作用机制，而且已经证实了其能够促进消费者的购买行为，但现有文献几乎集中在 AR 系统本身，尚未有研究关注到 AR 系统与其他系统协同将会产生怎样的影响。

3.2.2　关于直播的研究

网络购物背景下的直播通常以产品营销为主要目的，会通过品牌标识、产品讲解、促销活动等一系列手段营造一种真实的购物情境，其主要特点是可以让主播通过语音介绍、产品试用等方式进行产品展示，从而让消费者能够对产品有全面细致的了解，同时，消费者还可以通过弹幕与主播和其他观众进行实时互动（Sun et al.，2019）。研究表明，直播中的互动具有直观性、即时性、针对性的特点，打破了以往被动服务的限制，能够对消费者起到主动引导的作用（刘洋等，2020）。

随着电子商务直播的流行，不少学者关注到在线直播对消费者行为的影响，现有的相关研究主要分为两个方向。其中一个方向主要关注直播的特点对消费者行为的影响，如刘洋等（2020）根据 SOR 理论提出直播的互动性、真实性、娱乐性和可视性的特点会作为刺激因素引发消费者的唤醒、愉悦和信任等一系列的机体反应，最终影响消费者的冲动型购买和目的型购买；Sun 等（2019）从技术支持的角度提出直播具有可见性、服务性和购物指导的特点，将会促进用户的沉浸感和临场感并最终提升购买意愿；Wongkitrungrueng 和 Assarut（2020）提出直播所带来的实用价值、享乐价值和象征价值会增强用户对产品和卖家的信任，进而提升顾客参与度。另一个方向则主要关注直播活动中网红特质对消费者行为的影响，如陈海权等（2020）证实了直播网红的知名度、互动性、产品涉入度和创新性等个人特质会影响顾客感知的功能价值、情感价值和社会价值，进而影响对产品的购买意愿；孟陆等（2020）将主播分为娱乐型、技能型、带货型三种类型，并认为不同类型主播的影响机制不同，但主要都通过可信性、专业性、技能性、互动性和吸引力五大特性来吸引消费者从而激发其购物欲望；刘凤军等（2020）通过对访谈和直播弹幕的客观数据分析得出用户主要关注网红信息源的可信性、专业性、互动性和吸引力，而网红信息源的上述特征会提升用户感知的实用价值和享乐价值最终促进购买意愿。

由于近年来国内直播电子商务的兴起，相关研究也纷纷涌现，目前的文献主要探讨了直播作为一种新颖的展现方式的特性，如实时性、互动性等。同时，主播个人特质对消费者行为的影响也受到了广泛的关注，相关研究分析了"网红经济"在电子商务直播中如何发挥作用，但少有研究关注到将直播与其他形式的产品展示方式联合使用并分析其作用效果。

3.2.3 关于在线购物中产品不确定性的研究

"不确定性"通常用于表示个体的一种认知状态，关于不确定性的研究可以追溯到 Frank（1921），其经典著作中将不确定性描述为"既不是完全无知的，也不是完全和完美的信息，而是部分的知识"，不确定性被认为是不完全信息的人为产物，这种不完全信息是普遍存在的，尤其在市场交易中，交易双方目标不一致可能导致逆向选择和道德风险问题（Akerlof，1970），交易关系中的不确定性主要来自上述的两个问题，相比传统购物，网络购物背景下消费者面临的不确定性更大。事实上，在线购物中消费者的产品不确定性已经受到广泛的关注，并且被认为是在线市场发展的一个严重障碍。现有研究将在线购物中的产品不确定性主要分为质量不确定性和适配不确定性两个方面。

质量不确定性包括描述不确定性和性能不确定性，是指消费者难以从产品特性和未来性能方面评估质量（Dimoka et al.，2012；Tang and Lin，2018），产品的质量不确定性已被充分理论化，并被证明对在线市场有负面影响（Ghose，2009；Animesh et al.，2010）。产品的质量不确定性通常涉及为消费者提供共同效用的差异化商品属性，如在购买服装产品时，由于对服装的材料、工艺等不确定，消费者无法对这款衣服的质量（是否耐穿、不掉色等）信息做出较好的评估，这种情况在在线购物中是常见的。

Hong 和 Pavlou（2014）首先提出了适配不确定性的概念，将其定义为"消费者无法评估产品属性符合其偏好的程度",他们认为产品适配不确定性的产生主要源于:①缺乏产品的体验信息;②缺乏推断产品属性是否符合消费者偏好的信息。产品的适配不确定性通常涉及消费者偏好的体验性产品属性,如在购买服装产品时,由于无法直接试穿,对产品是否合身,是否符合自己的形象风格等无法进行较好的判断,即产生了适配不确定性。因此,在在线购物中,质量不确定性和适配不确定性通常是同时存在的,并且会对消费者的购买决策产生显著影响。

关于在线购物中产品不确定性的研究,更多的文献聚焦在探索影响产品不确定性的前因上,张耕和刘震宇(2010)从信息来源方的角度讨论了在线沟通、买家评论和购物网站保障的影响,并证明这三方信息会提升用户的产品属性体验并降低对产品和卖家的感知不确定性进而产生购买意愿;Hong 和 Pavlou(2014)讨论了不同类型产品的不确定性水平,证实了体验型产品比搜索型产品存在更高的产品质量不确定性和产品适配不确定性,并且这种影响会受到媒体网站和产品论坛的调节,此外用户的产品熟悉度越高会导致越低的适配不确定性;Weathers 等(2007)讨论了图片、第三方信息和信息控制三种方式对产品性能不确定性的影响,结果表明图片展示能够显著降低体验型产品的产品性能不确定性,而第三方信息和信息控制这两种方式则显著降低了搜索型产品的性能不确定性。现有研究主要从在线交易本身的特点出发,从网站、商品及卖方等方面探索可能的影响因素,而鲜有研究考虑到不同体验方式联合作用对产品不确定性的影响。

3.3　理论基础与研究假设

3.3.1　临场感理论

临场感是一个被广泛研究的概念,最早运用于通信、教育等领域,定义为在远程环境中通过通信媒介而产生的体验(Steuer,1992),随后被引入电子商务领域的研究中,用以描述一种沉浸在类似真实的消费环境中的主观感觉。Ijsselsteijn 等(2000)将临场感划分为社会临场感和空间临场感两个维度,这也是目前研究所聚焦的两个方面,其中社会临场感主要形容用户在心理上的临场感,而空间临场感是对物理上的临场感的描述,两者共同营造了一种"虚拟临场的感觉"(谢莹等,2019)。

网络购物中的社会临场感主要是指消费者通过电子商务媒介体验到的与实体商店购物相似的真实感、场景感(Lee and Park,2014),也就是说,消费者在线上购物平台中也能体验到在实体商店中购物的人际刺激，强调一种"与他人同在"的感受。先前的研究认为一切媒介都能够产生社会临场感，而且是由技术水平决定的，属于媒介的固有属性（Short et al.，1976），后来多位学者证实除了技术因素以外，互动、沟通技巧、表情等社会因素也会对社会临场感产生影响，而且社会因素的影响占主要地位（毛春蕾和袁勤俭，2018）。已有研究证实了网站的信息呈现（喻昕等，2017）、语音（Qiu and Benbasat，2005）、在线社区（Nadeem et al.，2020）、直播（谢莹等，2019）等多种沟通方式都能够产生社会临场感，并且会正向影响消费者行为，如促进消费者信任、购买意愿、品牌忠诚等。

空间临场感则是衡量消费者感觉自己沉浸在虚拟购物环境中的程度，仿佛他们可以与产品有物理接触（Ye et al.，2020），更多反映了"身临其境"的感受。根据用户感知的位置差异，空间临场感的概念也有所区别：AR 能够将虚拟物体叠加在用户的真实环境中，让人觉得仿佛产品就出现在自己眼前，这种情况下被传输的对象是产品，用户感知到的是产品出现在自己所处的环境中；VR 则是创造了一个完全虚拟的环境，让用户感觉自己仿佛身处另一个地方，这种情况下被传输的则是用户，用户感知到的是自己出现在虚拟世界中（Qiu and Benbasat，2005；Fraustino et al.，2018）。有文献指出 AR 更适合零售商使用，因为它可以虚拟地改变产品的位置，使消费者可以在不实际试用的情况下看到产品出现在自己身边的情况，从而更好地检查产品（Bonetti et al.，2018；Caboni and Hagberg，2019），另外，目前 AR 已经能够在智能手机等移动设备上使用，这也使得 AR 更容易被推广使用。目前关于 AR 的研究已经关注到空间临场感的影响，常被认为是一个中介因素并被证明能够提高消费者的满意度、购买意向等（Hilken et al.，2017；Smink et al.，2020；Wang et al.，2022）。

3.3.2 AR 与临场感

AR 应用可以通过智能设备的摄像头获取用户的身体信息或周围环境，然后将虚拟产品叠加在用户身上或是周围环境中并通过屏幕展示，仿佛产品真的出现在用户周围的真实世界中（Smink et al.，2020），同时用户还能够通过屏幕与虚拟产品进行互动，如调整产品的大小、将产品放置在房间的不同位置等，为消费者提供一种接近真实的感官体验，这可能会使消费者产生空间临场感（Wang et al.，2022）。相关研究表明 AR 背景下的真实体验可以给用户带来沉浸感和临场感，从而加深消费者对产品的理解（Gallino and Moreno，2018；Daassi and Debbabi，2021）。因此，我们假设 AR 将增强消费者的空间临场感。

先前的研究表明媒介的技术因素和社会因素都会影响用户的社会临场感，其中社会因素的作用更为关键（Gunawardena and Zittle，1997）。AR 作为一种商品展示技术确实能够为用户带来积极的产品互动体验，让用户构建对真实产品的认知，因此我们认为其技术因素能够引发一定程度的社会临场感，但由于在 AR 中主要是与产品的互动，并不存在任何沟通、对话及情感表达等社会因素，我们认为 AR 中的社会临场感水平是比较低的。此外，AR 体验的主要特点是能够通过在线模拟让用户感觉产品就在他们面前，这可以诱发高水平的空间临场感，因此我们认为 AR 产生的空间临场感水平将高于社会临场感水平。我们提出以下假设。

$H_{3.1a}$：AR 能够增强消费者的空间临场感。

$H_{3.1b}$：AR 能够增强消费者的社会临场感。

$H_{3.1c}$：相比社会临场感，AR 更多地增强了空间临场感。

3.3.3 直播与临场感

在直播中，主播可以从不同角度进行动态的产品展示，同时还会对产品的特点和功能进行讲解，还能针对观众的弹幕提问进行回答和个性化指导，给观众提供详细可见的产品信息，就像他们真的亲眼看到产品一样，这也可能会引发用户产生空间临场感。此外，现有的关于直播的研究已经证明，直播可以增加观众的沉浸感和临场感，提高消费者的信任和参与度，减少他们的产品不确定性（Sun et al.，2019；Wongkitrungrueng and Assarut，2020；Lu and Chen，2021）。因此我们有理由认为，直播能够增强用户的空间临场感。

从技术因素的角度来看，直播为消费者提供了丰富的视觉和听觉线索，能够引发一定的社会临场感。从社会因素的角度来看，直播可以带来社会临场感：直播首先能够传递主播对产品的理解，其中包括产品介绍及主播个人对产品的体会，通过语言、表情、动作等各种因素体现出来；其次，用户能够通过弹幕与主播进行交流互动，获得一些个性化讲解和建议；最后，用户还能够看到其他消费者与主播的互动，并且自己也能够与其他消费者进行沟通，这些社交因素也会引发社会临场感。

考虑到直播的主要特点在于主播的讲解和与观众的互动，而不仅仅是产品的展示，而且用户对产品的体验基于主播的试用，而主播不可能满足所有消费者的要求，我们认为在直播中消费者感知到的空间临场感水平应该是比较低的，而直播中包含的丰富的社会因素能够引发较高水平的社会临场感，因此，我们认为相比空间临场感，直播会产生更高水平的社会临场感。

$H_{3.2a}$：直播能够增强消费者的空间临场感。

$H_{3.2b}$：直播能够增强消费者的社会临场感。

H$_{3.2c}$：相比空间临场感，直播更多地增强了社会临场感。

3.3.4　临场感与产品不确定性

产品适配不确定性主要由两方面导致：①消费者缺乏体验性的产品信息；②缺乏推断产品属性和消费者偏好之间匹配程度的方法（Hong and Pavlou，2014）。空间临场感能够有效地解决这两个问题。在网络购物中，消费者可以从二手信息和产品的虚拟模拟中获取体验性的产品信息（Kim and Krishnan，2015），而空间临场感可以使消费者获得对产品的虚拟感知，从而拥有一定程度的产品体验。同时，空间临场感可以让消费者感觉到产品就在他们的环境中，从而提高了他们判断产品是否符合自己喜好的能力。因此，我们认为空间临场感可以有效地降低消费者的产品适配不确定性。

产品质量不确定性主要是由于两种类型信息的不充分或不准确造成的：①对产品真实属性的描述（如背包的尺寸）；②关于产品实际性能的线索（如背包耐用性）（Tang and Lin，2018）。空间临场感描述了虚拟物体如何被体验为真实的（Smink et al.，2020），这可能在某种程度上提高了消费者对产品属性的认知，此外，以前的研究表明，空间临场感可以减少消费者在信息收集和处理过程中的认知负担，帮助消费者更好地了解产品（Hilken et al.，2017；Kim and Choo，2021）。因此，我们认为空间临场感可以减少消费者的产品质量不确定性。但考虑到空间临场感更多的是突出产品的外在表现，而不是其内部性能和实际操作效果，我们认为其降低产品质量不确定性的能力有限，此外，由于空间临场感能够有效地解决产品适配不确定性的两个成因，我们认为空间临场感会更多地降低产品适配不确定性而不是产品质量不确定性，我们提出如下假设。

H$_{3.3a}$：空间临场感能够降低消费者的产品适配不确定性。

H$_{3.3b}$：空间临场感能够降低消费者的产品质量不确定性。

H$_{3.3c}$：相比产品质量不确定性，空间临场感更多地降低了产品适配不确定性。

社会临场感反映了沟通媒介让消费者在心理上感知到与他人互动的能力，在购物情景下的互动中，消费者能够获得许多关于产品性能的信息，因此能够降低产品质量不确定性，而且相关研究也证实了社会临场感能够有效地减少网上购物中各方的信息不对称（Xu et al.，2021）。此外，在参与各方的交流互动中消费者可以获得一定体验性的产品信息，但很难从这些零散的信息中获得对产品和自身偏好匹配度的直观感受，因此我们认为社会临场感只能部分降低产品适配不确定性，至少比它降低产品质量不确定性的能力要低，我们提出如下假设。

H$_{3.4a}$：社会临场感能够降低消费者的产品适配不确定性。

H$_{3.4b}$：社会临场感能够降低消费者的产品质量不确定性。

H$_{3.4c}$：相比产品适配不确定性，社会临场感更多地降低了产品质量不确定性。

3.3.5　产品类型的调节作用

Nelson（1970）提出消费者对不同类型的产品有不同的获取信息能力，并且按照消费者能否在购买前获得产品质量信息，把产品分为体验型产品和搜索型产品。体验型产品是指产品的主要属性很难在购买前获得，通常需要亲自体验才能了解产品的特性（Klein，1998），化妆品、衣服、鞋等常被视作体验型产品（Huang et al.，2009）；搜索型产品则是指产品的关键信息比较容易从外部提供的信息中获得（Klein，1998），消费者能够事先搜集到产品的各种参数，从而对产品产生判断，手机、笔记本电脑、数码相机等常被视作搜索型产品（Huang et al.，2014）。此前的研究已经发现，对于不同类型的产品，产品展示方式的作用效果存在差异，Weathers 等（2007）证实了对于体验型产品而言，图片在降低产品质量不确定性方面的作用更加显著，而对于搜索型产品而言，允许消费者控制信息和第三方信息在降低产品质量不确定性方面的效果更显著。黄静等（2017）的研究表明，对于体验型产品而言，动态视频展示会获得比静态图片更高的产品评价，而对搜索型产品而言则正好相反。由此可见，产品类型不同会导致消费者在进行购买决策时有不同的信息需求，因此，不同的产品展现方式的作用效果也会有所不同。

对于体验型产品通常没有统一的评价标准，而他人的评价往往具有较强的主观性，对于同一件商品，不同的人可能会有完全相反的评价，因此消费者会更依赖自己对产品的直观感受进行判断，其中感官信息对于评价体验型产品是比较重要的（Weathers et al.，2007）。空间临场感描述了消费者仿佛能够通过媒介技术与产品进行物理接触的感觉，通过提供一种直观的、真实的产品展示来降低产品不确定性，因此，当产品类型偏向体验型时，空间临场感的作用可能会更有效，且这种有效主要体现在对适配不确定性的影响上，产品适配不确定性的主要来源之一就是产品的体验属性（Hong and Pavlou，2014），当消费者通过空间临场感获得了对体验属性的感知，也就会降低产品适配不确定性。因此，当产品为体验型产品时，可能会加强空间临场感对产品适配不确定性的影响。

对于搜索型产品，消费者会更多地关注产品的性能，并且搜索型产品的评价通常会存在一定的客观标准去量化比较，如产品参数、硬件配置等信息，此时消费者可能会更依赖他人的经验。社会临场感就是通过消费者与其他参与者的互动和交流从而产生的一种购物氛围，能够增强消费者对产品的理解进而降低产品质量不确定性，因此，当产品类型偏向搜索型时，可能会加强社会临场感对产品质量不确定性的影响。综上，本章提出如下研究假设。

$H_{3.5a}$：产品类型调节了空间临场感对产品适配不确定性的影响，即产品类型越偏向体验型，空间临场感对产品适配不确定性的影响就越强。

$H_{3.5b}$：产品类型调节了社会临场感对产品质量不确定性的影响，即产品类型越偏向体验型，社会临场感对产品质量不确定性的影响就越弱。

综合以上假设，研究模型如图 3.1 所示。

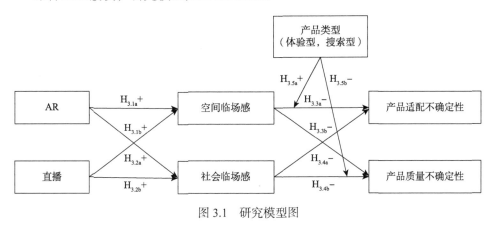

图 3.1　研究模型图

3.4　研究设计

3.4.1　实验设计

本章研究采取组间实验的方式，我们设计了 2（产品类型：搜索型产品和体验型产品）×4（消费者体验：图片、AR、直播、AR+直播）的实验，为了验证我们的研究假设，我们设立了对照组、AR 组和直播组，通过与对照组的对比来突出 AR 和直播的作用。此外，我们还设计了一个既有 AR 又有直播的组，用来观察 AR 和直播联合作用会产生怎样的影响。其中，对照组只包含产品的图文信息介绍，就像电子商务平台中最常见的那样；AR 组在图文信息的基础上增加了试用产品 AR 应用的过程；直播组在图文信息的基础上增加了产品的直播视频；AR+直播组包含前三组的所有信息。

我们在对比了目前主流的购物平台后选择了京东作为实验平台，主要是因为该平台中具有 AR 试用程序的产品种类相对较多，涉及不同类型的产品。此外，我们分别选择了口红和手机作为体验型产品和搜索型产品。口红被认为是化妆品中最受欢迎的产品之一，也是体验型产品的一个典型例子，因为它实际使用的感觉和体验是评价产品的一个重要因素（Lian and Yen，2013）。手机是一种典型的搜索型产品（Lu et al.，2014），消费者可以通过二手信息对其进行充分的评估。

　　各组最终的实验材料如下：①对照组，主要以图片和文字的形式展示，包括产品名称、规格、特点等有关产品的文字信息，以及产品的外观和使用场景，共 8 张图片。②直播组，包含对照组的所有信息和一段产品的直播视频（72 秒），我们随机选取了在线商店主页的直播，剪辑了关于产品的片段，主要是详细展示产品的外观、功能、特点等。③AR 组，包括对照组的所有信息和产品的 AR 试用程序，其中口红产品的试用能够让消费者看到口红涂在自己嘴上的样子，并且能够调节颜色深浅，同时能够展现产品搭配其他化妆品使用的整体效果；手机产品的试用能够让消费者 360°转动手机模型进行观察、了解产品特点，并且能通过摄像头获取周围环境然后将手机虚拟地摆在环境中。该组的浏览时间尽量控制与视频时长相同。④AR+直播组，包含了以上三组的所有信息，浏览时间也相应延长。

3.4.2　变量测量

　　问卷所采用的量表均参考已有文献中的测量量表，并根据研究内容进行了适当的修改。除了社会临场感、空间临场感、产品质量不确定性和产品适配不确定性等研究变量外，我们还测量了一些可能有影响的因素作为控制变量，包括网购经验、产品知识和品牌熟悉度等，具体的测量题项见表 3.1，问卷均采用了利克特 7 级量表进行测量。

表3.1　变量测量量表

研究变量	测量题项
社会临场感 （Nadeem et al.，2020）	能让我拥有一种社交的感觉
	能让我感觉到有其他参与者的存在
	能让我与其他参与者进行信息交流
	能让我体会到一种很热情的感觉
空间临场感 （Hilken et al.，2017；Smink et al.，2020）	与我在现实世界中体验产品的感受很相似
	就像是在现实世界中体验产品一样
	让我感觉产品更像是真实存在的而不是虚拟的

续表

研究变量	测量题项
空间临场感 （Hilken et al.，2017；Smink et al.，2020）	让我感觉产品就像在真实世界里一样逼真
	让我感觉产品与现实世界环境很契合
	看起来产品好像真的在现实世界中参与了互动
产品质量不确定性 （Hong and Pavlou，2014）	我无法判断产品真实的质量水平
	我会担心它在现实生活中看起来和网站上描述的不一样
	我会担心它的功能会与它所介绍的不一样
	我不确定它是否会像我所预期的那样
产品适配不确定性 （Hong and Pavlou，2014）	我不确定这款产品是否符合我的喜好
	我不确定这款产品是否符合我的要求
	我不确定具有这些特征的产品就是我要找的
	我不确定产品的属性（如颜色、大小、质感等）就是我想要的
网购经验 （Nirmala and Dewi，2011）	我在网上购物的范围很广
	我使用网络购物已经有很长时间了
	我在网上购物很频繁
产品知识 （Brucks，1985）	我对该类产品有丰富的相关知识
	我对产品不同的配置、参数等很了解
	我对不同款式的产品效果都很了解
	我对这类产品的多个品牌都很熟悉
	我非常清楚如何挑选该类产品
品牌熟悉度 （Campbell and Keller.，2003）	我经常看到该品牌的产品（或广告）
	我经常看到有人推荐该品牌
	我购买或使用过该品牌的产品
产品类型 （Weathers et al.，2007；Hong and Pavlou，2014）	通过看到产品实物来评估它是很重要的
	通过触摸产品实物来评估它是很重要的
	我可以只使用卖家所提供的关于产品的属性和特征的信息来评估它
	我可以只通过阅读关于产品的信息来评估这款产品的质量

3.4.3　受试者招募

我们通过线上和线下渠道招募了实验受试者，招募对象为在校大学生，共有208 名受试者完成了实验并填写了调查问卷。在剔除不完整及作答不认真的数据后，最终获得有效问卷 176 份。由于口红产品的受试者都是女生，手机产品的受试者男女各占一半，故总体上男女比例控制在 1∶3。所有受试者都有网上购物经验。表 3.2 显示了受试者的人口统计资料，表 3.3 显示了实验分组的情况。

表3.2　样本分布表

项目	类别	人数	百分比
性别	男	42	23.9%
	女	134	76.1%
年龄	18~25 岁	171	97.2%
	26~30 岁	5	2.8%
受教育程度	本科	69	39.2%
	研究生及以上	107	60.8%

表3.3　实验分组表

产品	对照组	AR 组	直播组	AR+直播组
口红	22	22	22	23
手机	21	22	22	22

3.4.4　实验流程

整个实验流程如下：首先，受试者被随机分配到 8 个实验条件中的一个，然后他们需要完成问卷的第一部分，包括性别、年龄、受教育程度、网购经验和产品类型的认知。为了避免实验材料对受试者判断的影响，与实验材料无关的项目都在问卷的第一部分。其次，实验人员会对受试者需要浏览的材料及大致浏览时间进行告知，组织受试者进行实验材料的浏览并控制时间。最后，受试者填写第二部分问卷，包括社会临场感、空间临场感、产品质量不确定性、产品适配不确定性、产品知识、品牌熟悉度的测量。实验持续时间为 10~15 分钟。

3.5　实　验　结　果

3.5.1　信度和效度检验

首先，我们用组合信度（composite reliability，CR）和 Cronbach's α 系数检验

了量表的可靠性，结果如表 3.4 所示，Cronbach's α 系数范围为 0.764~0.942，CR 值范围为 0.819~0.945，表明量表具有较好的信度。

表3.4　量表信度和收敛效度分析

变量	题项	因子载荷	Cronbach's α	AVE	CR
空间临场感（SP）	SP_1	0.799	0.942	0.713	0.937
	SP_2	0.848			
	SP_3	0.872			
	SP_4	0.853			
	SP_5	0.838			
	SP_6	0.856			
社会临场感（SOP）	SOP_1	0.800	0.908	0.707	0.906
	SOP_2	0.888			
	SOP_3	0.860			
	SOP_4	0.812			
产品质量不确定性（PQU）	PQU_1	0.695	0.837	0.647	0.879
	PQU_2	0.866			
	PQU_3	0.860			
	PQU_4	0.785			
产品适配不确定性（PFU）	PFU_1	0.725	0.771	0.537	0.819
	PFU_2	0.767			
	PFU_3	0.862			
	PFU_4	0.538			
体验型（E）	E_1	0.878	0.764	0.767	0.868
	E_2	0.874			
搜索型（S）	S_1	0.906	0.836	0.815	0.898
	S_2	0.900			
网购经验（SE）	SE_1	0.823	0.797	0.702	0.876
	SE_2	0.841			
	SE_3	0.845			
产品知识（PK）	PK_1	0.912	0.938	0.774	0.945
	PK_2	0.910			
	PK_3	0.850			
	PK_4	0.850			
	PK_5	0.875			
品牌熟悉度（BF）	BF_1	0.831	0.790	0.654	0.849
	BF_2	0.867			
	BF_3	0.721			

其次，我们还检验了量表的收敛效度和区分效度，主要通过平均方差提取值（average variance extracted，AVE）和因子载荷系数来评估收敛效度，从表 3.4 可以看出 AVE 值均超过了 0.5，因子载荷系数的范围在 0.538~0.912，说明量表的收敛效度是可接受的。此外，我们通过比较 AVE 值的平方根与变量之间的相关性来评估区分效度，结果如表 3.5 所示，可见 AVE 值的平方根大于各变量的相关系数，具有较好的区分效度。

表3.5　区分效度分析

变量	1	2	3	4	5	6	7	8	9
1. 网购经验	**0.838**								
2. 品牌熟悉度	0.215**	**0.809**							
3. 产品知识	0.087	0.356**	**0.880**						
4. 空间临场感	0.051	0.228**	0.102	**0.844**					
5. 社会临场感	0.057	0.070	0.155*	0.461**	**0.841**				
6. 产品质量不确定性	0.064	−0.010	−0.132	−0.169*	−0.065	**0.804**			
7. 产品适配不确定性	−0.026	−0.174*	−0.128	−0.438**	−0.208**	0.319**	**0.733**		
8. 体验型	0.039	0.001	−0.041	−0.068	0.100	0.086	0.112	**0.876**	
9. 搜索型	0.093	−0.123	0.196**	0.005	0.038	−0.094	−0.057	−0.141	**0.903**

*表示显著性水平小于 0.05，**表示显著性水平小于 0.01
注：加粗数字为 AVE 值的平方根

最后，我们采用 Harman 单因素检测法进行共同方法偏差检验，对所有测量题项进行探索性因子分析，结果显示第一个因子的方差解释率为 21.978%，小于临界值 50%，不存在单一因子解释大部分变异的现象，因此可认为不存在严重的共同方法偏差问题。

3.5.2　假设检验

首先，为了检验 AR 和直播对空间临场感和社会临场感的影响，我们以对照组为参照，进行了独立样本 t 检验，结果如表 3.6 所示。由表 3.6 中数据可见，AR 组中实验组的空间临场感（$t=-6.575$，$p=0$）和社会临场感（$t=-2.765$，$p=0.007$）都显著高于对照组，即支持了 H$_{3.1a}$ 和 H$_{3.1b}$。同样地，直播组中实验组的空间临场感（$t=-7.453$，$p=0$）和社会临场感（$t=-7.467$，$p=0$）都显著高于对照组，支持了 H$_{3.2a}$ 和 H$_{3.2b}$。图 3.2 展示了 AR 组和直播组的空间临场感和社会临场感的对比，其中 AR 组的空间临场感要显著高于社会临场感（$t=4.021$，$p=0$），支持了 H$_{3.1c}$，直播组的社会临场感要高于空间临场感但差异并不显著（$t=-1.610$，$p=0.115$），拒绝

了 $H_{3.2c}$，同时我们还发现 AR 组的两个临场感之间没有显著的相关关系（r=0.028，p=0.599），而直播组的两个临场感却存在显著相关关系（r=0.440，p=0.003）。

表3.6　各组与对照组差异的检验

检验变量	组别	平均值		t 值	p 值
		实验组	对照组		
空间临场感	AR	4.375	2.775	−6.575	0
	直播	4.477	2.775	−7.453	0
	直播+AR	4.567	2.775	−7.550	0
社会临场感	AR	3.426	2.651	−2.765	0.007
	直播	4.761	2.651	−7.467	0
	直播+AR	3.944	2.651	−5.074	0
产品质量不确定性	AR	4.148	4.814	2.386	0.019
	直播	4.222	4.814	2.037	0.045
	直播+AR	4.417	4.814	1.648	0.103
产品适配不确定性	AR	3.330	4.250	3.675	0
	直播	3.097	4.250	4.157	0
	直播+AR	3.100	4.250	4.637	0

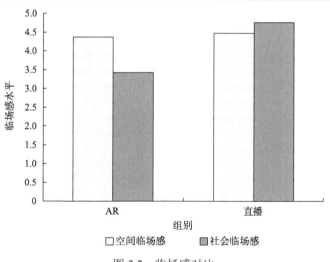

图 3.2　临场感对比

　　另外，我们还同时比较了 AR 和直播对产品不确定性的作用，如表 3.6 所示，与对照组相比，AR 组和直播组都显著地降低了产品质量不确定性和产品适配不确定性。而且，如图 3.3 所示，AR 组和直播组都更多地降低了产品适配不确定性

（ t=3.709, p =0.001; t=5.677, p=0 ）。以上数据分析结果显示, AR 组和直播组的作用效果是比较相似的。然后我们进一步对比了 AR 组和直播组与 AR+直播组之间的区别, 检验结果如表 3.7 所示, 可以看出二者联合使用并没有显著地改变消费者的产品不确定性和空间临场感, 甚至其社会临场感要低于直播组, 因此同时使用 AR 和直播与单独使用 AR 或直播相比并没有显著的优势, 我们推测两者之间可能发生了替代效应, 但这还需要靠进一步的研究来证实。

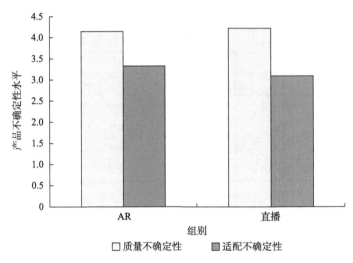

图 3.3　产品不确定性对比

表3.7　各组与AR+直播组差异的检验

检验变量	AR	直播	AR+直播	AR vs AR+直播		直播 vs AR+直播	
				t 值	p 值	t 值	p 值
空间临场感	4.375 0	4.477	4.567	−0.805	0.423	−0.400	0.690
社会临场感	3.426 1	4.761	3.944	−2.374	0.020	3.692	0
产品质量不确定性	4.147 7	4.222	4.417	−1.141	0.257	−0.783	0.436
产品适配不确定性	3.329 5	3.097	3.100	1.213	0.228	−0.015	0.988

其次, 我们检验了临场感对产品不确定性的影响, 线性回归分析结果如表 3.8 所示, 空间临场感显著地降低了产品质量不确定性（ B=−0.169, p=0.025 ）和产品适配不确定性（ B=−0.438, p=0 ）, 支持了 H$_{3.3a}$ 和 H$_{3.3b}$, 对比二者的标准化系数 B 可以发现空间临场感对产品适配不确定性的影响更大, 支持了 H$_{3.3c}$。社会临场感显著地降低了产品适配不确定性（ B=−0.208, p=0.006 ）, 支持了 H$_{3.4a}$, 但并没有显著降低产品质量不确定性（ B=−0.065, p=0.395 ）, 拒绝了 H$_{3.4b}$, 同时也拒绝了 H$_{3.4c}$。

表3.8　回归分析结果

自变量	因变量	标准化系数 B	p 值
空间临场感	产品质量不确定性	−0.169	0.025
	产品适配不确定性	−0.438	0
社会临场感	产品质量不确定性	−0.065	0.395
	产品适配不确定性	−0.208	0.006

　　为进一步阐明直播与 AR 对消费者的产品质量不确定性和产品适配不确定性的影响机制，我们对空间临场感和社会临场感的中介效应进行了检验，参考了方杰和温忠麟（2018）提出的关于类别自变量（$K \geqslant 3$）的相对中介分析法，我们将不同组别（对照组、AR 组、直播组）编码为虚拟变量，中介变量空间临场感和社会临场感及因变量产品质量不确定性和产品适配不确定性为连续变量。以对照组为参照时，得到如表 3.9 所示的分析结果，可见空间临场感和社会临场感并没有中介直播和 AR 对产品质量不确定性的影响；AR 组通过空间临场感对产品适配不确定性的中介效应值为−0.575，95% 的 Bootstrap 置信区间为[−0.956，−0.249]，表明中介效应显著，且加入中介变量后，AR 对产品适配不确定性的直接效应不显著，因此是完全中介；直播组通过空间临场感对产品适配不确定性的中介效应值为−0.611，95% 的 Bootstrap 置信区间为[−0.993，−0.276]，表明中介效应显著，且加入中介变量后，直播对产品适配不确定性的直接效应仍显著，因此是部分中介。

表3.9　中介效应分析

检验路径	效应值	BootLLCI[1]	BootULCI[2]	中介效应
AR—空间临场感—产品质量不确定性	−0.177	−0.612	0.198	无
AR—社会临场感—产品质量不确定性	0.004	−0.186	0.165	无
AR—产品质量不确定性	−0.493	−1.155	0.170	
直播—空间临场感—产品质量不确定性	−0.188	−0.642	0.207	无
直播—社会临场感—产品质量不确定性	0.009	−0.464	0.422	无
直播—产品质量不确定性	−0.413	−1.137	0.311	
AR—空间临场感—产品适配不确定性	−0.575[a]	−0.956	−0.249	完全中介
AR—社会临场感—产品适配不确定性	0.040	−0.109	0.212	无
AR—产品适配不确定性	−0.386	−0.942	0.171	
直播—空间临场感—产品适配不确定性	−0.611[a]	−0.993	−0.276	部分中介
直播—社会临场感—产品适配不确定性	0.109	−0.269	0.521	无
直播—产品适配不确定性	−0.651[a]	−1.259	−0.043	

　　1）LLCI：lower limit confidence interval，置信区间的下限；2）ULCI：upper limit confidence interval，置信区间的上限

　　注：a 表示效应显著

　　最后，我们检验了产品类型的调节作用，结果如表 3.10 所示，其中产品类型数值越大表示产品类型越偏向体验型。由表 3.10 中结果可见，产品类型只调节了

空间临场感对产品适配不确定性的影响（$B=1.178$，$p=0.028$），即越偏向体验型，空间临场感对产品适配不确定性的影响越强，支持了 $H_{3.5a}$；没有调节社会临场感对产品质量不确定性的影响（$B=0.675$，$p=0.177$），拒绝了 $H_{3.5b}$。

表3.10　交互效应分析

因变量	变量	标准化系数 B	t 值	p 值	r	R^2	调整 R^2
产品质量不确定性	空间临场感	0.348	0.670	0.504	0.260	0.067	0.030
	社会临场感	−0.580	−1.357	0.177			
	产品类型	0.161	0.536	0.593			
	空间临场感×产品类型	−0.641	−1.072	0.286			
	社会临场感×产品类型	0.675	1.357	0.177			
产品适配不确定性	空间临场感	−1.414	−3.071	0.003	0.515	0.265	0.236
	社会临场感	0.642	1.692	0.093			
	产品类型	−0.130	−0.486	0.628			
	空间临场感×产品类型	1.178	2.220	0.028			
	社会临场感×产品类型	−0.818	−1.854	0.066			

综上，通过对实验收集的 176 份有效数据进行分析，使用了独立样本 t 检验、回归分析等方法检验假设，可以得出本章研究的假设通过情况，归纳如表 3.11 所示，研究模型的数据分析结果如图 3.4 所示。

表3.11　假设检验结果

	研究假设	研究结果
$H_{3.1a}$	AR 能够增强消费者的空间临场感	支持
$H_{3.1b}$	AR 能够增强消费者的社会临场感	支持
$H_{3.1c}$	相比社会临场感，AR 更多地增强了空间临场感	支持
$H_{3.2a}$	直播能够增强消费者的空间临场感	支持
$H_{3.2b}$	直播能够增强消费者的社会临场感	支持
$H_{3.2c}$	相比空间临场感，直播更多地增强了社会临场感	不支持
$H_{3.3a}$	空间临场感能够降低消费者的产品适配不确定性	支持
$H_{3.3b}$	空间临场感能够降低消费者的产品质量不确定性	支持
$H_{3.3c}$	相比产品质量不确定性，空间临场感更多地降低了产品适配不确定性	支持
$H_{3.4a}$	社会临场感能够降低消费者的产品适配不确定性	支持
$H_{3.4b}$	社会临场感能够降低消费者的产品质量不确定性	不支持
$H_{3.4c}$	相比产品适配不确定性，社会临场感更多地降低了产品质量不确定性	不支持
$H_{3.5a}$	产品类型调节了空间临场感对产品适配不确定性的影响，即产品类型越偏向体验型，空间临场感对产品适配不确定性的影响就越强	支持
$H_{3.5b}$	产品类型调节了社会临场感对产品质量不确定性的影响，即产品类型越偏向体验型，社会临场感对产品质量不确定性的影响就越弱	不支持

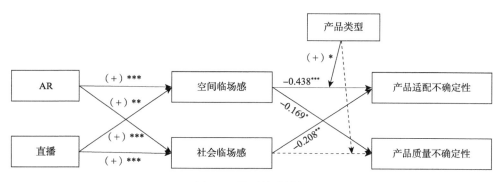

图 3.4　模型检验结果

*表示显著性水平小于 0.05，**表示显著性水平小于 0.01，***表示显著性水平小于 0.001

注：虚线表示路径不显著

3.6　结论与展望

3.6.1　研究结论

本章研究主要有以下几个发现。

首先，在 AR 和直播的作用效果上，它们都能够增强空间临场感和社会临场感，其中 AR 更多地增强了空间临场感，此外，它们都能够降低消费者的产品质量不确定性和产品适配不确定性，而且二者都更多地降低了产品适配不确定性。AR 的独特之处在于能够通过摄像头获取消费者周围的环境，然后将产品虚拟地叠加在该环境中进行展示，这种体验能够增强消费者的空间临场感和社会临场感，而且更多地增强了空间临场感（支持 $H_{3.1a}$~$H_{3.1c}$）。不同的是，直播的特点在于实时的交流互动，消费者与主播和其他消费者都能够进行沟通，营造了一种真实的购物氛围，这种体验也能够提升消费者的空间临场感和社会临场感（支持 $H_{3.2a}$、$H_{3.2b}$），但社会临场感并没有显著高于空间临场感（拒绝 $H_{3.2c}$），这意味着主播在直播中对产品的呈现和间接试用也产生了较高水平的空间临场感，与我们的假设不符，我们推测可能是消费者在观看直播时将自己代入场景中，或者是较高的社会临场感影响了空间临场感，因为它们之间存在着显著的相关性，又或者两方面的原因都有，最终导致这两种临场感之间没有显著差异。

其次，在临场感对产品不确定性的影响上，空间临场感能够降低两种不确定性且更多地降低了产品适配不确定性，而社会临场感降低了产品适配不确定性，此外，产品类型调节了空间临场感对产品适配不确定性的影响。空间临场感能够为消费者带来更立体、真实的视觉体验，方便消费者对产品的表现进行视觉检查，因此更多地降低了产品适配不确定性，符合原先的假设（支持 $H_{3.3a}$~$H_{3.3c}$）。但社会临场感并没有显著地降低产品质量不确定性（拒绝 $H_{3.4b}$，同时也拒绝 $H_{3.4c}$）。我们猜测可能是因为社会临场感更多的是一种心理状态，是对互动中其他参与者存在的感知，而产品质量不确定性可能需要更多的关于产品的信息性因素来缓解，因此导致了社会临场感的作用并不显著，也有可能是社会临场感并不直接增加消费者对产品质量的认识，而是通过影响其他因素（如消费者信任等）进而降低产品质量不确定性。另外，当产品类型越偏向体验型时，空间临场感对产品适配不确定性的影响会越强（支持 $H_{3.5a}$）。对于体验型产品，消费者会更关注产品的体验特性，而空间临场感所提供对产品的直观的目视检查有助于消费者对体验型产品进行认识和评价，从而降低产品适配不确定性。社会临场感对产品质量不确定性的影响是不显著的，因此调节效应也不存在（拒绝 $H_{3.5b}$）。

最后，在 AR 和直播的联合作用上，同时使用两种方式并没有产生比单独使用更好的结果，甚至在社会临场感上还要比单独使用直播的情况更差，因此二者可能是相互替代的而不是相互促进的。另外，从前面关于 AR 和直播作用效果的分析也可以看出，二者的作用是比较相似的，都增强了空间临场感和社会临场感，都降低了产品质量不确定性和产品适配不确定性，而且都更多地降低了产品适配不确定性。

3.6.2　理论贡献

首先，我们从消费者的间接体验和虚拟体验的角度对直播和 AR 两种体验方式进行了讨论，分析了它们对消费者产品不确定性的影响机制及其差异，并讨论了二者联合作用的影响，丰富了关于 AR 的研究。现有关于 AR 的文献主要分析了 AR 系统的技术特征对用户接受程度的影响及 AR 媒介特征对消费者行为的影响，但很少有研究关注到 AR 系统与其他系统的协同。本章研究关注到当下电子商务领域比较流行的直播，考虑了 AR 与直播的协同，揭示了 AR 和直播与临场感、产品不确定性的关系及二者作用的差异，比较了 AR 和直播联合使用与单独使用的区别，填补了现有研究的空白。在本章研究中，我们提出直播和 AR 将通过增强空间临场感和社会临场感来影响消费者的产品不确定性，研究结果大致与我们的预期相同，直播和 AR 都提升了用户临场感并降低了产品不确定性，而且还受到产品类型的影响。此外，我们还发现 AR 和直播的作用比较相似，二者之间可能存在替代效应，这为未来研究提供了新的思路，在关注 AR 对消费者影响的同时也需要考虑 AR 与其他展示方式的相互作用。

其次，本章研究丰富了产品不确定性研究，基于临场感理论提出了空间临场感和社会临场感作为减少消费者产品不确定性的机制，扩展了对产品不确定性前因的理解。以往关于在线购物中产品不确定性前因的研究更多地考虑了购物辅助系统的影响，如卖家评论、网站保障、产品描述等，从产品展示角度出发，更多地讨论了生动性、互动性等因素的影响，而本章研究则关注到临场感的作用，我们围绕直播和 AR 的特征，识别出消费者可能感知到的两种临场感，并探究了二者的作用。研究表明，空间临场感能够同时降低消费者的产品质量不确定性和产品适配不确定性，而社会临场感仅能降低产品适配不确定性。此外，我们还发现产品类型正向调节了空间临场感对产品适配不确定性的影响。本章研究为在线购物中产品不确定性研究提供了新的思路。

3.6.3　实践启示

本章研究对在线零售商具有参考价值。首先，商家可以采用 AR 或直播作为具有较高适配不确定性产品的展示工具，同时需要避免 AR 和直播的联合使用。我们的实证结果显示，AR 交互系统和在线直播系统产生了相似的消费者影响，即它们都提高了消费者的空间临场感和社会临场感，并减少了消费者的产品质量不确定性和产品适配不确定性，而且都对产品适配不确定性的减少程度更大，因此我们建议商家应用它们来展示具有较高适配不确定性的产品。此外，我们的结果显示，将 AR 与直播结合起来并不明显优于单独使用任何一种技术，因此需要避免同时采用两种技术，商家可以根据不同产品的特点或营销成本等因素来进行选择。

其次，在线零售商应当尽可能降低消费者的产品不确定性。在线购物中的产品不确定性是不利于店铺长期发展的，消费者的产品质量不确定性和产品适配不确定性会使其在购买前犹豫不决，很大程度上也可能会导致其购买后的退货行为，造成交易双方时间和经济上的损失，而且，即使消费者最终没有选择退货，产品不确定性的存在也可能会导致消费者购买前后对产品的心理落差，造成消费者不满甚至是流失，因此降低消费者的产品不确定性是非常必要的。从本章研究结果可以看出，相比传统的图文信息，直播和 AR 两种展示方式都能够显著降低消费者的产品质量不确定性和产品适配不确定性。因此，在线零售商可以利用 AR 或直播降低消费者的产品不确定性，从而促进购买。

最后，商家应该考虑到产品的不同类型进而合理提供产品体验方式。大量的实证研究表明，消费者对不同类型产品之间的信息需求是存在差异的，对于体验型产品，消费者可能会更依赖自己的主观感受，而对于搜索型产品则更多需要客观数据来帮助进行决策。因此，同样的体验方式对于不同的产品类型可能会有不同的效果，我们的研究结果也表明产品类型越偏向体验型，空间临场感对产品适配不确定性的影响越强，对于体验型产品而言，如 AR 和直播等能够产生高空间临场感的体验方式可能会更有效，因此零售商需要针对不同类型的产品采取不同的应对策略。

3.6.4　研究局限与展望

首先，我们主要关注 AR 与其他系统的协同，本章只讨论了与当前比较流行的在线直播系统的协同，然而电子商务平台上还存在着很多其他的购物辅助系统，如在线评论系统、客户服务系统等，这些系统与 AR 系统的协同可能会产生不同的效果。本章研究是从虚拟体验和间接体验的角度考虑 AR 与直播的协同，结果显示它们的作用比较相似，而且联合使用并没有产生更优的消费者结果，但并不一定所有的间接体验方式都会产生这样的结果，未来可以考虑 AR 与更多其他提供间接体验系统的协同。根据间接体验的定义，在线评论、产品口碑、测评文章等二手信息都属于产品的间接体验（Hamilton and Thompson，2007），其中在线评论是线上购物中普遍存在且消费者常用的一种功能，也有大量的研究讨论在线评论对消费者行为的影响，下一步的研究可以考虑 AR 系统与在线评论系统的协同。

其次，我们主要通过检验 AR 和直播对消费者产品不确定性的影响来评估它们的作用效果，并没有考虑到产品态度、购买意愿等更加直接的消费者结果。已有文献指出产品不确定性是在线购物中的一个主要障碍，但少有研究关注到这一问题，因此我们主要讨论了 AR 和直播对消费者的产品质量不确定性和产品适配不确定性的影响，未来研究可以考虑更多其他的结果变量，检验 AR 和直播在其他影响上是否也具有相类似的效果。此外，我们主要关注了 AR 和直播的空间临场感和社会临场感的影响，但实际上影响消费者产品不确定性的作用机制可能并非这一种，未来可以在其他影响因素方面进行探索，如展示方式的生动性、互动性等。

最后，我们只是对比了 AR 和直播对消费者临场感和产品不确定性的影响，得出二者的作用比较相似，通过对比联合使用与单独使用的情况，得出了 AR 与直播之间存在替代关系的结论，但目前我们尚不清楚产生替代的原因是什么，我们猜测可能存在其他因素的影响（如信息过载等），未来研究可以对此进行探索。此外，AR 和直播在多大程度上产生了相互替代及在何种条件下会增强（或减弱）这种替代关系，也是未来研究可以关注的方向之一。

本 章 小 结

　　本章关注的是沉浸式交互系统与在线直播系统之间的协同作用。研究结果表明，沉浸式交互系统和在线直播系统都可以产生空间临场感和社会临场感，其中空间临场感更多地降低了消费者的产品质量不确定性，而社会临场感更多地降低了消费者的产品适配不确定性。此外，在降低产品不确定性方面，沉浸式交互系统与在线直播系统之间是替代而不是互补的关系。本章没有考虑沉浸式系统中 AR技术和 VR 技术本身的差异，这可能导致沉浸式系统与在线直播系统之间协同效果的不同，未来可以做进一步的研究。

参 考 文 献

陈海权，张锰，郭文茜. 2020. 直播平台中网红特质对粉丝购买意愿的影响. 中国流通经济，34（10）：28-37.

方杰，温忠麟. 2018. 基于结构方程模型的有调节的中介效应分析. 心理科学，41（2）：453-458.

黄静，邹淯鹏，刘洪亮，等. 2017. 网上产品动静呈现对消费者产品评价的影响. 管理学报，14（5）：742-750.

康培，孙剑，邓彦宇. 2018. 网络购物临场感、信任与消费者在线粘性——以 B2C 模式下消费者网购生鲜农产品为例. 企业经济，455（7）：89-97.

刘凤军，孟陆，陈斯允，等. 2020. 网红直播对消费者购买意愿的影响及其机制研究. 管理学报，17（1）：94-104.

刘洋，李琪，殷猛. 2020. 网络直播购物特征对消费者购买行为影响研究. 软科学，34（6）：108-114.

毛春蕾，袁勤俭. 2018. 社会临场感理论及其在信息系统领域的应用与展望. 情报杂志，37（8）：186-194.

孟陆，刘凤军，陈斯允，等. 2020. 我可以唤起你吗——不同类型直播网红信息源特性对消费者购买意愿的影响机制研究. 南开管理评论，23（1）：131-143.

谢莹，李纯青，高鹏，等. 2019. 直播营销中社会临场感对线上从众消费的影响及作用机理研究——行为与神经生理视角. 心理科学进展，27（6）：990-1004.

喻昕，许正良，郭雯君. 2017. 在线商户商品信息呈现对消费者行为意愿影响的研究——基于社会临场感理论的模型构建. 情报理论与实践, 40（10）: 80-84.

张耕, 刘震宇. 2010. 在线消费者感知不确定性及其影响因素的作用. 南开管理评论, 13（5）: 99-106.

Akerlof G A. 1970. The market for lemons: quality uncertainty and the market mechanism. The Quarterly Journal of Economics, 84: 488-500.

Algharabat R, Rana N P, Dwivedi Y K, et al. 2018. The effect of telepresence, social presence and involvement on consumer brand engagement: an empirical study of non-profit organizations. Journal of Retailing and Consumer Services, 40: 139-149.

Animesh A, Ramachandran V, Viswanathan S. 2010. Quality uncertainty and the performance of online sponsored search markets: an empirical investigation. Information Systems Research, 21（1）: 190-201.

Bonetti F, Warnaby G, Quinn L. 2018. Augmented reality and virtual reality in physical and online retailing: a review, synthesis and research agenda//Barbic J, D'Cruz M, Latoschik M E, et al. Augmented Reality and Virtual Reality. Cham: Springer: 119-132.

Brucks M. 1985. The effects of product class knowledge on information search behavior. Journal of Consumer Research, 12（1）: 1-16.

Caboni F, Hagberg J. 2019. Augmented reality in retailing: a review of features, applications and value. International Journal of Retail & Distribution Management, 47: 1125-1140.

Campbell M C, Keller K L. 2003. Brand familiarity and advertising repetition effects. Journal of Consumer Research, 30（2）: 292-304.

Carmigniani J, Furht B, Anisetti M, et al. 2011. Augmented reality technologies, systems and applications. Multimedia Tools and Applications, 51: 341-377.

Costa G M, Petry M R, Moreira A P. 2022. Augmented reality for human-robot collaboration and cooperation in industrial applications: a systematic literature review. Sensors, 22（7）: 2725.

Daassi M, Debbabi S. 2021. Intention to reuse AR-based apps: The combined role of the sense of immersion, product presence and perceived realism. Information & Management, 58（4）: 103453.

Dimoka A, Hong Y, Pavlou P A. 2012. On product uncertainty in online markets: theory and evidence. MIS Quarterly, 36: 395-426.

Frank K. 1921. Risk, Uncertainty and Profit. New York: Hart, Schaffner and Marx.

Fraustino J D, Lee J Y, Lee S Y, et al. 2018. Effects of 360° video on attitudes toward disaster communication: mediating and moderating roles of spatial presence and prior disaster media involvement. Public Relations Review, 44（3）: 331-341.

Gallino S, Moreno A. 2018. The value of fit information in online retail: evidence from a randomized field experiment. Manufacturing & Service Operations Management, 20（4）: 767-787.

Ghose A. 2009. Internet exchanges for used goods: an empirical analysis of trade patterns and adverse selection. MIS Quarterly, 33（2）: 263-291.

Gunawardena C N, Zittle F J. 1997. Social presence as a predictor of satisfaction within a computer-mediated conferencing environment. American Journal of Distance Education, 11（3）:

8-26.

Hamilton R W, Thompson D V. 2007. Is there a substitute for direct experience? Comparing consumers' preferences after direct and indirect product experiences. Journal of Consumer Research, 34（4）: 546-555.

Hilken T, de Ruyter K, Chylinski M, et al. 2017. Augmenting the eye of the beholder: exploring the strategic potential of augmented reality to enhance online service experiences. Journal of the Academy of Marketing Science, 45: 884-905.

Holdack E, Lurie-Stoyanov K, Fromme H F. 2022. The role of perceived enjoyment and perceived informativeness in assessing the acceptance of AR wearables. Journal of Retailing and Consumer Services, 65: 102259.

Hong Y, Pavlou P A. 2014. Product fit uncertainty in online markets: nature, effects, and antecedents. Information Systems Research, 25（2）: 328-344.

Huang L, Tan C H, Ke W, et al. 2014. Do we order product review information display? How? Information & Management, 51（7）: 883-894.

Huang P, Lurie N H, Mitra S. 2009. Searching for experience on the web: an empirical examination of consumer behavior for search and experience goods. Journal of Marketing, 73（2）: 55-69.

Ijsselsteijn W A, de Ridder H, Freeman J, et al. 2000. Presence: concept, determinants, and measurement. Human Vision and Electronic Imaging V' SPIE Proceedings, 3959: 520-529.

Javornik A. 2016. Augmented reality: research agenda for studying the impact of its media characteristics on consumer behaviour. Journal of Retailing and Consumer Services, 30: 252-261.

Kim H C, Hyun M Y. 2016. Predicting the use of smartphone-based augmented reality（AR）: does telepresence really help? Computers in Human Behavior, 59: 28-38.

Kim T H, Choo H J. 2021. Augmented reality as a product presentation tool: focusing on the role of product information and presence in AR. Fashion and Textiles, 8: 1-23.

Kim Y, Krishnan R. 2015. On product-level uncertainty and online purchase behavior: an empirical analysis. Management Science, 61（10）: 2449-2467.

Klein L R. 1998. Evaluating the potential of interactive media through a new lens: search versus experience goods. Journal of Business Research, 41（3）: 195-203.

Lee E J, Park J. 2014. Enhancing virtual presence in e-tail: dynamics of cue multiplicity. International Journal of Electronic Commerce, 18: 117-146.

Li H, Daugherty T, Biocca F. 2003. The role of virtual experience in consumer learning. Journal of Consumer Psychology, 13（4）: 395-407.

Lian J W, Yen D C. 2013. To buy or not to buy experience goods online: perspective of innovation adoption barriers. Computers in Human Behavior, 29（3）: 665-672.

Loureiro S M C, Guerreiro J, Ali F. 2020. 20 years of research on virtual reality and augmented reality in tourism context: a text-mining approach. Tourism Management, 77: 104028.

Lu B, Chen Z. 2021. Live streaming commerce and consumers' purchase intention: an uncertainty reduction perspective. Information & Management, 58（7）: 103509.

Lu L C, Chang W P, Chang H H. 2014. Consumer attitudes toward blogger's sponsored recommendations and purchase intention: the effect of sponsorship type, product type, and brand awareness. Computers in Human Behavior, 34: 258-266.

Nadeem W, Khani A H, Schultz C D, et al. 2020. How social presence drives commitment and loyalty with online brand communities? The role of social commerce trust. Journal of Retailing and Consumer Services, 55: 102136.

Nelson P. 1970. Information and consumer behavior. Journal of Political Economy, 78: 311-329.

Nirmala R P, Dewi I J. 2011. The effects of shopping orientations, consumer innovativeness, purchase experience, and gender on intention to shop for fashion products online. Gadjah Mada International Journal of Business, 13 (1): 65-83.

Pantano E, Rese A, Baier D. 2017. Enhancing the online decision-making process by using augmented reality: a two country comparison of youth markets. Journal of Retailing and Consumer Services, 38: 81-95.

Park M, Yoo J. 2020. Effects of perceived interactivity of augmented reality on consumer responses: a mental imagery perspective. Journal of Retailing and Consumer Services, 52: 101912.

Qiu L, Benbasat I. 2005. An investigation into the effects of Text-To-Speech voice and 3D avatars on the perception of presence and flow of live help in electronic commerce. ACM Transactions on Computer-human Interaction, 12 (4): 329-355.

Rauschnabel P A, He J, Ro Y K. 2018. Antecedents to the adoption of augmented reality smart glasses: a closer look at privacy risk. Journal of Business Research, 92: 374-384.

Riar M, Xi N, Korbel J J, et al. 2023. Using augmented reality for shopping: a framework for AR induced consumer behavior, literature review and future agenda. Internet Research, 33 (1): 242-279.

Short J, Williams E, Christie B. 1976. The Social Psychology of Telecommunications. London: Wiley.

Smink A R, van Reijmersdal E A, van Noort G, et al. 2020. Shopping in augmented reality: the effects of spatial presence, personalization and intrusiveness on app and brand responses. Journal of Business Research, 118: 474-485.

Steuer J. 1992. Defining virtual reality: dimensions determining telepresence. Journal of Communication, 42: 73-93.

Suh A, Prophet J. 2018. The state of immersive technology research: a literature analysis. Computers in Human Behavior, 86: 77-90.

Sun Y, Shao X, Li X, et al. 2019. How live streaming influences purchase intentions in social commerce: an IT affordance perspective. Electronic Commerce Research and Applications, 37: 100886.

Tang H, Lin X. 2018. Curbing shopping cart abandonment in C2C markets—an uncertainty reduction approach. Electronic Markets, 29: 533-552.

Tang Y M, Chau K Y, Kwok A P K, et al. 2022. A systematic review of immersive technology applications for medical practice and education—Trends, application areas, recipients, teaching contents, evaluation methods, and performance. Educational Research Review, 35: 100429.

Verhulst I, Woods A, Whittaker L, et al. 2021. Do VR and AR versions of an immersive cultural experience engender different user experiences? Computers in Human Behavior, 125: 106951.

Wang Y, Ko E, Wang H. 2022. Augmented reality (AR) app use in the beauty product industry and consumer purchase intention. Asia Pacific Journal of Marketing and Logistics, 34(1): 110-131.

Watson A, Alexander B, Salavati L. 2018. The impact of experiential augmented reality applications on fashion purchase intention. International Journal of Retail & Distribution Management, 48(5): 433-451.

Weathers D, Sharma S, Wood S L. 2007. Effects of online communication practices on consumer perceptions of performance uncertainty for search and experience goods. Journal of Retailing, 83(4): 393-401.

Wedel M, Bigné E, Zhang J. 2020. Virtual and augmented reality: advancing research in consumer marketing. International Journal of Research in Marketing, 37(3): 443-465.

Wongkitrungrueng A, Assarut N. 2020. The role of live streaming in building consumer trust and engagement with social commerce sellers. Journal of Business Research, 117: 543-556.

Xu X Y, Wu J-H, Li Q. 2020. What drives consumer shopping bahavior in live steaming commerce? Journal of Electronic Commerce Research, 21(3): 144-167.

Xu X, Huang D, Shang X. 2021. Social presence or physical presence? Determinants of purchasing behaviour in tourism live-streamed shopping. Tourism Management Perspectives, 40: 100917.

Ye S, Lei S I, Shen H, et al. 2020. Social presence, telepresence and customers' intention to purchase online peer-to-peer accommodation: a mediating model. Journal of Hospitality and Tourism Management, 42: 119-129.

Yi C, Jiang Z, Benbasat I. 2015. Enticing and engaging consumers via online product presentations: the effects of restricted interaction design. Journal of Management Information Systems, 31(4): 213-242.

Zhao X, Liu M, Liu Y. 2022. The Influence of different learning strategies on pupils' learning motivation: is augmented reality multimedia learning consistent with traditional text learning? Frontiers in Psychology, 13: 810345.

第4章 沉浸式交互系统与在线评论系统的协同

第3章我们探讨了沉浸式交互系统与在线直播系统的协同作用，本章着重探讨沉浸式交互系统与在线评论系统的协同作用，主要研究沉浸式交互系统的出现（有/无）及沉浸式交互系统与在线评论系统的融合方式（独立/嵌入）如何影响在线评论的作用。

4.1 研究背景

4.1.1 沉浸式交互系统

沉浸式交互系统是世界上一种成熟的高度沉浸式 VR 系统，它把高分辨率的立体投影技术、3D 计算机图形技术和音响技术等有机地结合在一起，产生一个完全沉浸式的虚拟环境。在该系统中，3D 环境中的任何物体，都可以感受参与者的操作，并产生相应变化。沉浸式交互系统的核心在于沉浸式交互技术。

沉浸式交互技术是指模糊了物理世界和模拟世界之间的界限，从而产生沉浸感的技术。VR、AR、MR 是三种最常见的沉浸式交互技术，VR 完全接管用户的视野并营造出一个完全不存在的纯虚拟环境；AR 向现实物理环境中增添一些虚拟物件，如图标、音频、视频等；MR 有时与 VR 类似，有时与 AR 类似，特点是用户可以与之互动。

沉浸式交互系统提供了一种易于沟通的方式，具有以下优点：沉浸式交互系统强调参与者处于虚拟图像的世界中，并与虚拟世界进行直接的体验交互。该系统可以提供多种交互方式与虚拟图像进行交流，颠覆了鼠标、键盘、游戏操纵杆等传统控制方式，是一种革命性的交互方式。新交互技术的灵活运用给各行各业带来了革命性的变化，如广告不再是单向传播而是双向互动，广告的主体与受众之间存在着沟通。大多数虚拟交互和曲面屏幕系统主要通过捕捉设备和程序来实现，从而实现交互系统的灵活升级。沉浸式交互系统耐用性极佳，日常维护方便。

　　沉浸式交互系统的推广依赖于 VR（AR）产业的发展，我国 VR（AR）产业起步较晚，21 世纪才逐渐开始相关技术的研究，在经历了 2016 年的火爆、2018年的遇冷期后，VR（AR）产业呈现稳步务实的特点。随着政策不断加码、资本不断投入、应用场景需求不断增长，以及 5G、人工智能、超高清视频、云计算、大数据等技术不断突破，近年来我国 VR（AR）产业持续高速发展。VR（AR）产业呈现出稳步务实、向好发展的态势，新模式、新业态不断涌现。目前，VR（AR）技术已成功应用于城市治理、军事演习、航空航天、工业生产、建筑施工、房地产、会议展览、教育科普、医疗服务、文化旅游、电子商务、互动娱乐等领域，并为行业赋能，带来新的发展机遇和升级机会。随着各行各业对 VR（AR）技术的重视，相关行业的沉浸式交互应用系统不断丰富，成为行业推进数字化建设的重要手段之一。

4.1.2　在线评论系统

　　随着电子商务的普及及 Web 2.0 时代的到来，消费者开始习惯于通过网络表达消费体验。此类信息一般被称为电子口碑或在线评论。由于这种信息从消费者视角对消费过程及产品使用进行描述，看起来比商家的广告宣传更具有亲和力和可信度。因此，消费者在网购中对于在线评论的依赖性及在线评论对消费决策的影响力逐渐增强。时至今日，在线评论从个人层面可以决定消费者的购物决策，在市场层面则可以部分决定产品及商家的命运。

　　目前，各类互联网平台中的在线评论呈现出数量多、分布广、形式多样的特点。在线评论显著的社会影响力及商家之间的竞争需要使其作为一种信息资源的价值得以凸显。这在为消费者的产品信息搜索及利益相关者的利益实现提供了便利的同时，也将诸如电子口碑超载、人为口碑操纵、消费者行为偏差及评论系统功能设计缺陷导致的在线评论系统低效率等问题摆在了消费者及相关从业人员的面前。开发有效的在线评论管理方法与工具已经成为学者和实业界人士化解以上负面影响的重要手段之一。

　　深入了解和分析消费者对目前评论系统中主流的各种评论展现形式的认知度是调整在线评论系统功能设计的重要前提。目前，电子商务网站中评论的展现形式主要有以下几种。

1）文本评论

文本评论从多个层面对商品或服务进行讨论，除了可以涉及产品本身的内容（如颜色、外观、价格），也可以包含与商品或服务相关的服务功能信息（如物流速度、商家服务态度），让消费者对商家的信誉度、发货速度、物流速度等其他信息有所了解，从而满足不同消费者的需求。

2）图片评论

相比文字，图片更加直观、清晰，图片既可以反映产品的颜色，在一定程度上消除消费者对于产品是否适合自己的疑虑，也可以让消费者把商家对商品的描述和消费者自己实际购买到的商品图片相对比，判断购买到的商品本身和商家对商品的描述是否相符，从而做出购买决策。

3）视频评论

文本与视频结合在一起的评论是视频评论。消费者拍摄购买产品后有关产品的视频并与评论一起发表在评论社区中，与文字、图像相比，视频可以提供更多的感官线索和动态信息来展示产品，消费者可以获取更多的信息。

4）标签评论

标签评论是指消费者自发地为某一种商品定义一组标签（一般是短语、词汇），并选出使用频率最高的标签作为该商品的特征标识，让消费者能够对商品总体性能有所了解，当选中某个标签后，消费者可以只浏览与本标签相关的评论信息，而不用浏览所有的评论信息，大大节省了消费者的时间成本，更具有针对性。

5）效价分布

电子商务网站要求消费者对交易以好评、中评或差评进行标记。系统通过一种分类机制将三个维度评论的总体数量进行统计，通过该商品的好评率、差评率对商品的总体性能有直观的了解。

从评论的展现形式可以看出，评论开始逐渐地与其他媒介结合在一起，新兴技术与电子商务结合所产生的社会化商务模式使在线评论对消费者及市场的作用持续发酵。最近几年沉浸式交互技术的应用范围越来越广泛，在各个行业中开始发挥越来越重要的作用。本章聚焦于在线评论系统与沉浸式交互系统，探索两者的结合对消费者行为的影响。

4.2　研　究　问　题

消费者在进行非面对面的线上交易时，不能直接了解和体验想要购买的产品或服务，无法对产品或服务进行全方位的评估。由于信息存在不对称性，在线平台经常面临消费者购买意愿低的问题（Pee et al.，2018）。因此如何更好地展示产品或服务，为消费者提供更多的信息，提升消费者行为意图，一直是学术界关注的热点问题。以往的解决方式之一是为消费者提供相关在线评论。大量的研究已经证实了在线评论对消费者的产品态度、购买意愿、购买行为具有显著影响（Le and Ha，2021；Wang et al.，2022）。近年来，评论的应用场景越来越多样化，它们被加载到各种系统中。例如，在线评论系统与在线直播系统的结合、在线评论系统与沉浸式交互系统的结合。沉浸式交互系统作为一种具有交互性、沉浸感、幻想特征的媒介，其自带的体验属性与体验式营销不谋而合，并且沉浸式交互系统可以帮助用户在做出购买决策之前获得动态的视觉、感官信息（Lee and Chung，2008），视觉信息的加入可以显著提高在线评论的有用性和趣味性（Lin et al.，2012）。鉴于沉浸式交互系统可以更好地展示产品或服务，并且对在线评论的作用可能存在影响，研究人员和营销人员需要更好地了解消费者对沉浸式交互系统与在线评论系统结合的反应，并提出有价值的主张。

在线评论在虚拟的网络交易空间为消费者和商家搭建了一个平台，并已成为消费者在选择、购买商品或服务时的重要信息源（Duan et al.，2008）。与传统的线下评论相比，在线评论具有速度快、范围广、信息量大、可存储等特点，因此在线评论的应用范围越来越广泛，不再局限于电子商务领域。在观看视频时，用户可以发送弹幕，营造出一种热闹的氛围感；在观看直播时，直播间里每一个用户都可以发言，即时互动交流；在浏览阅读类产品时，用户可以针对喜欢的场景，在想评论的地方点击评论，能够更好地表达自己的观点，用户之间也更容易产生共鸣。在一些 VR 应用中，平台允许用户在 VR 情境下发表评论，在线评论是嵌入 VR 内容中的。VR 允许消费者即时验证在线评论中所呈现的信息。以往的平台也会利用 VR 来展示产品或服务，但 VR 和在线评论是分离的、独立存在的，因此将评论嵌入 VR 中是平台结合在线评论与 VR 的一次尝试。在一些购物商城中，营销人员推出了 AR 小程序功能，AR 小程序是指集成了 AR 功能的微信小程序。用户在小程序中开启手机摄像头，扫描图片、品牌 Logo、商品包装、人脸、手势等即可召唤出 2D、3D 或者其他形态的多媒体内容，从而获得虚实结合的视觉交互体验，AR 模糊了想象世界和现实之间的界限。例如，当用户在样板客厅的图像中看到一张昂贵的沙发时，他们可能会认为它看起来不错，但对他们来说却遥不可及。但有了 AR，沙发就可以出现在用户自己的环境和现实中。想象与现实之间的这种模糊性会使冲动购买更难以抗拒，同时 AR 为用户提供了身临其境的体验，可以让他们保持更长时间的参与。AR 小程序可以帮助用户识别产品，解锁产品相关信息（如评论信息或者该产品与其他产品一同使用时的图像）将自动显示在产品周围，从而使购买决策更加顺畅。可以看出在现实生活中，沉浸式交互技术已经渐渐地与在线评论结合在一起发挥作用，我们选择沉浸式交互技术中的 VR 技术作为研究对象。在线评论与 VR 结合之后会带来哪些效果是值得研究的一个问题。具体来说，与只浏览在线评论相比，在线评论与 VR 结合能否显著提升消费者行为意图？当在线评论通过不同的呈现方式与 VR 结合在一起时，是否会影响在线评论的作用，是否会对消费者行为意图产生影响，以及这种影响是如何产生的？

VR 既可以作为丰富性媒体与产品属性契合，作用于消费者对产品的感知（Anderson and Laverie，2022），又可以作为构建店铺环境的工具，改善消费者对购物场景的体验（Juan et al.，2018；Lau and Lee，2019）。许多平台纷纷部署了 VR 板块，如汽车之家推出 VR 全景看车功能，让用户在短时间里更快地了解一辆车由内到外的全貌；宜家推出 VR 看房，消费者可以在购买前，通过 VR 技术预览装修效果。尽管 VR 的影响越来越大，但大多数消费者仍然依赖于在线评论获取信息。在线评论和 VR 代表了语言和非语言两种类型的信息。之前的研究已经探讨了这两类信息对消费者行为的影响，包括旅游、酒店、电子商务等多个行业（Lin et al.，2012；Chan et al.，2017；Yang et al.，2017），然而，关于 VR 和在线评论对消费者联合作用的研究还较少。

本章旨在通过探讨 VR 与在线评论的结合对消费者行为意图的影响来填补上述文献的空白。具体来说，我们通过实验来检验在线评论内容（具体 vs 抽象）在不同的评论呈现方式下（独立 vs 嵌入）是否会降低消费者的产品不确定性从而影响消费者行为意图。语言的抽象程度可以在信息理解方面起重要作用，同时影响接收者的认知判断（Schellekens et al.，2010），因为它指导接收者将注意力放在传达信息的某个特定方面，所以本章选择评论内容作为自变量。具体的在线评论提供有关产品或服务的属性、特征的详细信息，抽象的在线评论表达评论者对于产品或服务的体验和感觉。未来，随着 VR 技术的不断成熟，VR 能够与各行各业更好地结合在一起。例如，在酒店行业，消费者可以点击 VR 全景酒店展示功能，获取有关酒店的视觉信息并做出决定，若观看 VR 后消费者依然无法做出决策，可以浏览有关在线评论，补充收集其他信息。在这种情境下，消费者是先使用 VR 再看评论，因此我们将这种类型的评论称为独立式评论，相对应地，在未来，营销人员为了增加互动性和趣味性可以实现让消费者将有关评论发表在 VR 酒店下。在这种情境下，VR 内容和在线评论是同时呈现的，我们将这种类型的评论称为嵌入式评论。我们需要探索这两种呈现方式有什么差异，以指导营销人员制定 VR 与在线评论的联合营销策略。本章研究具有一定的理论意义和实践意义：对于消费者，两者的结合会对其行为意图产生哪些影响，这些影响是如何产生的，这是本章想要研究的问题；对于营销人员，他们需要明确 VR 技术对其营销工作的价值，以确定其营销投资选择。

本章的贡献有三个方面。第一，在 VR 情境下探讨在线评论对消费者行为意图的影响，补充了关于沉浸式交互系统和在线评论系统对消费者交互作用的研究。第二，研究 VR 情境下在线评论的呈现方式在评论内容与行为意图之间的调节作用，揭示了评论的作用如何随着 VR 而改变，结果有助于营销人员结合在线评论和 VR 制定合理的营销策略。第三，在现有在线评论和产品不确定性文献的基础上，从理论上论证了评论内容通过降低产品不确定性影响消费者行为意图，结果证实了产品不确定性在评论内容与消费者行为意图之间的中介作用，揭示了评论内容对消费者行为意图的影响机制，表明了评论的作用为何随着 VR 而改变。

4.3　文　献　综　述

4.3.1　在线评论

在线评论影响消费者的购买决定，是消费者做出购买决定时的重要信息来源（Dellarocas，2003；Tan et al.，2018），在本章研究中，在线评论是指在线消费者产生的关于个人体验、感觉和对产品属性、特征的评价的信息（Zhang et al.，2010），它有时效性强、主观性强、互动性强等特点，在一定程度上能够改善消费者对于产品的态度、刺激消费者的购买意愿，从而产生购买行为。

目前，国内在线评论相关研究主要可以划分为四个方面，即在线评论有用性的影响因素研究、消费者参与评论的动机研究、在线评论对消费者行为意图（购买意向/决策）的影响研究、在线评论对商家的影响研究。涉及最多的研究内容就是在线评论有用性。有关在线评论有用性的影响因素的研究较为丰富。这些影响因素主要集中在四个方面，即在线评论自身特征（闫强和孟跃，2013；卓四清和冯永洲，2015）、在线评论的来源（杨朝君和汪俊奎，2014；苗蕊和徐健，2018）、在线评论的时间因素（杨爽和徐畅，2013）及所评价的商品类型（万晨，2014；李琪和任小静，2015）。通常，消费者参与评论动机可以分为两类：一类是已购买商品的消费者发布评论的动机（唐建生等，2016；王军和丁丹丹，2016）；另一类是潜在消费者搜索、阅读现有在线评论以获取自己所需信息的动机（陈新华，2016）。无论是发表评论者还是潜在消费者，对在线评论的发展、对商家的销售都有很重要的作用，消费者参与评论的动机在近几年也逐渐受到学者的关注。在线评论对消费者行为意图（购买意向/决策）的影响因素主要来自在线评论特征、消费者特征和产品类型三个方面（俞明南等，2014；付东普和王刊良，2015；梅虎等，2016），其中消费者特征和产品类型多是起着调节作用。在线评论特征一般主要指评论者的信息显示、评论的极性（好、中、差评或1~5星）、评论数量、评论内容质量、评论时效性及评论的情感倾向等因素；消费者特征主要指在线评论接收者专业能力、在线评论接收者涉入度、在线评论接收者感知风险等因素；产品类型主要指产品是体验型还是搜索型。在线评论不但会影响消费者的购买决策，对商家做出决策也有着参考价值。很多学者研究在线评论对商家的影响，如对商家决策的影响（周新玉，2016）、对产品销量的影响（陈漫等，2015），以及根据在线评论提出提高销量的策略（吴秋琴等，2012）。

　　作为在线评论研究中的一项重要内容，在线评论对消费者行为意图的影响一直是较为热门的研究主题，在这一领域也产生了较为丰富的研究成果。大量研究表明，在线评论的各项特征，如在线评论的数量、质量、效价、排序等都会对消费者行为意图产生影响。Hu 和 Krishen（2019）以专业营销机构为研究对象，通过三项实验研究考察了评论数量和感知评论质量对满意度的影响；Guo 等（2020）从在线评论中情感内容的角度揭示了对评论效价的理解，并表明消费者的在线评论具有积极的情感偏向，对商家和消费者都有重要的实际意义。Wang 等（2022）旨在探讨单一的双向评论中，相同的内容以不同的顺序呈现是否会引起不同的评论态度，从而影响消费者的购买意愿。数量和效价是消费者评论的两个关键指标（Park et al.，2021），然而，关于在线评论数量和效价的作用，文献中有不同的结果。Amblee 和 Bui（2011）发现在线评论的数量与销售业绩之间存在正相关关系，但并没有发现在线评论的效价与销售业绩之间存在显著的关系，Sridhar 和 Srinivasan（2012）揭示了在线评论的效价而不是数量会对产品评分产生显著影响。这些不一致的发现突出了在线评论的复杂性，并表明相关研究需要超越在线评论的数量、效价来调查其他方面的影响。

　　在线评论作为来自商品或服务体验者的真实反馈，所蕴含的信息对于消费者决策很重要，而内容是评估信息影响的重要视角（Eagly and Chaiken，1984），信息的抽象性是决定行为的一个关键因素（Borgida and Nisbett，1977）。因此，我们认为在线评论的具体性、抽象性是值得研究的。得益于智能手机、平板电脑等具有高质量拍照和视频录制功能的智能设备的普及，基于图像的评论和基于视频的评论逐渐出现在一些领先的平台网站上（Li et al.，2021）。文本评论是指消费者上传的评论只包含文本信息。基于图像的评论包括文本和图像信息，文本与视频结合在一起的评论则是基于视频的评论。相关学者对基于视频的评论和基于图像的评论进行了研究（Yoo and Kim，2014；Xu et al.，2015；Liu and Du，2019）。Li 等（2021）比较了不同呈现格式的评论对消费者购买意愿的影响，与图像信息相比，基于视频的评论可以提供更详细的产品信息，从而提高消费者的感知价值。

Liu 和 Du（2019）发现，与文本评论相比，基于图像的评论提供了更高的产品感知理解力。在线评论与图片、视频两种媒介的组合，使得消费者处理评论信息能够更加直观。可以看出，在线评论与其他媒介的结合能够更好地发挥在线评论的作用。VR 作为一种比图像、视频丰富性更高的媒介，降低了信息的歧义性，并增强了对信息的理解（Maity et al.，2018），并且其自带的体验属性与体验式营销不谋而合，可以更好地展示产品或服务。因此本章研究基于在线评论与 VR 的结合展开研究。

4.3.2　VR

VR 作为一种沉浸式交互技术，包含了一套"使人们的沉浸式体验超越现实世界的技术"（Berg and Vance，2017），VR 系统的最突出特征是其沉浸度（Peukert et al.，2019），沉浸度描述的是 VR 环境能够向人类参与者的感官传递包容、广泛、生动的现实幻觉的程度（Slater and Wilbur，1997）。随着 VR 技术的发展，身临其境的体验更加明显，因为它可以创造真实世界的体验（Bowman and McMahan，2007）。

VR 技术在生活中有着极其广泛的应用，在城市规划中经常会用到 VR 技术，通过 VR 技术将城市各区域整体规划布局、发展蓝图、城市简介、产业布局、优势主导产业、"绿色发展"理念、社会治理情况等进行全面、综合性展示。VR 在医学方面的应用具有十分重要的现实意义。在虚拟环境中，可以建立虚拟的人体模型，借助于跟踪球、头戴式显示器、感觉手套，在医疗教学中学生可以很容易了解人体内部各器官结构，这比采用教科书的方式要有效得多。VR 全景将校园整体环境、基础设施等进行真实展示，为学生在择校时提供更加直观、全面的选择，丰富的感觉能力与 3D 显示环境使得 VR 成为理想的视频游戏工具，大大增强了游戏的趣味性及难度。在军事方面，VR 技术一直被用于模拟训练，主要用于那些在真实系统上十分昂贵甚至危险的项目。在室内设计方面，VR 技术不仅能展示室内环境，而且能在 3D 室内空间中自由行走，用 VR 技术做预装修系统，可以实现即时动态地对墙壁的颜色进行更换或贴上不同材质的墙纸，还可以更换地面的颜色或贴上不同的木地板、瓷砖等，并能移动家具的摆放位置、更换不同的装饰物。在交通方面，无论是在空中、陆地还是海洋河流的交通规划模拟方面，VR 技术都有其得天独厚的优势，不仅仅能用 3D 地理信息系统（geographic information system，GIS）技术将各种交通路线表现得十分到位，更能动态模拟各种自然灾害情况。

相比传统的图片、音频、文字、视频内容展现，VR 利用配套的相关设备通过画面、声音、触感等让消费者能够身临其境地体验已知或未知的种种场景与环境，打破时间与空间的限制，直接使消费者进入虚拟的 3D 空间中。相关学者对比研究了 VR 与传统媒介的区别，研究范围包括旅游、酒店、电子商务等多个行业（Bogicevic et al.，2019；Wang et al.，2019；Willems et al.，2019；Yung et al.，2021）。McLean 和 Barhorst（2022）通过三种酒店预览风格（VR 沉浸式头盔、静态图片和 360°全景），首次尝试了解 VR 在旅游消费者购买旅程的购前阶段和购后阶段对消费者态度和行为意图的影响；Bogicevic 等（2021）考察了具有不同技术创新程度的消费者在三种主要的服务预览模式（VR 沉浸式头盔、静态图片和 360°全景）下对酒店品牌营销的反应。Kandaurova 和 Lee（2019）在媒体丰富度理论和社会存在理论的支持下，通过三项实验研究的结果表明，与传统二维视频媒体平台相比，在 VR 平台上观看的内容增加了观众的同理心和责任感，并激发了他们更高的为社会事业捐款和奉献时间的意愿。Wang 等（2019）研究了在线展示模式（情境 VR、纯 VR 和图片）对消费者关于三种产品类型（几何、材料和机械）的反应的影响。通过这些研究我们可以发现，与传统媒体相比，VR 允许更自然地控制界面，导致更高级别的操作、互动性和参与体验（Shafer et al.，2014）。因此，与传统媒体相比，使用 VR 的临场感会更强，从而诱导积极情绪反应，引发更高的行为意图水平。

4.4　理论基础与研究假设

4.4.1　双重编码理论

双重编码理论认为人的认知依赖于两个独立但相互关联的系统：以字词为基础的语言系统，以意象为基础的非语言系统（Paivio，1990；Paivio，1991）。语言编码和非语言编码各自拥有不同的表征单元，即词元和象元（Paivio，1991）。词元是指任何以语言形式所感知的信息的编码表征单元，以顺序性和层级性的方式运作。象元是指任何以非语言形式所感知的信息的编码表征单元，以整体性、连续性、集合性的方式运作（Sadoski et al.，2012）。语言系统和非语言系统在运作时虽然以相互独立为主，但它们也会相互联系从而提高记忆力。具体表现在它们之间有三种联系与加工方式，即表征式、参照式和关联式。表征式是指外部的语言刺激进入记忆系统中会被编码成特定的词元，或激活语言系统中相应的词元，非语言刺激进入记忆系统中会被编码成象元，或激活非语言系统中相应的象元，即外界刺激对内部编码系统的作用和影响。参照式是指词元可以激活象元，象元也可以激活词元，即两个系统之间相互激活和相互参照的关系。但两个系统之间的相互参照也需要有意识地进行参照加工，促进转换与转译。一旦关系建立，日后相应的场景或刺激就会使两个系统自动相互参照。然而，并非所有的词元和象元之间都能够相互参照，高度抽象的词语难以找到对应的象元，难以命名的象元也无法用词元表达，如"只可意会不可言传"就是这个道理。关联式是指语言系统中的词元可以激活语言系统内部的其他词元，而非语言系统内的象元可以激活非语言系统内的其他象元，即一个编码系统内部的激活扩散。关联加工促进编码系统内部的联系和扩散（何云欢，2017）。双重编码理论在认知心理学领域、教育学领域、语言学领域及传播学领域的应用和发展已经体现出广泛的适用性。随着信息技术的发展，3D、4D 技术可以将人们代入一个虚拟社区，全息投影技术、交互技术、VR 技术、AR 技术、人工智能新技术等给人们认知、处理信息带来了巨大变化。因此，多媒体信息的研究将成为双重编码理论的一个重要研究发展方向。

　　本章研究在 VR 情境下在线评论对于消费者行为意图的影响，VR 通过呈现生动的视觉信息为消费者提供有关产品或服务的虚拟体验，在线评论依据之前的消费经验通过语言描述传递有关产品或服务的信息，我们假设消费者在做出决策之前，会对语言和视觉信息进行处理加工。此外，我们认为，语言和视觉信息都会影响消费者行为意图水平。双重编码理论的核心概念强调在信息加工和记忆过程中，人的认知系统包含语言系统和非语言系统，两者相互独立又相互联系，在信息的贮存、加工与提取中，语言与非语言的信息加工过程是同样重要的。语言系统和非语言系统共同处理信息，增强消费者的记忆，基于此本章运用双重编码理论来解释在嵌入式呈现方式下在线评论信息与 VR 信息对消费者的联合影响。

4.4.2　知觉负荷理论

　　知觉负荷理论（perceptual load theory）认为，当前任务的知觉负荷决定了选择性注意过程中的资源分配。如果当前任务的知觉负荷较低，其加工过程只耗用一部分注意资源，则多余的注意资源会自动溢出，去加工干扰刺激，从而产生干扰效应；如果当前任务的知觉负荷较高，有限的注意资源被消耗尽，那么与任务无关的干扰刺激无法得到知觉加工，从而不会产生干扰效应（魏萍和周晓林，2005）。知觉负荷理论被认为解决了选择性注意研究的早选择（知觉选择）和晚选择（反应选择）的观点之争。在高知觉负荷下的知觉选择是被动的选择过程，仅由于注意资源不够充足而导致干扰刺激未得到加工，而在低知觉负荷下需要主动地选择过程，加工干扰刺激则引发了不恰当的反应，选择正确的反应需要主动控制过程参与。

　　知觉负荷理论自提出以来，就得到了很多研究证据的支持。在行为水平上主要表现为在高知觉负荷情况下，干扰效应减小，说明在高知觉负荷下，注意资源被当前任务耗尽，干扰刺激得到很少的加工。在神经机制层面上，Rees 等（1997）使用功能磁共振成像手段，要求受试者对显示器中央呈现的单词做大小写判断（低知觉负荷）或音节数判断（高知觉负荷），同时在显示器中央的单词周围呈现静止的或者向外周发散运动的亮点。实验数据分析选取了对运动物体敏感的大脑中颞（middle temporal，MT）区作为感兴趣区域（region of interest，ROI）。结果发现在外周亮点静止时，两种知觉负荷条件下都没有 MT 区的激活，而在外周亮点运动时，只有在低知觉负荷条件下才有 MT 区的激活。这说明当注意资源被当前任务耗尽时，外周干扰刺激没有得到加工。

　　本章研究在 VR 情境下在线评论对于消费者行为意图的影响，当在线评论独立呈现时，VR 探索任务、评论浏览任务都会消耗注意资源，并且 VR 探索任务知觉负荷较高，占用了大部分注意资源，因此评论浏览任务无法得到知觉加工。基于此本章研究运用知觉负荷理论来解释在独立式呈现方式下在线评论信息与 VR 信息对消费者的联合影响。

4.4.3　产品不确定性理论

　　不确定性是指对信息既非完全不知也非完全掌握，而只获取了部分信息，即不确定性是不完全信息的产物。在线市场的不确定性源于与卖家行为和产品特征相关的环境的复杂性（Pavlou et al.，2007），即在线市场的不确定性包含卖家不确定性和产品不确定性。平台通过信任建立机制，如反馈评级（Dellarocas，2003）、第三方托管服务（Pavlou and Gefen，2004），以及市场保障（Dimoka et al.，2012）等来降低卖家不确定性，信息科学领域的研究已经在很大程度上克服了消费者对在线市场中卖家不确定性的担忧（Gefen et al.，2003；Benbasat et al.，2008）。但在线上交易过程中，由于消费者无法直接接触产品或者体验服务，消费者认为产品不确定性仍然是一个挑战。

　　产品不确定性是指消费者在评估产品属性和预测产品未来表现方面的困难（Hong and Pavlou，2014）。这种描述将产品不确定性等同于对产品属性和质量的评估，却忽略了消费者能否将自己的偏好与产品的属性匹配。Hong 和 Pavlou（2014）认为产品不确定性有两类，分别是产品质量不确定性和产品适配不确定性，前者是消费者在评估产品质量及未来使用过程中产品表现是否符合自身期望时存在的不确定性，而后者指产品的个性化属性与消费者自身偏好的匹配程度，具有很强的主观色彩。Hong 和 Pavlou（2014）区分了两者的差异。产品质量不确定性通常涉及垂直差异化的产品属性，这些属性为消费者提供了共同的效用。然而，产品适配不确定性涉及基于消费者偏好的体验式产品属性，它为消费者提供特殊的效用。例如，一位新妈妈想买一个儿童汽车座椅，但她不知道该买哪一个，因此她面临两个不同的不确定性来源：产品质量不确定性，因为她不知道这个儿童汽车座椅是否具有良好的功能和可靠性；产品适配不确定性，因为她不知道这个儿童汽车座椅是否适合她的宝宝。

消费者对产品的不确定被认为是在线销售的主要障碍之一（Wang et al.，2021），一些产品属性在线下是具体的、可感知的，但在线上网络环境中，在消费者收到商品或者体验到服务之前，消费者很难有实际的感知。在消费者行为领域，尽管感知不确定性描述的是消费者对未来事件的未知性，降低产品不确定性的后果既可能是不利的，也可能是有利的。但通常来说，消费者购物时会避免犯错误，而非最大化效用。为了尽可能地避免潜在损失，消费者将力求减少未来事件中的不确定性（Mitchell，1999）。减少感知的产品不确定性关键在于让消费者获得充分的信息。已有的文献从不同的维度研究影响在线消费者感知不确定性的因素，主要有产品类型（Hong and Pavlou，2014）、在线产品评论（Wu et al.，2013）、第三方保证（Jing，2016）。Pavlou 等（2007）认为消费者感知不确定性的前因有四个，分别是感知信息不对称、对卖家投机行为的担忧、信息隐私问题和信息安全问题，从而提出从产品诊断性、信任、网页信息量、社会临场感四个方面来减轻消费者的感知不确定性。近年来，随着 VR 技术、AR 技术的发展，相关学者研究了这些新兴技术在降低产品不确定性方面的作用。Sun 等（2022）探讨了 AR 特征对产品不确定性和产品态度的影响。结果表明，AR 可以通过增加感知信息、临场感和心理意象来降低产品质量不确定性和产品适配不确定性。Liu 等（2019）讨论了虚拟产品体验对产品不确定性的影响，并发现触觉意象和空间意象都能进一步降低消费者的产品不确定性。尽管这些新兴技术提供体验式的产品信息，以帮助消费者从视觉上体验产品的属性，然而关于产品更加详细的描述只能通过文本信息来传达，并且消费者更倾向寻求在线评论来评估产品不确定性（Wu et al.，2013），在线评论和 VR 技术在降低产品不确定性方面各有优劣，这两种不同的信息结合在一起能否更好地发挥作用进而降低产品不确定性，这个问题还未被研究。本章研究的重点是在线评论与 VR 的结合，当在线评论通过不同的呈现方式与 VR 结合时，是否会影响消费者的感知不确定性，从而影响消费者行为意图。

4.4.4　评论内容对行为意图的影响

在线评论内容可以是具体的，也可以是抽象的。信息抽象性是在线评论的一大特征，抽象性信息是以概略、去情景的方式描述事件，内容表述使用更多的修饰与形容、表达较为概要、内容往往比较模糊。与之对应的是具体性信息，即以详尽而细致的方式描述事物、注重细节、使用更多的数据。具体的在线评论提供有关产品或服务的属性或特征的详细信息，抽象的在线评论会表达评论者对于产品或服务的体验、感觉。

语言学范畴模型推断，与抽象的在线评论相比，具体的在线评论拥有更多关于产品的客观信息，消费者解读和猜测评论者意思的空间更小。抽象的在线评论所涵盖的范围较广、内容模糊，缺乏具体的在线评论所拥有的直观和可理解性，因此相比抽象的在线评论，具体的在线评论具有认知上的优势（Walker and Hulme，1999）。现有的研究也证实具体的广告信息比抽象的广告信息更能提升受众对目标的态度及购买意愿（Fernandez and Rosen，2000），具体信息比抽象信息会使被描述的事物得到更多的赞许和偏好（Krishnan et al.，2006）。具体的在线评论往往注重对某些产品性能或产品使用效果的详细阐述，这样的信息符合消费者对信息的需求，会让消费者觉得评论的内容更容易识别，信息量更大，因此它更有助于降低消费者在决策中的不确定性，从而被认为更有帮助，更能引发消费者行为意图（Huang et al.，2018），由此提出以下假设。

$H_{4.1}$：评论内容对消费者行为意图产生影响，具体的在线评论比抽象的在线评论带来更高水平的行为意图。

4.4.5　VR 的调节作用

VR 旨在增强和丰富用户的体验。它结合视觉、触觉、听觉、嗅觉、味觉来创建一个模拟的真实世界环境。VR 为用户提供了直接或接近直接的体验，并允许用户在虚拟世界中评估现实显示的物品。用户在 VR 环境下还可以与这些虚拟元素进行交互（如移动、旋转、放大、缩小等）。Li 和 Chen（2019）通过情景问卷调查和实验，发现 VR 感知享受对旅游意愿有促进作用；Lee 等（2020）的研究表明，VR 应用的内容质量、系统质量和生动度正向影响着用户的态度和临场感，从而导致其访问目的地的积极行为意愿；Wei 等（2019）发现 VR 的临场感对游客的回访和推荐意愿有积极影响；Hudson 等（2019）调查了在 VR 水下海景探索过程中，沉浸感如何影响游客的体验，结果表明虚拟环境的沉浸感对体验满意度有显著的积极影响。上述研究表明 VR 提供的临场感和沉浸感可以对用户体验和享受产生积极影响（Gauquier et al.，2019），将信息量更大的产品展示转化为有趣的沉浸式交互体验，这种新颖的用户体验可以唤醒用户的兴趣，积极影响消费者行为意图。因此，我们认为 VR 的引入可以增加消费者行为意图，由此提出以下假设。

$H_{4.2}$：相比无 VR 的条件，在有 VR 的条件下，无论具体的在线评论还是抽象的在线评论都会带来更高水平的行为意图。

4.4.6　VR 情境下在线评论呈现方式的调节作用

独立式的情境下，消费者先看 VR 再看评论，因此评论浏览任务和 VR 探索任务是分开进行的。评论提供语言信息，VR 呈现视觉信息，语言信息的处理需要较高的认知资源，而视觉信息的处理则较为直观，对认知资源的需要相对较少。VR 创造了一个计算机生成的环境，它与物理环境非常相似，让消费者感觉他们就在真实的物理环境中，增强了消费者的产品体验，消费者能够身临其境地去了解产品并与产品进行交互，因此消费者不需要花费太多的精力和认知资源去阅读网上的评论，就可以获得客观的、与产品相关的信息。Zeng 等（2020）研究证明当在线评论与 VR 结合在一起时，探索虚拟酒店环境成为目标任务，而在线评论成为较低级别的处理线索。VR 将削弱在线评论对消费者行为意图的影响。VR 以沉浸互动的体验呈现视觉信息，增加了消费者的感知负荷，Lavie（1995）称任务对可用知觉能力的消耗程度为知觉负荷。当任务具有较高的感知负荷时，人的注意力被与任务相关的加工占据（Lavie et al.，2004）。根据知觉负荷理论，VR 能够提高定向注意力，这种直接注意对消费者的记忆相关任务表现有正向影响（Leung et al.，2020）。因此，我们认为在独立式的情境下，VR 将削弱在线评论对产品不确定性的影响，VR 探索任务占据了消费者较多的注意资源，在线评论无法得到有效的知觉加工，在 VR 与在线评论对产品不确定的交互作用中，VR 发挥了主要的作用，具体的在线评论、抽象的在线评论在提升行为意图方面无明显差异。

嵌入式的情境下，评论信息和 VR 信息同时呈现在消费者眼前，消费者能够同时接收这两种类型的信息。双重编码理论认为，语言信息通过语言系统进行编码，而视觉信息是一种非语言信息，非语言信息通过非语言系统进行编码。两个系统相互连接，相互刺激（Paivio，2013）。比起只提供视觉信息或只提供语言信息，同时提供语言信息和视觉信息的时候，消费者可以更全面地了解一项事物。因此，与单纯的语言线索相比，语言线索与视觉线索的结合更能成功地为消费者获取信息。相比具体的在线评论，抽象的在线评论内容表达消费者对于产品的体验感觉，通常以概略、去情景的方式描述事件，难以和 VR 信息产生关联，而具体的在线评论描述产品的属性、特征，消费者可以在 VR 中验证具体的在线评论的信息，具体的词元容易形成视觉图像，即具体的词元可以相应地激活象元，而高度抽象的词元则难以找到对应的象元，因此同时呈现具体的在线评论信息和 VR 信息比同时呈现抽象的在线评论信息和 VR 信息更容易出现双重编码。当消费者在嵌入式情境下浏览具体的在线评论时，言语表征和视觉表征更容易形成联系，丰富信息获取路径，提高消费者的学习记忆效果（Paivio and Ernest，1971），因此在嵌入式情境下，相比抽象的在线评论，具体的在线评论更能提升行为意图，由此提出以下假设。

H$_{4.3}$：当在线评论独立式呈现时，具体的在线评论、抽象的在线评论引发的行为意图水平无明显差异；当在线评论嵌入式呈现时，具体的在线评论比抽象的在线评论带来更高水平的行为意图。

4.4.7　产品不确定性的中介作用

减少感知不确定性的关键在于建立完善的信息搜索渠道，让消费者获得充分的信息（Dowling and Staelin，1994），信息越多，越有助于减少不确定性。产品质量不确定性是指消费者难以评估产品的特性和预测产品在未来的表现。具体的在线评论提供有关产品或服务的属性或特征的详细信息，有助于消费者了解产品的性能。抽象的在线评论提供有关产品或服务的体验、感觉，然而，通常情况下，消费者对产品的体验、感觉取决于他与产品的体验属性之间的匹配程度，抽象的在线评论无法帮助消费者预测产品在未来的表现。因此，具体的在线评论更有助于减少产品质量不确定性。产品适配不确定性是由于消费者缺乏产品的经验信息，即消费者对于产品的熟悉度不足、缺乏启发式信息推断产品属性与其偏好之间的匹配（Hong and Pavlou，2014）。对于第一点，无论是具体的在线评论还是抽象的在线评论都无法改变消费者对于产品的熟悉度；对于第二点，具体的在线评论可以提供有关产品属性的信息，有助于消费者判断产品属性与其偏好之间的匹配度。例如，在酒店预订的情境下，具体的在线评论可以提供有关酒店价格、设施、服务、环境、饮食等多方面的信息，可以更好地帮助消费者了解酒店的关键属性，从而更容易将产品属性与自己的偏好匹配起来。因此，具体的在线评论更有助于减少产品适配不确定性。

产品不确定性和消费者行为意图之间的关系可以用前景理论来解释。前景理论表明，人们对损失和收益的敏感程度是不同的，人们更重视损失而不是收益，即使损失和收益在同一水平（Kahneman and Tversky，2013）。消费者如果对产品的质量或适配不确定，他们可能会担心产品无法达到自己的预期效果从而造成潜在的损失。相比抽象的在线评论，消费者在浏览具体的评论时能获取更多有关产品的信息，减轻感知不确定性，消费者一旦降低了对产品的不确定性，就会提高决策信心，对产品的态度也会变得积极，从而引发更高水平的行为意图。因此，我们提出以下假设。

H_{4.4a}：产品质量不确定性中介了评论内容与行为意图的关系。

H_{4.4b}：产品适配不确定性中介了评论内容与行为意图的关系。

研究模型如图 4.1 所示。

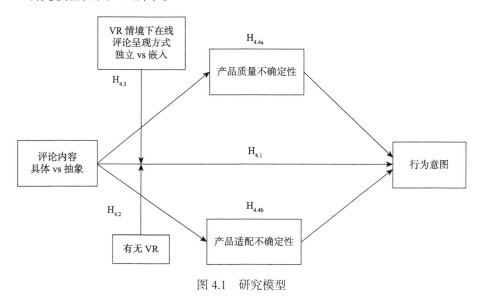

图 4.1 研究模型

4.5 研 究 设 计

4.5.1 实验平台与产品

我们选择酒店预订作为实验情境，作为一种服务体验，消费者在入住酒店之前很难完美地评估酒店是否符合自己的偏好，酒店的质量更难评估，因为体验属性更难描述。消费者对酒店的适配度和质量效用在购买前不容易确定，从而分别增加了产品适配不确定性和产品质量不确定性。另外，新冠疫情期间，酒店行业受到了严重的影响，在有限的预算下，酒店行业比以往任何时候都更需要明确新技术对其营销工作的价值。

从 360° VR 平台（http://www.expoon.com/e/577krj915um/）下载以酒店为主题的 VR 应用程序，该应用程序利用真实世界的球形全景 360°图像创建了酒店的 VR 内容。这符合本章研究的情境。我们选择民宿酒店作为研究对象，因为这是最受年轻消费者欢迎的酒店类型之一，符合年轻消费者追求个性的特点。我们挑选了一家知名度很低的民宿酒店，这可以避免外部因素的影响，当消费者不熟悉一个产品时，他们可能有更高的产品不确定性，这有助于后续实验流程的进行。我们选择了一家名为马蜂窝的旅游网站，在该网站上我们搜索这家民宿酒店的名称，并发表有关这家民宿酒店的评论，这些评论将会被记录在"我的评论"标签下。

4.5.2　实验设计与流程

我们在受试者之间进行了 2（具体 vs 抽象）×2（独立式 vs 嵌入式）的实验，第一个因素有两个层次，即具体的在线评论和抽象的在线评论，我们在马蜂窝网站上创建了两个账户，分别发表具体的在线评论和抽象的在线评论，评论的长度被控制在 30 个字符以内，为了避免评论效价的影响，评论的整体效价被操纵为正向的，但同时也加入了中性和负面的评论以增加评论的可信度，当正面评论、中性评论、负面评论的比例为 3∶1∶1 时，评论的整体效价会被认为是正面的（East et al.，2008），因此每一组受试者被要求浏览 20 条在线评论（12 条正面，4 条中性，4 条负面），并且在开展实验前，我们邀请了几名受试者对评论材料的具体性（具体、抽象）、效价（正面、中性、负面）进行了测试，受试者会评价每一条评论的具体性、效价，我们选取了没有歧义的评论作为实验材料。第二个因素也有两个层次，即在线评论独立式呈现和在线评论嵌入式呈现，我们通过 VR 应用上的清屏设置来实现这两种呈现方式，在嵌入式情境下，我们将评论发表在 VR 中，360° VR 平台可以帮助我们实现这一点，在独立式情境下，我们点击清屏按钮，已经发表的评论就会被隐藏起来，受试者只能看到有关酒店的 VR 内容。同时，我们挑选了两个 VR 应用，这两个应用都是有关同一家民宿酒店的，并且选取了三个同样的民宿场景，在这两个应用中我们分别发表具体的在线评论和抽象的在线评论。除了实验组之外，我们还设置了两个对照组（具体 vs 抽象），参与对照组的受试者，浏览完在线评论后即可填写问卷，为了消除实验中潜在的外部影响，受试者被随机分配到 6 种实验条件中的 1 种。

我们通过线上和线下渠道招募实验受试者。共有 181 名大学生完成了实验并填写了问卷。在 181 名受试者中，有 94 名男性和 87 名女性，年龄从 19 岁到 29 岁。

实验过程如下：首先，受试者被随机分配到 6 种实验条件中（表 4.1），每名受试者接受了 5 分钟关于如何使用 VR 应用的培训。其次，受试者被要求进入给定的网站页面，浏览在线评论和探索 VR 酒店。实验组的受试者可以看到 VR 酒店展示，而对照组的受试者则不能。最后，受试者被要求回答问卷。实验时间为 15~20 分钟。

表4.1　实验分组

序号	分组	评论内容	呈现方式	受试者数量/名
1	实验组	具体	独立	30
2	实验组	具体	嵌入	30
3	实验组	抽象	独立	30
4	实验组	抽象	嵌入	31
5	对照组	具体	—	30
6	对照组	抽象	—	30

4.5.3　变量测量

在本章研究中，产品质量不确定性的测量采用了取自 Dimoka 等（2012）的三个题项。为了使测量题项更加符合我们的实验情境，我们对题项进行了修改："我不再不确定该民宿酒店的描述"，"我不再不确定该民宿酒店的未来性能"，"我对该民宿酒店实际质量的不确定已被消除"。产品适配不确定性的测量题项如下："我不能再怀疑该民宿酒店是否符合我的要求"，"我不能再怀疑该民宿酒店是否符合我的品位"，"我不能再怀疑该民宿酒店是否符合我的偏好"。行为意图的题项改编自 Pleyers 和 Poncin（2020）、Kim 和 Kerstetter（2016）的研究，分别如下："在进行完这次实验后，我会很想真实参观这家民宿酒店"，"在进行完这次实验后，我真实参观这家民宿酒店的可能性很高"，"在进行完这次实验后，我愿意真实参观这家民宿酒店"，"在进行完这次实验后，我很可能会真实地参观这家民宿酒店"，"在进行完这次实验后，我认为这家民宿酒店对我的吸引力很大"。为了控制个体差异，我们测量了受试者对 VR 技术的熟悉程度，以及对于民宿酒店的熟悉程度。所有变量均使用利克特 7 级量表进行测量，范围在"完全不同意"和"完全同意"之间（1=完全不同意，7=完全同意）。

4.6　实　验　结　果

4.6.1　效度和信度检验

我们首先评估了测量项目的收敛效度和区分效度。采用 AVE 值和因子载荷系数来评估收敛效度。由表 4.2 可知，AVE 值超过了 0.5 的阈值，且因子载荷系数大于 0.7 的阈值，表明收敛效度可以接受。我们通过比较 AVE 值的平方根和变量之间的相关性来评估区分效度。如表 4.3 所示，AVE 值的平方根大于各变量之间的相关系数，显示出良好的区分效度。其次，我们采用 CR 值和 Cronbach's α 系数来评估信度。由表 4.2 可知，CR 值范围为 0.883~0.973，Cronbach's α 系数范围为 0.838~ 0.955，信度达到了要求。

表4.2　量表信度和收敛效度分析

变量		因子载荷	Cronbach's α	AVE	CR
产品质量 不确定性 （PQU）	PQU_1	0.768	0.838	0.587	0.883
	PQU_2	0.793			
	PQU_3	0.737			
产品适配 不确定性 （PFU）	PFU_1	0.850	0.922	0.709	0.930
	PFU_2	0.819			
	PFU_3	0.856			
行为意图 （BI）	BI_1	0.894	0.955	0.793	0.973
	BI_2	0.903			
	BI_3	0.908			
	BI_4	0.908			
	BI_5	0.839			

表4.3　区分效度分析

变量	1	2	3
1. 产品质量不确定性	**0.766**		
2. 产品适配不确定性	0.705**	**0.842**	
3. 行为意图	0.448**	0.458**	**0.890**

**表示显著性水平小于 0.01

注：加粗数字为 AVE 值的平方根

4.6.2　操纵与控制检验

为确保在实验过程中我们对评论内容和呈现方式的操纵是成功的，我们进行了操纵检验，受试者在利克特 7 级量表上对评论内容的操纵检验题项进行了打分——"在刚才的实验任务中，我看见的在线评论内容是 1=概略简洁、内容模糊，7=详尽细致、注重细节"。方差分析结果显示，两组之间存在显著差异（$M_{具体}$= 5.43，$M_{抽象}$= 3.25，F=48.923，p<0.001），表明评论内容的操纵是成功的。受试者在利克特 7 级量表上对在线评论呈现方式的操纵检验题项进行了打分——"在刚才的实验任务中，我看见的在线评论是 1=和 VR 分开呈现，7=和 VR 结合呈现"，方差分析结果显示，两组之间存在显著差异（$M_{独立}$=1.51，$M_{结合}$= 6.38，F= 404.624，p<0.001），表明评论呈现方式的操纵是成功的。

我们通过 5 个控制变量（年龄、性别、学历、VR 技术熟悉度和民宿酒店熟悉度）来检查 4 个实验组是否存在系统性偏差。我们以行为意图为因变量进行方差分析。结果表明各实验组之间在控制变量上不存在显著差异（$F_{年龄}$=0.394，p>0.5；$F_{性别}$= 0，p>0.5；$F_{学历}$=0.493，p>0.5；$F_{VR技术熟悉度}$=0.250，p>0.5；$F_{民宿酒店熟悉度}$=0.647，p>0.5），说明通过随机化来控制参与者的特征是成功的。

4.6.3　假设检验

1. 评论内容对行为意图的影响

为了检验评论内容与消费者行为意图之间的关系，我们以行为意图为因变量，以评论内容（具体 vs 抽象）为自变量进行了方差分析检验。结果表明，具体的在线评论与抽象的在线评论引发的消费者行为意图存在显著差异，（$M_{具体}$=5.04，$M_{抽象}$=4.35，F=11.098，p<0.001）。具体的在线评论引发的消费者行为意图高于抽象的在线评论引发的消费者行为意图，因此实验结果支持 $H_{4.1}$。

2. VR 的调节作用

我们还研究了在线评论与 VR 的联合影响，$H_{4.2}$ 认为当在线评论和 VR 同时使用时，它们对行为意图的影响比单独浏览在线评论更强。为了检验这一点，我们以行为意图为因变量进行了双因素方差分析，结果表明，评论内容与有无 VR 存在显著的交互作用（F=5.382，p<0.05）。实验组与对照组之间存在显著差异。我们根据评论内容划分了数据集，实验组具体的在线评论引发的消费者行为意图水平（$M_{实验}$=5.47，$M_{对照}$=4.17，F=25.184，p<0.001）和实验组抽象的在线评论引发的消费者行为意图水平（$M_{实验}$=5.05，$M_{对照}$=2.92，F=77.480，p<0.001）

均高于对照组。这表明在线评论与 VR 结合的影响高于单独在线评论的影响，因此实验结果支持 $H_{4.2}$。这一点与 Zeng 等（2020）的研究结果一致，实验结果如图 4.2 所示。

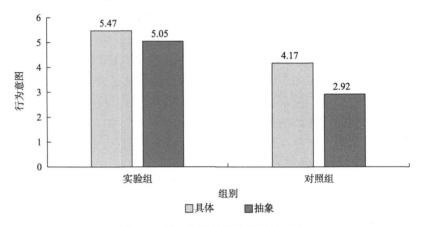

图 4.2　评论内容对行为意图的影响

3. VR 情境下在线评论呈现方式的调节效应检验

$H_{4.3}$ 假设 VR 情境下在线评论呈现方式在评论内容和行为意图之间的关系上起调节作用。我们以行为意图为因变量进行了双因素方差分析，结果表明，评论内容与呈现方式的交互作用不显著（$F=2.034$，$p>0.1$），因此不支持 $H_{4.3}$。我们分别以产品质量不确定性、产品适配不确定性为因变量，再次进行了双因素方差分析，双因素方差分析结果显示，无论以产品质量不确定性为因变量，还是以产品适配不确定性为因变量，评论内容与评论呈现方式均存在显著的交互作用（$F_{产品质量不确定性}=4.310$，$p<0.05$；$F_{产品适配不确定性}=4.561$，$p<0.05$）。我们进行了简单的效应分析以进一步探讨结果，根据 VR 情境下在线评论的呈现方式对数据集进行划分。在独立式情境下，具体的在线评论、抽象的在线评论在降低产品质量不确定性（$M_{具体}=3.20$，$M_{抽象}=3.51$，$F=1.697$，$p>0.1$）、产品适配不确定性（$M_{具体}=3.17$，$M_{抽象}=3.29$，$F=0.190$，$p>0.1$）方面无明显差异；在嵌入式情境下，相比抽象的在线评论，具体的在线评论更能降低产品质量不确定性（$M_{具体}=2.63$，$M_{抽象}=3.62$，$F=18.311$，$p<0.001$）、产品适配不确定性（$M_{具体}=2.26$，$M_{抽象}=3.11$，$F=20.322$，$p<0.001$），并且差异显著。另外，我们对比了实验组、对照组的结果，发现当在线评论和 VR 同时使用时，评论内容更能降低产品质量不确定性和产品适配不确定性。有关产品质量不确定性和产品适配不确定性的实验结果如图 4.3、图 4.4 所示。

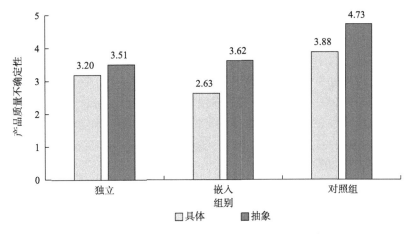

图 4.3　评论内容对产品质量不确定性的影响

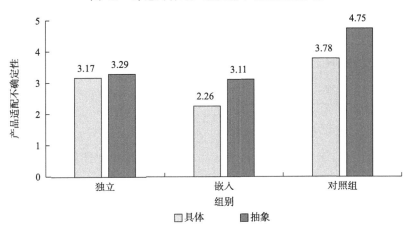

图 4.4　评论内容对产品适配不确定性的影响

4. 产品不确定性的中介效应检验

H$_{4.4}$ 提出，产品质量不确定性和产品适配不确定性在评论内容对消费者行为意图的影响中起中介作用。我们以行为意图为因变量，以评论内容（具体 vs 抽象）为自变量进行了方差分析检验。结果表明，具体的在线评论与抽象的在线评论在降低产品质量不确定性（$M_{具体}$=3.24，$M_{抽象}$=3.95，F=18.171，$p<0.001$）、产品适配不确定性（$M_{具体}$=3.07，$M_{抽象}$= 3.71，F=11.676，$p<0.01$）方面存在显著差异。我们采用线性回归分析检验产品不确定性与消费者行为意图之间的关系，结果表明，产品质量不确定性（B=−0.448，$p<0.01$）和产品适配不确定性（B=−0.458，$p<0.001$）与行为意图呈显著正相关关系，并且产品质量不确定性对行为意图的影响要弱于产品适配不确定性的影响。之后我们使用 Process 进行了中介分析

（Preacher and Hayes，2008；Hayes，2017）。通过对 5 000 个样本的自举分析，以评论内容为自变量，以产品质量不确定性和产品适配不确定性为中介变量，以行为意图为因变量。对于产品质量不确定性，95%的置信区间为[0.052 7，0.384 2]，不包含 0，表明产品质量不确定性是显著的中介因子，对于产品适配不确定性，95%的置信区间为[0.034 8，0.364 1]，不包含 0，表明产品适配不确定性是显著的中介因子。实验结果表明产品质量不确定性、产品适配不确定性部分中介了评论内容对于消费者行为意图的影响，因此支持 $H_{4.4}$，实验结果如表 4.4 所示。研究模型的数据分析结果如图 4.5 所示。

表4.4　中介效应检验结果

自变量	中介	因变量	总效应	直接效应	间接效应	区间	结果
评论内容	产品质量不确定性	行为意图	0.424 1	0.234 8	0.189 3	0.052 7~0.384 2	支持
评论内容	产品适配不确定性	行为意图	0.424 1	0.254 3	0.170 7	0.034 8~0.364 1	支持

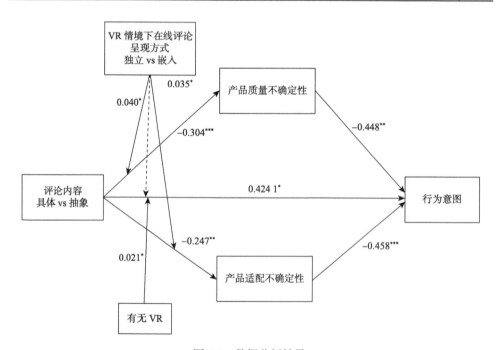

图 4.5　数据分析结果

*表示显著性水平小于 0.05，**表示显著性水平小于 0.01，***表示显著性水平小于 0.001；
虚线表示路径不显著

4.7　结论与展望

4.7.1　研究结论

首先，评论内容对消费者行为意图的影响可以归因于产品不确定性，产品质量不确定性和产品适配不确定性在评论内容与消费者行为意图之间起到部分中介作用。需要注意的是，产品质量不确定性对行为意图的影响要弱于产品适配不确定性的影响。这与之前的结论一致：虽然产品缺陷是产品退货的直观解释，但根据《华尔街日报》的报道，产品缺陷甚至不在网购退货的前三大原因之列；相反，退货主要是由于产品没有满足消费者的需求。

其次，通过对比实验组和对照组，我们发现在线评论与 VR 的联合作用大于在线评论的单独作用。相比只浏览评论信息，当消费者能够结合评论信息与 VR 信息时，消费者行为意图水平会更高。我们可以通过双重编码理论来解释这一点，双重编码理论认为人的认知系统是由两个编码系统组成的，语言系统专门处理语言信息，语言编码对应着文字、文字的发音及对文字的触感，非语言系统是对想象的表征和处理，它对应着除文字以外的视觉、听觉、触觉、味觉及嗅觉信息等。语言系统和非语言系统在运作时虽然以相互独立为主，但它们也会相互联系从而提高记忆力，当消费者同时接收语言和非语言信息时，两个编码系统都在以多种格式编码和整合信息，从而产生深度加工（van Merriënboer et al., 2003）。因此，当在线评论和 VR 同时使用时，它们对消费者行为意图的影响比单独浏览在线评论更强。

最后，VR 情境下在线评论的呈现方式对评论内容与产品不确定性之间的关系具有调节作用。研究结果表明，当消费者先使用 VR 再浏览在线评论时，评论内容对产品不确定性的影响无明显差异。当消费者在 VR 中浏览在线评论时，反映产品特征和属性的具体的在线评论比表达体验、感觉的抽象的在线评论更能降低消费者的产品不确定性。这说明在独立式的情境下，VR 削弱了在线评论对产品不确定性的影响，消费者被 VR 呈现的视觉信息吸引从而忽略了在线评论提供的文本信息，这对于消费者来说是不利的，关于产品或服务更加细致的描述只能依靠评论来传达。我们希望消费者在使用 VR 的同时也能注意到在线评论的内容。嵌入式情境下，具体的在线评论比抽象的在线评论更能降低消费者的产品不确定性，这表明消费者注意到了评论信息，并且相比只浏览在线评论，将在线评论发表在 VR 中，消费者的产品不确定性会显著降低。因此，我们认为在线评论与 VR 嵌入式结合能够发挥出最好的效果。

4.7.2　理论贡献

本章研究有三个理论贡献。第一，以往的文献基于评论的感知有用性、评论的可信度等概念，研究了在线评论的自身特征、在线评论的来源、在线评论的时间因素及所评价的商品类型对消费者的产品态度、购买意愿、购买行为的影响。然而，在线评论是否会影响消费者的产品不确定性，目前还知之甚少。我们的研究从产品不确定性的角度阐明了评论内容对消费者行为意图的影响，基于信息抽象性的视角，超越了数量、效价两个评论的关键指标，来研究在线评论的作用影响，对在线评论文献有所贡献。

第二，本章研究聚焦于在线评论系统与沉浸式交互系统的结合，以 VR 技术为代表展开研究，补充了 VR 信息、评论信息对消费者联合作用影响的文献。先前有研究考虑了评论格式、呈现方式和框架对于消费者购买意图的影响，但研究局限于在线评论与图片、视频等传统媒介的结合，很少有研究将在线评论与 VR、AR 等沉浸式交互技术关联起来。据我们所知，只有 Zeng 等（2020）探讨了在线评论（质量和数量）和 VR 对消费者酒店预订的直接和交互影响。在此基础上，我们以 VR 酒店为背景，考虑了 VR 情境下在线评论的两种呈现方式的调节作用，揭示了在线评论、VR 联合作用效果的边界条件，证实了在线评论系统与沉浸式交互系统结合的效果要优于在线评论系统的效果。

第三，研究结果支持双重编码研究之前发现的现象，即双重编码的效果优于单独编码，我们的研究进一步将这种影响扩展到沉浸式交互系统结合在线评论系统对消费者行为意图的影响。

4.7.3　实践启示

我们的研究对营销人员有一定的启示。首先，营销人员应该鼓励、引导已经有过购买经验的消费者发表有关产品或服务的属性特征的评论，从而减少消费者的产品不确定性。其次，营销人员可以在网站中增加沉浸式交互功能以创建产品或服务的虚拟体验，为消费者提供更加多样化的信息来源，补充在线评论无法提供的视觉信息。最后，本章研究还有助于指导如何制定沉浸式交互技术展示与在线评论的联合营销策略。本章研究采用 VR 技术代表沉浸式交互技术，研究结果表明相比独立式情境，在嵌入式情境下，具体评论更能引发消费者行为意图，因此我们建议将描述产品或服务属性特征的具体的在线评论发表在 VR 中。抽象的在线评论在嵌入式、独立式情境下，引发的消费者行为意图无明显差异，但 VR 中能够呈现的评论数量有限，过多的评论可能会干扰 VR 的视觉效果，并且管理

VR 中的在线评论会耗费更多的资源和成本，因此我们建议将表达有关产品或服务体验的抽象的在线评论发表在网站社区中。

4.7.4　研究局限与展望

本章研究有三个局限性。第一，本章研究以酒店预订这一服务为实验情境展开，并未选择具体的产品，未来的研究可以针对不同的实验情境，如电子商务、旅游等开展实验，扩展实验结论的外部有效性。第二，研究中使用的 VR 是基于电脑桌面屏幕的非沉浸式 VR，由于我们现有的 VR 技术无法实现在头戴式眼镜的沉浸式 VR 中发表评论，本章研究并未考虑到 VR 类型的影响，未来的研究可以跟上 VR 技术的发展，以 VR 沉浸度为调节变量扩展研究。同时，未来的研究还可以以 AR 技术和 MR 技术为研究对象，基于 AR 技术和 MR 技术与在线评论的结合扩展研究。第三，实验以招募的大学生为研究样本，对某一特定类型的酒店进行研究，这可能会限制研究结果的普遍性。未来的研究可以与相关平台合作，在网站中增添 VR 功能，通过现实世界的真实反馈数据来调查普通消费者的实际行为。

本 章 小 结

本章关注的是沉浸式交互系统与在线评论系统之间的协同作用。研究结果表明，沉浸式交互系统（有/无）影响评论内容对消费者行为意图的作用，沉浸式交互系统与评论系统的融合方式（独立/嵌入）也会影响评论内容对消费者行为意图的作用。本章只探讨了沉浸式交互系统与评论系统之间的协同作用，没有考虑其他类型的系统。本章没有考虑沉浸式交互系统中 AR 技术和 VR 技术本身的差异，这可能导致沉浸式交互系统与在线评论系统之间协同效果的不同，未来可以做进一步的研究。

参 考 文 献

陈漫，张新国，王峰. 2015. 在线评论中的属性不一致性对产品销售的影响. 华东经济管理，29（5）：147-153.

陈新华. 2016. 旅游者在线评论撰写行为的影响因素研究. 企业经济,（4）: 161-164.

付东普, 王刊良. 2015. 评论回报对在线产品评论的影响研究——社会关系视角. 管理科学学报, 18（11）: 1-12.

何云欢. 2017. 有关双重编码理论国际研究综述. 今传媒, 25（6）: 75-77.

李琪, 任小静. 2015. 消费者对不同平台类型正面在线评论感知有用性的差异研究. 经济问题探索,（10）: 41-47.

梅虎, 温致岸, 詹泽慧, 等. 2016. 在线物流评论信息对消费者购买意向的影响. 物流技术, 35（1）: 51-54.

苗蕊, 徐健. 2018. 评分不一致性对在线评论有用性的影响——归因理论的视角. 中国管理科学, 26（5）: 178-186.

唐建生, 王彦彦, 王彩云. 2016. 评论动机对在线评论特征及道德感知的影响研究. 软科学, 30（7）: 109-112.

万晨. 2014. 不同平台在线评论消费者感知差异研究——产品类型的调节作用. 现代情报, 34（12）: 154-158.

王军, 丁丹丹. 2016. 在线评论有用性与时间距离和社会距离关系的研究. 情报理论与实践, 39（2）: 73-77.

魏萍, 周晓林. 2005. 从知觉负载理论来理解选择性注意. 心理科学进展,（4）: 413-420.

吴秋琴, 许元科, 梁佳聚, 等. 2012. 互联网背景下在线评论质量与网站形象的影响研究. 科学管理研究, 30（1）: 81-83.

闫强, 孟跃. 2013. 在线评论的感知有用性影响因素——基于在线影评的实证研究. 中国管理科学, 21（S1）: 126-131.

杨朝君, 汪俊奎. 2014. 商品在线评论有用性——基于品牌的调节作用分析. 现代情报, 34（1）: 123-127.

杨爽, 徐畅. 2013. 在线产品评论有用性的影响机制——基于虚拟社区视角. 求索,（3）: 249-251.

俞明南, 武芳, 张明明. 2014. 在线评论对顾客购买意愿的影响研究. 市场周刊,（4）: 58-60.

周新玉. 2016. 不同卷入度产品在线评论对产品销量的影响研究. 经营与管理,（9）: 130-133.

卓四清, 冯永洲. 2015. 在线评论有用性影响因素实证研究——基于 Tripadvisor.com 酒店评论数据. 现代情报, 35（4）: 52-56.

Amblee N, Bui T. 2011. Harnessing the influence of social proof in online shopping: the effect of electronic word of mouth on sales of digital microproducts. International Journal of Electronic Commerce, 16（2）: 91-114.

Anderson K C, Laverie D A. 2022. In the consumers' eye: a mixed-method approach to understanding how VR-Content influences unbranded product quality perceptions. Journal of Retailing and Consumer Services, 67: 102977.

Benbasat I, Gefen D, Pavlou P A. 2008. Trust in online environments. Journal of Management Information Systems, 24（4）: 5-11.

Berg L P, Vance J M. 2017. Industry use of virtual reality in product design and manufacturing: a survey. Virtual Reality, 21: 1-17.

Bogicevic V, Liu S Q, Seo S, et al. 2021. Virtual reality is so cool! how technology innovativeness shapes consumer responses to service preview modes. International Journal of Hospitality Management, 93: 102806.

Bogicevic V, Seo S, Kandampully J A, et al. 2019. Virtual reality presence as a preamble of tourism experience: the role of mental imagery. Tourism Management, 74: 55-64.

Borgida E, Nisbett R E. 1977. The differential impact of abstract vs. concrete information on decisions1. Journal of Applied Social Psychology, 7 (3): 258-271.

Bowman D A, McMahan R P. 2007. Virtual reality: how much immersion is enough? Computer, 40 (7): 36-43.

Chan I C C, Lam L W, Chow C W, et al. 2017. The effect of online reviews on hotel booking intention: the role of reader-reviewer similarity. International Journal of Hospitality Management, 66: 54-65.

Dellarocas C. 2003. The digitization of word of mouth: promise and challenges of online feedback mechanisms. Management Science, 49 (10): 1407-1424.

Dimoka A, Hong Y, Pavlou P A. 2012. On product uncertainty in online markets: theory and evidence. MIS Quarterly, 36 (2): 395-426.

Dowling G R, Staelin R. 1994. A model of perceived risk and intended risk-handling activity. Journal of Consumer Research, 21 (1): 119-134.

Duan W, Gu B, Whinston A B. 2008. Do online reviews matter?—An empirical investigation of panel data. Decision Support Systems, 45 (4): 1007-1016.

Eagly A H, Chaiken S. 1984. Cognitive Theories of Persuasion, Advances in Experimental Social Psychology. New York: Academic Press.

East R, Hammond K, Lomax W. 2008. Measuring the impact of positive and negative word of mouth on brand purchase probability. International Journal of Research in Marketing, 25 (3): 215-224.

Fernandez K V, Rosen D L. 2000. The effectiveness of information and color in yellow pages advertising. Journal of Advertising, 29 (2): 61-73.

Gauquier L, Brengman M, Willems K, et al. 2019. Leveraging advertising to a higher dimension: experimental research on the impact of virtual reality on brand personality impressions. Virtual Reality, 23: 235-253.

Gefen D, Karahanna E, Straub D W. 2003. Trust and TAM in online shopping: an integrated model. MIS Quarterly, 27 (1): 51-90.

Guo J, Wang X, Wu Y. 2020. Positive emotion bias: role of emotional content from online customer reviews in purchase decisions. Journal of Retailing and Consumer Services, 52: 101891.

Hayes A F. 2017. Introduction to Mediation, Moderation, and Conditional Process Analysis: A Regression-based Approach. New York: Guilford Publications.

Hong Y, Pavlou P A. 2014. Product fit uncertainty in online markets: nature, effects, and antecedents. Information Systems Research, 25 (2): 328-344.

Hu H F, Krishen A S. 2019. When is enough, enough? Investigating product reviews and information overload from a consumer empowerment perspective. Journal of Business Research, 100: 27-37.

Huang L Q, Tan C H, Ke W L, et al. 2018. Helpfulness of online review content: the moderating effects of temporal and social cues. Journal of the Association for Information Systems, 19 (6): 503-522.

Hudson S, Matson-Barkat S, Pallamin N, et al. 2019. With or without you? Interaction and immersion in a virtual reality experience. Journal of Business Research, 100: 459-468.

Jing B. 2016. Lowering customer evaluation costs, product differentiation, and price competition. Marketing Science, 35 (1): 113-127.

Juan Y K, Chen H H, Chi H Y. 2018. Developing and evaluating a virtual reality-based navigation system for pre-sale housing sales. Applied Sciences, 8 (6): 952.

Kahneman D, Tversky A. 2013. Prospect theory: an analysis of decision under risk//MacLean L C, Ziemba W T. Handbook of the Fundamentals of Financial Decision Making: Part I. Singapore: World Scientific: 99-127.

Kandaurova M, Lee S H M. 2019. The effects of virtual reality (VR) on charitable giving: the role of empathy, guilt, responsibility, and social exclusion. Journal of Business Research, 100: 571-580.

Kim J, Kerstetter D L. 2016. Multisensory processing impacts on destination image and willingness to visit. International Journal of Tourism Research, 18 (1): 52-61.

Knight F H. 1921. Risk, Uncertainty and Profit. Boston: Houghton Mifflin.

Krishnan B C, Biswas A, Netemeyer R G. 2006. Semantic cues in reference price advertisements: the moderating role of cue concreteness. Journal of Retailing, 82 (2): 95-104.

Lau K W, Lee P Y. 2019. Shopping in virtual reality: a study on consumers' shopping experience in a stereoscopic virtual reality. Virtual Reality, 23 (3): 255-268.

Lavie N. 1995. Perceptual load as a necessary condition for selective attention. Journal of Experimental Psychology: Human Perception and Performance, 21 (3): 451-468.

Lavie N, Hirst A, De Fockert J W, et al. 2004. Load theory of selective attention and cognitive control. Journal of Experimental Psychology: General, 133 (3): 339-354.

Le L H, Ha Q A. 2021. Effects of negative reviews and managerial responses on consumer attitude and subsequent purchase behavior: an experimental design. Computers in Human Behavior, 124: 106912.

Lee K C, Chung N. 2008. Empirical analysis of consumer reaction to the virtual reality shopping mall. Computers in Human Behavior, 24 (1): 88-104.

Lee M, Lee S A, Jeong M, et al. 2020. Quality of virtual reality and its impacts on behavioral intention. International Journal of Hospitality Management, 90: 102595.

Leung X Y, Lyu J, Bai B. 2020. A fad or the future? Examining the effectiveness of virtual reality advertising in the hotel industry. International Journal of Hospitality Management, 88: 102391.

Li C, Liu Y, Du R. 2021. The effects of review presentation formats on consumers' purchase intention. Journal of Global Information Management, 29 (6): 1-20.

Li T, Chen Y. 2019. Will virtual reality be a double-edged sword? Exploring the moderation effects of the expected enjoyment of a destination on travel intention. Journal of Destination Marketing & Management, 12: 15-26.

Lin T M, Lu K Y, Wu J J. 2012. The effects of visual information in eWOM communication. Journal of Research in Interactive Marketing，6（1）：7-26.

Liu Y，Du R. 2019. The effects of image-based online reviews on customers' perception across product type and gender. Journal of Global Information Management，27（3）：139-158.

Liu Y，Jiang Z，Chan H C. 2019. Touching products virtually：facilitating consumer mental imagery with gesture control and visual presentation. Journal of Management Information Systems，36（3）：823-854.

Maity M，Dass M，Kumar P. 2018. The impact of media richness on consumer information search and choice. Journal of Business Research，87：36-45.

McLean G，Barhorst J B. 2022. Living the experience before you go... but did it meet expectations? The role of virtual reality during hotel bookings. Journal of Travel Research，61（6）：1233-1251.

Mitchell V W. 1999. Consumer perceived risk：conceptualisations and models. European Journal of Marketing，33（1/2）：163-195.

Paivio A. 1990. Mental Representations：A Dual Coding Approach. Oxford：Oxford University Press.

Paivio A. 1991. Dual coding theory：retrospect and current status. Canadian Journal of Psychology，45（3）：255-287.

Paivio A. 2013. Imagery and Verbal Processes. London：Psychology Press.

Paivio A，Ernest C H. 1971. Imagery ability and visual perception of verbal and nonverbal stimuli. Perception & Psychophysics，10（6）：429-432.

Park S，Shin W，Xie J. 2021. The fateful first consumer review. Marketing Science，40（3）：481-507.

Pavlou P A，Gefen D. 2004. Building effective online marketplaces with institution-based trust. Information Systems Research，15（1）：37-59.

Pavlou P A，Liang H，Xue Y. 2007. Understanding and mitigating uncertainty in online exchange relationships：a principal-agent perspective. MIS Quarterly，31（1）：105-136.

Pee L G，Jiang J，Klein G. 2018. Signaling effect of website usability on repurchase intention. International Journal of Information Management，39：228-241.

Peukert C，Pfeiffer J，Meißner M，et al. 2019. Shopping in virtual reality stores：the influence of immersion on system adoption. Journal of Management Information Systems，36（3）：755-788.

Pleyers G，Poncin I. 2020. Non-immersive virtual reality technologies in real estate：how customer experience drives attitudes toward properties and the service provider. Journal of Retailing and Consumer Services，57：102175.

Preacher K J，Hayes A F. 2008. Asymptotic and resampling strategies for assessing and comparing indirect effects in multiple mediator models. Behavior Research Methods，40（3）：879-891.

Rees G，Frith C D，Lavie N. 1997. Modulating irrelevant motion perception by varying attentional load in an unrelated task. Science，278（5343）：1616-1619.

Sadoski M，McTigue E M，Paivio A. 2012. A dual coding theoretical model of decoding in reading：subsuming the laberge and samuels model. Reading Psychology，33（5）：465-496.

Schellekens G A，Verlegh P W，Smidts A. 2010. Language abstraction in word of mouth. Journal of Consumer Research，37（2）：207-223.

Shafer D M，Carbonara C P，Popova L. 2014. Controller required? The impact of natural mapping on interactivity, realism, presence, and enjoyment in motion-based video games. Presence: Teleoperators and Virtual Environments, 23（3）: 267-286.

Slater M, Wilbur S. 1997. A framework for immersive virtual environments（FIVE）: speculations on the role of presence in virtual environments. Presence: Teleoperators & Virtual Environments, 6（6）: 603-616.

Sridhar S, Srinivasan R. 2012. Social influence effects in online product ratings. Journal of Marketing, 76（5）: 70-88.

Sun C, Fang Y, Kong M, et al. 2022. Influence of augmented reality product display on consumers' product attitudes: a product uncertainty reduction perspective. Journal of Retailing and Consumer Services, 64: 102828.

Tan H, Lv X, Liu X, et al. 2018. Evaluation nudge: effect of evaluation mode of online customer reviews on consumers' preferences. Tourism Management, 65: 29-40.

van Merriënboer J J, Kirschner P A, Kester L. 2003. Taking the load off a learner's mind: instructional design for complex learning. Educational Psychologist, 38（1）: 5-13.

Walker I, Hulme C. 1999. Concrete words are easier to recall than abstract words: evidence for a semantic contribution to short-term serial recall. Journal of Experimental Psychology: Learning, Memory, and Cognition, 25（5）: 1256-1271.

Wang Y, Ramachandran V, Liu Sheng O R. 2021. Do fit opinions matter? The impact of fit context on online product returns. Information Systems Research, 32（1）: 268-289.

Wang Y, Zhong K, Liu Q. 2022. Let criticism take precedence: effect of side order on consumer attitudes toward a two-sided online review. Journal of Business Research, 140: 403-419.

Wang Y S, Yeh C H, Wang Y M, et al. 2019. Investigating online consumers' responses to product presentation modes: does product type really matter? Internet Research, 29（6）: 1233-1255.

Wei W, Qi R, Zhang L. 2019. Effects of virtual reality on theme park visitors' experience and behaviors: a presence perspective. Tourism Management, 71: 282-293.

Willems K, Brengman M, van Kerrebroeck H. 2019. The impact of representation media on customer engagement in tourism marketing among millennials. European Journal of Marketing, 53（9）: 1988-2017.

Wu J, Wu Y, Sun J, et al. 2013. User reviews and uncertainty assessment: a two stage model of consumers' willingness-to-pay in online markets. Decision Support Systems, 55（1）: 175-185.

Xu P, Chen L, Santhanam R. 2015. Will video be the next generation of e-commerce product reviews? Presentation format and the role of product type. Decision Support Systems, 73: 85-96.

Yang S B, Hlee S, Lee J, et al. 2017. An empirical examination of online restaurant reviews on yelp. com: a dual coding theory perspective. International Journal of Contemporary Hospitality Management, 29（2）: 817-839.

Yin H, Zheng S, Yeoh W, et al. 2021. How online review richness impacts sales: an attribute substitution perspective. Journal of the Association for Information Science and Technology, 72（7）: 901-917.

Yoo J, Kim M. 2014. The effects of online product presentation on consumer responses: a mental imagery perspective. Journal of Business Research, 67（11）: 2464-2472.

Yung R，Khoo-Lattimore C，Potter L E. 2021. Vr the world：experimenting with emotion and presence for tourism marketing. Journal of Hospitality and Tourism Management，46：160-171.

Zeng G，Cao X，Lin Z，et al. 2020. When online reviews meet virtual reality：effects on consumer hotel booking. Annals of Tourism Research，81：102860.

Zhang Z，Ye Q，Law R，et al. 2010. The impact of e-word-of-mouth on the online popularity of restaurants：a comparison of consumer reviews and editor reviews. International Journal of Hospitality Management，29（4）：694-700.

第5章 沉浸式交互系统对整体产品态度的影响

在购买之前，消费者经历了需求认知、信息搜寻、备选方案评价三个阶段，最终形成对备选产品的态度。产品态度是购买前阶段的核心产出，也是购买行动和购后行为的前提条件。按照费希贝因的多属性产品态度模型，消费者对整体产品的态度是由多个产品属性上的评价结果综合而成的。因此，本章聚焦于整体产品态度，研究了沉浸式交互系统对整体产品态度的影响机制，包括中介因素和边界条件。

5.1 研究背景

网络购物为消费者提供了极大的便利（Fan et al., 2020）。但网络购物也让消费者无法直接接触产品，这使他们在做出购买决策之前难以推断出产品的真实质量和适配性，导致购买犹豫和需求限制，这成为网络购物的主要障碍（Park and Yoo, 2020）。先前的研究表明，产品不确定性可以区分为产品质量不确定性和产品适配不确定性（Hong and Pavlou, 2014）。网络零售商一直寻求减少消费者的产品不确定性的方法，然而，目前的策略主要是减少消费者对产品质量或卖家的不确定性，如提供第三方代言、网络评级和多媒体信息，如何减少消费者对产品符合其偏好的不确定性仍然是一个挑战（Wang et al., 2021）。

近年来，随着移动技术的发展，AR技术逐渐被应用在网络购物中，如京东商城、天猫商城、亚马逊、丝芙兰等。AR通过智能手机的应用程序来展示产品（Nikhashemi et al., 2021）。例如，消费者可以使用智能设备扫描产品图像后解锁其他产品信息（Smink et al., 2020），可以控制虚拟产品模型，可以"试穿"衣服（Yang and Xiong, 2019），还可以在家中"放置"家具产品（Smink et al., 2020）。

在这些行为中，AR 使在线消费者能够以较低的搜索成本对产品进行购前检查（Dwivedi et al.，2021）。

AR 的出现引起了研究者的兴趣。有文献讨论了 AR 产品展示对消费者对产品的态度、购买意向和口碑推荐的影响（Huang，2021；Kowalczuk et al.，2021；Pamuru et al.，2021；Whang et al.，2021）。尽管 AR 的交互可以填补网络购买者和产品之间的信息空白（Gallino and Moreno，2018），但以往的文献并没有讨论 AR 能否及如何缓解产品质量不确定性和产品适配不确定性。AR 产品展示是否及如何降低产品质量不确定性和产品适配不确定性仍然是未知的。

本章研究目的是揭示 AR 产品展示对于网络购物平台消费者态度的影响，具体研究问题包括 AR 产品展示是否及如何降低消费者的产品质量不确定性和产品适配不确定性，以及产品质量不确定性和产品适配不确定性的降低是否会导致积极的产品态度。据我们所知，目前只有一项研究讨论了虚拟产品体验对产品不确定性的影响（Liu et al.，2019），他们的研究重点是 VR。与这项研究不同的是，我们的研究重点是 AR。零售业的研究指出，AR 比 VR 更适合零售业，因为 AR将虚拟产品可视化集成到消费者的现实世界中（Yim et al.，2017；Dwivedi et al.，2021）。另外一个不同之处在于，我们的研究包含了产品适配不确定性。产品适配不确定性比产品质量不确定性更可能导致在线零售的需求抑制和高退货率（Gallino and Moreno，2018；Wedel et al.，2020）。

本章研究的贡献有三方面：第一，基于产品不确定性的文献论证了 AR 产品展示对产品不确定性的作用，研究结果证实了 AR 产品展示对减少产品不确定性的作用，补充了减少产品不确定性的前提条件，尤其是减少产品适配不确定性。第二，识别了三种类型的用户行为和心理状态，揭示了 AR 产品展示对产品不确定性的影响机制。研究发现增强型房地产品展示通过感知信息性、临场感和心理意象降低了用户的产品质量不确定性和产品适配不确定性。第三，研究了产品涉入度、感官丰富度需求和自我品牌联系对 AR 产品展示和产品不确定性之间关系的调节作用，研究结果有助于理解 AR 价值的异质性。

5.2　理　论　基　础

5.2.1　产品不确定性

不确定性是指无法准确预测未来事件的程度（Pfeffer and Salancik，1978），可归因于外部因素（系统的随机性）或内部因素（缺乏知识或经验）（Lembregts and Pandelaere，2019）。不确定性因情况而异。在传统的线下购物环境中，买家与卖家互动，并且买家可以在购买前检查产品。因此，买家对卖家的信任被认为是经济交易的关键因素，以往文献研究的是网络评分系统、市场保证和第三方托管对降低不确定性的影响（Hong and Pavlou，2014；Chen et al.，2018）。然而，上述方法大多以被报道的形式消除买家对卖家声誉或产品质量的不确定性，也因此导致在早期研究中买家对产品的不确定性被忽视（Dimoka et al.，2012）。在网络购买环境下，买家不能直接触摸产品，这使得买家很难预测产品是否满足他们的期望。已有研究证明买家的产品不确定性是网络销售的主要障碍之一（Kim and Krishnan，2015；Tang and Lin，2019）。

Dimoka 等（2012）首先将产品不确定性理论化，将其定义为"买方在评估产品特性和预测产品未来表现方面的困难"。产品不确定性被划分为两个维度，分别是产品描述不确定性和产品表现不确定性。产品描述不确定性是指买方难以评估产品特性，而产品表现不确定性是指买方难以预测产品表现（Dimoka et al.，2012）。有研究指出，网上买家不仅不能确定产品的描述和表现，而且不能确定产品是否符合他们的喜好（Hong and Pavlou，2014），质量水平相同的产品也许能满足一些消费者，但可能并不符合其他人的偏好（Matt and Hess，2016），因此研究者提出了产品适配不确定性的构念，并将其定义为买方难以评估产品属性是否符合其偏好（Hong and Pavlou，2014）。研究者认为产品描述性不确定性和产品表现不确定性属于产品质量不确定性，并区分了产品质量不确定性和产品适配不确定性之间的差异。与产品质量不确定性相比，产品适配不确定性不仅取决于产品的特点，还取决于买家的偏好（Markopoulos and Clemons，2013）。也就是说，产品质量不确定性要么是由于卖家在互联网上显示产品属性的能力有限，要么是由于卖家不了解买家使用产品的条件和产品的真实状态（Dimoka et al.，2012）；产品适配不确定性源于买家与产品之间缺乏互动，导致买家无法使用体验信息推断产品是否适合自己（Hong and Pavlou，2010；Hong and Pavlou，2014；Gu and Tayi，2015；Wang et al.，2021）。

根据不确定性减少理论，个体减少不确定性的三种策略是主动、被动和互动（Berger and Calabrese，1975）。例如，消费者可以主动获取产品信息，被动依赖第三方提供的与产品相关的线索，或与卖家和产品进行互动（Hong and Pavlou，2014）。为了减少消费者的产品不确定性，网络卖家频繁地提供各种形式的信息，如产品在线评论（Wu et al.，2013）、权威的第三方保证（Jing，2016）、历史报告和产品保修（Dimoka et al.，2012）。近年来，随着 AR 技术的出现，越来越多的虚拟产品模型被推出，帮助在线消费者在做出购买决定之前以模拟的方式与产品交互。有文献指出产品适配不确定性会导致在线零售的需求遏制和高退货率（Minnema et al.，2016；Gallino and Moreno，2018）。AR 能够填补网络购买者和产品之间的信息空白，增加产品销售，降低产品退货率（Gallino and Moreno，2018；Yang and Xiong，2019）。尽管 AR 可以填补网络购物环境中的信息空白（Gallino and Moreno，2018），但很少有研究关注 AR 与产品不确定性之间的关系。

5.2.2　AR 特征和用户心理状态

AR 是一种交互式技术，通过叠加的虚拟元素修改物理环境（Dwivedi et al.，2021）。增强的不动产和 VR 是另一种交互技术，它们的共同目标是为用户提供丰富、生动和身临其境的体验（Caboni and Hagberg，2019；Yim and Park，2019）。然而，这两种技术彼此不同。VR 创建了一个由计算机生成的环境，它与物理环境非常相似，使用户感觉就像置身于真实的物理环境中（Steffen et al.，2019）。AR 不会改变或取代用户的物理环境，而是通过将其与计算机生成的虚拟对象相结合来丰富用户的物理环境（Scholz and Duffy，2018；Yim and Park，2019）。与 VR 和其他媒体技术（3D 图像、视频等）不同，AR 的关键特征是虚拟物体和真实环境在同一空间中共存（Steffen et al.，2019）。先前研究指出，技术特性不能独立于行为操作而存在，未来还应探讨在线消费者的行为操作和心理状态（Yim and Park，2019）。在零售业的背景下，消费者使用 AR 应用程序的行为可以概括为三种类型：①扫描实物产品或产品图像以解锁信息或娱乐内容；②在屏幕上模拟产品，就像在实物环境中一样；③虚拟尝试产品，就像消费者在使用产品一样。通过这三种行为，AR 改变了消费者的心理状态：增加他们感知的信息量（Smink et al.，2019），唤起临场感（Park et al.，2019），以及引发心理图像（Heller et al.，2019a；Park and Yoo，2020）。

5.3　研 究 假 设

5.3.1　AR 和产品不确定性

产品不确定性理论指出，买家的产品质量不确定性包括产品描述不确定性和产品表现不确定性。前者是卖家不能恰当地表达产品信息导致的，而后者是买家不确定产品在实际使用中的表现导致的（Dimoka et al.，2012）。在本章研究中，我们认为 AR 在这两个维度都起着一定的作用。

一方面，AR 可以减少产品描述不确定性。在网络购物环境中，消费者和产品之间存在信息隔阂，消费者只能通过屏幕观看产品的展示（Gallino and Moreno，2018）。由于产品展示技术的局限性，消费者可能对产品的描述产生怀疑（Dimoka et al.，2012）。为了减少产品描述不确定性，网络零售商尽可能地为消费者提供各种产品信息，如文字、图像、视频、3D 模型等。先前的研究发现，多样化的信息是一个有效的质量信号（Hong and Pavlou，2014）。如果消费者感觉产品描述信息丰富，就会对产品有信心（Dimoka et al.，2012）。AR 产品展示可以为物理世界增加额外的信息，如文本、图像和视频（Yim et al.，2017）。这些生动、形象并允许交互式的信息展示方式可以减轻消费者的认知负担，提高他们的认知流畅性，并增强产品学习过程（Flavián et al.，2017）。因此，我们认为 AR 能够提高消费者感知信息的能力，从而减少产品描述不确定性。

另一方面，AR 可以减少产品表现不确定性。网络卖家不清楚也无法展示消费者在未来使用产品中的真实状态，这导致消费者无法预测产品在未来使用中的真实状态（Dimoka et al.，2012）。AR 允许消费者将虚拟产品与真实环境或自身相结合（Wedel et al.，2020）。强烈的临场感和心理意象使消费者感到产品就放置在真实环境中，或者使消费者感到就像在真实环境中使用产品，这有助于消费者判断产品的未来表现，从而减少对产品表现不确定性。我们希望 AR 产品展示能够唤起消费者的临场感和心理意象，从而降低产品质量不确定性。因此，提出以下假设。

$H_{5.1}$：AR 产品展示通过感知信息性、临场感、心理意象降低消费者的产品质量不确定性。

与产品质量不确定性不同，产品适配不确定性不仅取决于产品的特性，还取决于用户的偏好（Markopoulos and Clemons，2013）。已有研究指出，产品适配不确定性主要是买家和产品之间缺乏互动体验，导致买家无法根据经验来推断产品的适配性（Hong and Pavlou，2014）。

AR 作为一种互动技术，使买家能够与产品进行虚拟互动（Javornik，2016）。在交互过程中，买家可以放大、旋转，甚至"打开"虚拟产品来查看产品的内部，买家也可以通过单击产品的特定部位解锁与该部位相关的信息。与传统产品展示相比，AR 使用户更专注于他们关心的产品部位。因此，AR 产品展示能够帮助用户发现符合其偏好的产品。因此，我们假设使用 AR 产品展示可以减少产品适配不确定性。

已有文献指出，对于嵌入环境因素的产品，消费者在特定的环境中使用该产品会对消费者决策产生影响（Evangelidis et al.，2018）。消费者在网络购物中很难推断产品与使用情境的适配程度，需要花费很高的搜索成本才能知道产品是否适合自己（Jiang and Zou，2020）。通过 AR 技术，消费者可以将虚拟产品嵌入真实空间中，更容易判断产品与情境因素之间的适配程度。当虚拟产品和物理环境同时出现在同一空间时，消费者就会产生强烈的临场感，也就是说，消费者就会感觉产品似乎处于真实空间中（Steffen et al.，2019）。已有的研究认为临场感会影响消费者的记忆、心流和态度（Suh and Lee，2005；Tussyadiah et al.，2018；Park et al.，2019）。在本章研究中，我们认为 AR 能够引起消费者的临场感，使消费者能够判断产品与自己所在环境之间的适配程度，从而减少产品适配不确定性。

　　AR 不仅能够将虚拟产品与物理环境相结合，还允许消费者将虚拟产品与自身相结合，激发消费者对该产品的心理意象。心理意象理论指出，虚拟产品可以刺激感官和模拟感知体验（Castano et al.，2008）。虽然网上买家不能通过触摸产品获得直接的体验，但买家仍然可以将对产品的想象作为决策工具（Krishnamurthy and Sujan，1999）。想象使得事物真实而具体（Taylor et al.，1998），消费者可以通过想象新产品使用过程，减少产品不确定性，提高行为意图（Schlosser，2003；Castano et al.，2008）。因此，我们认为 AR 能引发消费者的心理意象，帮助他们判断产品与自身的适配程度，从而减少产品适配不确定性。

　　综上，提出以下假设。

　　$H_{5.2}$：AR 产品展示通过感知信息性、临场感、心理意象降低消费者的产品适配不确定性。

5.3.2　产品不确定性和产品态度

　　态度被定义为个人对行为的积极或消极感觉（McLean and Wilson，2019）。积极的态度可以引起强烈的产品购买意向、产品推荐意图和产品忠诚度，因此它是营销中的关键目标（Bulearca and Tamarjan，2010）。

　　已有研究表明，AR 技术能够产生接近真实产品使用的实际体验，具有较强的说服效果，并对使用意愿（Pantano et al.，2017）、支付意愿（He et al.，2018）、推荐意愿（Jung et al.，2015）和口碑（Hilken et al.，2017）产生影响。然而，以往的研究并没有考察产品不确定性在 AR 和产品态度之间的作用。我们认为 AR 可以减少产品不确定性，进而产生积极的产品态度。根据前景理论，当损失和收益处于同一水平时，人们更看重损失而不是收益（Kahneman and Tversky，1979），也就是说，当人们在好的结果、坏的结果和不确定的结果之间进行选择时，他们宁愿选择坏的结果，而不是不确定的结果（Moon and Nelson，2020）。例如，在网络购物中，消费者倾向购买廉价产品，因为这些产品的潜在损失很小（Kim and Krishnan，2015）。另外，有研究认为一旦消费者消除了产品不确定性，消费者购买的产品数量和消费者忠诚度就会增加（Matt and Hess，2016）。在研究中，我们假设消费者的产品不确定性会对产品的态度有负面影响。因此，提出如下假设。

$H_{5.3}$：降低消费者的产品质量不确定性和产品适配不确定性会导致积极的产品态度。

5.3.3　产品涉入度、感官丰富度需求和自我品牌联系的调节作用

AR 对产品不确定性的影响取决于产品、消费者和零售商等因素。在本章研究中，产品涉入度、感官丰富度需求和自我品牌联系被确定为调节因素。

产品涉入度被定义为"消费者对产品的感知与消费者内在需求、价值和兴趣之间的关系"（Zaichkowsky，1985）。产品涉入度取决于个体对产品重要性和风险的感知。人们普遍认为，价格高、误导风险大的产品涉入度更高（Peng et al.，2019）。然而，不同消费者的产品涉入度是不同的，因为个人对产品的重要性和风险有不同的认知。先前研究表明，在高涉入度场景中，消费者倾向进行复杂的决策过程，搜索更多的信息，更仔细地评估替代方案（Peng et al.，2019）。此外，对广告的研究指出，不同的刺激对低涉入度产品比高涉入度产品更有效（Park et al.，2019）。视听刺激可能会干扰消费者对深度信息元素的加工，对消费者态度和记忆产生负面影响（Belanche et al.，2017）。在本章研究中，我们预期 AR 对降低产品不确定性的效果在低涉入度产品中要强于高涉入度产品。这是因为消费者对高涉入度产品更加谨慎，对产品的期望也更高，AR 的感官体验并不一定有助于信息的深度处理。

人对一个物体的判断基于整个感官系统。在在线环境中，感官交互主要受限于视觉和少量听觉输入。AR 和 VR 技术的出现，通过促进消费者的感知重演，并帮助他们填补缺失的感官输入，为多感官体验提供了新的机会（Petit et al.，2019）。根据双重编码理论，符号系统和感觉运动系统独立运作，并对人类的记忆和理解产生影响（Paivio，1991）。感觉运动系统包括视觉、听觉、触觉、味觉和嗅觉通道。符号系统包括语言系统和非语言系统（Jiang and Benbasat，2007）。虽然 AR 提供了更强的感官刺激，但个体在感官寻求方面存在差异，这与最佳刺激水平有关（Zuckerman et al.，1972）。认知需求高的个体可能对语言信息更感兴趣，而感觉寻求需求高的个体更喜欢图形或声音而不是语言信息（Keng and Liu，2013）。以往的研究没有考虑感官丰富度需求在 AR 与产品不确定性之间的关系中的作用。在本章研究中，我们期望 AR 提供丰富的感官体验，而不是语言线索。因此，对于感官丰富度需求较高的消费者，AR 在降低产品不确定性方面的作用强于感

官丰富度需求较低的消费者。

自我品牌联系是指个人将品牌纳入自我概念的程度（Escalas and Bettman，2003）。消费者倾向与某些品牌建立联系，避免与其他品牌建立联系，这取决于品牌的含义是否符合消费者的自我概念（Fazli-Salehi et al.，2021）。一般来说，消费者接受与他们的内部群体一致的品牌，抵制与他们的外部群体相关的品牌（Escalas and Bettman，2003）。已有研究发现，自我品牌联系影响消费者的品牌信任（Wallace et al.，2021）、购买意愿（Fazli-Salehi et al.，2021）和口碑分享行为（Eelen et al.，2017）。近年来，关于 AR 的研究指出，虚拟镜子会影响消费者的自我品牌联系和产品购买意愿（Baek et al.，2018）。然而，在 AR 与产品不确定性之间的关系中，自我品牌联系的作用尚未在以往的研究中得到探讨。在本章研究中，我们认为自我品牌联系会产生象征价值。当消费者意识到与品牌的联系时，他们会更愿意参与品牌活动，相信品牌带来的价值（Baker et al.，2020）。在 AR 环境下，人们更愿意尝试 AR 应用，更容易被代入使用产品的场景中，并认为 AR 有助于他们的购买决策。

H$_{5.4}$：产品涉入度会对感知信息性、临场感、心理意象与产品质量不确定性及产品适配不确定性之间的关系产生负面影响。

H$_{5.5}$：感官丰富度需求会对感知信息性、临场感、心理意象与产品质量不确定性及产品适配不确定性之间的关系产生正面影响。

H$_{5.6}$：自我品牌联系会对感知信息性、临场感、心理意象与产品质量不确定性及产品适配不确定性之间的关系产生正面影响。

研究模型如图 5.1 所示。

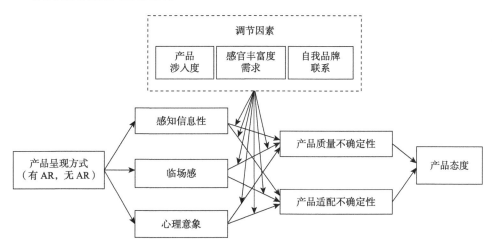

图 5.1　AR 产品展示对产品态度的影响

5.4　实　验　设　计

5.4.1　实验平台及产品

本章研究选择京东作为实验平台。选择京东的原因如下：①京东是中国最大的在线零售网站之一，2020 年 12 月拥有 4.71 亿个活跃用户（蔡宇丹，2021）。②销售各种品类的产品，可用于探索 AR 对不同品类产品的影响。尽管其他一些零售平台也引入了 AR 技术，如中国另一个主流在线零售网站天猫（TMALL.com），但是天猫上只有化妆品有 AR 模块。③京东是中国最早引入 AR 技术的零售网站之一。相比近期引入 AR 技术的零售网站，京东的 AR 应用系统质量可能更加稳定。除了京东和天猫外，一些汽车和房地产商家也在其网站上提供 AR 或 VR 模块。然而，他们只销售一类产品，并且拥有独特的用户群体。如果我们将这些网站作为实验平台，并将结果与京东进行比较，可能很难控制平台之间的差异。

2017 年 4 月 19 日，京东在其基于智能手机的应用程序中增加了 AR 模块。当消费者用新版本的移动客户端登录京东时，他们可以体验 AR 产品展示。AR 模块只有在安装新版本时才能看到，旧版本不支持 AR。

京东是一个销售各种产品的零售网站。目前，AR 产品展示在一些产品类别中已实现，包括眼镜、化妆品、家具等。

产品选择的主要原因如下：①本章研究针对 AR 的特点和用户行为，发现用户与 AR 应用之间存在三种类型的交互活动，可归纳为产品增强、用户增强和场景增强。因此，我们在选择产品时考虑了三种类型的交互活动。对于眼镜，用户可以通过 AR 将眼镜"试戴"在自己脸上，并自由地转动头部；对于蓝牙台灯，用户可以将蓝牙台灯的 3D 模型嵌入自己所在的环境中。②上述产品既适合男性也适合女性。有些产品虽然有 AR 展示，但不适合所有受试者，如化妆品。③选用不同类型的产品可以提高研究的外部有效性。

5.4.2　实验设计、受试者和程序

我们在受试者之间进行了 2（AR vs 非 AR）×3（行李箱 vs 眼镜 vs 蓝牙台灯）的实验。第一个因素有两个选项，即 AR 和非 AR，由两个版本的移动设备供受试者使用。第二个因素有三个层次，即行李箱、眼镜和蓝牙台灯。为了消除实验中

可能存在的混淆因素，受试者被随机分配到 6 种实验条件中的 1 种。为了消除实验中潜在的外部影响，受试者被随机分配到 6 种情况中的 1 种。

我们通过线上和线下渠道招募实验受试者。共有 335 名受试者完成了实验并填写了问卷。在 335 名受试者中，有 166 名男性和 169 名女性，年龄从 18 岁到 47 岁。所有受试者都有网上购物的经历。表 5.1 展示了受试者的人口统计信息结果。实验分组统计情况见表 5.2。

表5.1　人口统计信息结果

实验	组别	受试者数量/名	占比
性别	男性	166	49.6%
	女性	169	50.4%
年龄	18~25 岁	128	38.2%
	26~33 岁	142	42.4%
	34~40 岁	54	16.1%
	41~50 岁	11	3.3%
学历	高中及以下	5	1.5%
	专科和本科	212	63.3%
	研究生及以上	118	35.2%
使用 AR 的经验（1=完全不熟悉，5=十分熟悉）	1	191	57.0%
	2	67	20.0%
	3	38	11.3%
	4	28	8.4%
	5	11	3.3%

表5.2　实验分组统计情况

分组	产品	受试者数量/名
实验组（AR）	眼镜	57
	行李箱	54
	蓝牙台灯	51
对照组（非 AR）	眼镜	54
	行李箱	61
	蓝牙台灯	58

实验步骤如下：首先，受试者被随机分配到 6 种实验条件中的 1 种，每名受试者接受 10 分钟使用京东应用程序的培训。其次，受试者被要求进入一个给定的产品页面，浏览产品信息（如价格、在线评分和销量）和产品演示（AR 与非 AR）。实验组的受试者可以看到 AR 产品展示，而对照组的受试者则不能。此外，实验组和对照组在品牌、价格、在线评分和销量方面没有差异。最后，要求受试者回答问卷。实验时间为 25~30 分钟。

5.4.3　变量测量

本章研究为了确保问卷的可靠性和有效性，拟采用已有文献中的成熟量表，并根据用户浏览产品的真实情况和 AR 的媒介特性，对量表稍做修改，以适应本章研究。受到 Hu 等（2016）的问卷调查的启发，所有变量都采用利克特 7 级量表进行测量，在"完全不同意"和"完全同意"之间（1=完全不同意，7=完全同意）。实验测量量表见表 5.3。

表5.3　实验测量量表

变量	量表	作者
感知信息性	（1）网站有助于我评估该产品	Jiang 和 Benbasat（2007）
	（2）网站有助于我熟悉该产品	
	（3）网站有助于我了解该产品的表现	
临场感	（1）我感觉产品就在现实世界中	Hilken 等（2017）
	（2）产品的真实位置好像已经转移到现实世界环境中	
	（3）我感觉产品与现实世界环境相结合	
心理意象	（1）我脑海中该产品的形象很强烈	Bone 和 Ellen（1992）
	（2）我脑海中该产品的形象栩栩如生	
产品质量不确定性（反向测量）	（1）我不再对该产品的描述感到不确定	Dimoka 等（2012）
	（2）我不再对该产品的未来性能感到不确定	
	（3）我对该产品的实际质量有很大的不确定性	
产品适配不确定性（反向测量）	（1）我不再怀疑该产品是否符合我的要求	Hong 和 Pavlou（2014）
	（2）我不再怀疑该产品是否符合我的品位	
	（3）我不再怀疑该产品是否符合我的偏好	
产品态度	（1）我对该产品的欣赏态度是非常积极—非常消极	Berger 和 Mitchell（1989）
	（2）我对该产品的感觉是非常厌恶—非常喜爱	
产品涉入度	（1）购买该产品对我来说很重要	Whang 等（2021）
	（2）购买该产品对我来说是件大事	
	（3）购买该产品对我来说是有意义的	
	（4）购买该产品对我来说很有价值	
	（5）购买该产品对我来说很有兴趣	
	（6）购买该产品对我来说很有必要	
感官丰富度需求	（1）我想拥有丰富而刺激的感官体验	Park 和 Yoo（2020）；Huang 和 Liao（2015）
	（2）我喜欢逛商店时的感官体验	
	（3）当我购物时，感官体验对我来说很重要	
自我品牌联系	（1）这个品牌反映了我是谁	Eelen 等（2017）
	（2）我认同这个品牌	
	（3）我觉得这个品牌与我有一种个人联系	
	（4）这个品牌适合我	

5.5　实　验　结　果

5.5.1　效度和信度检验

我们首先评估测量项的收敛效度和区分效度。通过 AVE 值和因子载荷系数来评估收敛效度。如表 5.4 所示，AVE 值超过了阈值 0.5，并且因子载荷系数大于阈值 0.7，表明收敛效度是可以接受的。通过比较 AVE 值的平方根和相关系数来评估区分效度。如表 5.5 所示，AVE 值的平方根大于各变量的相关系数，显示出良好的区分效度。

表5.4　量表信度和收敛效度分析

变量		因子载荷	Cronbach's α	AVE	CR
感知信息性（PI）	PI_1	0.883	0.838	0.697	0.873
	PI_2	0.867			
	PI_3	0.747			
临场感（SP）	SP_1	0.861	0.909	0.690	0.870
	SP_2	0.827			
	SP_3	0.803			
心理意象（MI）	MI_1	0.809	0.889	0.635	0.777
	MI_2	0.785			
产品质量不确定性（PQUR）	$PQUR_1$	0.800	0.908	0.733	0.892
	$PQUR_2$	0.887			
	$PQUR_3$	0.879			
产品适配不确定性（PFUR）	$PFUR_1$	0.774	0.829	0.622	0.831
	$PFUR_2$	0.829			
	$PFUR_3$	0.761			
产品态度（PA）	PA_1	0.842	0.894	0.706	0.827
	PA_2	0.838			
感官丰富度需求（NER）	NER_1	0.794	0.935	0.729	0.889
	NER_2	0.890			
	NER_3	0.874			
产品涉入度（IN）	IN_1	0.726	0.815	0.543	0.877
	IN_2	0.713			

变量		因子载荷	Cronbach's α	AVE	CR
产品涉入度（IN）	IN_3	0.741	0.815	0.543	0.877
	IN_4	0.803			
	IN_5	0.708			
	IN_6	0.728			
自我品牌联系（SBC）	SBC_1	0.716	0.776	0.616	0.843
	SBC_2	0.754			
	SBC_3	0.746			
	SBC_4	0.910			

表5.5　区分效度分析

变量	1	2	3	4	5	6	7	8	9
1. 感知信息性	**0.835**								
2. 临场感	0.372**	**0.831**							
3. 心理意象	0.296**	0.598**	**0.797**						
4. 产品质量不确定性	0.234**	0.349**	0.449**	**0.856**					
5. 产品适配不确定性	0.421**	0.405**	0.558**	0.413**	**0.789**				
6. 产品涉入度	0.106	−0.209**	−0.120	−0.156*	0.052	**0.737**			
7. 感官丰富度需求	0.116	−0.104	−0.034	−0.093	−0.019	0.167*	**0.854**		
8. 自我品牌联系	0.313**	0.215**	0.192*	0.233**	0.243**	0.112	−0.023	**0.785**	
9. 产品态度	0.294**	0.341**	0.376**	0.596**	0.353**	−0.133	−0.065	0.177*	**0.840**

*表示显著性水平小于 0.05，**表示显著性水平小于 0.01

注：加粗数字为 AVE 值的平方根

其次，我们测试了问卷信度。采用 CR 值和 Cronbach's α 系数评价信度。从表 5.4 可以看出，CR 值范围在 0.777~0.892，Cronbach's α 系数范围在 0.776~0.935，表明信度较好。

为了评估共同方法偏差，采用主成分因子分析（Podsakoff et al.，2003）进行 Harman 单因素检验，每个因素解释的方差大致相等（10%~16%），因此，可以认为不存在共同方法偏差。

5.5.2　假设检验

1. AR 对产品不确定性的影响

为了检验 AR 特征与产品不确定性之间的关系，我们以产品质量不确定性（反向测量）和产品适配不确定性（反向测量）为因变量，以产品展示（AR vs 非 AR）

为自变量进行了单因素方差分析。结果表明，实验组与对照组之间有显著性差异。AR 组在降低产品质量不确定性 [$M_{AR}=4.535$，$M_{非AR}=4.133$，$F(1，333)=10.905$，$p<0.01$] 和产品适配不确定性 [$M_{AR}=5.282$，$M_{非AR}=4.850$，$F(1，333)=15.476$，$p<0.001$] 上均高于非 AR 组。此外，AR 对产品适配不确定性的作用大于产品质量不确定性。

我们研究了 AR 特征与产品不确定性之间的关系是否由感知信息性、临场感和心理意象调节。参照此前的工作（Suh et al.，2011；Heller et al.，2019a），我们采用三步法和自举技术，以 AR 指标（AR 为 1，非 AR 为 0）为自变量，以产品质量不确定性和产品适配不确定性为因变量，以感知信息性、临场感和心理意象为中介因素，结果如表 5.6 所示。

表5.6　中介效应检验结果

| 自变量 | 中介变量 | 因变量 | 自变量→因变量 | 自变量→中介变量 | 自变量+中介变量→因变量 | | 调节 | R^2 | | ΔR^2 | 间接影响 | BootLLCI~BootULCI | 验证结果 |
					自变量	中介变量		自变量+中介变量→因变量	自变量→因变量				
AR	感知信息性	产品质量不确定性	0.402**	0.264**	0.326**	0.287***	部分	0.084	0.040	0.044	0.076	0.021~0.153	支持
AR	临场感	产品质量不确定性	0.402***	1.066***	0.092	0.290***	完全	0.128	0.040	0.088	0.310	0.199~0.435	支持
AR	心理意象	产品质量不确定性	0.402**	0.642***	0.130	0.423***	完全	0.214	0.040	0.174	0.272	0.157~0.400	支持
AR	感知信息性	产品适配不确定性	0.432***	0.264**	0.303**	0.490***	部分	0.217	0.079	0.138	0.130	0.039~0.231	支持
AR	临场感	产品适配不确定性	0.432***	1.066***	0.108	0.304***	完全	0.194	0.079	0.115	0.324	0.209~0.458	支持
AR	心理意象	产品适配不确定性	0.432***	0.642***	0.124	0.481***	完全	0.334	0.079	0.255	0.309	0.184~0.455	支持

表示显著性水平小于 0.01，*表示显著性水平小于 0.001

对于 $H_{5.1}$，三步法的结果表明，3 个中介因子完全或部分中介了 AR 产品展示对产品质量不确定性的影响。5 000 个样本的自举过程也证实了感知信息性（$\beta=0.076$，BootLLCI=0.021，BootULCI=0.153）、临场感（$\beta=0.310$，BootLLCI=0.199，BootULCI=0.435）和心理意象（$\beta=0.272$，BootLLCI=0.157，BootULCI=0.400）的间接效应显著，因此支持 $H_{5.1}$。

对于 $H_{5.2}$，三步法的结果表明，3 个中介因子完全或部分中介了 AR 产品显示对产品适配不确定性的影响。在 5 000 个样本的自举过程中还发现，感知信息性（$\beta=0.130$，BootLLCI=0.039，BootULCI=0.231）、临场感（$\beta=0.324$，BootLLCI=0.209，BootULCI=0.458）和心理意象（$\beta=0.309$，BootLLCI=0.184，BootULCI=0.455）的间接效应显著，因此支持 $H_{5.2}$。

2. 产品不确定性与产品态度的关系

采用线性回归分析检验产品不确定性与产品态度之间的关系，以产品质量不确定性和产品适配不确定性为自变量，以产品态度为因变量。结果表明，产品质量不确定性降低（$B=0.567$，$p<0.001$）和产品适配不确定性降低（$B=0.148$，$p<0.01$）与产品态度积极相关，支持 $H_{5.3}$。

3. 产品涉入度、感官丰富度需求和自我品牌联系的调节作用

本章研究确定产品涉入度、感官丰富度需求和自我品牌联系是调节因素。如表 5.7 所示，产品涉入度减弱了临场感与产品适配不确定性（$B=-0.152$，$t=-1.443$，$p<0.05$）、心理意象与产品适配不确定性（$B=-0.186$，$t=-2.073$，$p<0.05$）之间的相关性；感官丰富度需求增强了临场感与产品质量不确定性（$B=0.077$，$t=2.191$，$p<0.05$）、临场感与产品适配不确定性（$B=0.113$，$t=3.846$，$p<0.001$）的相关性；自我品牌联系增强了心理意象与产品质量不确定性（$B=0.149$，$t=2.435$，$p<0.05$）、心理意象与产品适配不确定性（$B=0.091$，$t=2.111$，$p<0.05$）的相关性。

表5.7　调节效应检验结果

因变量：产品质量不确定性	系数 B	t 值	p 值	验证结果	因变量：产品适配不确定性	系数 B	t 值	p 值	验证结果
调节变量：产品涉入度									
感知信息性×产品涉入度	-0.189	-1.278	0.203	拒绝	感知信息性×产品涉入度	-0.034	-0.279	0.781	拒绝
临场感×产品涉入度	-0.022	-0.168	0.867	拒绝	临场感×产品涉入度	-0.152	-1.443	0.049	支持
心理意象×产品涉入度	-0.191	-1.614	0.109	拒绝	心理意象×产品涉入度	-0.186	-2.073	0.040	支持
调节变量：感官丰富度需求									
感知信息性×感官丰富度需求	0.057	1.000	0.318	拒绝	感知信息性×感官丰富度需求	0.067	1.453	0.147	拒绝
临场感×感官丰富度需求	0.077	2.191	0.029	支持	临场感×感官丰富度需求	0.113	3.846	0.000	支持
心理意象×感官丰富度需求	-0.018	-0.503	0.616	拒绝	心理意象×感官丰富度需求	0.033	1.109	0.268	拒绝
调节变量：自我品牌联系									
感知信息性×自我品牌联系	0.083	1.014	0.312	拒绝	感知信息性×自我品牌联系	0.038	0.574	0.567	拒绝
临场感×自我品牌联系	0.093	1.809	0.281	拒绝	临场感×自我品牌联系	0.038	0.980	0.329	拒绝
心理意象×自我品牌联系	0.149	2.435	0.016	支持	心理意象×自我品牌联系	0.091	2.111	0.036	支持
控制变量	是				控制变量	是			
平均 R^2	0.287				平均 R^2	0.375			

产品涉入度对感知信息性、临场感、心理意象与产品质量不确定性的关系及感知信息性与产品适配不确定性的关系均无显著的调节作用。感官丰富度需求并没有增强感知信息性、心理意象与产品质量不确定性之间的联系，也没有降低产品适配不确定性。研究发现，自我品牌联系并不能增强感知信息性、临场感和产品质量不确定性之间的联系，也不能降低产品适配不确定性。因此，部分支持 $H_{5.4}$、$H_{5.5}$ 和 $H_{5.6}$（表 5.7）。研究模型的数据分析结果如图 5.2 所示。

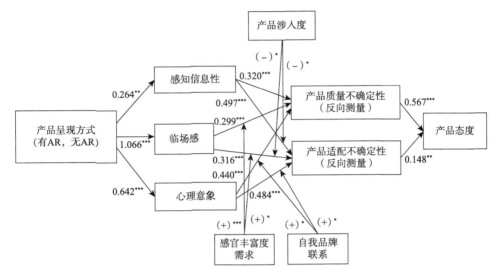

图 5.2　研究模型结果

*表示显著性水平小于 0.05，**表示显著性水平小于 0.01，***表示显著性水平小于 0.001

5.6　研究结论与展望

5.6.1　研究结论

本章研究结合 AR 和产品不确定性理论、心理意象理论构建了 AR 产品展示对产品态度影响的模型，并设计了 2×3 的组间实验及测量量表，通过实验收集数据、分析数据，验证了模型的合理性。得出以下结论：①AR 产品展示可以减少产品质量不确定性和产品适配不确定性。与产品质量不确定性相比，AR 产品展示可以更多地减少产品适配不确定性。②AR 产品展示通过增加感知信息性和心理意象，减少产品质量不确定性。AR 产品展示通过增加感知信息性、临场感和心理意象，减少产品适配不确定性。③AR 对产品不确定性的影响具有边界条件。产品涉入度、感官丰富度需求、自我品牌联系调节 AR 和产品不确定性之间的关系。

5.6.2　理论贡献与实践启示

理论贡献有以下两点。第一，本章研究丰富了 AR 的相关文献：①从产品不确定性的角度阐明了 AR 对消费者产品态度的影响。虽然以前对 AR 的一些研究讨论了 AR 对消费者产品态度的影响，但它们主要关注认知流畅性、享受和决策舒适性（Hilken et al.，2017；Heller et al.，2019b；Rauschnabel et al.，2019；Fan et al.，2020）。已有文献指出，产品不确定性是网络市场的主要障碍（Hong and Pavlou，2014）。在网络购物中，AR 作为一种新的互动技术可以弥补消费者和产品之间的距离鸿沟（Gallino and Moreno，2018）。然而，对于 AR 产品展示是否和如何影响消费者的产品不确定性，人们还不得而知。我们的研究通过揭示 AR 产品展示、产品不确定性和产品态度之间的关系来填补这些研究空白。②从心理所有权的角度阐明了 AR 对消费者支付意愿的影响。虽然以往 AR 的一些研究讨论了 AR 对支付意愿的影响，但研究者主要关注的是情感满足、审美体验价值和心理无形性（Ewer et al.，2016；He et al.，2018；Heller et al.，2019a）。已有文献指出，心理所有权会影响支付意愿（Fuchs et al.，2010）。然而，对于 AR 特征是否和如何影响消费者的心理所有权，人们还不得而知。我们的研究通过揭示 AR 特征、心理所有权前因、心理所有权和支付意愿之间的关系来填补这些研究空白。

第二，本章研究丰富了产品不确定性文献。以往研究区分了三种策略（主动策略、被动策略和交互策略）来减少不确定性。在此框架下，买家可以通过从卖家那里收集信息、依靠第三方的线索或与产品互动来缓解不确定性。然而，在网络零售的背景下，买家在购买前无法与产品互动，造成其产品适配不确定性和产品质量不确定性（Gallino and Moreno，2018）。在本章研究中，我们重点关注 AR 能否及如何降低产品不确定性，确定了三种类型的操作行为，即在屏幕上模拟操控产品、虚拟试用产品和在现实环境中摆放产品。我们的研究通过揭示 AR、感知信息性、临场感、心理意象、产品不确定性之间的关系来填补这些研究空白。

本章研究对网络零售商有以下几方面的启示。

第一，可以指导网络零售商合理地使用不同的策略去降低消费者的产品不确定性。当消费者对产品描述不确定时，提高感知信息性可能是网络零售商的适当策略。当消费者对产品适配不确定时，激发在真实环境中使用产品的心理意象和临场感可能更有效。

　　第二，可以指导网络零售商根据不同的产品类型，推出不同的 AR 展示模型。本章研究涉及不同产品，指出了 AR 对产品不确定性的影响可能因产品而异。对于用户需要充分了解质量信息的产品（如行李箱），网络零售商可以提供可操纵虚拟产品 AR 模型，帮助消费者全方位地了解产品信息；对于消费者需要试穿、试用的产品（如眼镜、鞋子），网络零售商可以提供虚拟产品嵌入消费者自身的 AR 模型，帮助消费者判断产品是否适合他们；对于依赖于场景的产品（如电视、蓝牙台灯），网络零售商可以提供虚拟产品嵌入真实环境的 AR 模型，帮助消费者判断产品是否适合他们所处的环境。

　　第三，可以指导网络零售商优先考虑为高价产品提供 AR 产品展示。研究结果表明，AR 产品展示工具可以很好地提高消费者的心理所有权，并且对于高价产品效果更明显。因此，考虑到 AR 产品模型的效益和成本，网络零售商对于高价产品可以考虑通过 AR 来帮助消费者从多角度了解产品，从而提高盈利。

5.6.3　研究局限与展望

　　第一，我们的实验是在中国的在线零售网站京东上进行的，该网站从 2017 年开始引入 AR 技术。近年来，越来越多的网络零售商引入 AR 技术来展示产品，这些 AR 系统在设计因素和目标用户上有所不同。未来的研究可以从多个实验平台收集数据，并对结果进行比较。

　　第二，本章研究只选择了三类产品，我们关注 AR 支持的三种用户操作行为。在我们的实验中，一类产品只能支持特定的用户操作行为。未来的研究可以考虑产品类型和操作行为的交互效应。此外，本章研究的一些假设没有得到支持，这可能与产品类别有关。未来的研究可以包括更多的产品类别，特别是高价产品和奢侈品。

　　第三，我们对每名受试者只收集了一次实验数据，因此无法发现受试者的记忆和态度是否随着时间的推移而改变。未来研究可以收集多个时间点的实验数据，并进行面板数据分析，这样可以发现 AR 的效果是否随时间或者经验而变化。

本　章　小　结

　　本章研究了沉浸式交互系统对整体产品态度的影响机制。研究结果表明：沉浸式交互技术通过增加感知信息性和心理意象，减少产品质量不确定性；通过增加感知信息性、临场感和心理意象，减少产品适配不确定性。产品涉入度、感官丰富度需求、自我品牌联系在上述关系中起调节作用。

参 考 文 献

蔡宇丹. 2021-03-12. 京东 2020 年财报：全年净收入 7458 亿，活跃用户 4.7 亿. https://baijiahao.baidu.com/s?id=1694021243148931353&wfr=spider&for=pc.

Baek T H, Yoo C Y, Yoon S. 2018. Augment yourself through virtual mirror: the impact of self-viewing and narcissism on consumer responses. International Journal of Advertising, 37 (3): 421-439.

Baker T L, Chari S, Daryanto A, et al. 2020. Discount venture brands: self-congruity and perceived value-for-money? Journal of Business Research, 116: 412-419.

Belanche D, Flavián C, Pérez-Rueda A. 2017. Understanding interactive online advertising: congruence and product involvement in highly and lowly arousing, skippable video ads. Journal of Interactive Marketing, 37 (1): 75-88.

Berger C R, Calabrese R J. 1975. Some explorations in initial interaction and beyond: toward a developmental theory of interpersonal communication. Human Communication Research, 1(2): 99-112.

Berger I E, Mitchell A A. 1989. The effect of advertising on attitude accessibility, attitude confidence, and the attitude-behavior relationship. Journal of Consumer Research, 16 (3): 269-279.

Bone P F, Ellen P S. 1992. The generation and consequences of communication-evoked imagery. Journal of Consumer Research, 19 (1): 93-104.

Bulearca M, Tamarjan D. 2010. Augmented reality: a sustainable marketing tool? Global Business Management Research: An International Journal, 2 (2): 237-252.

Caboni F, Hagberg J. 2019. Augmented reality in retailing: a review of features, applications and value. International Journal of Retail & Distribution Management, 47: 1125-1140.

Castano R, Sujan M, Kacker M, et al. 2008. Managing consumer uncertainty in the adoption of new products: temporal distance and mental simulation. Journal of Marketing Research, 45 (3): 320-336.

Chen P Y, Hong Y, Liu Y. 2018. The value of multidimensional rating systems: evidence from a natural experiment and randomized experiments. Management Science, 64 (10): 4629-4647.

Dimoka A, Hong Y, Pavlou P A. 2012. On product uncertainty in online markets: theory and evidence. MIS Quarterly, 36 (2): 395-426.

Dwivedi Y K, Ismagilova E, Hughes D L, et al. 2021. Setting the future of digital and social media marketing research: perspectives and research propositions. International Journal of Information

Management，59：102168.

Eelen J，Özturan P，Verlegh P W J. 2017. The differential impact of brand loyalty on traditional and online word of mouth：the moderating roles of self-brand connection and the desire to help the brand. International Journal of Research in Marketing，34（4）：872-891.

Escalas J E，Bettman J R. 2003. You are what they eat：the influence of reference groups on consumers' connections to brands. Journal of Consumer Psychology，13（3）：339-348.

Evangelidis I，Levav J，Simonson I. 2018. The asymmetric impact of context on advantaged versus disadvantaged options. Journal of Marketing Research，55（2）：239-253.

Ewer M，Veale R，Quester P. 2016. Virtual World，Real Engagement：Building Brand Attachment via Hosted Brand Community Online Events. Berlin：Springer International Publishing.

Fan X，Chai Z，Deng N，et al. 2020. Adoption of augmented reality in online retailing and consumers' product attitude：a cognitive perspective. Journal of Retailing and Consumer Services，53：101986.

Fazli-Salehi R，Torres I M，Madadi R，et al. 2021. Multicultural advertising：the impact of consumers' self-concept clarity and materialism on self-brand connection and communal-brand connection. Journal of Business Research，137：46-57.

Flavián C，Gurrea R，Orús C. 2017. The influence of online product presentation videos on persuasion and purchase channel preference：the role of imagery fluency and need for touch. Telematics and Informatics，34（8）：1544-1556.

Fuchs C，Prandelli E，Schreier M. 2010. The psychological effects of empowerment strategies on consumers' product demand. Journal of Marketing，74（1）：65-79.

Gallino S，Moreno A. 2018. The value of fit information in online retail：evidence from a randomized field experiment. Manufacturing & Service Operations Management，20（4）：767-787.

Gu Z，Tayi G K. 2015. Consumer mending and online retailer fit-uncertainty mitigating strategies. Quantitative Marketing and Economics，13：251-282.

He Z，Wu L，Li X. 2018. When art meets tech：the role of augmented reality in enhancing museum experiences and purchase intentions. Tourism Management，68：127-139.

Heller J，Chylinski M，de Ruyter K，et al. 2019a. Touching the untouchable：exploring multi-sensory augmented reality in the context of online retailing. Journal of Retailing，95（4）：219-234.

Heller J，Chylinski M，de Ruyter K，et al. 2019b. Let me imagine that for you：transforming the retail frontline through augmenting customer mental imagery ability. Journal of Retailing，95（2）：94-114.

Hilken T，de Ruyter K，Chylinski M，et al. 2017. Augmenting the eye of the beholder：exploring the strategic potential of augmented reality to enhance online service experiences. Journal of the Academy of Marketing Science，45：884-905.

Hong Y，Pavlou P A. 2010. Fit does matter! An empirical study on product fit uncertainty in online marketplaces. International Conference on Information Systems（ICIS）2010 Proceedings.

Hong Y，Pavlou P A. 2014. Product fit uncertainty in online markets：nature，effects，and antecedents. Information Systems Research，25（2）：328-344.

Hu M，Zhang M，Luo N. 2016. Understanding participation on video sharing communities：the role of self-construal and community interactivity. Computers in Human Behavior, 62: 105-115.

Huang T L. 2021. Restorative experiences and online tourists' willingness to pay a price premium in an augmented reality environment. Journal of Retailing and Consumer Services, 58: 102256.

Huang T L, Liao S. 2015. A model of acceptance of augmented-reality interactive technology: the moderating role of cognitive innovativeness. Electronic Commerce Research, 15 (2): 269-295.

Javornik A. 2016. Augmented reality: research agenda for studying the impact of its media characteristics on consumer behaviour. Journal of Retailing and Consumer Services, 30 (4): 252-261.

Jiang B, Zou T. 2020. Consumer search and filtering on online retail platforms. Journal of Marketing Research, 57 (4): 900-916.

Jiang Z, Benbasat I. 2007. The effects of presentation formats and task complexity on online consumers' product understanding. Management Information Systems Quarterly, 31: 475.

Jing B. 2016. Lowering customer evaluation costs, product differentiation, and price competition. Marketing Science, 35 (1): 113-127.

Jung T, Chung N, Leue M C. 2015. The determinants of recommendations to use augmented reality technologies: the case of a korean theme park. Tourism Management, 49: 75-86.

Kahneman D, Tversky A. 1979. Prospect theory: an analysis of decision under risk. Econometrica, 47 (2): 263-291.

Keng C J, Liu C C. 2013. Can avatar and self-referencing really increase the effects of online 2-d and 3-d advertising? Computers in Human Behavior, 29 (3): 791-802.

Kim Y, Krishnan R. 2015. On product-level uncertainty and online purchase behavior: an empirical analysis. Management Science, 61 (10): 2449-2467.

Kowalczuk P, Siepmann C, Adler J. 2021. Cognitive, affective, and behavioral consumer responses to augmented reality in e-commerce: a comparative study. Journal of Business Research, 124: 357-373.

Krishnamurthy P, Sujan M. 1999. Retrospection versus anticipation: the role of the ad under retrospective and anticipatory self-referencing. Journal of Consumer Research, 26 (1): 55-69.

Lembregts C, Pandelaere M. 2019. Falling back on numbers: when preference for numerical product information increases after a personal control threat. Journal of Marketing Research, 56 (1): 104-122.

Liu Y, Jiang Z, Chan H C. 2019. Touching products virtually: facilitating consumer mental imagery with gesture control and visual presentation. Journal of Management Information Systems, 36(3): 823-854.

Markopoulos P M, Clemons E K. 2013. Reducing buyers' uncertainty about taste-related product attributes. Journal of Management Information Systems, 30 (2): 269-299.

Matt C, Hess T. 2016. Product fit uncertainty and its effects on vendor choice: an experimental study. Electronic Markets, 26 (1): 83-93.

McLean G, Wilson A. 2019. Shopping in the digital world: examining customer engagement through augmented reality mobile applications. Computers in Human Behavior, 101: 210-224.

Minnema A, Bijmolt T H A, Gensler S, et al. 2016. To keep or not to keep: effects of online customer reviews on product returns. Journal of Retailing, 92（3）: 253-267.

Moon A, Nelson L D. 2020. The uncertain value of uncertainty: when consumers are unwilling to pay for what they like. Management Science, 66（10）: 4686-4702.

Nikander J B, Liikkanen L A, Laakso M. 2014. The preference effect in design concept evaluation. Design Studies, 35（5）: 473-499.

Nikhashemi S R, Knight H H, Nusair K, et al. 2021. Augmented reality in smart retailing: a（n）（a）symmetric approach to continuous intention to use retail brands' mobile ar apps. Journal of Retailing and Consumer Services, 60（C）: 102464.

Paivio A. 1991. Dual coding theory: retrospect and current status. Canadian Journal of Psychology, 45（3）: 255-287.

Pamuru V, Khern-am-nuai W, Kannan K. 2021. The impact of an augmented-reality game on local businesses: a study of pok acute accent emon go on restaurants. Information Systems Research, 32（3）: 950-966.

Pantano E, Rese A, Baier D. 2017. Enhancing the online decision-making process by using augmented reality: a two country comparison of youth markets. Journal of Retailing and Consumer Services, 38: 81-95.

Park J, Choi J, Kim H, et al. 2019. The influence of media type and length of time delay on user attitude: effects of product-focused virtual reality. Computers in Human Behavior, 101: 466-473.

Park M, Yoo J. 2020. Effects of perceived interactivity of augmented reality on consumer responses: a mental imagery perspective. Journal of Retailing and Consumer Services, 52: 101912.

Peng L, Zhang W, Wang X, et al. 2019. Moderating effects of time pressure on the relationship between perceived value and purchase intention in social e-commerce sales promotion: considering the impact of product involvement. Information & Management, 56（2）: 317-328.

Petit O, Velasco C, Spence C. 2019. Digital sensory marketing: integrating new technologies into multisensory online experience. Journal of Interactive Marketing, 45（1）: 42-61.

Pfeffer J, Salancik G R. 1978. The External Control of Organizations: A Resource Dependence Perspective. New York: Harper & Row.

Podsakoff P M, MacKenzie S B, Lee J Y, et al. 2003. Common method biases in behavioral research: a critical review of the literature and recommended remedies. Journal of Applied Psychology, 88（5）: 879-903.

Rauschnabel P A, Felix R, Hinsch C. 2019. Augmented reality marketing: how mobile ar-apps can improve brands through inspiration. Journal of Retailing and Consumer Services, 49: 43-53.

Rese A, Baier D, Geyer-Schulz A, et al. 2017. How augmented reality apps are accepted by consumers: a comparative analysis using scales and opinions. Technological Forecasting and Social Change, 124: 306-319.

Schlosser A E. 2003. Experiencing products in the virtuai worid: the role of goal and imagery in infiuencing attitudes versus purchase intentions. Journal of Consumer Research, 30（2）: 184-198.

Scholz J, Duffy K. 2018. We are at home: how augmented reality reshapes mobile marketing and consumer-brand relationships. Journal of Retailing Consumer Services, 44: 11-23.

Smink A R, Frowijn S, van Reijmersdal E A, et al. 2019. Try online before you buy: how does shopping with augmented reality affect brand responses and personal data disclosure. Electronic Commerce Research and Applications, 35: 100854.

Smink A R, van Reijmersdal E A, van Noort G, et al. 2020. Shopping in augmented reality: the effects of spatial presence, personalization and intrusiveness on app and brand responses. Journal of Business Research, 118: 474-485.

Steffen J H, Gaskin J E, Meservy T O, et al. 2019. Framework of affordances for virtual reality and augmented reality. Journal of Management Information Systems, 36 (3): 683-729.

Suh K S, Kim H, Suh E K. 2011. What if your avatar looks like you? Dual-congruity perspectives for avatar use. MIS Quarterly, 35 (3): 711-729.

Suh K S, Lee Y E. 2005. The effects of virtual reality on consumer learning: an empirical investigation. MIS Quarterly, 29 (4): 673-697.

Tang H, Lin X. 2019. Curbing shopping cart abandonment in c2c markets—an uncertainty reduction approach. Electronic Markets, 29: 533-552.

Taylor S E, Pham L B, Rivkin I, et al. 1998. Harnessing the imagination: mental simulation, self-regulation, and coping. American Psychologist, 53 (4): 429-439.

Tussyadiah I P, Wang D, Jung T H, et al. 2018. Virtual reality, presence, and attitude change: empirical evidence from tourism. Tourism Management, 66: 140-154.

Wallace E, Torres P, Augusto M, et al. 2021. Outcomes for self-expressive brands followed on social media: identifying different paths for inner self-expressive and social self-expressive brands. Journal of Business Research, 135 (2): 519-531.

Wang Y, Ramachandran V, Sheng O R L. 2021. Do fit opinions matter? The impact of fit context on online product returns. Information Systems Research, 32 (1): 268-289.

Wedel M, Bigné E, Zhang J. 2020. Virtual and augmented reality: advancing research in consumer marketing. International Journal of Research in Marketing, 37 (3): 443-465.

Whang J B, Song J H, Choi B, et al. 2021. The effect of augmented reality on purchase intention of beauty products: the roles of consumers' control. Journal of Business Research, 133 (2): 275-284.

Wu J, Wu Y, Jie S, et al. 2013. User reviews and uncertainty assessment: a two stage model of consumers' willingness-to-pay in online markets. Decision Support Systems, 55 (1): 175-185.

Yang S, Xiong G. 2019. Try it on! Contingency effects of virtual fitting rooms. Journal of Management Information Systems, 36 (3): 789-822.

Yim Y C, Chu S C, Sauer P L. 2017. Is augmented reality technology an effective tool for e-commerce? An interactivity and vividness perspective. Journal of Interactive Marketing, 39 (1): 89-103.

Yim Y C, Park S Y. 2019. "I am not satisfied with my body, so I like augmented reality (AR)" consumer responses to AR-based product presentations. Journal of Business Research, 100: 581-589.

Zaichkowsky J L. 1985. Measuring the involvement construct. Journal of Consumer Research, 12 (3): 341-352.

Zuckerman M, Bone R N, Mangelsdorff D, et al. 1972. What is the sensation seeker? Personality trait and experience correlates of the sensation-seeking scales. Journal of Consulting and Clinical Psychology, 39 (2): 308-321.

第 6 章 沉浸式交互系统对产品属性偏好的影响

第 5 章研究了沉浸式交互系统对整体产品态度的影响机制，本章探讨沉浸式交互系统对产品属性偏好的影响，重点考虑消费者对产品体验属性和搜索属性偏好程度的变化。

6.1 研 究 背 景

消费者偏好研究是学术界研究消费者行为的重要基石。消费者产品属性偏好是指在不考虑消费者的收入、商品或服务的价格，也不考虑消费者购买产品或服务的能力的情况下，不同的消费者出于各种原因对于同一种产品的多种属性具有不同的喜好程度（贾琪，2018）。国内外对于消费者偏好的研究主要集中在消费者个人特性和产品特性两个方面，对消费者在选择商品的时候究竟受到哪些因素的影响，影响的机制是什么，影响的程度如何，以及对产品属性偏好等进行了研究，消费者产品属性偏好一直是一个热点问题。

学术界对于偏好的测量多使用 Green 和 Srinivasan（1990）提出的联合分析法，多用于评估商品不同属性对消费者的相对价值，以及不同产品属性给消费者带来效用的大小。联合分析法始于消费者对产品或服务的总体偏好判断、兴趣排序、渴望程度评分、购买意向、偏好排序等研究，利用消费者对不同属性产品的总体评价数据，得到消费者偏好情况。联合分析法是对现实购买决策的一种模拟，可以用于研究消费者进行购买决策的影响因素，获得消费者的属性偏好，通过其对一系列产品的总体评价，找出最符合消费者心理的产品组合。联合分析法可以用来确定产品的某个属性或者属性水平的效用及属性的相对重要性。离散选择模型，也叫基于选择的联合分析法，它是在实验设计的基础上，通过模拟产品或服务的市场竞争环境，从而获知消费者做出某种选择的行为过程，基于效用最大化理论获悉消费者对不同产品和产品属性的效用值（舒方，2015）。

沉浸式交互技术包括 VR 技术、AR 技术及 MR 技术，近年来被广泛应用于各个领域。AR 技术是 21 世纪发展起来的一项新技术，它将虚拟信息与真实世界巧妙地结合起来（Azuma，1997），其基本实现方式是利用计算机技术将虚拟信息应用到真实世界，真实的环境和虚拟的物体实时地叠加到同一个画面或空间，被人类感官感知，从而给人以超越现实的感官体验并可以进行实时交互。经过近几年的市场培育，中国的 AR 市场蓬勃发展，在游戏、影视、旅游、房地产等行业都出现了 AR 技术的身影，消费者通过 AR 技术的感官刺激能大大增加其对于产品特性的了解和增强对于产品的体验感，用户群体已经初具规模。本章的研究目的是在 AR 情况下探讨沉浸式交互系统对产品属性偏好的影响。

从已掌握的文献资料来看，理论界对于 AR 影响消费者行为展开了许多相关研究，更多关注的是 AR 技术特征对消费者的技术采纳行为和产品购买体验的影响，很少有研究者关注消费者决策过程中的属性偏好问题。与传统的实体购物和网络购物不同，AR 技术在提升消费者决策准确性，改善消费者消费体验方面发挥重要作用的同时，也影响着消费者的决策行为，消费者关注的产品属性可能会发生较大的变化。获取并研究消费者在 AR 技术支持下的决策行为，揭示消费者对产品属性的偏好会发生怎样的变化，从而探究沉浸式交互技术带来的体验对产品属性偏好的影响，是一个全新而重要的课题。

本章的研究目的是探究 AR 产品展示对消费者产品属性偏好的影响，具体内容包括观察消费者在不同产品展示形式下所关注的属性的变化，基于行为决策理论和可接近性-可诊断性理论（accessibility-diagnosticity theory），通过问卷调查法探究 AR 产品展示对消费者产品属性偏好的感知信息显著性的中介机制和心流体验的调节机制。

6.2　文　献　综　述

6.2.1　AR 对消费者行为影响的相关研究

AR 是指基于计算机，将真实的环境和虚拟的物体实时地叠加到同一个画面或空间的技术。AR 广泛使用多媒体、3D 建模、实时跟踪和记录、智能互动、传感器和其他技术手段，基于计算机生成的文本、图像、3D 模型、音乐、视频和其他模拟的虚拟信息，应用于"增强"现实世界。用户可以在虚拟信息和真实世界的融合中探索、感知、尝试、体验产品。从已掌握的文献资料来看，理论界对于 AR 影响消费者行为展开了许多相关研究。

McLean 和 Wilson（2019）在研究中引入了 AR 新颖性、AR 交互性、AR 生动性等 AR 新属性，建立了它们对感知易用性、实用性、享受性、主观规范性等技术接受属性的影响。通过零售商的 AR 移动应用程序，发现对 AR 属性和技术接受属性的积极感知会积极影响品牌黏性，研究结果还表明，AR 带来的品牌黏性会提高用户对应用体验的满意度和品牌的未来使用意图。Oyman 等（2022）采用技术接受模型，通过结构方程检验 AR 移动应用使用意图的影响因素，结果表明，消费者新颖性寻求（consumer novelty seeking，CNS）对感知增强现实（perceived augmented reality，PAR）具有正向和直接的影响，PAR 对感知享受、感知有用性、感知信息量和感知易用性有直接的正向影响。Whang 等（2021）开展了两个研究，试图利用消费者控制找出 AR 体验与消费者购买意愿之间可能的中介因素，以及 AR 体验的边界条件。研究结果表明，购物环境中的 AR 体验刺激购买意愿、认知控制和行为控制，同伴意见调节了 AR 体验对认知控制的作用，从而影响购买意愿。Poushneh 等（2017）在实验室里进行了实验，结果表明，AR 通过影响产品质量的各种特征，显著塑造用户体验，进而影响用户满意度和用户购买意愿。Hsu 等（2021）基于 S-O-R（stimuli-organism-response，刺激-机体-反应）范式对台湾某化妆应用程序的 437 名顾客进行在线调查，研究结果表明，AR 应用的体验性特征对享乐价值的正向影响大于功利价值，只有享乐价值对持续使用意愿有正向影响。Batat（2021）使用定性的多方法进行探索性分析来检验 AR 是否积极影响或以其他方式影响消费者的用餐体验，研究结果表明，AR 可以通过感官尺寸（五种感官的强度）、情感尺寸（愉快）、行为、社会、智力五个维度影响消费者对餐厅的体验，同时表明 AR 在改善消费者的整体食物健康方面发挥着重要作用，从而可以导致积极的消费后行为。

AR 技术的交互性、新颖性、生动性等独有的特征属性通过增强视觉影响消费者心理和对产品质量的感知，带给消费者持续的独特体验，从而影响消费者行为。可见 AR 技术是一个有前途的研究工具，可以让研究人员在实验设计方面获得一系列新的可能性。

6.2.2　消费者产品属性偏好的相关研究

Blackwell 等（2006）在消费者行为研究中指出，消费者对产品属性的偏好情况决定了消费者对这一产品的整体评估状况，决定了他们的行为。Lee 和 Nguyen（2017）基于网络调查发现，越南消费者在购买时尚商品时，舒适度等功能属性是最重要的。Wan 等（2017）发现，将产品属性拟人化处理会影响消费者偏好，实验结果发现，产品拟人化（相对于非拟人化）导致消费者花费更多的时间和金钱来搜索外观属性信息，偏好于选择和购买外观更好的产品。Samant 和 Seo（2019）发现感官属性强度和情绪反应的结合有助于更好地了解消费者对基本饮料的接受度和偏好。Alemu 等（2017）在评估消费者对昆虫食品偏好的调查中发现，肯定性推荐和购买地点属性会减轻感知的食品风险，从而影响消费者选择行为。陈龙和朱庆华（2020）运用联合分析法，研究再制造产品的消费者偏好。结果表明，消费者对于可制造产品的偏好取决于产品的品牌、质保期和绿色标签属性。Meyerding 等（2019）进行了联合和潜在类别分析，分析结果表明对于所有细分市场而言，啤酒类型、价格和产地的属性都很重要。

学者通过不同的方法在不同的领域对消费者产品属性偏好展开了研究，并得到了许多有参考价值的结论，为继续研究消费者产品偏好提供了良好的理论基础。

6.2.3　离散选择实验的相关研究

Bekker-Grob 等（2012）认为离散选择实验是一种基于选择模型的计量经济学方法，用于测量消费者对产品选择集中某一产品的偏好，在离散选择实验中，调查对象被要求在由不同特征及其水平组成的不同"物品"之间做出选择，从而可以合理、直接、近似现实地模拟"购买"决策过程。Abiiro 等（2014a）提出离散选择实验研究共包括特征及其水平设置、实验设计、抽样与数据收集、数据分析、讨论与政策建议五个环节。其中，特征及其水平设置是极为关键的环节，决定了实验的有效性。因此，离散选择实验的特征及其水平设置过程需遵循严格、系统和透明的原则。Abiiro 等（2014b）指出现有的特征及其水平设置方法包括文献综述、政策相关效果测量、理论假设、问卷调查、名义群体排序技术及定性访谈等。不同方法各有利弊。王秋臣等（2020）认为应至少使用两种方法为离散选择实验设置合理的特征及其水平，关键在于如何科学、系统、合理、有机地运用多种方法。

从检索到的文献资料来看，目前国内外研究者已将离散选择实验广泛应用于各个领域。Tait 等（2019）开展离散选择实验识别和衡量加利福尼亚葡萄酒消费者对可持续性属性的偏好，评估消费者选择葡萄酒中的可持续性属性与那些被广泛认为会对选择产生影响的属性（如原产国、价格和质量）之间的相对重要性。Kim 和 Park（2017）进行了离散选择实验，使用离散选择模型确定了情境在认知、情感和感官属性对酒店选择的影响中起调节作用。结果表明，与商务旅客相比，休闲旅客对家庭度假旅行的选择更受价格和整体氛围的影响，而商务旅客在单独出差时更注重房间质量和舒适度。吴爽等（2021）进行了离散选择实验和 Logit 回归分析，分析了居民对家庭医生签约服务的需求偏好，为家庭医生签约服务的可持续发展提供了参考依据。Malek 等（2019）使用离散选择实验研究孕妇偏好，以确定在营养强化食品、饮料产品和营养补充片剂之间选择时产品属性的相对重要性。

6.2.4　研究述评

从本章目前搜集到的资料来看，现有文献对 AR 技术对消费者行为的影响展开了一系列的研究，更多关注的是 AR 技术特征对消费者的技术采纳行为和产品购买体验的影响。虽然 AR 技术的应用越来越广泛，但现有的关于 AR 技术的研究很少关注消费者决策过程中的产品属性偏好问题。这为我们的研究提供了一些空间和可能性，我们计划开展离散选择实验对这一问题进行相应的拓展和研究。

6.3　理论基础与研究假设

6.3.1　理论基础

根据国内外研究学者的发现，AR 技术已经在生活中的多个领域得到应用，AR 技术凭借自身优越的互动性、娱乐性等特点对消费者行为产生显著影响，但尚未从产品属性偏好角度进行研究。我们依据行为决策理论和可接近性-可诊断性理论并基于离散选择实验来探究 AR 影响消费者产品属性偏好的机制。

1. 行为决策理论

多属性决策（multi-attribute decision making，MADM）是指为了达到一定目标，在两个或两个以上的具有多个属性的可行方案中选择一个较佳方案的分析判断过程，具有广泛的实际背景。传统的多属性决策理论与方法大多建立在决策者完全理性的假设基础之上，主要基于期望效用理论（expected utility theory）。期望效用理论认为决策者既能准确获得用于决策的所有信息，也能依据这些信息做出最优决策,并通过构建精确量化的数学模型来指导人们的决策,是一种规范性的决策理论。但诺贝尔经济学奖获得者 Allais 发现决策者的选择行为中存在非理性,违背了期望效用理论的"独立性公理",提出了著名的 Allais 悖论,从而引发了人们对行为决策理论的研究。决策者并非完全理性而是有限理性,决策者在进行方案选择时并不总是追求效用最大,而是根据对环境的认知、有限的知识和经验、自身的利益等做出让自己最满意的选择(Allais,1953)。因此,现实中的许多决策问题都需要考虑决策者的心理行为因素。

产品是由多个属性来描述的复杂事物,对两个产品进行比较,就是对这两个产品的多个属性进行比较。可以说,消费者在不同产品之间的选择行为是典型的多属性决策问题。基于行为决策理论,我们在研究 AR 影响消费者产品属性偏好机制时考虑消费者的心理状态。

2. 可接近性–可诊断性理论

可接近性–可诊断性理论指出消费者在进行购买决策时会根据其对产品属性和产品属性重要性的评价,来形成整体的评价态度和购买意愿,不同属性的信息如何进入消费者的评价过程取决于信息的可接近性和可诊断性。可接近性是指信息从记忆中提取和运用的难易程度,一般新接触的信息、频繁使用的信息更容易被提取。信息本身的生动性、抽象性、概括性等也会影响信息的可接近性。可诊断性是指信息被用于认知处理和判断的有效性程度,信息与判断之间的关联性越高,信息用于判断的作用越突出,可诊断性也就越高。

由于在 AR 技术支持下进行网络购物时所展示的生动性、互动性等特点,可能会提高一些属性的显著性,增加消费者对该属性的注意力与记忆效果。基于可接近性–可诊断性理论,我们在研究 AR 影响消费者产品属性偏好机制时考虑感知信息显著性对消费者产品属性偏好的影响。

6.3.2 理论模型与研究假设

1. AR 展示对消费者产品属性偏好的直接影响

过去的研究发现技术、图片等展示形式会影响消费者行为和属性偏好。Flavián 等(2009)探讨了不同产品展示模式对消费者网站品质认知的影响,相比较以段落的方式呈现信息,用户在示意图方式下会感知到更高程度的可用性和更高质量的信息。Galán 等(2020)研究发现产品展示方式不会影响对整体产品的评估,但会影响对个别属性的评估。Kunz 等(2020)研究发现食品包装产品图片的颜色饱和度会影响消费者对产品健康和口味的感知。Wang 等(2019)比较了情景 VR、纯 VR 和图片三种产品展示形式对消费者反应的影响，结果表明，与图片模式相比，情境 VR 模式和纯 VR 模式对产品知识和购买意图都有更大的影响。由国内外关于 AR 影响消费者行为的相关研究可知，AR 提供了传统产品展示方式不能给予的各种产品体验，可以根据消费者当前所处的环境或面临的情况向他们提供个性化的感官信息，这些独特的体验和信息影响着消费者决策，使得消费者更加关注产品的体验属性。基于以上分析，我们提出以下假设。

$H_{6.1}$：产品展示方式会影响消费者产品属性偏好度，AR 展示将会提高消费者对产品体验属性的偏好度。

2. 感知信息显著性的中介作用

感知信息显著性是基于客观信息角度的中介变量。Forsythe 和 Shi（2003）认为感知信息是指消费者在浏览购物网站时获得的有效产品信息量，包括综合信息量和信息的有效性；感知信息的质量越高，其有效性越高，可以为消费者提供更准确有效的产品信息。Montoya-Weiss 等（2003）提出了一个概念模型，通过数据表明，人们在所处环境中感知接收的信息主要来源于五种感官，眼睛接收的信息占据了 80%。AR 技术主要增强的是视觉，因此 AR 技术的应用将会提高体验属性信息的显著程度，增加消费者对该属性的注意力与记忆效果，进而提高产品评估与选择中对该属性的偏好程度。基于以上分析，我们提出以下假设。

$H_{6.2}$：产品展示方式会影响消费者感知信息显著性，AR 展示将会提高消费者对体验属性信息显著性的感知。

$H_{6.3}$：感知信息显著性在产品展示方式与产品属性偏好度之间起中介作用。

3. 心流体验的调节作用

Csikszentmihalyi（1997）通过研究发现，人们在全神贯注地做一件感兴趣的事情时，将产生很大的愉悦感，从而感觉到时间过得非常快，并享受做这件事情的乐趣，会激发强烈且丰富的创造力。这种独特的心理活动被称为心流体验。心流体验是人的一种主观心理感受，Hausman 和 Siekpe（2009）研究发现消费者对网络购物的好奇心和兴趣会对他们的体验产生积极影响，消费者在网络购物过程中越是好奇和进行参与，他们就越容易获得沉浸感，因此也就越有可能达到心流体验状态。基于以上 Csikszentmihalyi（1997）对心流体验概念的界定，我们将心流体验界定为：消费者在 AR 展示中进行网络购物所产生的一种愉悦、沉浸等情感状态。积极的心理感受往往来源于消费者在整个购物过程中的体验和感知。因此我们预计，消费者在使用 AR 进行产品展示时感知信息显著，产品不确定性会减少，从而对决策更有信心，在此过程中产生的心流体验会影响消费者购买决策时的属性偏好。基于以上分析，我们认为心流体验在 AR 展示影响消费者产品属性偏好中起着调节作用，故提出以下假设。

H$_{6.4}$：心流体验在产品展示方式和感知信息显著性之间起调节作用。

4. 理论模型

根据以上内容进行分析总结，本章研究将感知信息显著性作为中介变量，将心流体验作为调节变量，建立了 AR 影响消费者产品属性偏好的研究模型，如图 6.1 所示。

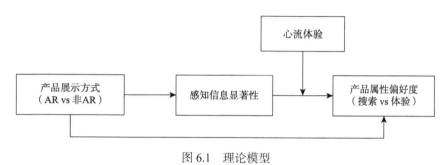

图 6.1　理论模型

6.4　离散选择实验设计

为了更准确地检验出 AR 产品展示对消费者对于产品属性偏好的影响，本章研究先开展离散选择实验，更能模拟和反映消费者真实的购买决策行为，然后在实验后使用量表测量消费者产品属性偏好，对两次结果进行对比，保证获得数据的真实性和说服力，因此从中得到的 AR 产品展示对消费者产品属性偏好影响的结果也更可靠。我们开展离散选择实验研究 AR 产品展示对消费者产品属性偏好的影响，采用受试者间实验设计方法分别将受试者随机分配到实验组（AR 组）和对照组（文字组和图文组）中。

6.4.1　实验平台和产品选择

为了顺利开展实验，研究对比分析了目前主流的、具有 AR 产品展示功能的电子商务平台。其中得物应用程序是全球领先的集正品潮流电子商务和潮流生活社区于一体的新一代潮流网购社区，AR 产品展示功能较为完善，包括 AR 化妆和 AR 试鞋。在众多国内电子商务平台中，得物是最大、最受消费者喜爱的鞋类电子商务平台，鞋类产品丰富，有足够的产品和产品信息以供研究。本章研究选取了手机端得物应用程序作为实验组的实验平台，选取鞋子作为研究对象，利用得物应用程序的 AR 试鞋功能进行产品展示。基于 AR 技术，消费者可以通过后置摄像头对准自己的脚进行实时的虚拟试鞋，由此来获取产品的信息并判断该产品是否适合自己。对于对照组而言，分别依靠文字描述、文字描述结合图片的方式提供产品信息。

6.4.2　产品属性及属性水平的确定

相比传统的网购形式，AR 技术支持下的购鞋体验主要体现在以下几个方面。第一，方便且高度可视化。消费者需要做的就是选择想试穿的鞋子，然后打开 AR 相机按钮对准自己的脚，系统会自动生成一个虚拟模型叠加在消费者的脚上，从而向消费者展示实时动态的试鞋效果。第二，满足消费者的好奇心。消费者对更好的消费体验的要求越来越高。有了 AR 技术就可以尝试看似遥不可及的鞋子。第三，生动性和互动性强。AR 试鞋的生动性为消费者提供了直接的多感官体验，吸引了他们的注意力，增强了他们的临场感，而且生动性越强，他们在产品上停留的时间越长。同理，AR 试鞋的互动性可以有效地增强消费者积极参与的虚拟临场感，增强体验。本章研究针对以上 AR 技术带来的购鞋体验，从产品属性出发探究 AR 展示会如何影响消费者对鞋类搜索属性和体验属性的偏好。

通过搜寻资料发现国内外对于鞋类产品消费行为的研究文献较少，并且主要集中在鞋类产品的制作工艺、功能设计、营销策略等方面，因此我们对于鞋类产品消费偏好的研究主要参照服装消费行为的参考文献。Park 等（2012）通过研究探讨了互联网环境下服装产品属性、网络浏览与在线冲动购买之间的关系，研究结果证实，服装产品属性包括三个因素，即选择的多样性、价格和感官属性。特别是，选择的多样性和感官属性对服装的在线冲动购买有直接影响。Lee 等（2020）的研究运用心理意象框架，发现服装名称和服装设计的视觉复杂性对消费者产品态度有影响。

一些学者对产品的搜索属性和体验属性进行了研究，Degeratu 等（2000）研究了在线和传统超市环境下，品牌名称、价格和其他搜索属性对消费者选择行为的影响。对于某些产品来说，品牌名称在网上更有价值，消费者对于价格更加敏感。Brakus 等（2014）认为颜色、新颖的形状等属于体验属性，并且通过实验认为，消费者对于推出的新产品（如新款甲壳虫汽车）更注重其体验属性。Mugge 等（2017）指出产品外观是消费者关注的体验属性之一，会触发其对于产品的认知。Overmars 和 Poels（2015）的两项研究表明，在线商店环境下交互式界面为消费者提供体验属性信息，视觉刺激能够引导对触觉元素的思考，进而诱发触觉感知信息，从而提高对在线商店中产品属性的理解。

　　基于以上学者对于搜索属性和体验属性的定义和理解，在对本章实验的研究对象鞋类产品的属性选择上，我们初步选取了鞋类产品的搜索属性，包括品牌、价格、产品品类等。出于本章研究的研究对象考虑，鞋类产品的体验属性来自感官属性，可分为视觉体验属性和触觉体验属性，本章选取了颜色、款式等视觉体验属性，触觉体验属性包括鞋面材质、鞋底材料、尺码大小等影响上脚感受的属性。

　　为了选择出最合适、最没有争议的属性作为本章实验的产品属性，我们选取35 名受试者进行预实验，利用利克特 7 级量表对所选属性的性质进行打分，最接近搜索属性打 1 分，最接近体验属性打 7 分，在 1~7 分选择最合适的数字。根据统计结果发现个体对属性性质的感知存在一些差异，按照平均值从小到大排序，低于平均值 4.49 的有 4 个属性，即品牌（3.51）、价格（3.60）、品类（3.66）、鞋帮高度（4.20）；高于平均值 4.49 的有 7 个属性，即鞋跟类型（4.51）、风格（4.60）、款式（4.83）、尺码（4.89）、颜色搭配（4.91）、鞋底材料（5.14）、鞋面材质（5.54），得分越低越接近搜索属性，得分越高越接近体验属性。

　　根据相关文献研究和预实验统计数据，本章实验选择品牌、价格、品类为搜索属性，鞋面材质、鞋底材料、颜色搭配为体验属性。对于每个产品属性，设置2~4 个水平，如表 6.1 所示。

表6.1　鞋类的属性和水平

属性类型	属性	水平
搜索属性	品牌	国外品牌、国内品牌
	价格	300 元以下、300~599 元、600~899 元、900 元及以上
	品类	运动鞋/老爹鞋、板鞋/帆布鞋
体验属性	鞋面材质	织物、皮革
	鞋底材料	橡胶底、牛筋底
	颜色搭配	简约大方、时尚明艳

6.4.3　基于正交设计的产品组合设计

　　由于考察了 6 个差异化属性，属性的数量及其相应的水平可组合成 128（$2^5 \times 4$）种产品，因此在模拟鞋类产品时选择 SPSS（statistical product and service solutions，统计产品与服务解决方案）软件的正交设计方法设计产品轮廓，很大程度上减少了产品轮廓的个数。在进行问卷设计时，为了保证受试者的答题体验和获取足够的购买选择行为数据，使用 SPSS 软件对鞋类的属性和水平进行正交试验设计，产生了 16 个不同的产品轮廓（表 6.2）。

表6.2　正交试验设计的鞋类产品轮廓

序号	品牌	价格	品类	鞋面材质	鞋底材料	颜色搭配
1	国内品牌	300~599 元	板鞋/帆布鞋	皮革	牛筋底	简约大方
2	国外品牌	900 元及以上	板鞋/帆布鞋	织物	橡胶底	时尚明艳
3	国外品牌	300 元以下	板鞋/帆布鞋	皮革	牛筋底	简约大方
4	国外品牌	900 元及以上	运动鞋/老爹鞋	皮革	牛筋底	时尚明艳
5	国外品牌	300~599 元	运动鞋/老爹鞋	织物	牛筋底	时尚明艳
6	国内品牌	900 元及以上	板鞋/帆布鞋	织物	牛筋底	简约大方
7	国外品牌	600~899 元	板鞋/帆布鞋	织物	牛筋底	简约大方
8	国外品牌	300~599 元	板鞋/帆布鞋	皮革	橡胶底	时尚明艳
9	国内品牌	600~899 元	运动鞋/老爹鞋	皮革	牛筋底	时尚明艳
10	国内品牌	600~899 元	板鞋/帆布鞋	织物	橡胶底	时尚明艳
11	国内品牌	300 元以下	运动鞋/老爹鞋	织物	牛筋底	时尚明艳
12	国内品牌	900 元及以上	运动鞋/老爹鞋	皮革	橡胶底	简约大方
13	国外品牌	600~899 元	运动鞋/老爹鞋	皮革	橡胶底	简约大方
14	国内品牌	300~599 元	运动鞋/老爹鞋	织物	橡胶底	简约大方
15	国内品牌	300 元以下	板鞋/帆布鞋	皮革	橡胶底	时尚明艳
16	国外品牌	300 元以下	运动鞋/老爹鞋	织物	橡胶底	简约大方

基于 16 个商品组合随机组合成 8 个选择集，制作成一张实验卡，即每名受试者需要做 8 次购鞋选择任务：每个选择集有 3 个备选项，分别是基于不同属性和水平组合的两款鞋和 1 个"没有，我一双也不会购买"选项。备选项的商品信息通过文字或文字和图片结合的形式向受试者展示，实验卡的选择集示例如表 6.3 所示。

表6.3　鞋类实验卡的选择集示例

此时您有购鞋需求，以下两款鞋在品牌、价格、颜色搭配等方面有所差别，请根据自己的喜好选择更喜欢的鞋或者选择不购买

属性	鞋 1	鞋 2	
品牌	国外品牌	国内品牌	
价格	300~599 元	600~899 元	
品类	运动鞋/老爹鞋	板鞋/帆布鞋	没有，我一双也不会购买
鞋面材质	皮革	皮革	
鞋底材料	橡胶底	牛筋底	
颜色搭配	时尚明艳	时尚明艳	
在你最喜欢的鞋下的□打√	□	□	□

6.4.4　量表的确定及问卷设计

本章研究的切入点是从产品展示方式出发,探究 AR 技术支持下消费者对产品属性偏好的变化,因此实验受试者被随机分为三组,即无 AR 展示的对照组(文字组和图文组)和有 AR 展示的实验组,并分别为三组受试者设计问卷。问卷设计需要兼顾各方面,因此本章研究的调查问卷主要分为四个部分。以 AR 组问卷为例,第一部分是有关消费者基本信息的统计,个体统计变量包括性别、学历、月生活费、日上网时间、网络购鞋频率。第二部分是对通过预实验选取的产品属性的操纵检验。第三部分是问卷主体部分,要求消费者进行多次购鞋选择,这部分是由正交试验设计出的产品轮廓随机组合成的选择集。第四部分对中介变量(感知信息显著性)、调节变量(心流体验)、因变量产品属性偏好进行测量,设计量表。

根据对中介变量和调节变量的理解,积极借鉴国内外学者的研究成果对其进行测量,所有量表均采用利克特 7 级量表的形式,最终确定量表的具体设计内容。

1. 感知信息显著性量表

参考已有的研究文献,本章研究借鉴 Forsythe 和 Shi(2003)对于感知信息的研究,并在 AR 展示环境下进行语句的调整,分别从 6 个属性出发采用 3 个题项测量感知信息显著性变量。例如,颜色搭配(从非常不同意到非常同意,非常不同意=1 分,非常不同意=7 分):"AR 能够准确地描述鞋子的颜色搭配";"AR 能够更加生动地展示鞋子的颜色搭配";"AR 能够帮助我更好地了解鞋子的颜色搭配"。以颜色搭配属性为例,感知信息显著性的测量题项如表 6.4 所示。

表6.4　感知信息显著性的测量题项

变量	研究属性	题项
感知信息显著性	颜色搭配	AR 能够准确地描述鞋子的颜色搭配
		AR 能够更加生动地展示鞋子的颜色搭配
		AR 能够帮助我更好地了解鞋子的颜色搭配

2. 心流体验量表

本章研究主要参考 Skadberg 和 Kimmel(2004)、陈洁等(2009)对于心流体验的研究,从沉浸感和购鞋愉悦感两个维度描述消费者处于心流体验的状态,并在 AR 展示环境下进行语句的调整,具体如表 6.5 所示。

表6.5　心流体验的测量题项

变量	题项
心流体验	购鞋时，我被 AR 展示的内容强烈吸引
	购鞋时，我集中精力投入 AR 展示的内容上，全身心地投入其中
	我在 AR 展示下购鞋时觉得时间过得很快
	购鞋时，我对 AR 展示的内容充满兴趣
	在 AR 展示下购鞋我感到很愉快和放松

3. 因变量产品属性偏好量表

本章研究的因变量产品属性偏好通过离散选择实验的结果进行模型拟合和参数估计得到，为了对实验结果进行检验，我们也进行了量表的测量，利用利克特7 级量表对所选属性在决策过程中的重要性进行打分。例如，颜色搭配（从非常不重要到非常重要，非常不重要=1 分，非常重要=7 分）。

6.4.5　受试者招募

由于 AR 是一种新兴技术，使用 AR 进行购物的消费群体比较年轻，他们使用网络时间较长、使用频率较高，本章研究借助网络招募大学生作为受试者，共招募了 90 名大学生参与实验。这项实验是在一间安静的教室内进行的，为期1 周。

6.4.6　实验流程

首先，在实验开始前，要求受试者填写一份包括人口统计学、购鞋频率等的调查及判断产品属性的问卷。

其次，正式开展实验，受试者被告知置身于如下场景：此时您有购鞋需求，我们将为您分别提供两款鞋，它们在品牌、价格、颜色搭配等方面有所差别，请根据自己的喜好选择更喜欢的鞋或者选择不购买。对于对照组（无 AR 展示），要求受试者按照自己平时的购鞋习惯仔细浏览实验卡展示的产品信息后做出选择；对于实验组（有 AR 展示），当场演示使用得物应用程序的 AR 试鞋功能购鞋的整个操作过程，同时要求受试者仔细浏览实验卡展示的产品信息和使用 AR 试鞋功能后做出选择。

最后，在实验结束后，受试者被要求根据浏览产品时的真实想法填写一份关于产品展示方式下感知信息显著性、心流体验、决策属性偏好的问卷。

6.4.7　描述性统计分析

首先，采用 SPSS 软件对全部回收结果进行了初步整理；其次，分别对对照组（文字组、图文组）和实验组（AR 组）的样本数据做了描述性统计分析。本章研究采用频率和百分比进行展示，对照组和实验组受试者个体统计特征分布如表 6.6 所示。

表6.6　受试者个体统计特征分布

个体统计特征		文字组		图文组		AR 组	
		频率	百分比	频率	百分比	频率	百分比
性别	男	8	26.67%	6	20%	16	53.33%
	女	22	73.33%	24	80%	14	46.67%
学历	本科	7	23.33%	13	43.33%	8	26.67%
	硕士研究生	20	66.67%	17	56.67%	21	70%
	博士研究生及以上	3	10%	0	0	1	3.33%
月生活费	不足 1 000 元	0	0	0	0	2	6.67%
	1 000~1 499 元	19	63.33%	16	53.33%	10	33.33%
	1 500~1 999 元	7	23.33%	11	36.67%	12	40%
	2 000~2 499 元	2	6.67%	2	6.67%	4	13.33%
	2 500 元及以上	2	6.67%	1	3.33%	2	6.67%
日上网时间	1 小时及以下	0	0	0	0	1	3.33%
	2~3 小时	3	10%	6	20%	7	23.33%
	4~5 小时	16	53.33%	14	46.67%	13	43.33%
	6 小时及以上	11	36.67%	10	33.33%	9	30%
网络购鞋频率	1~2 个月	7	23.33%	8	26.67%	12	40%
	3~4 个月	15	50%	14	46.67%	14	46.67%
	5~6 个月	7	23.33%	7	23.33%	4	13.33%
	7 个月及以上	1	3.33%	1	3.33%	0	0

从表 6.6 中可以看出，在性别上，文字组中男性和女性受试者占比分别为 26.67%、73.33%，图文组占比分别是 20%、80%，AR 组占比分别为 53.33%、46.67%，总体来说男女比例较为合理。学历方面，文字组受试者学历中本科、硕士研究生和博士研究生及以上占比分别为 23.33%、66.67%、10%，图文组本科和硕士研究生

占比分别为 43.33%、56.67%，没有博士研究生及以上学历的受试者参与，AR 组中本科、硕士研究生、博士研究生及以上占比分别为 26.67%、70%、3.33%，由此可见参与实验的主要是硕士研究生。从月生活费来看，三组的主要人群都分布在 1 000~1 499 元和 1 500~1 999 元，分别占比 63.33%和 23.33%，53.33%和 36.67%，33.33%和 40%。从日上网时间来看，大学生日上网时间基本在 2 小时以上，文字组和图文组 2 小时以上总占比都为 100%，AR 组占比 96.67%，说明上网已经成为大学生生活的重要组成部分，这也为在 AR 展示下进行网络购鞋增加了可能性。三组受试者网络购鞋频率主要是 1~2 个月和 3~4 个月，文字组占比分别为 23.33%、50%，图文组占比分别为 26.67%、46.67%，AR 组占比分别为 40%、46.67%，可见大学生对鞋类产品的需求。

6.5　实　验　结　果

6.5.1　操纵变量的检验

在预实验中一共选取了 11 个属性，根据文献研究和预实验的打分结果，最终确定了正式实验中研究对象鞋类产品的 3 个搜索属性和 3 个体验属性。为了检验本章实验的前提，即品牌、价格、品类是搜索属性，鞋面材质、鞋底材料、颜色搭配是体验属性，在正式实验中，受试者被要求对选择实验中所涉及的产品属性的性质再次判断，使用利克特 7 级量表对所选属性的性质进行打分，最接近搜索属性打 1 分，最接近体验属性打 7 分。以搜索属性和体验属性作为分类变量，以受试者打分值作为因变量，进行单因素方差分析。表 6.7 的分析结果表明，受试者对体验属性的平均打分显著高于搜索属性（F=83.420，p<0.001），可以认为实验操纵有效。

表6.7　搜索属性和体验属性的单因素方差分析结果

统计量	变量	
	搜索属性	体验属性
均值	3.133	4.982
F 值	83.420	
p 值	0	

6.5.2　基于条件 Logit 模型的选择行为分析

为了探究产品展示方式对消费者产品属性偏好的影响，本章研究进行了离散选择实验。目前，大多数离散选择实验的结果都是使用随机效应 Logit 模型、条件 Logit 模型或混合 Logit 模型等进行分析。本章研究是从产品展示方式出发，探究 AR 技术支持下消费者对产品属性偏好的变化，故基于条件 Logit 模型对收集的消费者选择结果数据进行回归分析。在分析之前，需要对模型中的变量值进行编码，本章研究将受试者的选择（"鞋 1"或"鞋 2"是否被选择）作为被解释变量，将拟探究的影响消费者选择的鞋类商品属性作为解释变量，编码如表 6.8 所示。

表6.8　变量及其解释

变量		变量解释
被解释变量	选择结果	0=不选择，1=选择
解释变量	品牌	1=国外品牌，2=国内品牌
	价格	300 元，450 元，750 元，900 元
	品类	1=运动鞋/老爹鞋，2=板鞋/帆布鞋
	鞋面材质	1=织物，2=皮革
	鞋底材料	1=橡胶底，2=牛筋底
	颜色搭配	1=简约大方，2=时尚明艳

表 6.9 是 AR 组第一名受试者的选择结果。

表6.9　受试者选择结果编码示例

受试者序号	品牌	价格/元	品类	鞋面材质	鞋底材料	颜色搭配
1	2	450	2	2	2	1
1	1	900	2	1	1	2
1	1	300	2	2	2	1
1	1	900	1	2	2	2
1	1	450	1	1	2	2
1	2	900	2	1	2	1
1	1	750	2	1	2	2
1	1	450	2	2	1	2
1	2	750	1	2	2	2

续表

受试者序号	品牌	价格/元	品类	鞋面材质	鞋底材料	颜色搭配
1	2	750	2	1	1	2
1	2	300	1	1	2	2
1	2	900	1	2	1	1
1	1	750	1	2	1	1
1	2	450	1	1	1	1
1	2	300	2	2	1	2
1	1	300	1	1	1	1

分别对对照组和实验组的数据进行编码之后，我们使用 SPSS 软件对编码后的数据进行二元 logistic 回归分析，除价格外的 5 个变量分别以国外品牌、运动鞋/老爹鞋、织物、橡胶底、简约大方为参照，最终的输出结果如表 6.10 所示。Nagelkerke R^2 和 Hosmer-Lemeshow 值均与模型的拟合优度相关，值越大表示模型拟合效果越好。三组的 Nagelkerke R^2 分别为 0.210、0.142、0.150，回归模型拟合较好。Hosmer-Lemeshow 检验，三组的显著性水平 p 值分别为 0.724、0.843、0.215，均大于 0.05，则模型拟合优度较高。

表6.10　受试者鞋类产品选择偏好的回归结果

变量	文字组			图文组			AR 组		
	系数	标准误	p 值	系数	标准误	p 值	系数	标准误	p 值
品牌	−0.215	0.208	0.302	−0.192	0.204	0.346	−0.542**	0.199	0.007
价格	−0.004***	0	0	−0.002***	0	0	−0.003***	0	0
品类	−0.497*	0.215	0.021	0.127	0.208	0.541	−0.090	0.200	0.652
鞋面材质	−0.052	0.215	0.808	0.904***	0.209	0	0.409*	0.200	0.041
鞋底材料	0.250	0.208	0.229	0.568**	0.206	0.006	0.271	0.199	0.172
颜色搭配	0.088	0.209	0.675	−0.124	0.206	0.545	0.452*	0.199	0.023
−2 对数似然值	546.597			563.049			588.820		
Nagelkerke R^2 值	0.210			0.142			0.150		
Hosmer-Lemeshow 值	0.724			0.843			0.215		

*表示显著性水平小于 0.05，**表示显著性水平小于 0.01，***表示显著性水平小于 0.001

回归系数表示该商品属性对消费者是否选择的影响方向和影响程度，系数为正值说明该属性对消费者选择有正向影响，若为负值则说明有负向影响，系数绝对值的大小体现该因素对消费者选择的影响程度大小。

从三组的回归结果来看，三组消费者对于鞋类产品购买考虑因素在品牌上差异较大，其系数都为负值，仅从符号来判断，对于三组消费者而言，品牌具有负向效应。其中，AR 组相对而言绝对值较大，说明对于鞋类产品，消费者更倾向购买国外品牌，因为国外有很多知名的鞋类品牌，倾向性较强且参数估计结果在 0.05 的水平上显著，而对于文字组和图文组，其显著性不强。价格属性对于三组消费者都有显著的负向效应，消费者倾向购买低价格产品，价格的提高会降低消费者的购买倾向，这与实际情况较为相符。从系数绝对值来看，价格对消费者影响的程度最低，在消费者面临同等水平的鞋类产品选择上，较不看重价格因素，意味着短期内低价格策略能够吸引消费者，但长期价格低廉并不能吸引消费者。从品类属性的系数来看，品类对文字组选择鞋类产品有负向的显著影响，且影响程度相对较大，消费者更倾向购买运动鞋/老爹鞋。对于图文组和 AR 组选择偏好影响不显著。

鞋面材质是本章研究中重要的体验属性之一，从回归结果可以看出，鞋面材质属性的系数在图文组和 AR 组中都有较强的显著性，系数为正值说明具有正向效应，消费者更倾向购买皮革鞋面的鞋。对于文字组，其显著性不强。鞋底材料也是实验选取的体验属性，其对于图文组而言具有显著的正向影响，但对于文字组和 AR 组选择行为来说影响不显著。颜色搭配作为本章研究中最重要的体验属性，是重点观察对象。颜色搭配对 AR 组具有正向的显著效应，能够很好地解释消费者的选择行为，其在文字组和图文组中没有显著影响。

综上，价格属性对于三组都有负向的显著影响，对于文字组消费者来说，品类属性对消费者选择鞋类产品有负向的显著影响。对于图文组消费者来说，鞋面材质和鞋底材料属性对消费者选择鞋类产品有正向的显著影响。对于 AR 组消费者来说，品牌对消费者选择鞋类产品有负向的显著影响，鞋面材质、颜色搭配属性对其有正向的显著影响。

从结果来看，搜索属性显著影响文字组的购买选择行为，图文组在做出购买决策时重点考虑商品的搜索属性、触觉体验属性，而除搜索属性和触觉体验属性以外，视觉体验属性对 AR 组的购买选择行为影响显著。这与预期的结论相符，$H_{6.1}$ 得到了支持。

6.5.3　信度和效度检验

为了进一步分析 AR 影响产品属性偏好的中介和调节机制，本章研究还进行了设计并发放了问卷。在分析问卷数据的过程中，需要对信度和效度进行分析，这是检查问卷是否合适的一个重要标准。因此，为了确保所设计的问卷在统计学上有效的，本章研究对问卷中所包含量表的信度和效度进行分析。

　　本章研究采用 Cronbach's α 系数来评价问卷中量表的信度水平，结果见表 6.11，各个变量的信度系数均大于 0.7，说明各量表设计的题项具有良好的可靠性，可对数据进行下一步的分析处理。

表6.11　信度分析结果

量表维度	属性维度	Cronbach's α 系数	项数
感知信息显著性	搜索属性	0.722	9
	体验属性	0.852	9
心流体验		0.945	5
量表整体		0.904	23

　　通过信度检验后，还需要对量表的效度进行分析。使用 SPSS 软件通过 KMO 和 Bartlett 球形检验对变量间是否存有相关性进行测量，检验研究模型的拟合水平，以判断数据是否适合进行因子分析，具体分析结果如表 6.12 所示。由结果可知，KMO 值为 0.828，大于 0.8，同时 Bartlett 球形检验显著性为 0，小于参考值 0.05，说明量表的数据适合进行因子分析。

表6.12　KMO和Bartlett球形检验结果

KMO 取样适切性量数		0.828
Bartlett 球形检验	近似卡方	2 348.353
	df	253
	Sig.	0

　　为了确认量表的各个测量题项是否指向唯一的因子，本章研究采用验证性因子分析进行检验。最终得到的结果如表 6.13 所示。

表6.13　验证性因子分析结果

因子	测量题项	因子载荷	AVE	CR
感知搜索属性显著性（M_1）	M_{1a}	0.927	0.777	0.913
	M_{1b}	0.844		
	M_{1c}	0.871		
感知体验属性显著性（M_2）	M_{2a}	0.930	0.924	0.973
	M_{2b}	0.974		
	M_{2c}	0.980		
心流体验（Z）	Z_1	0.879	0.778	0.946
	Z_2	0.834		
	Z_3	0.759		
	Z_4	0.969		
	Z_5	0.952		

从表 6.13 中数据可以看出，感知搜索属性显著性、感知体验属性显著性和心流体验的测量题项的因子载荷系数都大于 0.4，且 3 个因子对应的 AVE 值全部大于 0.5，CR 值均高于 0.7，意味着设计的量表具有良好的收敛效度。综上说明问卷中的量表具有较好的效度，为下一步的数据处理奠定了良好的基础。

6.5.4　单因素方差分析

在通过信度和效度检验后，本章研究为了验证提出的假设，探究产品展示方式对消费者产品属性偏好度和感知信息显著性的影响，在本小节进行了单因素方差分析。

1. 产品展示方式对消费者产品属性偏好度的影响

分别对文字组和图文组、AR 组和文字组、AR 组和图文组进行单因素方差分析。数据处理结果如表 6.14~表 6.16 所示。

表6.14　文字组和图文组产品属性偏好度的单因素方差分析结果

变量	方差来源	平方和	自由度	均方	F 值	p 值
搜索属性偏好度	组间	0.210	1	0.210	0.378	0.542
	组内	26.691	48	0.556		
	总数	26.901	49			
体验属性偏好度	组间	2.095	1	2.095	3.026	0.088
	组内	33.240	48	0.692		
	总数	35.335	49			

表6.15　AR组和文字组属性偏好度的单因素方差分析结果

变量	方差来源	平方和	自由度	均方	F 值	p 值
搜索属性偏好度	组间	0.741	1	0.741	1.067	0.306
	组内	40.288	58	0.695		
	总数	41.029	59			
体验属性偏好度	组间	5.400	1	5.400	7.917	0.007
	组内	39.563	58	0.682		
	总数	44.963	59			

表6.16　AR组和图文组属性偏好度的单因素方差分析结果

变量	方差来源	平方和	自由度	均方	F 值	p 值
搜索属性偏好度	组间	0.035	1	0.035	0.052	0.820
	组内	33.012	50	0.660		
	总数	33.047	51			
体验属性偏好度	组间	2.778	1	2.778	5.739	0.020
	组内	24.207	50	0.484		
	总数	26.986	51			

通过观察表 6.14 可知，文字组和图文组在搜索属性偏好度（$F=0.378$，$p=0.542$）和体验属性偏好度（$F=3.026$，$p=0.088$）上均不存在显著差异。

通过观察表 6.15 可知，AR 组和文字组在搜索属性偏好度上不存在显著差异（$F=1.067$，$p=0.306$），但是在体验属性偏好度上存在显著差异，AR 组的体验属性偏好度显著高于文字组（AR 组均值=5.589，文字组均值=4.989，$F=7.917$，$p<0.01$）。因此，与文字组相比，AR 展示将会提高消费者对产品体验属性的偏好度。

通过观察表 6.16 可知，AR 组和图文组在搜索属性偏好度上不存在显著差异（$F=0.052$，$p=0.820$），但是在体验属性偏好度上存在显著差异，AR 组的体验属性偏好度显著高于图文组（AR 组均值=5.705，图文组均值=5.243，$F=5.739$，$p<0.05$）。因此，与图文组相比，AR 展示将会提高消费者对产品体验属性的偏好度。

通过比较组间在搜索属性偏好度和体验属性偏好度上的差异，结果表明不同的产品展示方式影响消费者产品属性偏好度。相较于无 AR 展示，AR 展示将会提高消费者对产品体验属性的偏好度，$H_{6.1}$ 得到了支持。

2. 产品展示方式对消费者感知信息显著性的影响

分别对 AR 组和文字组、AR 组和图文组进行单因素方差分析。数据处理结果如表 6.17、表 6.18 所示。

表6.17　AR组和文字组感知信息显著性的单因素方差分析结果

变量	方差来源	平方和	自由度	均方	F 值	p 值
感知搜索属性显著性	组间	1.188	1	1.188	1.504	0.225
	组内	45.823	58	0.790		
	总数	47.012	59			
感知体验属性显著性	组间	16.948	1	16.948	14.928	0
	组内	65.849	58	1.135		
	总数	82.797	59			

表6.18 AR组和图文组感知信息显著性的单因素方差分析结果

变量	方差来源	平方和	自由度	均方	F 值	p 值
感知搜索属性显著性	组间	14.375	1	14.375	34.580	0
	组内	20.784	50	0.416		
	总数	35.159	51			
感知体验属性显著性	组间	2.323	1	2.323	5.557	0.022
	组内	20.897	50	0.418		
	总数	23.220	51			

　　AR 组和文字组的感知搜索属性显著性和感知体验属性显著性平均值的方差呈齐性，即均值之间无显著差异。通过观察表 6.17 可知，AR 组和文字组在感知搜索属性显著性方面不存在显著差异（F=1.504，p=0.225），但是在感知体验属性显著性方面差异显著，AR 组在感知体验属性显著性方面显著高于文字组（AR 组均值=4.819，文字组均值=3.756，F=14.928，$p<0.001$）。因此与文字组相比，AR 展示将会提高消费者感知信息显著性。

　　AR 组和图文组的感知搜索属性显著性和感知体验属性显著性平均值的方差呈齐性，即均值之间无显著差异。通过观察表 6.18 可知，AR 组和图文组在感知搜索属性显著性方面（F=34.580，$p<0.001$）和感知体验属性显著性方面都存在显著差异（F=5.557，$p<0.05$），AR 组在感知搜索属性显著性方面显著低于图文组（AR 组均值=4.437，图文组均值=5.488），而在感知体验属性显著性方面显著高于图文组（AR 组均值=6.549，图文组均值=6.027）。

　　通过比较组间在感知搜索属性显著性和感知体验属性显著性方面的差异，结果表明不同的产品展示方式影响消费者感知信息显著性。相较于无 AR 展示，AR 展示将会提高消费者感知体验属性显著性，$H_{6.2}$ 得到了支持。

6.5.5 相关性分析

　　在检验中介作用之前，还需要对各个变量进行相关性分析，确定各变量之间关系的密切程度。变量之间相关系数的绝对值越接近 1，说明变量之间相关性越高，而相关系数越接近 0，则说明变量之间相关性越低。根据本章研究提出的概念模型，我们使用 SPSS 软件对感知信息显著性、心流体验及产品属性偏好度之间的相关性进行分析，结果如表 6.19 所示。

表6.19 变量相关系数矩阵

变量	感知信息显著性	心流体验	产品属性偏好度
感知信息显著性	1		
心流体验	0.453**	1	
产品属性偏好度	0.468**	0.500**	1

**表示显著性水平小于 0.01

从结果可以看出，所有变量之间的相关系数均大于 0，且显著性水平都小于 0.01，说明各变量之间存在显著的正相关关系。

6.5.6 中介效应和调节效应检验

1. 中介效应检验

本章研究为了验证提出的假设，探究感知信息显著性在产品展示方式与属性偏好度之间是否起中介作用，在本小节使用 Bootstrap 抽样法对其进行检验，结果如表 6.20 所示。

表6.20 感知信息显著性中介作用模型的回归分析

预测变量	属性偏好度		感知信息显著性		属性偏好度	
	系数β	t 值	系数β	t 值	系数β	t 值
产品展示方式	0.486**	2.697	0.452*	2.481	0.312	1.743
感知信息显著性					0.387**	2.845
R^2	0.137		0.118		0.268	
F	7.272**		6.156*		8.243**	

*表示显著性水平小于 0.05，**表示显著性水平小于 0.01

表 6.20 中数据表明，产品展示方式显著正向预测产品属性偏好度（β=0.486，$p<0.01$），产品展示方式显著正向预测感知信息显著性（β=0.452，$p<0.05$），感知信息显著性显著正向预测产品属性偏好度（β=0.387，$p<0.01$），当产品展示方式和感知信息显著性同时预测产品属性偏好度的时候，产品展示方式对产品属性偏好度的正向预测不显著（β=0.312，$p=0.088$）。中介分析的结果表明，感知信息显著性在产品展示方式对产品属性偏好度的影响中起完全中介作用，$H_{6.3}$ 成立。

2. 调节效应检验

针对感知信息显著性这一中介变量，以其得分高于平均值加一个标准差（+1SD）

为高分组，低于平均值减一个标准差（−1SD）为低分组。在感知信息显著性得分为平均值减一个标准差（低水平）、平均值及平均值加一个标准差（高水平）三个水平时，分析心流体验在感知信息显著性不同水平时的中介效应情况。分析结果见表 6.21。

表6.21　调节中介效应结果

中介变量	水平	水平值	效应值	BootLLCI	BootULCI
感知信息显著性	低水平（−1SD）	2.771	0.153	−0.028	0.437
	平均值	4.438	0.128	0.009	0.325
	高水平（+1SD）	6.104	0.104	−0.032	0.294

结果说明，感知信息显著性在低水平时没有中介作用，在平均值水平时具有中介作用，且效应值为 0.128，在高水平时也没有中介作用。综上分析可知，在不同水平时，感知信息显著性中介作用情况不一致，说明心流体验对感知信息显著性的中介效应具有调节作用，$H_{6.4}$ 得到支持。

6.5.7　结果汇总

本章在离散选择实验和问卷调查结果的基础上，首先对实验获得的数据进行了条件 Logit 模型分析，对消费者购买鞋类产品过程中对于各个属性的倾向做了详细说明，结果表明不同产品展示方式下消费者对产品属性偏好存在很大差异，与实验前的预期一致。其次，本章对问卷数据进行了一系列统计分析，在量表信度与效度检验通过的基础上，对模型假设进行了检验。通过单因素方差分析验证了产品展示方式对消费者产品属性偏好度和感知信息显著性的影响，并且通过 Bootstrap 抽样法对感知信息显著性的中介作用进行了验证，以及使用 Process 验证了心流体验的调节作用，$H_{6.1}$、$H_{6.2}$、$H_{6.3}$ 及 $H_{6.4}$ 均成立。离散选择实验和问卷调查结果一致，共同验证了本章研究提出的 AR 影响消费者产品属性偏好的机制。

6.6　结论与展望

6.6.1　研究结论

在网络购物中，消费者只能通过图片和文字来选购产品的传统方式已经不能满足消费者需求，沉浸式交互技术的应用可以给消费者带来不一样的沉浸式交互体验。以 AR 技术为例，应用 AR 技术可以将线上产品和真实的环境进行叠加，带给消费者不一样的体验，而在购物过程中使用 AR 技术也将影响消费者对产品属性的偏好。本章研究通过离散选择实验和问卷调查对消费者的感知信息显著性和产品属性偏好度进行了实证分析，最终得出的主要结论如下：①产品展示方式会影响消费者对产品属性的偏好。数据分析结果表明，AR 展示对消费者的体验属性偏好有非常显著的正向影响。相较于传统网络购物，进一步说明 AR 主要是对体验属性进行了增强，帮助消费者在购买之前更好地对产品的体验属性进行判断，从而在做出购买决策时更多地考虑体验属性，而搜索属性本身就很容易在购买之前获取。②产品展示方式间接通过感知信息显著性来影响消费者产品属性偏好。数据结果显示，与传统网络购物相比，通过 AR 的视觉增强，消费者在 AR 展示下进行网络购物时能够获得更多与产品有关的体验属性信息，进而正向影响消费者的体验属性偏好，而搜索属性信息通过视觉很难获取。③心流体验对感知信息显著性的中介效应具有调节作用。由数据结果可知，感知信息显著性对消费者产品属性偏好的中介作用受到心流体验的影响。这是因为消费者在 AR 展示中进行网络购物会产生一种愉悦感和沉浸感，这种体验能够影响消费者产品属性偏好。

6.6.2　理论贡献与实践启示

根据实验数据分析结果，本章研究以 AR 技术为例，探究沉浸式交互技术带来的体验对产品属性偏好的影响，对传统网购平台如何构建沉浸式交互功能来影响消费者产品属性偏好，促进其做出购买决策行为具有一些启示。第一，AR 展示对消费者感知信息显著性有显著的正向影响，平台应该积极构建沉浸式交互功能（如 AR 功能）帮助消费者在购物时能获得更多与产品有关的信息，提供准确有效的产品信息，降低消费者的产品信息不确定性，为消费者提供更优质的网络购物体验。例如，在网购衣物时为消费者提供虚拟的试穿体验能够提高消费者的决策效率和解决平台网购衣物退换率较高等问题。第二，AR 通过增强视觉，使得消费者在网络购物时更多地考虑产品的体验属性，尤其是视觉体验属性。若商家使用 AR 功能向消费者展示产品，其应该在设计产品时重点关注产品的体验属性，包括颜色、包装、外形设计等，迎合消费者视觉体验上的喜好。第三，消费者在 AR 展示下购物时的心理感受主要受到 AR 技术的影响。消费者在使用 AR 技术进行网络购物的过程中能体验到更多的乐趣，使得其获得一种愉悦、沉浸的心理感受，即达到了心流体验，从而影响消费者产品属性偏好，促进购买决策行为的发生。因此，平台要想吸引更多的用户，提高用户的满意度和忠诚度，应该不断进行平台的更新并将更多的资源投入科学技术的建设中去，提升用户对沉浸式交互功能（如 AR 功能）的感知有用性和感知易用性。

6.6.3　研究局限与展望

为了探究沉浸式交互体验对产品属性偏好的影响，本章研究基于 AR 技术深入探讨了产品展示方式与消费者产品属性偏好的关系，并且研究了感知信息显著性在其中的中介作用，以及心流体验的调节作用。本章研究在阅读大量文献资料和理论的基础上，进行理论模型的构建，同时开展离散选择实验和问卷调查对所提假设进行验证。但受限于笔者目前的学术水平及实验开展和撰写的时间，本章研究也存在一定的不足，希望在后续的研究中能够对不足之处做进一步的完善。第一，本章研究招募的受试者是在校大学生，不能对消费人群进行全方位覆盖。并且由于数据收集的时间有限，样本数量不够丰富，最终的数据处理结果可能与实际情况存在一定的偏差。理论上来说，对于本章这种研究消费者决策行为的探索性研究，所获得的样本量越大越能反映实际情况。期望在今后的研究中，能够尽可能地扩大样本和消费人群，从而保证结果的准确性。第二，一般来说，实验设计中考虑的因素越多，越能反映实际的购买情况。但由于影响消费者决策的属性很多，很难对所有属性开展研究，故本章研究从 AR 技术特征及其影响机制出发选取了 6 个属性和对应的水平，但仍然可能存在代表性较差的问题。期望在今后的研究中通过加入更多属性或者丰富属性水平来完善这一方面。

本 章 小 结

本章研究了沉浸式交互系统对产品属性偏好的影响，研究结果表明，沉浸式交互技术对消费者的体验属性偏好有显著的正向影响。感知信息显著性在上述关系中起中介作用，心流体验起调节作用。本章只考虑了产品的搜索属性和体验属性，未来可以考虑更细粒度的属性，探讨属性偏好变化规律。

参 考 文 献

陈洁，丛芳，康枫. 2009. 基于心流体验视角的在线消费者购买行为影响因素研究. 南开管理评论，12（2）：132-140.

陈龙，朱庆华. 2020. 基于联合分析法的再制造产品消费者偏好研究. 上海管理科学，42（3）：46-53.

贾琪. 2018. 基于联合分析的黑龙江省消费者液态奶产品属性偏好研究. 东北农业大学硕士学位论文.

舒方. 2015. 基于层级离散选择实验的新产品最优定位与定价. 江苏科技大学硕士学位论文.

王秋臣，张秀英，薛辉，等. 2020. 开发离散选择实验属性和水平的研究进展. 现代预防医学，47（12）：2199-2201，2210.

吴爽，邓茜月，曹志辉，等. 2021. 居民对家庭医生签约服务的需求偏好研究——基于离散选择实验. 卫生经济研究，38（5）：18-21.

Abiiro G A, Leppert G, Mbera G B, et al. 2014a. Developing attributes and attribute-levels for a discrete choice experiment on micro health insurance in rural malawi. BMC Health Services Research, 14（1）：1-15.

Abiiro G A, Torbica A, Kwalamasa K, et al. 2014b. Eliciting community preferences for complementary micro health insurance：a discrete choice experiment in rural malawi. Social Science & Medicine, 120：160-168.

Alemu M H, Olsen S B, Vedel S E, et al. 2017. Combining product attributes with recommendation and shopping location attributes to assess consumer preferences for insect-based food products. Food Quality Preference, 55：45-57.

Allais M. 1953. Le comportement de l'homme rationnel devant le risque：critique des postulats et axiomes de l'école américaine. Econometrica：Journal of the Econometric Society, 21（4）：503-546.

Azuma R T. 1997. A survey of augmented reality. Presence：Teleoperators Virtual Environments, 6（4）：355-385.

Batat W. 2021. How augmented reality（AR）is transforming the restaurant sector：investigating the impact of "Le Petit Chef" on customers' dining experiences. Technological Forecasting Social Change, 172：121013.

Bekker-Grob E W, Ryan M, Gerard K. 2012. Discrete choice experiments in health economics：a review of the literature. Health Economics, 21（2）：145-172.

Blackwell D, Miniard W, Engel F. 2006. Consumer Behavior, South-Western. Frankfort：Thomson Learning.

Brakus J J, Schmitt B H, Zhang S. 2014. Experiential product attributes and preferences for new products: the role of processing fluency. Journal of Business Research, 67（11）: 2291-2298.

Csikszentmihalyi M. 1997. Flow and the Psychology of Discovery and Invention. New York: Harper Perennial.

Degeratu A M, Rangaswamy A, Wu J. 2000. Consumer choice behavior in online and traditional supermarkets: the effects of brand name, price, and other search attributes. International Journal of Research in Marketing, 17（1）: 55-78.

Flavián C, Gurrea R, Orús C. 2009. The effect of product presentation mode on the perceived content and continent quality of web sites. Online Information Review, 33（6）: 1103-1128.

Forsythe S M, Shi B. 2003. Consumer patronage and risk perceptions in internet shopping. Journal of Business Research, 56（11）: 867-875.

Galán J, Felip F, García-García C, et al. 2020. The influence of haptics when assessing household products presented in different means: a comparative study in real setting, flat display, and virtual reality environments with and without passive haptics. Journal of Computational Design Engineering, 8（1）: 330-342.

Green P E, Srinivasan V. 1990. Conjoint analysis in marketing: new developments with implications for research and practice. Journal of Marketing, 54（4）: 3-19.

Hausman A V, Siekpe J S. 2009. The effect of web interface features on consumer online purchase intentions. Journal of Business Research, 62（1）: 5-13.

Hsu S H Y, Tsou H T, Chen J S. 2021. Yes, we do. Why not use augmented reality? Customer responses to experiential presentations of ar-based applications. Journal of Retailing Consumer Services, 62: 102649.

Kim D, Park B J. 2017. The moderating role of context in the effects of choice attributes on hotel choice: a discrete choice experiment. Tourism Management, 63: 439-451.

Kunz S, Haasova S, Florack A. 2020. Fifty shades of food: the influence of package color saturation on health and taste in consumer judgments. Psychology & Marketing, 37（7）: 900-912.

Lee J, Nguyen M J. 2017. Product attributes and preference for foreign brands among vietnamese consumers. Journal of Retailing Consumer Services, 35: 76-83.

Lee J E, Shin E, Woodside A G. 2020. The effects of apparel names and visual complexity of apparel design on consumers' apparel product attitudes: a mental imagery perspective. Journal of Business Research, 120: 407-417.

Malek L, Umberger W J, Zhou S J, et al. 2019. Understanding preferences for dietary supplements and fortified food during pregnancy: a discrete choice experiment. Journal of Food Products Marketing, 25（5）: 500-526.

McLean G, Wilson A. 2019. Shopping in the digital world: examining customer engagement through augmented reality mobile applications. Computers in Human Behavior, 101: 210-224.

Meyerding S G H, Bauchrowitz A, Lehberger M. 2019. Consumer preferences for beer attributes in Germany: a conjoint and latent class approach. Journal of Retailing Consumer Services, 47: 229-240.

Montoya-Weiss M M，Voss G B，Grewal D. 2003. Determinants of online channel use and overall satisfaction with a relational，multichannel service provider. Journal of the Academy of Marketing Science，31（4）：448-458.

Mugge R，Dahl D W，Schoormans J P L. 2017. What you see，is what you get? Guidelines for influencing consumers perceptions of consumer durables through product appearance. Journal of Product Innovation Management，35（3）：309-329.

Overmars S，Poels K. 2015. Online product experiences：the effect of simulating stroking gestures on product understanding and the critical role of user control. Computers in Human Behavior，51：272-284.

Oyman M，Bal D，Ozer S. 2022. Extending the technology acceptance model to explain how perceived augmented reality affects consumers' perceptions. Computers in Human Behavior，128：107127.

Park E J，Kim E Y，Funches V M，et al. 2012. Apparel product attributes，web browsing，and e-impulse buying on shopping websites. Journal of Business Research，65（11）：1583-1589.

Poushneh A，Vasquez-Parraga A Z. 2017. Discernible impact of augmented reality on retail customer's experience，satisfaction and willingness to buy. Journal of Retailing Consumer Services，34：229-234.

Samant S S，Seo H S. 2019. Using both emotional responses and sensory attribute intensities to predict consumer liking and preference toward vegetable juice products. Food Quality Preference，73：75-85.

Skadberg Y X，Kimmel J R. 2004. Visitors' flow experience while browsing a web site：its measurement，contributing factors and consequences. Computers in Human Behavior，20（3）：403-422.

Tait P，Saunders C，Dalziel P，et al. 2019. Estimating wine consumer preferences for sustainability attributes：a discrete choice experiment of californian sauvignon blanc purchasers. Journal of Cleaner Production，233：412-420.

Wan E W，Chen R P，Jin L. 2017. Judging a book by its cover? The effect of anthropomorphism on product attribute processing and consumer preference. Journal of Consumer Research，43（6）：1008-1030.

Wang Y S，Yeh C H，Wang Y M，et al. 2019. Investigating online consumers' responses to product presentation modes：does product type really matter? Internet Research，29（6）：1233-1255.

Whang J B，Song J H，Choi B，et al. 2021. The effect of augmented reality on purchase intention of beauty products：the roles of consumers' control. Journal of Business Research，133（2）：275-284.

第7章 沉浸式交互系统中虚实体验对消费者购买意愿的影响

在消费者购买阶段，消费者形成对某一产品的购买意愿，实施购买并支付金额。初次购买情境下，消费者购买意愿的形成建立在需求认识、信息搜索、产品评价等基础上，并受到产品态度的影响。重复购买情境下，消费者记忆在购买行动中起着关键作用，此时消费者由于重复购买而获得经验，记忆的存在带来购买决策过程的简化，消费者可能会直接实施购买行动，而不再对额外信息进行精细加工。因此，我们将购买意愿和消费者记忆作为因变量，研究沉浸式交互系统的信息内容（数字生成部分和真实世界部分）及信息传递的感官模态（视觉和听觉）对消费者记忆或者购买意愿的影响。本章重点探讨沉浸式交互系统中虚实体验对消费者购买意愿的影响。

7.1 研究背景

网络时代下，各种新兴计算机技术飞速发展并为消费者提供了诸多便利。特别地，扩展现实技术能够为消费者带来新奇的体验，在各种技术中脱颖而出。扩展现实是对 VR、AR 和 MR 等沉浸式技术的总称，也是对 VR、AR 和 MR 技术的集成。以 VR 技术为例，它以计算机技术为核心，同时依靠相关的其他科学技术，生成与一定范围的真实环境相似的数字化环境，也称为虚拟环境。在虚拟环境中，用户可以通过设备与环境中的对象进行交互，在视觉、听觉甚至触觉上获取反馈，可以获得处于真实环境的感受和体验。此外，AR 技术是将虚拟信息与现实世界融合在一起，达到以假乱真的效果，但不允许用户参与 3D 环境交互；MR 技术是 VR 技术和 AR 技术的有机结合，它允许用户、虚拟信息和现实世界三者之间进行实时交互。可以说，XR 技术是对 VR、AR 和 MR 三种技术的综合运用。

得益于扩展现实技术取得的进展，近几年市场上涌现出很多沉浸式交互系统。例如，宜家推出的 IKEA Place 平台将 AR 技术融入家居展示中，消费者通过该平台将家具的虚拟模型摆放在家中，以此判断家具是否合适并决定是否购买，IKEA Place 能够提供非常逼真的产品模拟效果，使得宜家家居网站的访问量大幅度增加；微软的 MR 头戴式显示器 HoloLens 则是典型的 MR 设备，HoloLens 会对用户所处周围环境进行扫描并添加虚拟信息，用户戴上 HoloLens 后会在显示区域看到叠加在真实环境上的虚拟信息，同时这些虚拟信息允许用户进行交互，并展现不同的效果；贝壳找房是一款专注于提供房源真实信息的租房和买房平台，该平台将桌面式 VR 技术融合进房屋展示过程，用户通过线上浏览即可获得接近线下的浏览体验，这成了该平台的最大特色。除此之外，一些新创意的提出无不是对扩展现实技术的思考，如电影《头号玩家》中创造的虚拟世界"绿洲"，以及元宇宙概念带来的新潮，由此可见沉浸式交互系统依然还有巨大的发展空间。

虚拟内容是沉浸式交互系统的核心，它直接面向用户，被用户感知并且允许与用户进行互动。具体地，虚拟内容的制作来源于不同方面并生成不同类型：第一种类型，虚拟内容来源于真实场景，即对现实生活中真实场景的复刻，在相关研究中也被称为"真实内容"（real content）（Orús et al., 2021），或被称为沉浸式交互系统的实体验；第二种类型，虚拟内容完全通过数字技术进行创作，这使得虚拟内容看起来科技感十足，不过，对应地，这与现实场景完全不一致，可以视其为创作人员发挥创造的艺术过程，这种虚拟内容被称为"数字内容"（Orús et al., 2021），或被称为沉浸式交互系统的虚体验。

综上，我们可以区分沉浸式交互系统的实体验和虚体验。其中，实体验是指在基于现实世界的真实对象构建虚拟内容的沉浸式交互系统中，用户与系统交互所产生的体验，这种体验与用户在真实生活中的某些体验是相似的；虚体验是指在完全通过数字技术构建虚拟内容的沉浸式交互系统中，用户与系统交互所产生的体验，这种体验来自数字世界（或者说，幻想世界）（Orús et al., 2021），与用户真实生活中的体验完全不同。

7.2　研　究　问　题

近年来，沉浸式交互技术引起研究人员的重视，现有研究已经证明其能够显著提升消费者的产品态度和购买意愿（Lombart et al.，2020；Qin et al.，2021；Nikhashemi et al.，2021）。然而，现有研究大多从技术应用角度出发，比较沉浸式交互技术与传统营销工具之间的差异，而沉浸式交互系统的虚实体验对消费者意愿的影响尚未得到重视。

　　沉浸式交互系统的虚实体验对消费者来说有不同的用途。其中，实体验是指通过沉浸式交互系统还原现实生活中的真实场景，主要以扩展现实技术为途径，将真实世界存在的事物制作成虚拟模型并放置在虚拟环境中，还原消费者在现实生活中可能经历的场景，用于解决时空不一致问题。例如，受新冠疫情的影响，旅游行业遭受了重大打击，消费者在旅行方面受到限制，造成了风景区和旅游企业的严重亏损（范茗宣，2021），很多风景区尝试打造线上虚拟景区，用户依靠桌面显示设备等浏览景区网站即可享受足不出户也能旅游的乐趣；国内电子商务企业阿里巴巴曾于 2016 年推出 Buy+VR 平台，作为一个用于进行虚拟购物的在线商店，Buy+VR 平台允许消费者直接使用手机等移动设备进行访问，消费者通过虚拟技术评估商品，如虚拟试穿、虚拟试鞋等，可以提升消费者的购物体验并完成购物过程，这对广大消费者来说是一种有效便捷的购物方式。虚体验是指通过沉浸式交互系统创建现实生活中不存在的场景，主要通过数字化建模技术，将真实世界中某些不存在的场景制作成虚拟场景并生成虚拟环境，由于某些场景在视觉上吸引用户，可以用于满足用户对理想状态的诉求。例如，利用扩展现实技术进行城市规划工作，这是由于城市的规划与建设是一个长期过程，短时间内无法建成相关设施，可以通过扩展现实技术将城市的未来发展规划（如街道治理、设施建成等）创建在虚拟场景中，为管理者的城市规划工作提供战略指导。利用扩展现实技术还可以重建消失的历史遗迹。例如，2019 年巴黎圣母院遭受严重火灾，导致内部很多珍贵的艺术作品被毁，虽然火灾后的重建过程依然在进行，但是想要完全恢复巴黎圣母院灾前的全貌是无法做到的，有研究表明技术人员已经利用 VR 技术对巴黎圣母院进行了数字重建工作（Allal-Chérif，2022），研究虚体验技术的发展将变得更有实际意义。

　　因此，本章从沉浸式交互系统本身的虚实体验角度出发，比较其对消费者意愿的影响。具体来说，以沉浸式交互系统的虚实体验作为研究自变量，引入组合中介——感知诊断（perceived diagnosticity）和感知意外（perceived serendipity）作为中介变量，研究其对消费者购买意愿的影响。

7.3　文　献　综　述

7.3.1　沉浸式交互系统在营销中的应用

作为一项受消费者青睐的新技术，沉浸式交互系统的应用正引起传统电子商务情境发生巨大改变，沉浸式交互技术的发展越来越受到研究人员的关注。目前关于营销情景下的沉浸式交互系统研究以 AR 营销和 VR 营销为主。

AR 营销是指 AR 技术在营销中的应用，以增强消费者体验，提升消费者满意度，塑造他们的行为，并最终为企业创造价值。具体来说，AR 将虚拟信息或对象整合到消费者对物理对象和环境的感知中，从而为消费者提供有关产品或服务的丰富信息，并允许他们轻松体验产品和服务，这意味着 AR 不仅改善了在线体验和参与度，还创造了新颖的现场体验。AR 通过在营销的各个方面提供实时直接的产品或服务体验来吸引在线消费者，这项技术允许潜在消费者尝试各种产品来克服在线购物的局限性（Hsu et al.，2021），如化妆品（Javornik et al.，2021）、眼镜（Yim and Park，2019）、服装（Plotkina and Saurel，2019）和家具（Rauschnabel et al.，2019）等。AR 技术的引入代替了消费者对实体产品的体验，并更加身临其境，可以增加产品互动性，提供丰富的产品信息（Yim et al.，2017）。AR 创造了新颖的现场体验，该项技术的应用创建了虚拟商店（Bonetti et al.，2020）、虚拟餐馆（Bao et al.，2021）、虚拟博物馆（He et al.，2018）等。这些虚拟建筑具有重要的作用。AR 商店可以产生额外的品牌价值，简化消费者的决策过程，刺激品牌参与，并导致更强烈的购买意愿（Bonetti et al.，2020；Cuomo et al.，2020）；AR 餐厅服务会影响消费者对餐厅体验的看法，并促进高价值产品的选择（Heller et al.，2019）；AR 博物馆的应用则会影响游客的目的地参观意愿，增强他们的目的地体验（Jiang et al.，2019），并且会提高他们的支付意愿（He et al.，2018）。

在 VR 营销中，VR 零售环节同样为类似实体的购物活动提供了模拟机会。它提供了一种生动和活跃的状态，消费者也可以与 3D 产品进行互动（Alzayat and Lee，2021）。VR 还增强了消费者的学习能力，因为它介于直接（产品试用）和间接（传统广告）参与产品之间，提供了增强的消费者体验，可以在实体和虚拟零售体验之间架起桥梁。消费者可以轻松地在虚拟零售商店中进行交互，使用与他们在实体购物体验中相同或非常相似的动作和感知体验。此外，VR 购物环境为消费者和产品之间提供了更加丰富的沟通渠道（Alcañiz et al.，2019），它可以是新产品的沟通渠道，测试新零售地点的工具，以及识别细分市场和消费者特征的蓝图。VR 还为消费者提供了通过虚拟触摸与产品交互的可能性，这是增强消费者体验的附加层。当消费者使用可穿戴设备并与控制器配对时，这样的交互过程提升了远程临场感（Steuer，1992），使得个人成为整个零售体验的一部分，与 AR 不同的是，VR 使得整个购物过程体验更加真实。

7.3.2　沉浸式交互系统中虚实体验在营销中的应用

沉浸式交互系统中的虚实体验在应用场景上有区别。实体验成为传统零售行业的一大助力，由于实体验可以让消费者不接触产品就能掌握足够的产品信息来进行决策，因此受到广大消费者的青睐。例如，在服装营销中，越来越多的品牌对沉浸式交互技术进行了尝试，这种个性化互动营销有助于吸引潜在消费者、加深品牌印象，同时引发消费者的购买行为，从而达到扩大品牌影响力和增加营收的目的（刘艺韵和蒋智威，2020）。与实体验不同的是，虚体验更注重将整个沉浸式交互系统打造为一个完全虚拟的数字环境，一个典型的例子是元宇宙概念的提出，对元宇宙的定义强调了数字化身在虚拟环境中的作用，基于数字化身，人们可以在元宇宙中获得与现实类似的物理感觉性、大量数字化身间的交互性及虚实空间连接的永续性（郑世林等，2022）。从本质上看，元宇宙仍然是由数据和算法等计算机技术构建的虚实共生的立体世界，由元宇宙创造的独立虚拟空间可以为人类经济活动提供全新场所，因此元宇宙对传统零售行业的冲击依然很大，它将进一步提升消费者的购物体验，而这些内容是实体验目前无法达到的，通过元宇宙传递的信息将会更加全面。

目前，关于沉浸式交互系统的虚实体验的研究越来越多，但是两者的侧重点不同。实体验经常被用于与传统营销方法进行对比，突出其创新作用，而关于虚体验的研究更多地从技术角度出发，探究技术方面的创新方法，因此，在营销情境下，几乎没有研究将虚实体验进行对比，表明沉浸式交互技术不同展示形式对消费者的影响。Orús 等（2021）的研究区分了设备的类型和虚拟内容的类型。在他们的研究中，虚拟内容的类型被分为真实内容和数字内容两种，与数字内容相比，真实内容能够使消费者感知到更加真实的体验。他们的研究报告了真实内容的优势，与数字内容相比，真实内容能够引起更高水平的临场感、易想象性和视觉吸引力，这随后会影响消费者行为意图。设备类型调节了虚拟内容类型对临场感、易想象性和视觉吸引力的影响，Orús 等（2021）认为设备提供的沉浸感越高（即头戴式设备），真实内容的效果将会越强。他们的研究报告了真实内容的优势，而完全忽略了数字内容能够带来的好处，研究不够全面。本章研究从沉浸式交互系统的不同体验角度出发，研究虚实体验的优势与效果，给管理者带来更多的启示。

7.3.3　感知诊断

在对消费者产品体验的研究中，感知诊断成为一个重要的维度。Kempf 和 Smith（1998）采用感知诊断的概念来分析特定的购物体验对消费者评估产品的帮助程度，通过询问消费者"刚才的购物体验对您判断产品的质量和性能有多大帮助？"来进行度量。他们观察到感知诊断对产品属性的认知评估有积极贡献，并建议任何与产品直接体验相关的研究都应考虑使用这一结构。在产品搜索体验中，一个重要而又基本的方面是用户可以在多大程度上遵循他们的搜索标准来有效地找到和评估相关的替代方案，而这方面的特征是产品搜索体验的感知诊断（Yi et al.，2017），它被定义为"搜索网站在评估给定产品方面有帮助的程度"（Jiang and Benbasat，2004），用户的感知诊断水平受到他们在网站上的产品体验的影响，并且还影响用户对产品质量和购买态度的不确定性（Pavlou et al.，2007）。除此之外，有研究将感知诊断的概念引入沉浸式交互系统中，如 Uhm 等（2022）认为 AR 作为一种新的产品展示方式，比传统媒体平台（如基于网页的电子商务）展示方式携带了更多的相关产品信息，这是因为消费者在与 AR 互动的过程中，获得了更多的产品线索，所以 AR 能够引起消费者产生更高水平的感知诊断，这随后会影响消费者购买意愿。

研究人员表示，提供更加详细的信息，使消费者能够更好地评估产品，这对系统诊断性有着至关重要的影响（Niu et al.，2021）。然而，消费者在决策过程中可能不会使用这些信息（Rao，2005），他们只期望有足够的目标信息帮助进行评估，那么在消费者获取有效产品信息的过程中，信息呈现的方式将变得很重要（Kamis et al.，2008；Yi et al.，2017）。本章侧重从沉浸式交互系统的虚实体验两个角度出发，这涉及根据不同的展示方式进行判断，因此我们可以将沉浸式交互系统的感知诊断定义为"用户认为沉浸式交互系统的虚/实体验帮助他在产品浏览过程中有效获取信息和评估相关产品的程度"。

7.3.4　感知意外

一般来说，浏览产品信息的消费者可能更喜欢电子商务平台提供他们从传统角度要求的产品过程，这也是消费者习惯于传统电子商务模式导致的结果。然而，近年来，越来越多的研究人员意识到，消费者会被那些能以一种愉快的方式并意外地体验到某种商品的过程吸引。感知意外通常被描述为一个"意外的发现"（Roberts，1989），一种"啊哈"时刻（McCay-Peet and Toms，2011）。感知意外是在产品浏览体验过程中另外一个非常重要的方面，当发现意想不到的东西被认为是相关的和有用的时候，该过程就会在消费者中引起意外的感觉。这使得意外的产品体验过程变得越来越重要，因为消费者被吸引到产品浏览网站上，在那里他们可以愉悦的方式意外地遇到商品（Niu et al.，2021）。在营销情境下，意外性是指当消费者没有直接选择的产品、服务或体验，但偶尔发现其他东西时的一系列感觉（Kim et al.，2021）。为了达到这种产品体验的意外，越来越多的系统尝试以个性化方式满足不同的消费者。例如，Kotkov 等（2020）设计了一种面向意外的算法，通过增加被推荐产品的多样性来提供意外推荐。同时，个性化推荐系统还建议提高消费者对意外的感知，如个性化简介和实时反馈（Niu et al.，2021），在社交商务的背景下，浏览器的意外性将会显著影响购买意愿，因为它能够在消费者中诱导"啊哈"时刻的愉快体验（Dong and Wang，2018）。例如，消费者可以接触到具有相同喜好的其他消费者偏好的产品，这对他们来说就是一个意外发现的过程，就会增加他们对意外发现的评价（Grange et al.，2019）。此外，当消费者被吸引到基于用户生成的标签而不是传统的产品分类标签的时候，也可以通过设计达到一种意外的效果。通常情况下，研究人员认为导致消费者产生感知意外的因素通常需要具备意料之外的感觉（unexpectedness）和信息的有用性（usefulness of information）两个特征（Grange et al.，2019）。

从感知意外的两个特征出发，之前的研究指出，一方面，意外涉及"意外的情况"（Makri et al.，2014）、"以意外的方式发生"（Sun et al.，2013）的情况，即意料之外的感觉。这可能不在消费者的个人预期范围之内，当个人体验到他们的预期与现实存在不同的差距时，他们会感到差距的存在并且会感到惊讶（Grange et al.，2019）。意料之外的感觉与一个关键的理论机制有关，即预期不确定性（Stiensmeier-Pelster et al.，1995）。预期不确定性是个人对先前建立的心理状态的违反状态，特别地，当用户感知到差距的存在后，就会发生这种状态，因此会产生意料之外的感觉。另一方面，意外涉及在浏览过程中需要找到有价值的东西。价值可以根据情境进行不同的指定和操作。在本章研究中，我们认为价值在于信息的有用性，即消费者在产品浏览过程中，是否获取了某些可以帮助他们评估产品的信息，与引起消费者感知诊断不同的是，感知意外更强调消费者发现了产品的其他有用信息，如果信息不符合消费者的个人需求标准，这样的过程就只能被称为一次"偶然的发现过程"（Yi et al.，2017）。考虑到消费者在沉浸式交互系统中的浏览情境，我们可以将沉浸式交互系统的感知意外定义为"用户认为沉浸式交互系统的虚/实体验有助于他在产品浏览过程中发现超出原始预期的有用信息的程度"。

7.4　理论基础与研究假设

7.4.1　虚实体验与感知诊断

媒体丰富度理论（media richness theory）用于解释传播媒介传递丰富信息的能力，以及接收者如何感知信息（Daft and Lengel，1986）。该理论表明，当媒体越丰富，信息越清晰的时候，用户就越容易理解并进行判断。媒体丰富度理论假设每个进行通信的信道具有一组客观特征，用来反映每个信道传输丰富信息的能力，这可以用来解决信息的模糊性（Tseng et al.，2022）。富媒体通常具有很强的信息传递能力，因为富媒体可以提供各种实用工具来满足用户需求并促进他们与媒体之间的互动。

除了工作通信系统和电子邮件等传统媒体（Lee et al.，2009），媒体丰富度理论被应用于研究媒体丰富性对移动通信下社交存在的影响（Ogara et al.，2014）。它也被用于测试在线广告中注意力、兴趣、搜索、行动和分享阶段中媒体丰富性对消费者行为的影响（Tseng and Wei，2020）。Uhm 等（2022）研究表明，AR 技术有助于消费者提升感知诊断，这是因为 AR 技术为消费者创造了可以用于互动的环境并提供了产品信息，这为我们的研究提供了理论支持。AR 技术是沉浸式交互技术的一种，而这类技术具有共同的特征，即创造虚拟环境并允许消费者与产品进行互动。从媒体丰富度理论的角度看，与传统电子商务平台相比，沉浸式交互系统可以提供更多让消费者身临其境的媒体内容（Alzayat and Lee，2021），同时消费者通过沉浸式交互系统可以触摸、感受并与虚拟环境互动，但传统电子商务平台只能提供比较单调的刺激，如视觉刺激和听觉刺激等（Schnack et al.，2021），因此沉浸式交互系统可以被视为一种富媒体，消费者在高度互动的环境中，在产品的演示过程中可以收集更多相关的产品信息线索，从而对产品产生更具诊断性的判断（Chen et al.，2022；Yoo，2020）。除此之外，我们还需要探究在虚实体验下感知诊断有何不同。通过媒体丰富度理论，沉浸式交互系统的富媒体作用已经被证实，从提供产品信息的角度来看，当特定的浏览过程可以为消费者带来更多相关的产品信息线索时，消费者将会体验到更高的感知诊断（Niu et al.，2021）。在我们的研究情境下，沉浸式交互系统的实体验来源于真实世界中的事物，因此实体验在显示产品信息时会显示产品的真实外观，包括产品的真实信息，这可以帮助消费者评估产品的质量和性能，但是虚体验利用数字技术构建产品外观，我们可以将其视为对产品进行了一定程度的"美化"，这种方式使得虚体验偏离了产品的真实外观，这会传递给消费者一种产品是虚假的感觉，这不利于消费者评价产品（Jin et al.，2022）。因此，我们可以提出本章研究的第一个假设。

$H_{7.1}$：与沉浸式交互系统的虚体验相比，实体验能够引起消费者产生更高水平的感知诊断。

7.4.2　虚实体验与感知意外

好奇心是个体对未知的信息和事物想象的倾向，也是个体重要的内部动机之一（胡克祖，2005）。在关于好奇心的认知理论中，学者更多地把好奇心看作一种内部认知动机，认为认知的好奇心是由改变认知结构的期望所引起的，可以被看作想给个体的知识结构带来更好形态的一种欲望（Malone，1981）。这容易造成一种信息差距，当个人在某一特定领域中的信息参照点高于他当前的知识水平时，就会引起好奇心。好奇心反映了个体渴望获取信息并用于弥补知识差距。

从认知好奇心理论的角度看，沉浸式交互系统是一种新兴的与产品互动的工具，由于对这种工具的不熟悉，消费者更期望在与沉浸式交互系统的交互过程中弥补信息差距，这会引起消费者产生认知好奇心，并在体验过程中采取更多的行为来获取其他信息。我们可以将沉浸式交互技术作为产品展示的一种附加展示过程，因为它能够向消费者提供不一样的产品浏览体验，所以这种技术本身就具有意外的效果，同时也能够给消费者提供有用的信息，因此沉浸式交互系统能够引起消费者的感知意外。从沉浸式交互系统的虚实体验来看，两者的影响效果也不一样。新颖性是感知意外的概念基础，但是人们通过积极、意外发现的因素扩展了这一概念（Matt et al.，2014），同时新颖性也是感知意外的重要决定因素（Chen et al.，2019），虽然虚实体验都是沉浸式交互技术的体现，但是相比之下，实体验是目前沉浸式交互系统的主要应用方式，而虚体验应用的范围更小，在内容上虚体验中所展示的内容也更加新颖，这对消费者来说更具有吸引力，也能让消费者在体验过程中感受到更多的意外。因此，我们可以提出如下假设。

$H_{7.2}$：与沉浸式交互系统的实体验相比，虚体验能够引起消费者产生更高水平的感知意外。

7.4.3　消费者购买意愿

当消费者体验到高水平的感知诊断时，表明他们通常对自己的浏览体验持积极态度（Niu et al., 2021）。在浏览过程中，消费者更有可能找到他们需要的信息，随之也能够提高他们的满意度（Yi et al., 2017）。除此之外，满意度的增加会导致一些行为意图的产生。相关研究表明，当消费者认为产品的相关信息具有诊断性的时候，它将会帮助消费者有效评估产品的质量，降低信息不对称的风险，并增强消费者对他们行为决策的信心（Kempf and Smith, 1998; Wang and Chang, 2013; Uhm et al., 2022），而且已经有研究证明，当消费者体验到高水平的感知诊断后，就会导致行为意图，如购买意愿（Wang and Chang, 2013; Verhagen et al., 2016）。因此，我们认为，如果消费者在沉浸式交互系统的体验中获得了具有诊断性的产品信息，那么他们可以使用这些信息来评估产品质量，并对自己的判断很有信心，那么他们的购买意愿将会更积极，因此我们提出如下假设。

H7.3：感知诊断显著正向影响消费者购买意愿。

前文提到，产品浏览过程中的感知意外意味着消费者可能获得了出乎意料的惊喜和超出预期的有价值的信息。在整个过程中，消费者享受产品的体验，这会提高他们对产品的满意度，并可能增加购买意愿（Yi et al., 2017; Niu et al., 2021）。相关研究中有一个具体的例子来说明这一点。例如，消费者喜欢在超市中购物，并期望在产品搜索过程中找到一些其他可能需要的产品，他们偶然发现一个喜欢的葡萄酒品牌，这会引起一种意外的感觉，然后增加消费者对葡萄酒的兴趣并决定购买（Kim et al., 2021）。我们可以看到，在偶然发现的过程中，消费者会产生额外的兴趣并创造更多的需求，这会增加满意度并导致计划外购买支出的增加（Valenzuela et al., 2010）。在本章研究情境下，我们认为当消费者在沉浸式交互系统的体验中感知到意外的时候，他们会增加对产品的兴趣，这最终导致行为上的购买意愿，因此我们提出如下假设。

H7.4：感知意外显著正向影响消费者购买意愿。

7.4.4　社会化信号流行度作用

社会化信号通常表现为产品标签或简短的文字性说明，这也是消费者获取产品信息的重要途径之一（于晓情和林升栋，2022）。在线上浏览的情境中，将社会化信号添加在产品描述中的做法变得越来越常见，类似方式也被引入天猫、TripAdvisor 等平台，用于帮助消费者收集更多的产品信息（Bao et al., 2021）。例如，当消费者在天猫网站上搜索某种产品（如牛仔裤）时，搜索引擎会返回一系列相关产品，每个产品都有销售标签，部分产品的标签可能表现为"该商品回头客 10 万+"或者"过去一个月里共销售 1 000 条"，类似的信息可以帮助消费者判断哪个产品更受欢迎，也会对他们的决策产生影响，因此本章考虑这种包含信息的信号可能的调节作用。

　　归因理论（attribution theory）用于判断事情发生的原因和人们行为之间的关系，作为一种被广泛运用的心理学理论，近年来被管理学者广泛运用于管理实践当中（杨颖，2022）。一般地，归因理论被用来解决对另一个人的行为和表达的因果解释和推理（Zhang et al.，2021）。它提供了对自我和社会归因的丰富描述，因此，提供了对个人如何根据因果推断解释事件的理解（Kelley and Michela，1980）。在已有研究文献中，主要使用两种框架进行归因过程：第一个框架基于 Weiner（1985）从归因角度提出的动机和情感理论，该理论假设情绪是由信念和因果关系决定的，然而，"个人对因果的归因和情绪之间的联系的理解并不充分，可以利用因果的归因来推断和影响他人情绪"（Hareli，2014）；第二个框架将归因理论与情感评价理论联系起来，有助于解释他人的情绪（Becker et al.，2018）。

　　消费者可以将社会化信号作为他们判断的额外依据，这是因为社会化信号代表了可用于解决不确定性的线索（Boothby et al.，2018），随之也会影响到消费者观察到的内容的可信度（Peacock et al.，2022）。由于社会化信号的信息是根据大量消费者数据分析得出的，我们可以将社会化信号看作共识信息。根据归因理论的内容，观察者倾向寻找潜在原因，并且对自己或他人的行为做出因果解释，在大部分人的共识的影响下，消费者会思考这些行为的原因，这是一种下意识的行为，可能他们自己也不会意识到（Su et al.，2020；Fu et al.，2021）。因此，从归因理论的角度看，消费者会寻求行为解释，而共识信息会为一个人的判断提供信心和保证（Kelley，1973），这时候个人的判断可能会走向共识，因为个体会考虑其他人在相同情况下的行为（Bao et al.，2021），故社会化信号的存在会对消费者的感知和判断过程产生影响，甚至会影响他们的行为。

　　除此之外，我们需要考虑社会化信号中包含的信息，也即需要考虑社会化信号的属性特征问题。消费者容易受到社会化信号特征的影响，这会引起他们更改自己的判断，尤其是当特征信息被用来描述产品的受欢迎程度（流行度）时。产品流行度是产品独特的代表性特征（Zhu and Zhang，2010），也是消费者在购物过程中需要考虑的主要因素之一（Jang and Chung，2021）。有研究指出，产品流行度通常与产品质量的感知建立关系，其可以增加产品质量的感知确定性（Parker and Lehmann，2011；Goedegebure et al.，2020）。当有很多消费者喜欢并且去购买受欢迎的产品时，意味着该产品必须是好的，"至少在质量上它是高于其他产品的"（Bozkurt and Gligor，2019）。因此，产品流行度可以帮助消费者评估产品质量。

　　沉浸式交互系统的虚实体验能够为消费者提供更多的产品信息，也能够帮助消费者有效评估产品质量，因此会引起感知诊断的上升。而且，当社会化信号存在的时候，社会化信号中包含的信息将会对消费者的判断产生影响，从社会化信号流行度的作用来看，当流行度比较高的时候，消费者对产品质量的感知将会增加，因此我们可以提出如下假设。

$H_{7.5}$：社会化信号流行度正向调节沉浸式交互系统的虚实体验与感知诊断的关系。

另外，产品流行度会引起消费者的从众行为，这在电子商务情境下是常见的现象。从心理学的角度来看，产生从众行为的消费者不太关注产品的质量，会忽略他们的个人需求，并表现得"随大流"（Banerjee，1992；Bikhchandani et al.，1992；Wang et al.，2018）。从众行为也会导致产生更高的预期，虽然这可能会导致不确定性的增加，但是会让消费者感觉到更多的惊喜（Wang et al.，2018）。因此，我们可以提出如下假设。

$H_{7.6}$：社会化信号流行度正向调节沉浸式交互系统的虚实体验与感知意外的关系。

本章研究模型如图 7.1 所示。

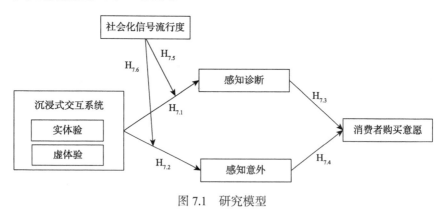

图 7.1　研究模型

7.5　研　究　设　计

7.5.1　实验设计

实验采用 2×2 的析因设计，在实验中我们使用的主要变量包括沉浸式交互系统的两种体验（实体验 vs 虚体验）、社会化信号（存在 vs 不存在）。在实验的主要体验产品上，我们选择了商业沉浸式交互技术应用程序中的房地产产品，它有助于在实验和真实事件中展现尽可能多的真实性，并对结果进行概括，最终选取的是国内一款线上租房/买房的移动应用程序——贝壳找房。VR 看房是该应用程序的最大的特点，一般地，用户通过贝壳找房的 VR 看房功能即可在 VR 情境中浏览房屋，用户看到的内容与房源的真实情况是完全相同的，这对应了沉浸式交互系统的实体验。除此之外，该应用程序还提供了 VR 看房的新功能，即用户可以在 VR 看房时选择观看房屋经过虚拟装修之后的样子，由于对房源的装修完全是由设计师自主决定的，而且经过"装修"的房子是由数字内容构建的，这时房屋的虚拟展示完全与真实情况不一样，我们可以认为经过虚拟装修后的房屋对应了沉浸式交互系统的虚体验。

在实验中，受试者通过移动显示设备（iPad），在贝壳找房上观看某个房屋的 VR 展示，每一名受试者都需要依次观看实体验和虚体验两种 VR 展示（观看实体验和虚体验的顺序是随机的）。在浏览过程中，他们可以任意移动视角，以确保能够了解房屋中的所有内容。与实体验相比，受试者观看虚体验的过程也仅仅是房屋的装饰和内容的差异，其他条件保持不变。

另一个变量社会化信号也有两种实验条件，即信号存在或信号不存在。在贝壳找房的平台上，有一些房屋会被平台标记为"必看好房"，这意味这些房屋的整体质量优于未标记的房屋。在受试者接受实验前，我们用文字提醒受试者注意社会化信号的存在，我们在问卷上标注了房屋的访问量、收藏量及好评率，用于解释社会化信号流行度的含义。当社会化信号不存在的时候，受试者被告知他们只需要浏览某个房屋，然后填写问卷即可；当社会化信号存在的时候，受试者被告知即将浏览的房屋是平台认证的必看好房，同时在问卷中也能够看到相关文字描述。

7.5.2　受试者

来自一所大学中的 169 名学生参加了实验，大部分学生是本科生与硕士研究生，且大部分是商科专业。我们招募自愿参加实验的学生，并承诺支付一定的费用，以提高他们参与实验的动机和参与度。在实验过程中有两名受试者是例外，一名受试者无意中跳过了一些问题，另一名受试者完成问卷的事件太少，因此这两名受试者被排除在外。在收集到的 167 名受试者当中，有 73 名男性，94 名女性。所有受试者的平均年龄为 23.1 岁，其中 83% 是商科学生。

7.5.3　实验流程

在进行主实验之前，我们完成了一项预实验，用于确定实验过程中的任何问题和可能的问卷题目的模糊含义。通过这项初步研究，我们调整了与主实验相关的流程。

首先，在实验中，受试者被随机分到两组中的一组。实验是单独进行的，进入实验室之后，每名受试者先填写实验前问卷，随后浏览实验情境，在研究人员的指导下，完成移动应用的基本操作。其次，受试者被要求浏览一个房屋并填写一份问卷。需要注意的是，在存在社会化信号组中，研究人员会提醒受试者该房屋是有"必看好房"标记的，相关描述文本也会在问卷中被浏览。实验过程要求每名受试者浏览整个房屋的 VR 展示，包括每个房间。在实验期间，受试者被要求不能查看其他不相关的信息。在浏览过程结束后，受试者完成主要问卷，其中包括感知诊断、感知意外、社会化信号流行度和参观意愿的测量。

7.5.4 变量测量

我们使用了 4 个利克特量表问题测量感知诊断，这些题目改编自 Niu 等（2021）、Wang 和 Chang（2013）的研究。感知意外使用 3 个利克特量表问题进行测量（Matt et al.，2014；Kotkov et al.，2020）。至于行为意图变量的选择，为了尽量减少价格和其他因素的影响，我们没有考虑将房屋的购买意愿作为行为变量，而是选择参观意愿作为行为变量，根据已有研究，在特定情境（如旅游）下，购买意愿反映的是游客对目的地参观的可能性，即参观意愿（Su et al.，2020），因此本章考虑实验情境的特殊性，使用参观意愿代替测量受试者的购买意愿。该行为变量由 5 个题目组成，根据 Kim 和 Kerstetter（2016）、Pleyers 和 Poncin（2020）等研究改编而来。在衡量社会化信号流行度作用方面，我们参考了用于衡量产品和品牌流行度的问卷，改编自 Goedegebure 等（2020）、Milman 等（2020）。所有变量均使用语义差异和利克特 7 级量表进行测量。

7.6 实 验 结 果

7.6.1 操纵与控制检验

我们进行了两次操纵检验，以测试虚体验和实体验之间是否存在显著差异。主要通过方差分析对操纵进行检验。结果表明，在两种不同的体验下存在显著差异（M_S=1.44，SD=1.164，M_X=6.79，SD=0.501，$p<0.001$）。除此之外，我们还需要操纵实验受试者是否被分为不同的社会化信号组（存在 vs 不存在）。方差分析的结果表明，社会化信号的分组操纵成功（$M_{存在}$=6.20，SD=1.260，$M_{不存在}$=2.04，SD=1.576，$p<0.001$）。分组操纵按预期进行。对控制变量的方差分析结果显示，各组在年龄（F=1.41，p=0.24）、应用程序熟悉程度（F=0.48，p=0.49）、房地产行业熟悉程度（F=0.06，p=0.81）、VR 技术熟悉程度（F=0.95，p=0.42）等方面均没有显著差异，这表明控制变量不影响实验结果，因此可以对假设进行验证。

7.6.2　效度和信度检验

在对假设进行分析之前，我们首先评估量表的效度和信度。AVE 值和因子载荷系数用于评估收敛效度。如表 7.1 所示，AVE 值超过阈值 0.5，因子载荷系数大于阈值 0.7，表明效度在可接受范围内。其次，测试问卷的信度。如表 7.1 显示，CR 值范围为 0.867~0.958，Cronbach's α 系数范围为 0.879~0.974，这表明问卷信度在可接受范围内。因此，问卷的效度和信度均通过测试。

表7.1　效度和信度检验结果

变量		因子载荷	Cronbach's α	AVE	CR
感知诊断（PD）	PD$_1$	0.828	0.879	0.736	0.918
	PD$_2$	0.889			
	PD$_3$	0.865			
	PD$_4$	0.849			
感知意外（PS）	PS$_1$	0.897	0.898	0.774	0.911
	PS$_2$	0.908			
	PS$_3$	0.832			
参观意愿（VI）	VI$_1$	0.899	0.974	0.821	0.958
	VI$_2$	0.912			
	VI$_3$	0.910			
	VI$_4$	0.908			
	VI$_5$	0.901			
社会化信号流行度（PP）	PP$_1$	0.897	0.971	0.685	0.867
	PP$_2$	0.908			
	PP$_3$	0.832			

7.6.3　假设检验

为了检验沉浸式交互系统的虚实体验与感知诊断、感知意外之间的关系，我们使用方差分析方法进行测量。以感知诊断和感知意外为因变量，以沉浸式交互系统的实体验和虚体验为自变量，分析结果报告如下。

结果表明，在实体验组和虚体验组之间存在显著差异。首先，我们进行了方差分析检验，以感知诊断作为因变量，以沉浸式交互系统的虚体验和实体验作为自变量。结果表明，与虚体验组相比，实体验组受试者的感知诊断水平更高（M_S=5.891，SD=0.803，M_X=4.903，SD=1.262，$p<0.05$），这与我们提出的 $H_{7.1}$ 是完全一致的。因此 $H_{7.1}$ 得到验证。

为了检验 $H_{7.2}$，我们采用了类似的方法。我们将感知意外作为因变量，沉浸式交互系统的虚体验和实体验作为自变量。结果表明，虚体验组的受试者比实体验组的受试者显示出更高水平的感知意外（M_X=5.299，SD=1.283，M_S=4.361，SD=1.385，$p<0.05$），结果与我们提出的假设是完全一致的。因此，$H_{7.2}$ 得到验证。

为了测量 $H_{7.3}$ 和 $H_{7.4}$，我们以感知诊断和感知意外为自变量，以参观意愿为因变量，采用线性回归方法检验感知诊断、感知意外和参观意愿之间的关系。结果表明，感知诊断（b=-0.110，$p<0.05$）与参观意愿呈显著的负相关关系，而感知意外（b=0.395，$p<0.001$）与参观意愿呈显著的正相关关系。因此，$H_{7.3}$ 没有得到验证，$H_{7.4}$ 得到验证。

为了检验社会化信号流行度作用是否调节沉浸式交互系统的虚实体验与感知诊断和感知意外之间的关系，我们使用 SPSS 软件的 Process 插件进行了检验（Hayes，2017）。为了同时测量社会化信号流行度对感知诊断和感知意外的调节作用，我们选择 Process 的模型 8 并进行了相应的调整。我们将沉浸式交互系统的虚实体验作为自变量（X），感知意外作为因变量（Y），感知诊断作为中介变量（M），感知的社会化信号流行度作为调节变量（W），结果如表 7.2 所示。

表7.2　回归分析结果

变量	回归系数 b	标准误 SE	t 值	p 值	Boot LLCI	Boot ULCI
因变量：感知诊断（PD）						
常量	5.946	0.22	27.438	0	5.520	6.372
虚实体验	-2.732	0.40	-6.748	0	-3.529	-1.936
社会化信号流行度（PP）	-0.014	0.05	-0.273	0.785	-0.115	0.087
虚实体验×社会化信号流行度	0.332	0.08	4.098	0	0.173	0.492
模型结论	R^2=0.240；F=34.636，$p<0.001$					

续表

变量	回归系数 b	标准误 SE	t 值	p 值	Boot LLCI	Boot ULCI
因变量：感知意外（PS）						
常量	2.868	0.49	5.871	0.000	1.907	3.829
虚实体验	0.082	0.54	0.153	0.878	−0.975	1.140
社会化信号流行度（PP）	0.216	0.06	3.367	0.001	0.090	0.341
虚实体验×社会化信号流行度	0.125	0.10	1.213	0.226	−0.078	0.329
感知诊断	0.110	0.07	1.605	0.109	−0.025	0.245
模型结论	R^2=0.200；F=20.610，p<0.001					

　　结果显示，沉浸式交互体验的虚实体验和受试者感知的社会化信号流行度之间的交互作用是部分显著的。在虚实体验和感知诊断之间起作用时，社会化信号流行度的影响是显著的（b=0.332，SE=0.08，p<0.001，95%的置信区间为[0.173，0.492]），但是在虚实体验和感知意外之间，社会化信号流行度的影响并不显著（b=0.125，SE=0.10，p=0.226，95%的置信区间为[−0.078，0.329]），因此 $H_{7.6}$ 并没有得到验证。此外，图 7.2 提供了图示说明虚实体验与社会化信号流行度的交互作用。

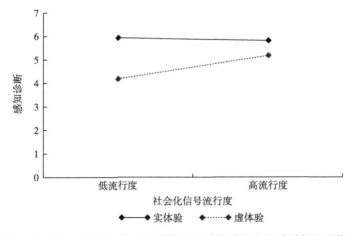

图 7.2　社会化信号流行度对虚实体验和感知诊断之间关系的调节作用

　　如图 7.2 所示，虚线表明，在虚体验组中，社会化信号流行度对感知诊断有正向影响，随着社会化信号流行度的增加，感知诊断水平也会增加。然而，图 7.2 中的实线表明，在实体验组中，社会化信号流行度对感知诊断的调节作用是负向的。社会化信号流行度对感知诊断的调节作用报告了两种不同的情况：在实体验组中，社会化信号流行度对感知诊断的调节作用是负向的；在虚体验组中，社会化信号流行度对感知诊断的调节作用是正向的。因此，H$_{7.5}$ 部分得到验证。全部假设检验结果见表 7.3。

表7.3　假设检验结果

假设	标准化路径系数	t 值（Bootstrap）	结论
H$_{7.1}$：实体验→感知诊断	1.188***	9.445	支持
H$_{7.2}$：虚体验→感知意外	0.544***	3.476	支持
H$_{7.3}$：感知诊断→参观意愿	−0.109*	−2.173	拒绝
H$_{7.4}$：感知意外→参观意愿	0.400***	7.938	支持
H$_{7.5}$：社会化信号流行度×虚实体验→感知诊断	0.332***	4.098	部分支持
H$_{7.6}$：社会化信号流行度×虚实体验→感知意外	0.110	1.605	拒绝

*表示显著性水平小于 0.05，***表示显著性水平小于 0.001

整个模型的数据分析结果见图 7.3。

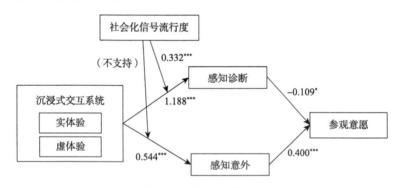

图 7.3　研究模型结果

*表示显著性水平小于 0.05，***表示显著性水平小于 0.001

7.7　结论与展望

7.7.1　研究结论

通过对行为实验结果的分析，可以得出以下四个结论。

第一，沉浸式交互体验能够导致用户产生更高水平的感知诊断和感知意外。

这个结果与最近的一项研究相似，该研究表明应用 AR 技术的电子商务平台可以比传统电子商务平台引起更高水平的感知诊断（Uhm et al.，2022）。同时，感知意外来源于消费者对新奇事物的追求，而作为一种全新的技术，沉浸式交互技术可以带来这样的意外。

第二，沉浸式交互系统的虚实体验有各自的优势。具体来说，沉浸式交互系统的实体验可以导致用户产生更高水平的感知诊断，而虚体验可以导致用户产生更高水平的感知意外。

第三，感知诊断和感知意外都会显著影响消费者购买意图。然而，与我们预期假设不一样的是，感知诊断对购买意愿的影响是负向的，只有感知意外对购买意愿的影响是正向的。在之前的研究中，感知诊断和感知意外都能积极导致情感态度和行为意图的变化（Yi et al.，2017；Kotkov et al.，2020；Niu et al.，2021），这与我们的结论有不一致的地方。对此，可能的解释是，消费者购买房地产类的产品通常需要考虑到很多因素（如房价、房屋布局等），这些因素会影响购买意愿，而且对每个消费者来说，他们心中的价位或布局等都不一样，因此在实验中这些因素是不可控的。我们不能简单确定用户的购买意愿能够按预期提高。

第四，用户感知的社会化信号流行度在沉浸式交互体验与感知诊断之间起调节作用，并且表现为两种方式：在实体验中起负向调节作用，在虚体验中起正向调节作用。我们认为，由于沉浸式交互系统的实体验反映的是房屋的真实情况，受试者感知到的诊断来自他们对于房屋真实情况的判断，但社会化信号会起到一种"美化"作用，类似于产品的好评机制，这种描述相对来说是不真实的，不利于受试者进行判断，因此起到负向的调节作用。

7.7.2　理论贡献

通过研究沉浸式交互系统的虚实体验对消费者购买意愿的影响，我们的研究做出若干理论贡献。首先，我们的研究从沉浸式交互技术本身的功能角度对相关文献做出贡献。之前的研究侧重将基于沉浸式交互技术的电子商务平台与传统的电子商务平台（如基于 Web 式）进行比较（Pizzi et al.，2019；Alzayat and Lee，2021）。然而，关于突出沉浸式交互系统的不同体验之间的优势，研究人员知之甚少，也没有对此进行过研究。从沉浸式交互系统应用的角度来看，我们的研究比较了沉浸式交互系统的实体验和虚体验之间的差异，描述了它们各自的优势，填补了研究空白。在本章研究中，我们提出了一个理论模型，该模型展示了沉浸式交互系统的不同体验的优势，并最终影响行为意图。我们假设沉浸式交互系统的实体验和虚体验有各自的优势，即实体验会使用户产生更高水平的感知诊断，虚体验会使用户产生更高水平的感知意外，这最终会提高消费者行为意图。除此之外，消费者的感知通常也会受到一些因素的影响，我们的研究将社会化信号流行度视为调节因素，这增加了关于沉浸式交互系统研究的理论知识，揭示了沉浸式交互系统研究的边界条件。

其次，丰富了关于感知诊断和感知意外的理论研究。通常情况下，感知诊断与感知意外在产品搜索任务中以组合的形式出现。用户可以自由搜索他们需要的信息和他们感兴趣的额外信息，这将会引导用户产生感知诊断和感知意外。在本章研究中，我们关注沉浸式交互系统，并深入了解沉浸式交互系统的虚实体验如何影响消费者对诊断和意外的感知。我们的研究确定了沉浸式交互技术是感知诊断和感知意外的来源。具体而言，我们的研究表明，沉浸式交互技术的实体验能够导致更高水平的感知诊断，而虚体验能够导致更高水平的感知意外。这种新技术的演示为产品浏览过程的诊断和意外设计提供了新的建议。在本章研究中，消费者在产品浏览体验中的诊断和意外的结合有助于这一研究方向。

最后，本章研究特别强调社会化信号流行度作用。社会化信号一直是研究人员非常重视和关注的变量，也一直受到消费者的注意，从主流电子商务平台的产品展示页面我们不难看出这一点。在其他研究中，社会化信号通常表现在产品标签、社会化线索等方面，一些研究报告了社会化信号的重要性（Goedegebure et al.，2020；Bao et al.，2021；Jang and Chung，2021）。本章研究进一步表明了社会化信号流行度作用，然而，也与以往研究有不同之处。在之前的研究中，消费者通常将感知的社会化信号流行度作为他们评估产品的额外手段，因为这可以促进他们对产品的认知过程（Jang and Chung，2021）。然而，我们的研究指出，社会化信号流行度的调节作用可能是负面的，至少在实体验组中负向的调节作用被证实。正如 Ghiassaleh 等（2020）中提到的，这一结论有助于我们揭示社会化信号流行度的负面影响，因为"它可能会增加不确定感"，这对消费者的产品评估过程来说，并不是一个好的方面。因此，我们需要考虑社会化信号流行度的负面影响。

7.7.3　实践启示

本章研究提供了帮助从业人员和管理人员改进产品的沉浸式交互展示策略的方法。首先，本章研究结果表明，沉浸式交互系统的虚体验和实体验具有它们各自的优势。实体验可以帮助消费者更有效地评估产品，而虚体验可以给消费者带来意想不到的新奇体验。当然，这并不说明在实际应用过程中，管理人员需要考虑丢弃某一种体验，因为我们发现沉浸式交互系统的实体验和虚体验都可以在消费者的购物过程中发挥重要的作用。其次，本章研究结论建议从业者关注沉浸式交互系统的实体验与虚体验的组合策略，这两种体验方式在整个购物过程中扮演着不同的角色，它们对促销的影响也不同。从业者不能简单地关注沉浸式交互技术是否足够新颖或足够有用，应该考虑到本章提出的虚实两种体验能否有效结合，这会取得意想不到的结果。设计者和开发者可以选择将实体验与虚体验进行结合，以提供技术增强的体验（Orús et al., 2021）。最后，我们建议从业人员和管理人员注意社会化信号的作用。虽然本章研究结论报告了社会化信号的负面影响，但这并不意味着它是不受欢迎的。相反地，我们认为商家可以在电子商务平台上使用有针对性的口号来诱导消费者的心理。另一种可行的建议是，我们认为营销人员可以采用适当的监管框架来提高信息的有效性。

7.7.4　研究局限与展望

本章研究还存在以下局限：①我们的研究更加关注整个沉浸式交互系统中的虚实体验，而我们的行为实验情境只是选择了 VR 应用，实验可能存在偶然性，因此进一步的研究可以考虑将实验情境拓展至 AR 环境和 MR 环境。②我们的研究是基于国内的一款房地产类的应用程序，VR 看房是该应用最大的功能和特点，同时该应用也提供了两种不同的体验（即虚实体验）。近年来，越来越多的企业开始在它们的在线平台上引入沉浸式交互技术用于展示产品，这能吸引消费者的注意，因此未来的研究可以从多个产品类别收集数据并比较结果。③在实验中，我们设计了房地产的实验情景，而参与实验的大部分受试者是大学生，虽然我们尽量减少对一些变量的影响，但是学生群体对房地产行业来说没有经验和专业知识，对这个行业的产品不够熟悉，这可能会导致一些偏差的产生。因此，未来的研究可以面向社会群体，选择有房地产行业经验的人参与实验。④我们在假设部分提出，模型只考虑了社交信号流行度作用，这可能忽略了其他的影响。因为信息的特征还包含许多其他方面，如产品的可信度。未来的研究可以从社会化信息的类别入手，比较包含不同类别信息的社会化信号对消费者感知过程的影响是否不同。⑤我们只为每名受试者收集了一次实验数据，因此我们无法确认受试者的认知态度是否会随着时间的变化而改变。未来的研究可以从时间段开始，如收集与分析消费者在一段时间内的数据，这样做可以帮助我们探究消费者对不同沉浸式交互体验的态度是否会随着时间或经验的变化而变化。

本 章 小 结

　　本章研究了沉浸式交互系统中虚实体验对消费者购买意愿的影响。研究发现，沉浸式交互系统的虚实体验会带来更高水平的感知诊断和感知意外，并提高消费者购买意愿。

参 考 文 献

范茗宣. 2021. 新冠疫情对 T 旅游企业财务状况的影响研究. 云南师范大学硕士学位论文.

胡克祖. 2005. 好奇心的理论述评. 辽宁师范大学学报, 28（6）: 49-52.

刘艺韵, 蒋智威. 2020. 虚拟现实技术在服装营销中的应用. 纺织科技进展,（7）: 53-55, 58.

杨颖. 2022. 消费者农产品电商购买决策的影响因素分析: 基于归因理论视角. 商业经济研究,（10）: 67-70.

于晓倩, 林升栋. 2022. 观看撕去标签的产品的心理反应: 完形还是蔡格尼克? 应用心理学, 28（1）: 80-87.

郑世林, 陈志辉, 王祥树. 2022. 从互联网到元宇宙: 产业发展机遇、挑战与政策建议. 产业经济评论,（6）: 105-118.

Alcañiz M, Bigné E, Guixeres J. 2019. Virtual reality in marketing: a framework, review, and research agenda. Frontiers in Psychology, 10: 1530.

Allal-Chérif O. 2022. Intelligent cathedrals: using augmented reality, virtual reality, and artificial intelligence to provide an intense cultural, historical, and religious visitor experience. Technological Forecasting and Social Change, 178: 121604.

Alzayat A, Lee S H M. 2021. Virtual products as an extension of my body: exploring hedonic and utilitarian shopping value in a virtual reality retail environment. Journal of Business Research, 130: 348-363.

Banerjee A V. 1992. A simple model of herd behavior. The Quarterly Journal of Economics, 107（3）: 797-817.

Bao Z, Li W, Yin P, et al. 2021. Examining the impact of review tag function on product evaluation and information perception of popular products. Information Systems and e-Business Management, 19（2）: 517-539.

Becker W, Conroy S, Djurdjevic E, et al. 2018. Crying is in the eyes of the beholder: an attribution theory framework of crying at work. Emotion Review, 10（2）: 125-137.

Bikhchandani S, Hirshleifer D, Welch I. 1992. A theory of fads, fashion, custom, and cultural change as informational cascades. Journal of Political Economy, 100（5）: 992-1026.

Bonetti F, Pantano E, Warnaby G, et al. 2020. Augmented realities: fusing consumers' experiences and interactions with immersive technologies in physical retail settings. International Journal of Technology Management, 13（3/4）: 260-284.

Boothby E J, Cooney G, Sandstrom G M, et al. 2018. The liking gap in conversations: do people like us more than we think? Psychological Science, 29（11）: 1742-1756.

Bozkurt S, Gligor D. 2019. Scarcity（versus popularity）cues for rejected customers: the impact of social exclusion on cue types through need for uniqueness. Journal of Business Research, 99: 275-281.

Chen J V, Ruangsri S, Ha Q A, et al. 2022. An experimental study of consumers' impulse buying behaviour in augmented reality mobile shopping apps. Behaviour & Information Technology, 41（15）: 3360-3381.

Chen L, Yang Y, Wang N, et al. 2019. How serendipity improves user satisfaction with recommendations? A large-scale user evaluation. The World Wide Web Conference, San Francisco.

Cuomo M T, Tortora D, Festa G, et al. 2020. Managing omni-customer brand experience via augmented reality: a qualitative investigation in the Italian fashion retailing system. Qualitative Market Research, 23（3）: 427-445.

Daft R L, Lengel R H. 1986. Organizational information requirements, media richness and structural design. Management Science, 32（5）: 554-571.

Dong X Y, Wang T N. 2018. Understanding the impact of IT affordances and social tie strength in online social commerce. 2018 10th International Conference on Machine Learning and Computing, Macao.

Fu X, Liu X Y, Hua C, et al. 2021. Understanding tour guides' service failure: integrating a two-tier triadic business model with attribution theory. Journal of Hospitality and Tourism Management, 47（8/9）: 506-516.

Ghiassaleh A, Kocher B, Czellar S. 2020. Best seller!? Unintended negative consequences of popularity signs on consumer choice behavior. International Journal of Research in Marketing, 37（4）: 805-820.

Goedegebure R P, van Herpen E, van Trijp H C. 2020. Using product popularity to stimulate choice for light products in supermarkets: an examination in virtual reality. Food Quality and Preference, 79: 103786.

Grange C, Benbasat I, Burton-Jones A. 2019. With a little help from my friends: cultivating serendipity in online shopping environments. Information & Management, 56（2）: 225-235.

Hareli S. 2014. Making sense of the social world and influencing it by using a naïve attribution theory of emotions. Emotion Review, 6（4）: 336-343.

Hayes A F. 2017. Introduction to Mediation, Moderation, and Conditional Process Analysis: A Regression-based Approach. New York: Guilford Publications.

Heller J, Chylinski M, de Ruyter K, et al. 2019. Let me imagine that for you: transforming the retail frontline through augmenting customer mental imagery ability. Journal of Retailing, 95（2）: 94-114.

He Z, Wu L, Li X R. 2018. When art meets tech: the role of augmented reality in enhancing museum experiences and purchase intentions. Tourism Management, 68: 127-139.

Hsu S H Y, Tsou H T, Chen J S. 2021. Yes, we do. Why not use augmented reality? Customer responses to experiential presentations of AR-based applications. Journal of Retailing and Consumer Services, 62: 102649.

Jang S, Chung J. 2021. What drives add-on sales in mobile games? The role of inter-price relationship and product popularity. Journal of Business Research, 124: 59-68.

Javornik A, Marder B, Pizzetti M, et al. 2021. Augmented self–the effects of virtual face augmentation on consumers' self-concept. Journal of Business Research, 130: 170-187.

Jiang S, Scott N, Tao L. 2019. Antecedents of augmented reality experiences: potential tourists to Shangri-La Potatso National Park, China. Asia Pacific Journal of Tourism Research, 24（10）: 1034-1045.

Jiang Z, Benbasat I. 2004. Virtual product experience: effects of visual and functional control of products on perceived diagnosticity and flow in electronic shopping. Journal of Management Information Systems, 21（3）: 111-147.

Jin X L, Chen X, Zhou Z. 2022. The impact of cover image authenticity and aesthetics on users' product-knowing and content-reading willingness in social shopping community. International Journal of Information Management, 62: 102428.

Kamis A, Koufaris M, Stern T. 2008. Using an attribute-based decision support system for user-customized products online: an experimental investigation. MIS Quarterly, 32（1）: 159-177.

Kelley H H. 1973. The processes of causal attribution. American Psychologist, 28（2）: 97-194.

Kelley H H, Michela J L. 1980. Attribution theory and research. Annual Review of Psychology, 31（1）: 457-501.

Kempf D S, Smith R E. 1998. Consumer processing of product trial and the influence of prior advertising: a structural modeling approach. Journal of Marketing Research, 35（3）: 325-338.

Kim A, Affonso F M, Laran J, et al. 2021. Serendipity: chance encounters in the marketplace enhance consumer satisfaction. Journal of Marketing, 85（4）: 141-157.

Kim J, Kerstetter D L. 2016. Multisensory processing impacts on destination image and willingness to visit. International Journal of Tourism Research, 18（1）: 52-61.

Kotkov D, Veijalainen J, Wang S. 2020. How does serendipity affect diversity in recommender systems? A serendipity-oriented greedy algorithm. Computing, 102（2）: 393-411.

Lee Y, Kozar K A, Larsen K R. 2009. Avatar e-mail versus traditional e-mail: perceptual difference and media selection difference. Decision Support Systems, 46（2）: 451-467.

Lombart C, Millan E, Normand J M, et al. 2020. Effects of physical, non-immersive virtual, and immersive virtual store environments on consumers' perceptions and purchase behavior. Computers in Human Behavior, 110: 106374.

Makri S, Blandford A, Woods M, et al. 2014. Making my own luck: serendipity strategies and how to support them in digital information environments. Journal of the Association for Information Science and Technology, 65 (11): 2179-2194.

Malone T W. 1981. Toward a theory of intrinsically motivating instruction. Cognitive Science, 5(4): 333-369.

Matt C, Benlian A, Hess T, et al. 2014. Escaping from the filter bubble? The effects of novelty and serendipity on users' evaluations of online recommendations. 35th International Conference on Information Systems, Auckland.

McCay-Peet L, Toms E G. 2011. The serendipity quotient. Proceedings of the American Society for Information Science and Technology, 48 (1): 1-4.

Milman A, Tasci A D, Wei W. 2020. Crowded and popular: the two sides of the coin affecting theme-park experience, satisfaction, and loyalty. Journal of Destination Marketing & Management, 18: 100468.

Nikhashemi S, Knight H H, Nusair K, et al. 2021. Augmented reality in smart retailing: a (n) (a) symmetric approach to continuous intention to use retail brands' mobile AR apps. Journal of Retailing and Consumer Services, 60: 102464.

Niu W, Huang L, Chen M. 2021. Spanning from diagnosticity to serendipity: an empirical investigation of consumer responses to product presentation. International Journal of Information Management, 60: 102362.

Ogara S O, Koh C E, Prybutok V R. 2014. Investigating factors affecting social presence and user satisfaction with mobile instant messaging. Computers in Human Behavior, 36: 453-459.

Orús C, Ibáñez-Sánchez S, Flavián C. 2021. Enhancing the customer experience with virtual and augmented reality: the impact of content and device type. International Journal of Hospitality Management, 98: 103019.

Parker J R, Lehmann D R. 2011. When shelf-based scarcity impacts consumer preferences. Journal of Retailing, 87 (2): 142-155.

Pavlou P A, Liang H, Xue Y. 2007. Understanding and mitigating uncertainty in online exchange relationships: a principal-agent perspective. MIS Quarterly, 31 (1): 105-136.

Peacock C, Masullo G M, Stroud N J. 2022. The effect of news labels on perceived credibility. Journalism, 23 (2): 301-319.

Pizzi G, Scarpi D, Pichierri M, et al. 2019. Virtual reality, real reactions?: Comparing consumers' perceptions and shopping orientation across physical and virtual-reality retail stores. Computers in Human Behavior, 96: 1-12.

Pleyers G, Poncin I. 2020. Non-immersive virtual reality technologies in real estate: how customer experience drives attitudes toward properties and the service provider. Journal of Retailing and Consumer Services, 57: 102175.

Plotkina D, Saurel H. 2019. Me or just like me? The role of virtual try-on and physical appearance in apparel M-retailing. Journal of Retailing and Consumer Services, 51: 362-377.

Qin H, Osatuyi B, Xu L. 2021. How mobile augmented reality applications affect continuous use and purchase intentions: a cognition-affect-conation perspective. Journal of Retailing and Consumer Services, 63: 102680.

Rao A R. 2005. The quality of price as a quality cue. Journal of Marketing Research, 42 (4): 401-405.

Rauschnabel P A, Felix R, Hinsch C. 2019. Augmented reality marketing: how mobile AR-apps can improve brands through inspiration. Journal of Retailing and Consumer Services, 49: 43-53.

Roberts R M. 1989. Serendipity: Accidental Discoveries in Science. New York: Wiley (John) and Sons.

Schnack A, Wright M J, Elms J. 2021. Investigating the impact of shopper personality on behaviour in immersive virtual reality store environments. Journal of Retailing and Consumer Services, 61: 102581.

Steuer J. 1992. Defining virtual reality: dimensions determining telepresence. Journal of Communication, 42 (4): 73-93.

Stiensmeier-Pelster J, Martini A, Reisenzein R. 1995. The role of surprise in the attribution process. Cognition & Emotion, 9 (1): 5-31.

Su L, Gong Q, Huang Y. 2020. How do destination social responsibility strategies affect tourists' intention to visit? An attribution theory perspective. Journal of Retailing and Consumer Services, 54: 102023.

Sun T, Zhang M, Mei Q. 2013. Unexpected relevance: an empirical study of serendipity in retweets. Proceedings of the International AAAI Conference on Web and Social Media, 7 (1): 592-601.

Tseng C H, Wei L F. 2020. The efficiency of mobile media richness across different stages of online consumer behavior. International Journal of Information Management, 50: 353-364.

Tseng F C, Huang T L, Pham T T L, et al. 2022. How does media richness foster online gamer loyalty? International Journal of Information Management, 62: 102439.

Uhm J P, Kim S, Do C, et al. 2022. How augmented reality (AR) experience affects purchase intention in sport e-commerce: roles of perceived diagnosticity, psychological distance, and perceived risks. Journal of Retailing and Consumer Services, 67 (3): 103027.

Valenzuela A, Mellers B, Strebel J. 2010. Pleasurable surprises: a cross-cultural study of consumer responses to unexpected incentives. Journal of Consumer Research, 36 (5): 792-805.

Verhagen T, Vonkeman C, van Dolen W. 2016. Making online products more tangible: the effect of product presentation formats on product evaluations. Cyberpsychology, Behavior, and Social Networking, 19 (7): 460-464.

Wang J C, Chang C H. 2013. How online social ties and product-related risks influence purchase intentions: a Facebook experiment. Electronic Commerce Research and Applications, 12 (5): 337-346.

Wang J N, Du J, Chiu Y L, et al. 2018. Dynamic effects of customer experience levels on durable product satisfaction: price and popularity moderation. Electronic Commerce Research and Applications, 28: 16-29.

Weiner B. 1985. An attributional theory of achievement motivation and emotion. Psychological Review, 92 (4): 548-573.

Yan Z B, Meng Z X, Tan Y. 2021. How does virtual reality matter? Evidence from an online real estate platform. 41st International Conference on Information Systems，Hyderabad.

Yi C，Jiang Z，Benbasat I. 2017. Designing for diagnosticity and serendipity：an investigation of social product-search mechanisms. Information Systems Research，28（2）：413-429.

Yim M Y C，Chu S C，Sauer P L. 2017. Is augmented reality technology an effective tool for e-commerce? An interactivity and vividness perspective. Journal of Interactive Marketing，39（1）：89-103.

Yim M Y C，Park S Y. 2019. I am not satisfied with my body，so I like augmented reality（AR）：consumer responses to AR-based product presentations. Journal of Business Research，100：581-589.

Yoo J. 2020. The effects of perceived quality of augmented reality in mobile commerce—an application of the information systems success model. Informatics，7（2）：14.

Zhang Y，Prayag G，Song H. 2021. Attribution theory and negative emotions in tourism experiences. Tourism Management Perspectives，40：100904.

Zhu F，Zhang X. 2010. Impact of online consumer reviews on sales：the moderating role of product and consumer characteristics. Journal of Marketing，74（2）：133-148.

第8章 沉浸式交互系统中多感官体验对消费者记忆的影响

第 7 章我们探讨了沉浸式交互系统中虚实体验对消费者购买意愿的影响，本章重点研究沉浸式交互系统中多感官体验对消费者记忆的影响。

8.1 研 究 背 景

凭借沉浸式交互技术，我们可以使用 MR 在现实环境中生成一块黑板，甚至可以在黑板上写字，但是很难听到写字发出的声音；我们可以通过 AR 看到自己穿上某件新衣服是什么样子，但是不能用手感受到衣服的材质；我们还可以使用 VR360°欣赏景区美景，但是很难尝到景区食物的味道。试想一下，当你在微信上查看朋友的美食照片时，能真正品尝看到的美食，或者用 VR 的可穿戴设备真实地感受脚下虚拟沙子的温暖，那该有多好。目前，在视觉为主的沉浸式交互系统中这些感官体验几乎都无法实现，鉴于我们使用沉浸式交互系统的机会越来越多，目前沉浸式交互系统所缺乏的多感官体验无疑是一个巨大的机会（Petit et al., 2019）。

沉浸式交互系统中的多感官体验是指以数字交互技术、感官赋能技术（sensory enabling technology，SET）等为依托，拓展沉浸式交互系统的多感官接口（输入和输出），帮助消费者了解产品除了视觉以外的其他感官特性（如声音、气味，甚至是味道）（Song and Zinkhan，2008；Rose et al.，2012）。近年来，涌现了许多感官技术，虽然这些技术还没有完全商业化，但它们可以让我们构想一个与感官更为相关的在线环境。例如，Ranasinghe 等（2018）开发了"季节旅行者"系统，这是一种定制的头戴式显示器系统，它具有气味、热量和风力刺激功能，当用户探索（虚拟）不同的景观时，可以模拟现实世界的环境条件。类似地，名为"元烹饪"的 AR 设备允许用户通过虚拟操纵食物的外观和散发额外气味（Narumi et al.，2011；Spence et al.，2016）来改变感知到的食物味道（如普通饼干）。

我们相信，在考虑和整合各种感官赋能技术及其潜在发展时，营销人员可以让沉浸式交互系统的多感官体验更具吸引力、沉浸感和信息性，实现更高水平的用户体验，帮助企业在激烈的市场竞争中脱颖而出。因此，为了更好地理解如何使用这些多感官体验来增强消费者的体验（如消费者在"体验"中的参与度、满意度），并推动消费者的行为（如消费者的购买选择、支付意愿），我们将从模态丰富度的角度研究多感官沉浸式交互系统对消费者的影响。

模态丰富度是指通信格式提供的一系列视觉、音频、语言和上下文信息源（Ramirez and Burgoon，2004），包括感官宽度和感官深度两个方面。感官宽度是媒体向各种感官呈现信息能力的函数，而感官深度是指感官通道传递的信息质量（Li et al.，2002）。在本章研究中，我们将使用模态丰富度的感官宽度来表示 VR 世界中感官维度的数量，并使用感官深度来表示听觉信息的质量。

基于多模态交互影响心理表征的前提，我们迫切需要深入了解 VR 的模态丰富度并探索其在影响用户方面的作用。过去的研究已经探讨了 VR 对消费者态度、购买意愿、口碑分享意愿和支付意愿的影响，然而，关于 VR 系统的声音是否及如何影响用户的记忆，我们知之甚少。本章研究通过揭示模态丰富度和用户记忆之间的关系来填补研究空白。在现有的模态丰富度研究中，大多只关注模态丰富度的感官宽度（感官通道的数量），而很少有研究调查模态丰富度的感官深度（感官通道接收到的信息质量）。

为了解决这些研究空白，我们以多感官沉浸式交互系统为研究情境，探索了多感官沉浸式交互系统的模态丰富度与用户记忆的关系。主要贡献在于：首先，从模态丰富度的角度探讨了 VR 系统的声音对用户记忆的影响，以往关于 VR 系统声音的研究聚焦于 VR 环境下的背景音乐和智能语音机器人，没有文献研究各种声音对用户的影响。其次，从认知和情绪角度，探讨了模态丰富度对用户记忆的影响路径，并考虑了系统沉浸度对模态丰富度（感官宽度和感官深度）与用户记忆之间关系的调节作用，结果有助于理解 VR 模态丰富度值的异质性。

8.2　文　献　综　述

现实世界的体验本质上是多感官的（Petit et al.，2019）。各种各样的感官输入同时融入现实世界的体验中，最终决定了个人的判断和行为（Spence and Gallace，2011）。这同样适用于沉浸式交互购买环境中的消费者（Spence et al.，2016）。相关研究强调了在用户体验中实现感官输入的最佳整合的重要性，特别是在不同感官刺激之间的一致性方面（Spence et al.，2017；Flavián et al.，2021）。随着用户在现实生活中的购买旅程中寻求多感官体验，人们可能会想知道，这些感官效果在沉浸式交互系统中是否相似，当今的消费者越来越多地进行他们的商业交易。数字环境下传统的沉浸式交互系统严重依赖视觉和听觉（Ranasinghe et al.，2018；Ranasinghe et al.，2019）；迄今为止，触觉、嗅觉和味觉刺激的使用相当有限（Gallace and Spence，2014）。因此，现有的沉浸式交互系统可能会抑制用户体验，因为其提供更广泛感官输入的能力有限（Petit et al.，2019）。为了克服这一挑战，感官赋能技术正试图传达触觉、嗅觉甚至味觉信息（Spence，2017；Petit et al.，2019）。事实上，整合不同的感官输入为用户提供了类似于现实生活体验的多感官体验，可以让用户认为它们是自然的、沉浸的和有吸引力的。鉴于数字环境中自然缺乏多感官交互，研究人员和实践者面临的挑战是，利用最新技术发展，应用更广泛的感官输入，从而扩展视听领域，更有效地连接真实世界和数字世界（Petit et al.，2015；Petit et al.，2019）。

　　人机交互技术的最新发展为沉浸式交互系统中的多感官体验迈出关键步伐提供了技术支持（Petit et al.，2019）。在线体验中感官的整合对于促进多感官交互体验至关重要（Spence and Gallace，2011）。感官赋能技术在数字购物环境中提供感官输入，作为消费者在物理环境中可能享受的感官体验的代理，其提供的多感官体验通过帮助用户设想他们未来的消费体验可能会发生什么，潜在地减少了在线消费中的心理距离（Petit et al.，2019），而这是在线购物的主要挑战之一（Heller et al.，2019）。感官赋能技术通过向用户提供一些无法通过传统渠道传播的产品感官特性（如质地、气味或味道）来实现（Petit et al.，2015）。感官赋能技术的实施对服务业（如旅游业）尤其重要，因为它们可以克服行业的无形性（Flavián et al.，2021）。感官赋能技术通过提供多感官体验，作为真实体验的预览，在服务决策过程中增强潜在用户的能力。VR 是一个关键的感官赋能技术，它让用户沉浸在 3D环境中，在那里他们的感官受到刺激（Guttentag，2010）。消费者需要更丰富的感官体验，使用 VR 等技术，可以增强他们的感知能力，改变他们眼前的现实，并创造共生的人类技术关系（Buhalis et al.，2019）。之前的 VR 研究已经注意到其在服务环境中的感官丰富潜力。与相关技术一样，VR 研究主要涉及视听元素的使用（Guttentag，2010）。然而，越来越多的学者尝试将其他感官融入 VR 体验。这些研究分析了 VR 服务体验中的触觉、嗅觉和味觉刺激。可以观察到，实证研究侧重于各种服务，包括娱乐、招待、教育和患者康复。至于所涉及的感官，将触觉融入 VR 体验是研究得最多的，而嗅觉和味觉则较少涉及。总的来说，这些研究的结果在将感官融入 VR 体验的影响方面缺乏一致性。在本章研究的具体背景下（旅游业），唯一一项将嗅觉和触觉输入添加到 VR 体验的实证研究并未发现系统导致游客数量增加（Hopf et al.，2020）。

根据感官营销领域的嵌入认知理论，所有认知过程都基于身体状态和大脑的感觉模态特定处理系统。因此，所有消费者体验都基于影响消费者判断和行为的感官输入的整合。因此，通过增强感官体验来更有效地吸引消费者，可能会影响消费者在商店的购买决策过程（Gallace and Spence，2014）。Petit 等（2019）指出，有关多感官 VR 和营销问题的研究仍然很少。Flavián 等（2021）将气味添加到 VR 中，并指出语义一致性可以在确定 VR 中气味的功效方面发挥重要作用。Heller 等（2019）基于主动推理理论提出了一个概念框架，以评估感官控制和反馈模式如何通过减少心理无形性影响消费者价值判断。Loureiro 等（2021）使用刺激-机体-反应（stimuli-organism-response，SOR）模型来说明背景音乐在 VR 中的作用，证实了增加感官输入可以提升消费者体验。

除了图像，计算机和智能手机等设备可以促进听觉（通过扬声器）和触觉交互（通过触摸屏和振动），对产品评估产生积极影响。这些感觉输入也可能引发其他感觉模式中的感知再现。例如，Kitagawa 和 Igarashi（2005）使用声音来诱导虚拟触摸感觉。Lacey 等（2010）和 Volder 等（2001）的研究表明，听觉和触觉可以用来刺激视觉图像。尽管产品图片通常出现在网站上，但是通过广播声音、产生振动，并允许消费者用手指缩放/旋转图像，营销人员可能会给消费者提供更好的视觉表现。此外，这些感官输入可能促进多感官整合，从而对视觉注意力和搜索产生积极影响（Spence and Gallace，2011）。

根据嵌入认知理论，多感官体验的实现过程可以直接使用设备进行在线体验，也可以独立于在线环境进行离线体验。以往的研究表明，关于在线环境中传递感官信息的技术和案例相当有限。因为以往的感官赋能技术还不支持在互联网上触摸、闻到或品尝物体（Gallace and Spence，2014）。因此，在线环境可被视为离线实施的上下文环境，其中与世界的交互仅通过数字接口发生。然而，这并不意味着感官不再影响在线环境中的认知。在这种情况下，认知活动仍然由模态特异性感觉系统支持（Niedenthal et al.，2005）。当消费者在现实世界中体验刺激（如吃薯片）时，大脑捕捉与各种感官相关的感知、运动和内省状态，并将其整合到存储在记忆中的多感官表征中。之后，在线商店中的产品图片（薯片）的曝光会触发这些多感官表征的自发感知再现（即具体化的心理模拟：将其视为更自动的心理图像形式）（Petit et al.，2015）。这些感知再现涉及一些大脑区域，这些区域反过来可以产生类似的感觉（Spence et al.，2016）。

8.3 理 论 基 础

8.3.1 模态丰富度理论

尽管人们开始逐渐接受 VR、AR、MR 等沉浸交互技术，但感官交互主要局限于视觉，在较小程度上是听觉输入（Loureiro et al.，2021）。然而，在现实世界中，大多数的生理运动和心理认知活动都伴随着各种声音，如运动、工作和学习，并影响人们的情感和行为（Albus et al.，2021）。许多研究证实，听觉刺激是消费者营销生活体验的放大器（Roschk et al.，2016），因此，更好地了解如何使用听觉输入来增强 VR 世界中的消费者体验并推动消费者的行为非常重要（Petit et al.，2019）。而且，从视觉模态到视觉加听觉模态，本质上是模态丰富度的增加。因此，本章研究从模态丰富度的角度考察 VR 系统的声音设计对消费者记忆的影响。

在现实生活中，消费者会使用多个感官系统体验环境，包括视觉系统、听觉系统和其他感官系统（如触觉系统），每个感官系统以不同的方式处理数据（Grewal et al.，2021）。模态是某事务发生或被体验的方式，从存储的角度来说，模态是指某种类型的信息和/或存储信息的表示格式，从人类感官的角度来说，模态是感觉的主要形式之一，如视觉或触觉、交流渠道。一些通信模式的模态丰富度是丰富的，能提供视觉、音频、口头和上下文信息，而另外一些通信模式的模态丰富度相对贫乏，只能提供非常有限的感官信息（Sprecher，2014）。Jin（2009）将模态丰富度的概念扩展到 3D 虚拟商店。本章聚焦 VR 环境，通过改变系统所涉及的感官通道的数量（视觉 vs 视觉和听觉）来研究模态丰富度的感官宽度对消费者记忆的影响，通过改变感官通道接收到的信息质量（语音 vs 背景音乐/语音/背景音乐）来研究模态丰富度的感官深度对消费者记忆的影响。

8.3.2 认知负荷理论

认知负荷理论（cognitive load theory，CLT）由 Sweller 于 1988 年提出，是认知负荷研究中最经典的研究框架之一（Klepsch et al.，2017）。认知负荷是指执行学习任务所需的心理资源量。根据认知负荷理论，信息必须在工作记忆中处理并存储在长期记忆中（Sweller，1988；Paas et al.，2010）。然而，工作记忆的容量是有限的，其可以同时处理的信息量，以及可以保留信息的时间都是有限的（Sweller，1988）。超过限制将会导致认知超负荷（Sweller et al.，2019）。

认知负荷理论区分了三种独立的认知负荷，即内部认知负荷（internal cognitive load，ICL）、外部认知负荷（external cognitive load，ECL）和相关认知负荷（germane cognitive load，GCL）（Sweller，1988）。内部认知负荷源于学习任务与学习者相关的要素数量；外部认知负荷是由教学设计不当额外产生的认知负荷，与任务本身没有直接联系；相关认知负荷反映了有助于构建模式的努力（Sweller，1988）。

内部认知负荷是学习任务固有复杂性所产生的负荷（Sweller and Chandler，1994）。这种负荷类型取决于两个不同的因素（Moreno and Park，2010）：①任务的元素互动性（Sweller and Chandler，1994）。元素互动性对应学习者在处理任务时必须同时处理工作记忆中的元素数量。低元素互动性意味着学习者可以按顺序处理元素，而具有高元素互动性的任务包含高度相互关联的元素，因此必须同时处理（Sweller，2010）。例如，当不得不重复不相关的词汇而不是用正确的语法造句时，语言学习的内部认知负荷就很低。②学习者的先验知识。由于新信息可以与现有的心理图式联系起来，学习者不必处理工作记忆中的许多无关元素。一个典型的例子是一位国际象棋专家，他可以构建有意义的块，而不是记住许多不相关的元素。

根据上述两个因素，先前的研究提出了两种操纵或减少内部认知负荷的方法：①分段原则（Mayer and Moreno，2010），其通过逐步呈现信息来减少元素的交互作用，这有助于先验知识不足的学习者组织输入的信息。在每一步中，人们都会获得更多的先验知识，并能够更好地链接下一步的输入信息。②预培训原则（Mayer，2005），其通过在开始学习材料之前向学习者提供有关内容的信息来减少内部认知负荷。增加学习者的先验知识有助于整合新信息。

外部认知负荷是由学习材料的教学设计引起的。当学习者必须将精神资源投入与任务本身无关的过程中，如搜索或抑制信息时，则加剧外部认知负荷。当设计因素（如图像或链接信息）促进了必要的过程时，外部认知负荷则会减少。

大量研究表明多媒体设计原则能够降低外部认知负荷：①多媒体原则（Mayer，2005）。研究表明，相比从图片中学习，学习者在从文本和图片的组合中进行学习时表现更好。然而，这一原则也有一些边界条件（Chandler and Sweller，1996）。②情态原则（Mayer，2005）。根据这一原则，当与图片结合时，最好是以听觉而不是视觉的方式呈现文本。虽然印刷文本与图片的结合需要视觉资源，但听觉文本使用工作记忆的语音系统。由于该系统独立于视觉系统，学习者可以同时处理文本和图片，这有助于整合两种来源，因此工作记忆容量得到了更有效的利用，而且防止了视觉容量的过载。③连贯性原则（Mayer and Moreno，2010）。该原则建议在多媒体学习环境中忽略所有不利于学习任务的装饰信息。例如，装饰性图片可能会激发灵感，但它们会分散注意力，因为它们与学习无关。④分散注意力效应（Paas et al.，2010）。当学习者被迫在心理上整合分散的信息源时，就会出现分散注意力。因此，信息源应该更好地以整合的方式呈现，如空间邻接或者时间连续（Mayer and Moreno，2010）。

相关认知负荷是第三种类型的认知负荷，是指"可用于处理内部认知负荷相关元素交互的工作记忆资源"（Sweller，2010）。相关认知负荷是学习者所需活动的结果，这些活动有助于学习并转移绩效，建立正确的心理模型。例如，在阅读文本时记笔记，或者向其他人解释所学的内容。高相关认知负荷表明学习者投入并将其心理资源用于学习过程。研究人员探讨了如何改变这种认知负荷。Mayer和Pilegard（2014）提出了自我解释效应。该研究发现，向自己解释学习材料的学习者取得了较高的学习成绩。自我解释可以通过不同方法来诱导，包括要求学习者参与不同的学习活动，如制定文本段落的标题、查找主题的示例、用自己的话总结主题等。需要指出的是，相关认知负荷高度依赖于内部认知负荷。学习者只有在额外负荷不超过工作记忆容量的情况下才能投入相关资源。此外，相关认知负荷也与外部认知负荷相关。

8.3.3　多媒体学习理论

基于认知科学的研究，以双通道假设、有限能力假设和主动处理假设为三个主要假设，Mayer（1999）在1999年提出了多媒体学习理论，他们推荐了如何根据人类认知处理原理设计多媒体学习材料（Albus et al.，2021），为理解使用VR学习环境时的潜在认知过程提供了理论基础（Parong and Mayer，2021）。我们从三个关于人类大脑如何工作的假设开始阐述。第一，双通道假设，人类信息处理系统由两个独立的通道组成，一个是用于处理听觉输入和言语表征的听觉/言语通道，另一个是处理视觉输入和图形表征的视觉/图像通道。尽管学者提出的各种理论并不是以完全相同的方式描述子系统，但是事实上双通道假设是双编码理论（Medin，1975）和工作记忆理论（Baddeley，1992）的中心假设。第二，有限能力假设，人类信息处理系统中每个通道的容量都是有限的，在任何时候，只有有限的认知处理可以在言语通道中进行，而在任何时候只有有限的感知处理可以在视觉通道中进行。这是认知负荷理论（Sweller，1988）和工作记忆理论（Baddeley，1992）的中心假设。第三，主动处理假设，有意义的学习需要在言语和视觉渠道中进行大量的认知处理。这是主动学习选择-组织-

整合理论（Mayer and Moreno，2010）的中心假设。这些过程包括关注呈现的材料，在头脑中将呈现的材料组织成连贯的结构，并将呈现的材料与现有知识相结合。

根据多媒体学习理论，当信息使用多种方式（一种以上）呈现时，消费者可能同时使用多个认知处理通道，但使用不同渠道处理的信息必须重新组合以形成一个综合解决方案，这意味着中间存在处理和转换（Grewal et al.，2021）。进一步地，工作记忆在两个独立的通道中处理语言和视觉图像信息。由于这两个渠道的容量有限，学习指导应该同时解决这两个问题，以便最大限度地利用基本学习的可用心理资源（Mayer，2009）。尽管多媒体学习理论在教育心理学中得到了广泛应用（Mayer and Pilegard，2014），但它也可以应用于研究网站在在线环境中的展示方式（Zhao et al.，2017）。

Mayer（2009）进一步概述了五种超负荷情况下减少无关处理和避免认知负荷超负荷情况的九种方法。在本章研究中，我们关注的是只有一个感官通道过载且具有基本处理需求的情况。在 VR 世界中，人机交互严重依赖视觉（Petit et al.，2019），这可能导致用户的认知超负荷。为了解决这个问题，Mayer（2009）建议将呈现词作为叙述来减少对视觉通道的处理需求，这就是模态效应。同样地，我们使用具有更高模态丰富度的 VR 系统来减少对视觉通道的处理需求，具体而言我们使用多模态（视觉和听觉）而不是单模态（视觉），输出的听觉内容的信息是高质量而不是低质量的。

8.3.4　线索求和理论

为了探究多媒体环境中信息的学习和保留机制，Severin（1968）提出了线索求和理论，认为信息学习和认知活动会随着可用刺激数量的增加而增加。人类神经系统能够同时处理来自多个感官通道的信息，当相关线索跨通道汇总时，多通道通信优于单通道通信（Severin，1968）。Severin（1968）的研究发现，听觉信号与视觉呈现的组合在识别记忆方面比视觉提示和视觉呈现的组合更有效，因为这些提示在两种情况下都是相关的。Brashears 等（2005）通过研究表明个人在接触带有音频或视频成分的文本而不是简单的文本时记住了更多信息，从而进一步支持了这一理论。总之，这一研究方向提出了感官通道的数量和质量与记忆之间的线性关系。

本章研究中通过改变嵌入在 VR 系统中的感官通道的数量（视觉 vs 视觉和听觉）来控制模态丰富度的感官宽度，并通过改变感官通道接收到的信息质量（高 vs 低）来控制感官深度。基于线索求和理论，多模态（相对于单模态）和高质量模态（相对于低质量）可以提供更多的线索，我们可以预测，与低模态丰富度的 VR 系统相比，具有更高模态丰富度的 VR 系统会改善用户的记忆效果。

8.4　研究假设

8.4.1　模态丰富度和认知负荷

在 VR 旅游系统中，单模态（视觉）VR 系统的用户可能难以注意到所有的视觉信息，这有可能导致更高的认知负荷。Liu 等（2019）发现人们在认知方面都是"吝啬的"，他们通常不愿意在必要的努力之外做出额外的努力。认知负荷理论认为，VR 用户的认知资源是有限的，当认知负荷过高时，信息会占用用户过多的认知资源，从而迫使用户忘记目的地的关键信息。

模态丰富度的作用主要有两个方面。第一，对于感官宽度，单一模态（视觉）呈现过多的视觉信息，这会通过超载用户的认知能力而损害选择和组织过程。多模态（视觉和听觉）VR 旅游可以为用户带来另一种感官信息，他们不再需要"看"，也可以"听"到 VR 视频。第二，对于感官深度，深度越高的 VR 系统意味着信息质量越高。在本章研究中，我们控制视觉信息不变，聚焦听觉信息，更高的信息质量和更低的无效信息可以帮助用户分析重要信息。因此，本章研究认为，模态丰富度可以减少用户在线旅游时的认知负荷。因此，我们提出如下假设。

$H_{8.1}$：模态丰富度对认知负荷有负向影响。

8.4.2　模态丰富度和情绪唤醒度

顾客情绪是消费体验过程中产生的情感反应（Han et al.，2009），与特定刺激紧密相关，情感体验植根于人与环境的互动。即游客与外部环境的互动，具有主观和客观因素，产生情绪反应。作为情绪反应的两个维度之一，唤醒是一个人在某种情况下感到兴奋、警觉、刺激、清醒或活跃的程度（Kiesner，2012）。考虑到酒店和旅游业的体验导向和享乐性质，情感的作用获得了前所未有的认可。在虚拟世界中，唤醒是指访问虚拟场所的个人感到兴奋、活跃或兴奋的程度（Menon and Kahn，2002）。

在本章研究中，模态丰富度可以在两个方面改变用户体验。在感官宽度方面，多模态（视觉和听觉）VR 系统可以为用户提供比单模态（视觉）更多的声音，具有唤醒用户情绪的潜力。在现实世界中，大多数的运动和认知活动（如锻炼、工作和学习等）都伴随着各种声音，并影响人们的情感和行为（Bruner，1990；Pantoja and Borges，2021）。此外，许多研究证实，听觉刺激是消费者营销生活体验的放大器（Roschk et al.，2016）。关于视觉刺激和听觉、视觉刺激的恢复效果和审美品质的研究发现，当人们观看带有自然声音的风景图像时，实验结果表明他们的情绪比观看无声图像时更愉快（Gan et al.，2012；Deng et al.，2020）。在感官深度方面，深度越高的 VR 系统可以带来与视觉内容更一致的信息和更高的视觉质量，可以唤醒或激活用户。因此，我们提出如下假设。

$H_{8.2}$：模态丰富度对情绪唤醒度有正向影响。

8.4.3　认知负荷和记忆

根据认知负荷理论，信息必须在工作记忆中处理并存储在长期记忆中。然而，工作记忆的容量在可以同时处理的信息量及可以保留信息的时间方面是有限的。超过这些限制会导致认知超负荷情况（Paas et al.，2010）。换言之，认知负荷的减少将导致更好的记忆表现。

虽然认知负荷理论广泛用于教育研究，但它也可以应用于研究 MR 中的人机交互设计。研究者以认知负荷和认知流畅度为中介分析了 AR 采用对在线消费者态度的影响（Fan et al.，2020）。在本章研究中，我们可以预测，形态更丰富的 VR 旅游系统可以减轻用户的认知负荷，增强他们对目的地的记忆。因此，我们提出如下假设。

$H_{8.3}$：认知负荷对用户记忆有负向影响。

8.4.4　情绪唤醒度和记忆

已有研究表明，情绪唤醒对于学习或将信息编码到记忆中至关重要（Sharot and Phelps，2004）。Cahill 和 McGaugh（1995）曾进行了一项实验，当读到中性或情绪激动的短篇小说时，受试者在唤醒条件下的记忆表现明显优于对照组。此后，这一发现在类似的研究中得到了验证。医学领域发现了大脑内部机制，证明了杏仁核的参与和压力荷尔蒙（如去甲肾上腺素）的增加可以导致产生情绪唤起的持久记忆（Anderson et al.，2006）。

在 VR 世界中，使用模态丰富度激活用户记忆能力的合理性在于它能够带来更多高质量的敏感信息，这有望导致认知负荷的减少和情绪唤醒度的增加。因此，我们提出如下假设。

H₈.₄：情绪唤醒度正向影响用户记忆。

在模态丰富度和记忆之间，我们假设了两条影响路径，即情绪唤醒度和认知负荷。当前的 VR 系统是高度视觉化的，呈现过多的视觉信息会使用户的认知能力超载而损害用户的选择和处理过程。根据多媒体学习理论（Mayer，2005），适当设计多媒体学习材料可以减少人类的认知负荷（Albus et al.，2021）。同样地，模态丰富度更高的 VR 系统会减轻用户的认知负荷，进而增强他们的记忆能力。

情绪的维度理论将情绪唤醒度视为情感反应的关键组成部分（Baddeley，1992）。此外，在 Lang 等（1990）的一系列认知心理学研究中，高度唤起的情绪刺激与随后的记忆之间存在一致的相关性——无论感受到的情绪效价如何，即无论是积极的还是消极的，这种相关性都存在。在 VR 环境中也发现了情绪唤醒度和记忆之间的这种关系（Petersen et al.，2022），我们认为情绪唤醒度可能是模态丰富度和记忆之间的另一个中介。因此，我们提出如下假设。

H₈.₅：模态丰富度通过影响认知负荷来增加用户记忆。

H₈.₆：模态丰富度通过影响情绪唤醒度来增加用户记忆。

8.4.5　系统沉浸度的调节作用

沉浸度被定义为 VR 系统提供的感官保真度的客观水平（Bowman and McMahan，2007）。例如，VR 头戴式显示器提供比桌面 VR 更高级别的视觉沉浸度。

Makransky 和 Lilleholt（2018）提出的沉浸式学习的认知情感模型（cognitive affective models of immersive learning，CAMIL），以 VR 为例描述了沉浸式环境中的学习过程。该研究发现了影响 VR 学习效果的情感和认知路径。Makransky 和 Petersen（2019）进一步研究了情感和认知路径，他们使用搜索引擎营销（search engine marketing，SEM）构建了从 VR 特征到由情感和认知变量中介的学习表现的路径，并证实，VR 特征会通过情感和认知路径影响学习表现，具体表现为测试分数的变化（Petersen et al.，2022）。

在本章研究中，使用两种类型的设备，即头戴式显示器与手机屏幕（Cadet and Chainay，2020）来操纵系统沉浸度。基于 CAMIL，我们预测用户将对模态丰富度更敏感，在高沉浸度环境中比低沉浸度环境具有更低的认知负荷和更高的情绪唤醒度。

H$_{8.7}$：模态丰富度对认知负荷的影响在高沉浸度环境下比低沉浸度环境更强。

H$_{8.8}$：模态丰富度对情绪唤醒度的影响在高沉浸度环境下比低沉浸度环境更强。

本章研究模型如图 8.1 所示。

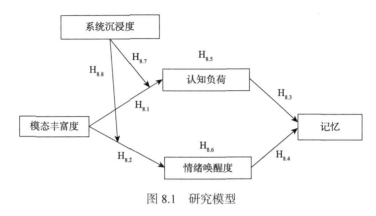

图 8.1　研究模型

8.5　研　究　设　计

8.5.1　实验设计与样本情况

上述假设在实验室实验中进行检验，受试者被随机分配到 10 个分组中的 1 个，具体分组为 2（系统沉浸：低沉浸度–手机 vs 高沉浸度-VR 头戴式显示器）×5（声音：人声背景+音乐背景 vs 人声背景 vs 音乐背景 vs 噪声 vs 无声）。每个分组有 20~23 名受试者。受试者的年龄范围为 19~30 岁（平均年龄 23.02 岁）。大约 50%的受试者是男性，当被问及之前对景区的了解时，97%的受试者表示他们对景区不熟悉，有 50%的受试者之前有过 VR 体验。

在实验中，受试者被要求想象他们正在考虑访问一个特定的目的地。为了避免由过往经验或旅游偏好产生偏差，选择两个目的地（三清山和福建土楼）作为实验的刺激物，并随机分配给受试者（Flavián et al., 2019）。三清山位于江西省上饶市，是世界自然遗产地和世界地质公园。三清山主体南北长 12.2 千米，东西宽 6.3 千米，最高海拔 1 819.9 米。福建土楼位于福建、广东两省，是我国南方少数民族为抵御外敌、野兽入侵而建造的类似城堡的特色建筑。2008 年 7 月 6 日，福建土楼被正式列入《世界遗产名录》。这两个目的地之所以被选为研究地点，是因为它们都是非常高质量的世界遗产。同时，它们比较冷门，去过的游客比较少。

受试者首先回答了一系列关于他们之前在目的地的体验及他们之前在 VR 方面的体验的控制问题。此后，他们被随机分配到 10 个实验条件之一，以观看相应的 VR 视频。根据条件，他们通过其中一种设备（手机 vs VR 头戴式显示器）在具有不同类型声音（人声背景+音乐背景 vs 人声背景 vs 音乐背景 vs 噪声 vs 无声）的房间中可视化目的地的 360°视频。每个视频包含目的地的 8 条关键信息，用于衡量记忆效果。参考实验前受试者轻松观看 VR 视频的平均时间，对原始视频进行了修改，以保持其持续时间（300 秒）和音质不变。

观看 VR 视频后，测试对象识别与目的地相关的关键信息。受试者浏览了实验中出现的 8 条信息和 VR 视频中没有出现的 8 条干扰信息。受试者打分是否记得广告，然后记录识别分数。实验过程中没有给出任何提示。在识别测试之后，受试者将回答关于所研究变量的问卷，问卷包括三部分。问卷的第一部分包含人口统计问题和控制变量，第二部分检查实验操作，第三部分评估受试者的 VR 旅游体验。实验时间为 15~20 分钟。

8.5.2　变量测量

首先，需要测量的是本章研究中的因变量——记忆。参考 Wilson 等（2015）的做法，本章研究用受试者的识别分数来表示目的地的记忆效应。受试者观看了与目的地相关的所有关键信息后（这些信息包含在一个 5 分钟的 VR 视频中），他们重新识别并判断他们是否看到了这些关键信息，如果一条关键信息被他们认为"看到了"，且该条信息确实在 VR 视频中出现过，则计 1 分，选中"未出现过"或者选择"从未见过"的计 0 分。以往的研究表明，个体在记忆测试的过程中存在选择的倾向。为了排除个体习惯性地肯定或否定对识别测试的影响，本章研究引入信号检测理论，借鉴 Wilson 等（2015）的操作方法。以某一条关键信息的所有主体的识别分数的平均值为该条广告的原始识别分数。信号检测理论表明，在回忆过去的事情时，个体会倾向对某个答案（"见过"或"没见过"）做出反应（如倾向说见过或者倾向说没见过）。这是基于个人长期成长过程中形成的潜意识认知习惯，不是记忆，被称为"有偏见的命中率"或 B'_H。为了减少这种潜在的偏差，当个体倾向回答"见过"时，原始分数会降低，而当受试者倾向回答"没见过"时，原始分数会提高。当误报率（未出现的关键信息被识别为"见过"）大于漏报率（出现过的关键信息被识别为"未见过"）时，说明受试者倾向回答"见过"，导致负偏差（negative bias），在这种情况下 B'_H 计算为

$$B'_H = 1 - \frac{x(1-x)}{y(1-y)} \qquad (8.1)$$

其中，y 为命中率（正确识别的广告数占所有出现过的广告数的百分比）；x 为误报率（错误识别干扰广告数占所有出现过的广告数的百分比）。

当误报率小于漏报率时，代表了受试者倾向回答"未见过"，是一种正偏差校正。在这种情况下，B'_H 计算为

$$B'_H = \frac{y(1-y)}{x(1-x)} - 1 \qquad (8.2)$$

对原始识别率的第二次调整基于受试者区分目标广告和干扰广告的能力（Singh and Churchill，2000），这被称为记忆敏感度或 A'，计算如下：

$$A' = \frac{1}{2} + \frac{(y-x)(1+y-x)}{4y(1-x)} \qquad (8.3)$$

其中，y 为命中率；x 为误报率。A' 取值从 0.5~1.0，其中 0.5 代表机会，1.0 代表完美识别记忆（Singh and Churchill，2000）。

本章研究计算出每个主体的 B'_H 和 A'，单个主体对每个关键信息的偏差调整分数是其原始识别分数与 B'_H 和 A' 的乘积。每名受试者对所有关键信息的偏差调整分数之和就是每名受试者的偏差调整分数。最终，本章研究使用偏差调整后的广告识别分数，每名受试者的原始识别分数乘以偏差调整分数，再加上原始识别分数，作为代表每名受试者真实记忆效果的因变量。

其次，需要测量的是本章研究中的自变量、中介变量及调节变量。情绪唤醒度的四个项目改编自 Koo 和 Ju（2010）的研究，分别是"当我使用 VR 系统时，我被唤醒—没有被唤醒"、"当我使用 VR 系统时，我在清醒—昏昏欲睡"、"使用 VR 系统时兴奋—冷静"及"使用 VR 系统时疯狂—呆滞"。认知负荷的三个项目改编自 Leppink 等（2013）的研究，分别是"VR 系统的声音设计让我很难找到关键信息"、"VR 系统的声音设计让我找到关键信息非常不方便"及"VR 系统的声音设计使关键信息难以识别和链接"。系统沉浸度的四个项目改编自 Jennett 等（2008）的研究，分别是"我可以像在现实世界中一样与目的地互动"、"我感觉与外界分离"、"我感觉完全沉浸"及"我忘记了我每天的烦恼"。本章研究中，模态丰富度是一个实验操纵变量，为了了解参与者的实际感受，我们在问卷中使用感知信息质量来测量用户对模态丰富度的主观感受。感知信息质量用 Wang 和 Strong（1996）的四个项目来测量。分别是"听觉信息的信息量很大"、"听觉信息全面"、"听觉信息的观点易于理解"及"听觉信息可以帮助我熟悉目的地"。测量采用利克特 7 级量表，范围从"1=非常不同意"到"7=非常同意"。

8.6　实　验　结　果

8.6.1　操纵和控制变量

在实验中，模态丰富度由 5 个 VR 系统版本（人声背景+音乐背景 vs 人声背景 vs 音乐背景 vs 噪声 vs 无声）操纵。实验中对受试者的注意力进行了检测。控制变量的方差分析检验结果表明，各组之间的 VR 先前经验 $[F(1, 212)=2.177, p=0.835]$ 和目的地的先前经验 $[F(1, 212)=0.821, p=0.397]$ 没有显著差异，表明控制变量不影响实验结果。

8.6.2　效度和信度检验

我们首先评估了测量项目的收敛效度和区分效度。AVE 值和因子载荷系数用于评估收敛效度。如表 8.1 所示，AVE 值超过了 0.5 的阈值，因子载荷系数大于 0.7 的阈值，表明收敛效度是可以接受的。我们通过比较 AVE 值的平方根和变量之间的相关性来评估区分效度。如表 8.2 所示，AVE 值的平方根大于变量之间的相关性，证明了良好的区分效度。其次，我们测试了问卷的信度。表 8.1 显示，CR 值范围为 0.865~0.995，Cronbach's α 系数范围为 0.817~0.929，表明信度足够。为了评估共同方法偏差，Harman 的单因素检验通过主成分因子分析（Podsakoff et al., 2003）进行，每个因素解释的方差大致相等（10%~16%）。因此，没有共同方法偏差的证据。

表8.1　量表信度和收敛效度分析

变量		因子载荷	Cronbach's α	AVE	CR
情绪唤醒度（AL）	AL_1	0.826	0.817	0.643	0.878
	AL_2	0.803			
	AL_3	0.750			
	AL_4	0.827			

续表

变量		因子载荷	Cronbach's α	AVE	CR
认知负荷 （CL）	CL_1	0.930	0.929	0.876	0.955
	CL_2	0.936			
	CL_3	0.942			
感知信息质量 （PIQ）	PIQ_1	0.823	0.832	0.743	0.865
	PIQ_2	0.813			
	PIQ_3	0.882			
	PIQ_4	0.827			
系统沉浸度 （PSI）	PSI_1	0.823	0.841	0.826	0.885
	PSI_2	0.801			
	PSI_3	0.781			
	PSI_4	0.832			

表8.2　区分效度分析

变量	1	2	3	4	5
1. 系统沉浸度	**0.909**				
2. 感知信息质量	0.032	**0.862**			
3. 情绪唤醒度	0.021[*]	0.241[**]	**0.802**		
4. 认知负荷	0.337[**]	−0.451[**]	−0.266[**]	**0.936**	
5. 记忆	0.106	0.361[**]	0.276[**]	−0.301[**]	**1.000**

*表示显著性水平小于 0.05，**表示显著性水平小于 0.01

注：加粗数字为 AVE 值的平方根

8.6.3　主效应检验

我们预计四种有声音的版本可以比无声版本引起更高水平的感知信息质量、唤醒度和更低水平的认知负荷。为了检验模态丰富度的感官宽度对认知负荷和情绪唤醒度的影响，我们进行了方差分析，以认知负荷减少和情绪唤醒度增加为因变量，以 VR 系统的声音设计（有声音与无声音）为自变量。结果表明，实验组与对照组存在显著差异。有声音组的受试者比无声音组的受试者报告了更低水平的认知负荷 [$M_{有声}$=1.431，$M_{无声}$=4.111，$F(1, 212)$=80.87，$p<0.001$] 和更高水

平的情绪唤醒度 [$M_{有声}$=4.387，$M_{无声}$=4.801，F（1，212）=3.929，$p<0.05$]，因此支持 $H_{8.1}$ 和 $H_{8.2}$。

为了检验认知负荷对记忆的影响，我们以认知负荷为自变量，以记忆为因变量，进行了线性回归分析。结果表明认知负荷与记忆之间呈显著负相关关系（b=-0.361，$p<0.001$），因此支持 $H_{8.3}$。

为了检验情绪唤醒度对记忆的影响，我们以情绪唤醒度为自变量，以记忆为因变量，进行了线性回归分析。结果表明情绪唤醒度与记忆之间呈显著正相关关系（b=0.146，$p<0.001$），因此支持 $H_{8.4}$。

8.6.4　中介效应检验

本章研究基于 Hayes（2017）的建议，采用 SPSS 软件中的宏程序 Process 进行有调节的中介模型分析。首先，采用 Model4 进行中介效应检验。详细分析结果如表 8.3 所示。在控制了性别、年龄、受教育程度、景区熟悉程度、VR 使用经验的影响后，对认知负荷和情绪唤醒度的中介效应进行检验。

表8.3　中介效应检验结果

中介路径	效应	效应值	标准误	Boot LLCI	Boot ULCI
模态丰富度→认知负荷→记忆	总效应	0.161	0.029	0.104	0.217
	直接效应	0.114	0.032	0.052	0.176
	间接效应	0.028	0.015	0.001	0.059
模态丰富度→情绪唤醒度→记忆	总效应	0.161	0.029	0.104	0.217
	直接效应	0.114	0.032	0.052	0.176
	间接效应	0.019	0.009	0.004	0.038

在模态丰富度→认知负荷→记忆这条路径中，总效应值为 0.161，95%的置信区间为[0.104，0.217]，不包含 0，表明总效应显著；直接效应值为 0.114，95%的置信区间为[0.052，0.176]，不包含 0，表明直接效应显著；间接效应值为 0.028，95%的置信区间为[0.001，0.059]，不包含 0，表明间接效应显著。可以得出认知负荷在模态丰富度和记忆之间起到中介作用。因此，支持 $H_{8.5}$。

在模态丰富度→情绪唤醒度→记忆这条路径中，总效应值为 0.161，95%的置信区间为[0.104，0.217]，不包含 0，表明总效应显著；直接效应值为 0.114，95%的置信区间为[0.052，0.176]，不包含 0，表明直接效应显著；间接效应值为 0.019，95%的置信区间为[0.004，0.038]，不包含 0，表明间接效应显著。可以得出情绪唤醒度在模态丰富度和记忆之间起到中介作用。因此，支持 $H_{8.6}$。

8.6.5　调节效应检验

采用 Model8 进行调节作用检验，结果如表 8.4 和表 8.5 所示。所有模型均控制了性别、年龄、受教育程度、景区熟悉程度、VR 使用经验的影响。

表8.4　调节效应检验结果

模态丰富度→认知负荷→记忆

变量	认知负荷				记忆			
	系数	标准误	t 值	p 值	系数	标准误	t 值	p 值
模态丰富度	−0.048	0.054	−0.880	0.380	0.049	0.036	1.357	0.176
系统沉浸度	2.985	0.342	8.718***	0.000	0.163	0.263	0.620	0.536
模态丰富度×系统沉浸度	−0.491	0.074	−6.596***	0.000	0.055	0.054	1.013	0.312
认知负荷					−0.11	0.046	−2.387	0.018
情绪唤醒度					0.109	0.049	2.224	0.027
R^2	0.413				0.209			
F	24.421**				6.784*			

模态丰富度→情绪唤醒度→记忆

变量	情绪唤醒度				记忆			
	系数	标准误	t 值	p 值	系数	标准误	t 值	p 值
模态丰富度	0.048	0.051	0.937	0.350	0.049	0.036	1.357	0.176
系统沉浸度	−0.589	0.323	−1.822*	0.070	0.163	0.263	0.620	0.536
模态丰富度×系统沉浸度	0.168	0.070	2.399*	0.017	0.055	0.054	1.013	0.312
认知负荷					−0.11	0.046	−2.387	0.018
情绪唤醒度					0.109	0.049	2.224	0.027
R^2	0.111				0.209			
F	4.341*				6.784*			

*表示显著性水平小于 0.05，**表示显著性水平小于 0.01，***表示显著性水平小于 0.001

表8.5　有调节的中介效应检验结果

模态丰富度→认知负荷→记忆

	系统沉浸度	效应值	标准误	BootLLCI	BootULCI
有调节的中介效应	低（2.587）	0.009	0.007	−0.002	0.025
	中（4.241）	0.038	0.018	0.004	0.074
	高（5.895）	0.067	0.032	0.007	0.130

模态丰富度→情绪唤醒度→记忆

	系统沉浸度	效应值	标准误	BootLLCI	BootULCI
有调节的中介效应	低（2.587）	0.011	0.009	−0.001	0.032
	中（4.241）	0.017	0.009	0.003	0.037
	高（5.895）	0.024	0.012	0.004	0.049

在模态丰富度→认知负荷→记忆这条路径中，模态丰富度和系统沉浸度的交互项负向显著影响认知负荷（$\beta=-0.491$，$t=-6.569$，$p<0.001$），且当系统沉浸度处于低水平时（2.587），认知负荷满足的中介效应值为 0.009，95%的置信区间为[−0.002，0.025]，包含 0，表明中介效应不显著；当感知系统沉浸度处于中等水平时（4.241），认知负荷满足的中介效应值为0.038，95%的置信区间为[0.004，0.074]，不包含 0，表明中介效应显著；当感知系统沉浸度处于高水平时（5.895），认知负荷满足的中介效应值为0.067，95%的置信区间为[0.007，0.130]，不包含 0，表明中介效应显著。因此，系统沉浸度调节认知负荷在模态丰富度和记忆之间的中介作用，支持 $H_{8.7}$。

在模态丰富度→情绪唤醒度→记忆这条路径中，模态丰富度和系统沉浸度的交互项负向显著影响情绪唤醒度（$\beta=-0.168$，$t=2.399$，$p<0.05$），且当系统沉浸度处于低水平时（2.587），情绪唤醒度满足的中介效应值为0.011，95%的置信区间为[−0.001，0.032]，包含 0，表明中介效应不显著；当系统沉浸度处于中等水平时（4.241），认知负荷满足的中介效应值为0.017，95%的置信区间为[0.003，0.037]，不包含 0，表明中介效应显著；当系统沉浸度处于高水平时（5.895），情绪唤醒度的中介效应值为0.024，95%的置信区间为[0.004，0.049]，不包含 0，表明中介效应显著。因此，系统沉浸度调节情绪唤醒度在模态丰富度和记忆之间的中介作用，支持 $H_{8.8}$。

8.7　结论与展望

8.7.1　研究结论

在 VR 技术兴起的今天，多模态 VR 系统的使用越来越普遍。本章研究考虑了用户在沉浸式交互体验环境中的信息感知和处理特性。本章研究基于模态丰富度理论、认知负荷理论和多媒体学习理论和线索求和理论，探讨了模态丰富度对记忆的影响，并考虑了系统沉浸度的调节作用。从实验中获得了三个主要发现。

第一，VR 系统的模态丰富度可以提高用户的记忆水平。在虚拟环境中，模态丰富度高的 VR 系统比模态丰富度低的 VR 系统更能激发用户生成更准确的识别记忆。具体来说，多模态优于单模态，高质量优于低质量的感官通道。

第二，模态丰富度对用户记忆增加的影响可归因于情绪唤醒度的增加和认知负荷的减少。具体而言，认知负荷和情绪唤醒度中介了模态丰富度与记忆之间的关系。这与以往记忆研究的结论一致，证明模态丰富度主要通过认知负荷和情绪唤醒度路径影响用户的记忆效果。

第三，高沉浸度 VR 系统中的消费者受到模态丰富度的显著影响，而低沉浸度 VR 系统中的消费者受到的影响不显著。也就是说，在高沉浸度下消费者对模态丰富度更加敏感，多模态对用户记忆的影响明显大于单模态。这与传统多媒体环境下的结论不同，原因可能是在 VR 环境中，用户的注意力发生了变化。在低沉浸度 VR 环境中增加模态丰富度并不能刺激用户，具体而言，不能显著增加用户的情绪唤醒度或显著减少认知负荷。

8.7.2　理论贡献

本章研究取得了若干理论贡献。首先，我们发现在 VR 环境下，系统声音对用户记忆的影响受到系统沉浸度的调节作用，值得注意的是，低沉浸度 VR 环境与传统多媒体环境并不相同，这丰富了 VR 环境下模态丰富度理论和多媒体学习理论的理论知识。其次，我们的研究从模态丰富度的角度阐明了 VR 系统的声音对用户记忆的影响，有助于 VR 领域的声音和记忆研究。之前的研究已经研究了 VR 对消费者态度、购买意愿、口碑分享意愿和支付意愿的影响，然而关于 VR 系统的各种声音是否及如何影响用户的记忆，我们知之甚少。我们的研究通过揭示模态丰富度、认知负荷、情绪唤醒度和记忆之间的关系来填补研究空白。现有的关于模态丰富度的研究主要集中在模态丰富度的感官宽度（感官通道的数量）上，但很少有研究同时考察模态丰富度的感官宽度和感官深度。本章研究基于模态丰富度理论，以感知信息质量来衡量用户对模态丰富度的感受，结果表明，无论是感官宽度还是感官深度，都可以提高用户的记忆效果。此外，我们提出了一个理论模型，该模型展示了从模态丰富度到记忆的因果路径。我们假设模态丰富度通过提供更丰富和更高质量的感官信息来减少用户的认知负荷，同时增加情绪唤醒度以增加用户记忆。

8.7.3　实践启示

本章研究可以帮助服务提供商开发更有效的多感官沉浸式交互系统。在沉浸式交互系统中添加各种声音，以补充单纯的视觉刺激，促进对用户的情绪唤醒度，减少用户的认知负荷，最后达到增强用户对产品的记忆效果的目的。正如之前的研究所指出的，现实生活中的大多数行为会附带着各种声音信息。因此，服务提供商可以使用听觉输入来增强沉浸式交互系统提供的多感官体验。鉴于在旅游体验中产生替代体验的困难（Tussyadiah et al.，2018），在沉浸式交互系统中提供更高模态丰富度的信息有助于创建有效的多感官体验。特别活动（如旅游展销会）和旅行社可能会从这些发现中受益，并通过向潜在消费者提供更具吸引力的多感官体验增强竞争优势。

8.7.4　研究局限与展望

首先，本章研究基于多模态角度探究多感官体验对消费者记忆的影响，但是只考虑了视觉、听觉两种，在后续的研究中应当适当加上触觉（借助 Google 等开发的触觉手套）、嗅觉（借助嗅觉扩散系统）、味觉等感官信息，更全面地研究多感官体验对消费者记忆的影响。

其次，本章研究在探究模态丰富度对记忆影响的边界条件时，从用户特征、系统特征、产品特征三个角度考虑主效应的作用边界，但是最后只有系统沉浸度的调节作用显著，之后的研究可以从剩下的两个角度选择合适的变量来探究其调节作用。

最后，本章研究主要采用硕士研究生样本。虽然硕士研究生可能被认为是目标消费者的合适受众（鉴于他们通常对创新思想相对开放，并且能够负担得起某些产品），但使用硕士研究生样本限制了研究的外部效度。用更大和更具代表性的样本复制研究将增加研究结果的普遍性。

本 章 小 结

本章研究了多感官体验对消费者记忆的影响。研究发现，沉浸式交互系统的模态丰富度（感官宽度和感官深度）可以提高消费者对产品的记忆水平，这种作用主要源于情绪唤醒度水平的增加和认知负荷的减少，高沉浸度环境下，模态丰富度对记忆的作用更强。本章研究在刻画沉浸式交互体验方面主要考虑了沉浸式交互系统的信息内容（虚拟部分和真实部分）及信息传递的感官模态（视觉和听觉），没有考虑信息内容与感官模态的交互作用，也没有考虑更多类型的感官模态（嗅觉、味觉和触觉），未来可以做更深入的研究。

参 考 文 献

Albus P，Vogt A，Seufert T. 2021. Signaling in virtual reality influences learning outcome and cognitive load. Computers & Education，166：104154.

Anderson A K，Yamaguchi Y，Grabski W, et al. 2006. Emotional memories are not all created equal：evidence for selective memory enhancement. Learning & Memory，13（6）：711-718.

Baddeley A. 1992. Working memory. Science，255（5044）：556-559.

Bowman D A，McMahan R P. 2007. Virtual reality：how much immersion is enough? Computer，40（7）：36-43.

Brashears T，Akers C，Smith J. 2005. The effects of multimedia cues on student cognition in an electronically delivered high school unit of instruction. Journal of Southern Agricultural Education Research，55（1）：1-14.

Bruner G C. 1990. Music，mood，and marketing. Journal of Marketing，54（4）：94-104.

Buhalis D，Harwood T，Bogicevic V, et al. 2019. Technological disruptions in services：lessons from tourism and hospitality. Journal of Service Management，30（4）：484-506.

Cadet L B，Chainay H. 2020. Memory of virtual experiences：role of immersion, emotion and sense of presence. International Journal of Human-Computer Studies，144：102506.

Cahill L，McGaugh J L. 1995. A novel demonstration of enhanced memory associated with emotional arousal. Consciousness and Cognition, 4（4）: 410-421.

Chandler P, Sweller J. 1996. Cognitive load while learning to use a computer program. Applied Cognitive Psychology, 10（2）: 151-170.

Deng L, Luo H, Ma J, et al. 2020. Effects of integration between visual stimuli and auditory stimuli on restorative potential and aesthetic preference in urban green spaces. Urban Forestry & Urban Greening, 53（1）: 1-13.

Fan X, Chai Z, Deng N, et al. 2020. Adoption of augmented reality in online retailing and consumers' product attitude: a cognitive perspective. Journal of Retailing and Consumer Services, 53: 101986.

Flavián C, Ibáez-Sánchez S, Orús C. 2019. The impact of virtual, augmented and mixed reality technologies on the customer experience. Journal of Business Research, 100: 547-560.

Flavián C, Ibáez-Sánchez S, Orús C. 2021. The influence of scent on virtual reality experiences: the role of aroma-content congruence. Journal of Business Research, 123: 289-301.

Gallace A, Spence C. 2014. In Touch with the Future: the Sense of Touch from Cognitive Neuroscience to Virtual Reality. Oxford: Oxford University Press.

Gan Y, Tao L, Behm H, et al. 2012. Changes of soundscape along rural-urban gradients and their influence on landscape preference: a case study from xiamen, China. Journal of the Acoustical Society of America, 131（4）: 3475.

Grewal R, Gupta S, Hamilton R. 2021. Marketing insights from multimedia data: text, image, audio, and video. Journal of Marketing Research, 58（6）: 1025-1033.

Guttentag D A. 2010. Virtual reality: applications and implications for tourism. Tourism Management, 31（5）: 637-651.

Han H, Back K J, Barrett B. 2009. Influencing factors on restaurant customers' revisit intention: the roles of emotions and switching barriers. International Journal of Hospitality Management, 28（4）: 563-572.

Hayes A F. 2017. Introduction to Mediation, Moderation, and Conditional Process Analysis: A Regression-based Approach. New York: Guilford Publications.

Heller J, Chylinski M, de Ruyter K, et al. 2019. Touching the untouchable: exploring multi-sensory augmented reality in the context of online retailing. Journal of Retailing, 95（4）: 219-234.

Hopf J, Scholl M, Neuhofer B, et al. 2020. Exploring the impact of multisensory VR on travel recommendation: a presence perspective//Neidhardt J, Wörndl W. Information and Communication Technologies in Tourism 2020. Cham: Springer: 169-180.

Jennett C, Cox A L, Cairns P, et al. 2008. Measuring and defining the experience of immersion in games. International Journal of Human-Computer Studies, 66（9）: 641-661.

Jin S A A. 2009. The roles of modality richness and involvement in shopping behavior in 3D virtual stores. Journal of Interactive Marketing, 23（3）: 234-246.

Kiesner J. 2012. Affective response to the menstrual cycle as a predictor of self-reported affective response to alcohol and alcohol use. Archives of Womens Mental Health, 15（6）: 423-432.

Kitagawa N, Igarashi Y. 2005. Tickle sensation induced by hearing a sound. The Japanese Journal of Psychonomic Science, 24: 121-122.

Klepsch M，Schmitz F，Seufert T. 2017. Development and validation of two instruments measuring intrinsic，extraneous，and germane cognitive load. Frontiers in Psychology，8：1-18.

Koo D M，Ju S H. 2010. The interactional effects of atmospherics and perceptual curiosity on emotions and online shopping intention. Computers in Human Behavior，26（3）：377-388.

Lacey S，Flueckiger P，Stilla R，et al. 2010. Object familiarity modulates the relationship between visual object imagery and haptic shape perception. NeuroImage，49（3）：1977-1990.

Lang P J，Bradley M M，Cuthbert B N. 1990. Emotion，attention，and the startle reflex. Psychological Review，97（3）：377-395.

Leppink J，Paas F，Vleuten C. 2013. Development of an instrument for measuring different types of cognitive load. Behavior Research Methods，45（4）：1058-1072.

Li H，Daugherty T，Biocca F. 2002. Impact of 3-D advertising on product knowledge，brand attitude，and purchase intention：the mediating role of presence. Journal of Advertising Research，31（3）：43-57.

Liu R，Hannum M，Simons C T. 2019. Using immersive technologies to explore the effects of congruent and incongruent contextual cues on context recall，product evaluation time，and preference and liking during consumer hedonic testing. Food Research International，117：19-29.

Loureiro S M C，Guerreiro J，Japutra A. 2021. How escapism leads to behavioral intention in a virtual reality store with background music? Journal of Business Research，134：288-300.

Makransky G，Lilleholt L. 2018. A structural equation modeling investigation of the emotional value of immersive virtual reality in education. Educational Technology Research and Development，66：1141-1164.

Makransky G，Petersen G B. 2019. Investigating the process of learning with desktop virtual reality：a structural equation modeling approach. Computers & Education，134：15-30.

Mayer R E. 1999. Multimedia aids to problem-solving transfer. International Journal of Educational Research，31（7）：611-623.

Mayer R E. 2005. The Cambridge Handbook of Multimedia Learning. Cambridge：Cambridge University Press.

Mayer R E. 2009. Multimedia Learning. 2nd ed. Cambridge：Cambridge University Press.

Mayer R E，Moreno R. 2010. Nine ways to reduce cognitive load in multimedia learning. Educational Psychologist，38（1）：43-52.

Mayer R E，Pilegard C. 2014. Principles for Managing Essential Processing in Multimedia Learning：Segmenting，Pre-training，and Modality Principles. Cambridge：Cambridge University Press.

Medin D L. 1975. A theory of context in discrimination learning//Bower G H. The Psychology of Learning and Motivation. New York：Academic Press：269-315.

Menon S，Kahn B. 2002. Cross-category effects of induced arousal and pleasure on the internet shopping experience. Journal of Retailing，78：31-40.

Moreno R E，Park B. 2010. Cognitive Load Theory：Historical Development and Relation to other Theories. Cambridge：Cambridge University Press.

Narumi T，Nishizaka S，Kajinami T，et al. 2011. Augmented reality flavors：gustatory display based on edible marker and cross-modal interaction.Proceedings of the SIGCHI Conference on Human Factors in Computing Systems: 93-102.

Niedenthal P M, Barsalou L W, Winkielman P, et al. 2005. Embodiment in attitudes, social perception, and emotion. Personality and Social Psychology Review, 9（3）: 184-211.

Paas F, van Gog T, Sweller J. 2010. Cognitive load theory: new conceptualizations, specifications, and integrated research perspectives. Educational Psychology Review, 22（2）: 115-121.

Pantoja F, Borges A. 2021. Background music tempo effects on food evaluations and purchase intentions. Journal of Retailing and Consumer Services, 63（4）: 102730.

Parong J, Mayer R E. 2021. Cognitive and affective processes for learning science in immersive virtual reality. Journal of Computer Assisted Learning, 37（1）: 226-241.

Petersen G B, Petkakis G, Makransky G. 2022. A study of how immersion and interactivity drive vr learning. Computers & Education, 179: 104429.

Petit O, Cheok A D, Spence C, et al. 2015. Sensory marketing in light of new technologies//Cheok A D, Sunar M S, Neo K T K, et al. Proceedings 12th International Conference on Advances in Computer Entertainment Technology: 1-4.

Petit O, Velasco C, Spence C. 2019. Digital sensory marketing: integrating new technologies into multisensory online experience. Journal of Interactive Marketing, 45（1）: 42-61.

Podsakoff P M, MacKenzie S B, Lee J Y, et al. 2003. Common method biases in behavioral research: a critical review of the literature and recommended remedies. Journal of Applied Psychology, 88（5）: 879-903.

Ramirez J A, Burgoon J K. 2004. The effect of interactivity on initial interactions: the influence of information valence and modality and information richness on computer-mediated interaction. Communication Monographs, 71（4）: 422-447.

Ranasinghe N, Jain P, Thi Ngoc Tram N, et al. 2018. Season traveller: multisensory narration for enhancing the virtual reality experience//Association for Computing Machinery. Proceedings of the 2018 CHI Conference on Human Factors in Computing Systems: 1-13.

Ranasinghe N, Nguyen N T, Liangkun Y, et al. 2019.Vocktail: a virtual cocktail for pairing digital taste, smell, and color sensations//Association for Computing Machinery. Proceedings of the 25th ACM international conference on Multimedia: 1139-1147.

Roschk H, Loureiro S, Breitsohl J. 2016. Calibrating 30 years of experimental research: a meta-analysis of the atmospheric effects of music, scent, and color. Journal of Retailing, 93（2）: 228-240.

Rose S, Clark M, Samouel P, et al. 2012. Online customer experience in e-retailing: an empirical model of antecedents and outcomes. Journal of Retailing, 88（2）: 308-322.

Severin W J. 1968. Cue summation in multiple-channel communication. Report from the media and concept learning project. Madison: Wisconsin Research and Development Center for Cognitive Learning, University of Wisconsin.

Sharot T, Phelps E A. 2004. How arousal modulates memory: disentangling the effects of attention and retention. Cognitive, Affective, & Behavioral Neuroscience, 4（3）: 294-306.

Singh S N, Churchill G A. 2000. Response-bias-free recognition tests to measure advertising effects.

Journal of Advertising Research, 27（3）: 23.

Song J H, Zinkhan G M. 2008. Determinants of perceived web site interactivity. Journal of Marketing, 72（2）: 99-113.

Spence C. 2017. Tasting in the air: a review. International Journal of Gastronomy and Food Science, 9: 10-15.

Spence C, Gallace A. 2011. Multisensory design: reaching out to touch the consumer. Psychology Marketing, 28（3）: 267-308.

Spence C, Obrist M, Velasco C, et al. 2017. Digitizing the chemical senses: possibilities & pitfalls. International Journal of Human-Computer Studies, 107: 62-74.

Spence C, Okajima K, Cheok A D, et al. 2016. Eating with our eyes: from visual hunger to digital satiation. Brain and Cognition, 110: 53-63.

Sprecher S. 2014. Initial interactions online-text, online-audio, online-video, or face-to-face: effects of modality on liking, closeness, and other interpersonal outcomes. Computers in Human Behavior, 31: 190-197.

Sweller J. 1988. Cognitive load during problem solving: effects on learning. Cognitive Science, 12（2）: 257-285.

Sweller J. 2010. Cognitive Load Theory: Recent Theoretical Advances. Cambridge: Cambridge University Press.

Sweller J, Chandler P. 1994. Why some material is difficult to learn. Cognition, 12（3）: 185-233.

Sweller J, van Merriënboer J J G, Paas F. 2019. Cognitive architecture and instructional design: 20 years later. Educational Psychology Review, 31（2）: 261-292.

Tussyadiah I P, Wang D, Jung T H, et al. 2018. Virtual reality, presence, and attitude change: empirical evidence from tourism. Tourism Management, 66: 140-154.

Volder A G, Toyama H, Yuichi K, et al. 2001. Auditory triggered mental imagery of shape involves visual association areas in early blind humans. NeuroImage, 14（1）: 129-139.

Wang R Y, Strong D M. 1996. Beyond accuracy: what data quality means to data consumers. Journal of Management Information Systems, 12（4）: 5-33.

Wilson R T, Baack D W, Till B D. 2015. Creativity, attention and the memory for brands: an outdoor advertising field study. International Journal of Advertising, 34（2）: 232-261.

Zhao X, Shi C, You X, et al. 2017. Analysis of mental workload in online shopping: are augmented and virtual reality consistent? Frontiers in Psychology, 8: 1-8.

第9章 沉浸式交互系统对在线评分结构的影响

第9章、第10章聚焦于购买后阶段,重点研究沉浸式交互系统对消费者购买后评价的影响。本章以真实零售商网站的产品评分为数据源,探讨沉浸式交互系统对消费者在线评分结构的影响。

9.1 研 究 背 景

电子商务网站持续使用各种媒体技术展示产品(Jiang and Zou,2020)以填补在线消费者与产品之间的信息差距(Gallino and Moreno,2018)。近年来,越来越多的电子商务网站开始推出 AR 应用程序,以帮助在线消费者在决定购买之前检查产品(Wedel et al.,2020;Nikhashemi et al.,2021)。AR 是一种将虚拟对象叠加在现实世界上的技术,在营销领域受到了广泛关注(Dwivedi et al.,2021;Rauschnabel et al.,2022)。根据 Javornik(2014)的观点,广告促销、用户服务和产品管理是AR 常用的三大营销功能。本章研究关注的是以虚拟试穿为代表的产品管理。AR作为一种将虚拟信息与物理空间相结合的交互式媒体技术(Rauschnabel,2021),可以帮助在线消费者虚拟地试用产品,判断产品是否符合他们的喜好,因此在消费者的购买决策过程中发挥着重要作用(Hilken et al.,2020)。

相关研究主要集中于消费者对 AR 技术的采纳动机及 AR 对消费者购买行为的影响。研究发现,AR 提高了消费者决策舒适度(Heller et al.,2019a),降低了产品不确定性(Gallino and Moreno,2018),带来了更高水平的产品态度(Fan et al.,2020)、购买意愿(Hilken et al.,2017;Yim et al.,2017;Smink et al.,2019)和支付意愿(He et al.,2018;Heller et al.,2019b)。然而,购买产品并不意味着决策过程的结束。一个完整的购买决策过程包括三个阶段，即购买前、购买中和购买后（Roggeveen and Sethuraman，2020）。以往的研究大多侧重于消费者的购买前行为，缺乏对购买后阶段的研究（Loureiro et al.，2019），AR 是否会影响消费者的购买后评估目前尚不清楚。

为了解决上述问题，本章关注 AR 对消费者购买后评估的影响。研究动机来自以下逻辑：刺激消费者购买产品并不是电子商务网站的最终营销目标，因为刺激引起的产品销售可能伴随着高水平的消费者投诉和产品退货（Li et al.，2019），并导致履行成本的增加（Gallino and Moreno，2018）。电子商务网站的最终目标是提高消费者满意度，这可以产生短期和长期价值，包括低退货率、高忠诚度及更多的回购和推荐行为。因此，本章研究旨在将研究视角扩展到购买后阶段，探讨 AR 对消费者购买后满意度的影响。

消费者在线评分通常被用作消费者购买后满意度的指标（Schneider et al.，2020），这是由消费者的主观期望而非实际产品质量决定的（Engler et al.，2015）。作为评论内容的图形摘要，在线评分比评论内容传达信息更快（Venkatesakumar et al.，2021），并影响未来的销售业绩。先前研究表明，消费者不仅关注在线评分的均值，还关注在线评级的分布（Karaman，2021）。例如，负面评级比正面评级有更大的影响（Lee et al.，2008），在线评级的变化会影响消费者的感知有用性（Choi et al.，2019）。因此，本章研究聚焦于在线评分的分布，研究 AR 对平均评分、高分占比、低分占比和评分离散程度的影响。

价格和流行度是与产品相关的重要外部信号（Lin et al.，2016），能够改变消费者的决策方式（Zhu and Zhang，2010），现有的 AR 文献中很少讨论这些外部信号。本章研究发现，AR 对消费者购买后评价的影响取决于产品价格和受欢迎程度。此外，在线零售商需要了解价格和流行度的作用，因为他们可以根据产品的价格和流行度决定对哪些产品进行 3D 模型开发的投资。

本章研究的贡献在于：将研究视角从购买前阶段扩展到购买后阶段，探索了 AR 对消费者在线评级分布的影响。本章研究证明了 AR 产品展示与在线评分分布之间的调节作用。该发现有助于研究人员和从业者更好地理解 AR 的影响，并就如何引入 AR 以最大限度地提高绩效提供新的见解。

9.2　文　献　综　述

9.2.1　AR 技术

AR 是一种通过将虚拟元素叠加到物理环境中从而实现将虚拟世界和现实世

界融合的数字化交互技术（Watson et al.，2018）。其中，物理环境包括人、周围环境等真实元素，虚拟元素包括文字、视频、图像或其他虚拟物品等（Javornik，2016a）。AR 将真实对象和虚拟元素相结合，使得消费者能够通过移动设备实现与虚拟元素进行实时交互（Azuma et al.，2001），如移动、旋转、放大、缩小等操作（Carmigniani et al.，2011）。不同于 VR，AR 并没有改变或取代用户的真实世界，而是通过将额外的信息集成到用户的真实世界体验中来丰富用户的真实世界（Flavián et al.，2019）。根据 Milgram 和 Kishhino（1994）提出的"现实–虚拟连续体"，AR 保留了现实元素并结合了虚拟元素，因此其属于 MR 范畴。AR 技术现已被广泛应用于营销（Scholz and Duffy，2018）、旅游（Jung et al.，2015）、设计（Scholz and Smith，2016）、教育（Olshannikova et al.，2015；Arifin et al.，2018）、建筑（Li et al.，2018b）、工业（Scurati et al.，2018）和游戏（Rauschnabel et al.，2017）等领域。本章研究主要聚焦于营销领域的基于 AR 技术的产品展示。

9.2.2　AR 对消费者行为的影响研究

现有的基于 AR 技术的相关研究主要集中在消费者购买决策过程的购买前、购买中两个阶段。

在购买前阶段，研究人员主要探讨了消费者采用 AR 技术的动机（Kim and Forsythe，2008；Javornik，2016b；Pantano et al.，2017；Yim and Park，2019；Li et al.，2020），AR 对消费者搜索成本（Jiang and Zou，2020）、参与度（Dieck et al.，2018）和预期满意度（Jessen et al.，2020）的影响。Li 等（2020）使用文本分析法，发现感知收益和满意是影响 Pokémon GO 玩家持续使用该应用的重要因素，而时间和安全方面的风险将会负向影响用户的持续使用意愿；Pantano 等（2017）基于技术接受模型指出 AR 系统是支持决策过程的有力工具，消费者对 AR 系统的感知有用性和感知享受直接影响对 AR 系统的态度，从而影响使用 AR 系统的意愿；Javornik（2016b）发现 AR 技术能够积极影响消费者的情感反应，从而对重访和推荐 AR 应用程序有积极作用；Kim 和 Forsythe（2008）基于扩展的技术接受模型研究了消费者对虚拟试衣设备的采纳行为，认为消费者的有用性感知、易用性感知、愉悦性感知积极影响消费者对虚拟试衣设备的使用意愿；Yim 和 Park（2019）基于 AR 眼镜试戴，发现 AR 对于那些认为自身身体形象不佳的消费者来说更有利于带来正向评价；Jiang 和 Zou（2020）指出亚马逊引入 AR 展示技术能够帮助消费者在购买家具时减少考虑家具大小和与房间适配性的时间和精力，从而减少搜索成本；Dieck 等（2018）基于体验经济理论，指出 AR 的教育、美学、逃避现实和娱乐四个属性会积极影响游客满意度，并创造一段难忘的体验，从而增加游客参与度；Jessen 等（2020）表明消费者使用 AR 能够提高过程中的参与度和创造力，从而增加消费者对结果的预期满意度。

在购买中阶段，已有研究主要围绕 AR 技术对消费者的产品或品牌态度（Yaoyuneyong et al.，2016；Yim et al.，2017；McLean and Wilson，2019；Rauschnabel et al.，2019；Smink et al.，2019；Fan et al.，2020；Smink et al.，2020；Yang et al.，2020）、购买意愿（Javornik，2016a；Hilken et al.，2017；Watson et al.，2018；Smink et al.，2019；Park and Yoo，2020）、支付意愿和支付溢价（He et al.，2018；Huang，2021；Nikhashemi et al.，2021；Pozharliev et al.，2022）等方面的影响，少有文献探究 AR 技术对消费者实际购买行为的影响（Jung et al.，2015；Gallino and Moreno，2018）。在产品或品牌态度方面，AR 被普遍认为能够积极影响消费者的产品或品牌态度。例如，Yaoyuneyong 等（2016）发现，相比视频广告，消费者对 AR 广告的态度更加积极；McLean 和 Wilson（2019）指出 AR 技术的新颖性、交互性和生动性可以增加消费者的参与，改善消费者对品牌的印象，从而积极影响消费者对品牌的态度和使用意向；Rauschnabel 等（2019）发现 AR 应用的享乐属性会积极影响消费者对品牌的态度；Smink 等（2019）认为 AR 应用能够提高消费者在购物过程中的感知享受，并产生一个情感过程，从而促进消费者对品牌的积极态度；Yim 等（2017）揭示了 AR 技术的新颖性、沉浸感、享受性和有用性能够正向影响消费者对产品的态度；Fan 等（2020）研究发现，环境嵌入和模拟物理控制两种 AR 特征可以减少消费者的认知负荷，提高消费者的认知流利度，从而改善消费者的产品态度。在购买意愿方面，现有研究结论基本都支持 AR 技术的应用能够提高消费者对产品的购买意愿。例如，Javornik（2016a）指出当消费者感觉到 AR 的视觉增强效果更加强烈时，会更加沉浸在网络购买过程中；Smink 等（2019）研究发现 AR 应用的信息性能够通过提高消费者的认知过程，从而积极影响消费者购买意愿；Hilken 等（2017）认为 AR 应用通过提供模拟物理控制和环境嵌入来增强消费者的价值感知，产生真实的情境体验，并提高消费者的决策舒适度，进而提高消费者购买意愿；Park 和 Yoo（2020）揭示了与 AR 进行感知互动时的可控性和趣味性会积极影响消费者的心理意象，进而影响消费者对产品的态度及其行为意图；Watson 等（2018）表明 AR 应用能够通过增加积极的情感反应从而提高消费者购买意愿。在支付意愿和支付溢价方面，AR 被证明能够积极影响消费者的支付意愿，并使消费者更愿意支付溢价。例如，He 等（2018）基于旅游背景，指出 AR 技术增加了消费者对在线服务体验价值的感知，使得消费者更愿意为博物馆体验支付更高的价格；Huang（2021）研究发现模拟物理控制和环境嵌入这两个 AR 特征能够增加消费者的沉浸感，并使得消费者愿意支付更多的费用；Nikhashemi 等（2021）指出 AR 应用的效用价值和享乐价值将会提高消费者的心理激励，并提高消费者的参与度，从而使得消费者愿意支付溢价；

Pozharliev 等（2022）的研究表明，AR 情境下的消费者比非 AR 情境下的消费者具有更高的支付意愿，这是由消费者的生理唤醒所驱动的。在实际购买行为方面，只有少部分研究使用了真实的购买数据。例如，Tan 等（2022）认为 AR 产品展示能够将虚拟产品可视化地集成到现实环境中，并通过提供生动的图像来降低消费者的产品适配不确定性，从而帮助消费者决策并提高产品销量；Yang 和 Xiong（2019）通过计量建模发现，虚拟试衣间能够积极影响产品销量，但当个性化的虚拟试衣间与标准化产品展示相结合时，消费者会产生自我偏差，从而负面影响产品销量；类似地，Gallino 和 Moreno（2018）通过自然实验证明虚拟试衣间能够帮助消费者获取产品适配信息来辅助购买决策，从而积极影响产品销量。

　　与购买前和购买中阶段相比，有关 AR 技术对购买后阶段影响的研究非常少（Loureiro et al.，2019）。尽管一些研究涉及满意度或忠诚度等概念，但这些文献更多针对的是消费者对 AR 技术本身的满意度、推荐意愿和口碑意愿等（Jung et al.，2015；Poushneh，2018；Li et al.，2020），很少有研究探讨 AR 对售后结果的影响。只有极少数研究指出 AR 应用可能会影响消费者的购买后行为。例如，Gallino 和 Moreno（2018）研究了虚拟试衣间对服装平台的价值，认为虚拟试衣间可以帮助消费者判断产品是否适合自己，从而有效提高订单转化率和订单价值，同时减少产品退货和消费者的家庭试穿行为，并提高用户对平台的忠诚度。类似地，Yang 和 Xiong（2019）证明虚拟试衣间可以提高消费者满意度，并降低产品退货率，其中满意度是用消费者评分的均值进行衡量的。Xu 等（2018）认为 AR 技术的互动性和生动性提供了丰富的视觉信息，使得消费者能够更准确和更全面地评估产品，减少决策错误，从而积极影响消费者评论，但该研究只是提出了观点，并未进行验证。

9.2.3　消费者在线评分的相关研究

　　消费者在线评分是指消费者在线发表的对产品或服务的综合评价，并通过星级指标来衡量。评分星级通常被划分为一星级到五星级，一星评分为最低分值，意味着最差评分，而五星评分为最高分值，代表着最佳评分，三星则代表中等评分。先前研究指出感知质量能够显著影响消费者的购买后评分（Mauri and Minazzi，2013）。根据期望不确认范式，感知质量取决于预期与结果之间的比较，当结果大于预期时，消费者就会感到满意（Grönroos，1984；Parasuraman et al.，1994）。因此，在线评分通常被当作衡量满意度的一个指标（Chen et al.，2018）。

　　网络平台通常会在显著位置展示消费者对产品的评分均值、评分分布及个体评分。其中，评分均值是众多消费者产品评估的累积指标，可以被视为集体公共情报的反映（Baek et al.，2015）。评分分布是指所有已经做出评价的消费者在不同星级上的数量分布。个体评分与评分均值之间存在的差异被称为评分不一致（Gavilan et al.，2018）。当产品评估与之前消费者的产品评估一致时，电子口碑就具有较高的可信度（Cheung et al.，2012）。

消费者在线评分会随着时间的推移呈现下降趋势（Li and Hitt，2008）。有关消费者在线评分分布的研究表明，由于存在自我选择偏差（Hu et al.，2017），早期消费者往往会选择他们最喜欢的产品，并给出非常积极的评价，导致后来的消费者对该产品抱有较高的期望（Choi et al.，2019）。当这部分消费者购买产品后且期望没有得到确认时，他们就会给出比较负面的评价，从而影响产品的总体评价，因此这种过高的期望会随着时间的推移而减弱（Ho et al.，2017）。由此可见，从长期来看，产品的平均评分将会降低（Chen et al.，2018），而评分之间的差异将会增加（Dalvi et al.，2013）。某个产品的在线评分的差异程度，或者说产品所有评分分布的离散程度被称为评分一致性，通常使用评分方差来评估评分一致性。评分方差越小，意味着评分一致性越高。消费者往往更愿意购买评分一致性高的产品（Zhu and Zhang，2010）。

消费者在做出购买决策时往往以目标为导向，并倾向采用简单的信息处理方法（Schaik and Ling，2009）。在线评分是一种容易获得的重要信息线索（Pennington，2012），是对产品或服务体验质量的一种感知评价（Chen et al.，2018），能够传递相关产品信息，减少信息不对称，并在产品销售中发挥关键作用（Chevalier and Mayzlin，2006；Duan et al.，2008）。因此，在线评分可以成为消费者进行购买决策时的重要信息来源之一。在线评分被认为是消费者进行购买决策时的一种启发式工具（Ng et al.，2019）。只有当在线评分均值达到 4 分或更高时，消费者才会考虑购买该产品或服务（Schoenmueller et al.，2020）。

除评分均值之外，评分分布还能够提供有效的产品信息（Lee et al.，2020）。消费者可通过检查相应的评分分布来区分其他消费者对某一产品的看法（Herrmann et al.，2015）。当评分一致性较高，即离散程度较低时，在线评分方差接近于零，说明不同消费者对产品的看法是一致的。相反，当评分一致性较低，即离散程度较高时，在线评分方差较大，表明消费者对产品的反应较不一致（Choi et al.，2013）。因此，消费者可以使用评分均值和评分分布来评估产品质量，但评分分布能够进一步降低消费者的不确定性（Etumnu et al.，2020）。

此外，有研究表明，负面评分对消费者的影响大于正面评分（Li et al.，2018a）。对于口碑传播的受众来说，负面信息比正面信息更具有价值，负面信息在消费者做出购买决策时起到的作用大于正面信息（Kanouse and Hanson，1987）。这可能是因为负面信息量少或比较出乎意料（Yin et al.，2014），对决策更具有帮助性（Cao et al.，2011；Goes et al.，2014），且负面评价的受众更广，对消费者产生影响的时间也更长（Hornik et al.，2015）。先前研究还发现，极端评分也是影响评论有用性的一个重要因素（Mudambi and Schuff，2010；Filieri et al.，2018）。根据印象形成理论，极端的线索被认为没有那么模糊（Reeder and Brewer，1979），而且更具有说服力，人们更倾向使用极端信息（Kahneman，1992）。对于在线评分来说也是如此。具体来说，一星评分或五星评分相比三星评分来说不那么含糊不清，更具有诊断性，因此一星评分或五星评分比三星评分更容易给消费者留下深刻的印象（Lee et al.，2020）。极端评论具有确认的情感倾向，更加能够支撑消费者做出购买或者不购买的决策，因此极端评论比中性评论更具有帮助性。

9.2.4　研究述评

综上所述，现有文献对 AR 展开了一系列的研究，如 AR 特征、AR 技术的采用动机、AR 技术对消费者产品态度的影响、AR 技术对消费者购买意愿的影响等。虽然 AR 技术在国内的应用越来越广泛，但现有的关于 AR 技术的研究以国外研究居多。现有关于 AR 的研究仍然存在以下不足：①AR 对消费者购买后行为的研究十分有限。现有关于 AR 对消费者购物过程影响的文献多集中在购买前和购买中阶段，相比之下只有少部分文献探究了 AR 对消费者购买后阶段的影响。并且购买后阶段的文献大多使用评分代替满意度，或是研究 AR 对产品退货率的影响。在线评分的均值、评分的离散程度、正面评分、负面评分已被证明能够对之后的潜在消费者的购买决策产生十分重要的作用，因此 AR 对消费者在线评分的影响，尤其是均值、高分、低分、离散程度等方面的影响还有待深入研究。②中介机制和边界条件尚不清楚。虽然少数研究使用真实数据来确定 AR 对购买后行为的影响，但其中的中介机制和边界条件尚不清楚，需要进一步展开研究。③基于 AR 的研究情境缺少多样性。现有的关于 AR 对消费者购买后行为影响的研究大多基于虚拟试衣环境下，缺少在其他情境下进行的研究。

9.3　理论基础与研究假设

9.3.1　期望确认理论

满意可以被定义为消费者对产品或服务所提供的关于消费满足感的愉悦水平

的判断（Oliver，1977）。期望确认理论（expectation-confirmation theory，ECT）在市场营销领域被广泛应用于解释满意的产生（Oliver，1980；Bhattacherjee，2001），且期望确认理论被认为是探究消费者对产品或服务是否满意的主要范式（Bhattacherjee and Premkumar，2004；Kim et al.，2009；Fan and Suh，2014；Hsu and Lin，2015；Hilken et al.，2017）。期望确认理论认为消费者在对其体验进行评价时产生了满意（Oliver，1980），而满意是由消费者在使用产品或服务之前的期望和在使用之后的感知性能共同决定的（Fu et al.，2020）。满意的产生分为三个阶段：第一，消费者在购买特定产品或服务前对其有一个期望；第二，在经过一段时间以后，消费者对产品或服务的性能有了一个感知，消费者将其感知到的性能与购买前的期望进行比较，并判断其期望得到确认的程度；第三，消费者将根据自己的期望及期望被确认的程度确定自己的满意水平。期望和感知性能之间的积极确认会导致满意，而消极确认（不确认）会导致不满。因此，满意不仅仅是有关消费体验的乐趣，也是判断体验是否与预期一致的一种评价（Wan et al.，2018）。

越来越多的研究表明,满意可以很大程度上影响消费者的购买后行为（Chen C F and Chen F S，2010；Knox and van Oest，2014；Wang and Chaudhry，2018）。例如，当消费者感知到高水平的满意时，他们会对品牌或产品表现出更积极的态度，并有更强的回购意愿（Oliver，1980）。反之，消费者对网购经历不满时会导致负面后果，如抱怨、退货等行为（Audrain-Pontevia and Balague，2008）。消费者在线评分是消费者在购买后产生的，反映了消费者在购买后对产品或服务的态度。Engler 等（2015）的一项研究将购买前的期望和实际产品性能确定为消费者评分的决定因素，并证明消费者报告的在线评分可以直接反映消费后对产品的满意程度。因此，感到满意的消费者会比不满意的消费者发布更高的产品评分。

9.3.2 AR 产品展示对消费者在线评分影响的假设

实体零售渠道和在线零售渠道之间的主要区别之一是信息的传输（Jiang and Benbasat，2007）。实体零售渠道的消费者可以在购买前仔细地检查产品，并评估产品是否符合自身偏好。然而，在线零售渠道的消费者不能在购买前直接接触产品，而只能依靠平台提供的信息（如文字描述、照片、视频等）来预测产品是否符合自身偏好（Gallino and Moreno，2018）。因此，在电子商务环境下，信息在卖家和买家之间的分布是不公平的。由于存在这种信息不对称的情况，消费者无法全面深入地了解产品详情，可能会存在决策错误的情况，并影响购买后满意度，从而可能导致买卖双方之间产生摩擦（Suh and Lee，2005；Nilsson et al.，2015）。

AR 作为一项新兴数字化交互技术，已经被证明能够有效减少消费者的认知负荷，提高消费者的认知流利度（Fan et al.，2020），并被广泛应用于电子商务营销领域。AR 产品展示通过与消费者的深度交互、虚拟试用等方式从功能性、适用性等方面全方位展示产品，帮助消费者进一步理解产品功能、适配程度、使用效果等，从而能够更加全面地评估产品，降低产品不确定性（Tan et al.，2022）。此外，AR 将产品和环境等要素数字化、虚拟化，使得消费者在深度交互时引发身临其境的感觉和使用产品的生动想象，改善了消费者对产品的情感、感官和社会反应，提高了消费者购物过程的愉悦性（Poushneh and Vasquez-Parraga，2017），进而积极影响消费者的购买后满意度。综上，AR 产品展示可以提供更多关于产品的信息，帮助消费者减少决策错误（Xu et al.，2018），并增强体验享受，从而影响消费者的购买后满意度评价。

消费者在线评分是消费者对卖方服务总体满意度的标准化数字表示（Zhao et al.，2018；Zhu et al.，2021）。与之前的消费者在线评分研究类似，本章研究假设消费者在线评分可以极大地反映他们的购买后满意度。因此，本章研究预计 AR 产品展示可能会影响消费者对产品的购买后评分，如评分均值、高分占比、低分占比和离散程度等不同评分维度。具体来说，使用 AR 虚拟试用产品的消费者可以获得关于产品适配和产品性能的更准确信息，他们做出的购买决策可能更合理（Xu et al.，2018）。考虑到消费者使用 AR 虚拟体验产品时发生的决策错误较少，购买不满意产品的次数会减少，退货率也会降低，因此，本章研究假设 AR 产品展示将导致更多积极的产品评分和更少消极的产品评分，评分均值将得到提高。此外，高分占比将增加，低分占比将减少。由于消费者在线评分可以帮助消费者处理信息并改善预期的形成（Chen et al.，2018），评分均值可以部分代表消费者在购买前的预期。在 AR 的帮助下，消费者将形成更合理的预期，从而减少感知性能和购买前的期望之间的差距。因此，消费者的整体评分将与之前消费者报告的评分更为相似。换句话说，评分的离散程度将随着时间的增加而减小。因此，本章研究提出以下假设。

$H_{9.1}$：AR 产品展示能够积极影响消费者在线评分。

$H_{9.1a}$：AR 产品展示能够提高评分均值。

$H_{9.1b}$：AR 产品展示能够提高评分中的高分占比。

$H_{9.1c}$：AR 产品展示能够降低评分中的低分占比。

$H_{9.1d}$：AR 产品展示能够降低评分的离散程度。

9.3.3　期望确认的中介作用假设

此前的研究表明，信息的生动性和交互性将会提高消费者的学习过程，即消费者通过信息处理从而改变记忆和行为的过程（Li and Biocca，2003）。在传统的电子商务环境中，消费者主要通过文本描述、照片和视频等方式接收产品信息，而不能与产品进行交互，导致部分信息不对称，而卖家往往都喜欢使用完美的、有吸引力的模特来展示产品（Yang and Xiong，2019）。因此，喜欢产品在模特身上展现效果的消费者会购买这些产品，并伴随着很高的期望值，这可能会导致之后的不确认。这些消费者在消费后更有可能会感到失望。AR 产品展示为消费者提供了丰富的数字技术新环境，相比静态图片，AR 产品展示能在电子商务营销领域带来更高的网站感知诊断性和实际产品知识（Jiang and Benbasat，2007），有助于形成合理期望。具体来说，第一，AR 产品展示提供了高度的媒体丰富性和交互性，消费者可以从不同角度和距离查看产品的真实 3D 图像，更好地了解产品功能和特征（Suh and Lee，2005）。因此，AR 产品展示可以提供更多信息，减少信息不对称，从而降低产品不确定性（Nilsson et al.，2015）。随后，消费者可以在购买前形成更合理的预期，这可能会减少购买后不确认的产生。第二，通过与 AR 模块交互，消费者可以在虚拟试用产品时产生错觉，从而形成心理意象，促进消费者与产品属性的匹配，帮助判断产品是否符合他们的偏好，减少产品不确定性。因此，消费者在购买前会形成更合理的产品匹配预期，与非 AR 购物环境中的消费者相比，消费者的预期与感知性能之间的差异会减小，从而减少期望不确认的产生。

期望确认理论指出满意是感知性能和期望确认（不确认）的函数；不确认是指感知性能低于预期的程度（Chen et al.，2018）。换句话说，消费者对预期发生什么和实际发生什么之间的差异感知越小，就会越满意（Diehl and Lamberton，2010）。当消费者的实际感知值与之前的期望值相差很大时，他们会感到不满意，甚至退货，产生后悔感，并给予负面评价。因此，与没有使用 AR 虚拟体验产品的消费者相比，使用 AR 虚拟体验产品的消费者将会形成更接近产品实际的预期，减少期望不确认的可能性，从而影响消费者的满意程度，进而影响在线评分。由此，本章研究提出以下假设。

$H_{9.2}$：AR 产品展示通过影响期望确认从而影响消费者在线评分。

9.3.4　情绪的中介作用假设

人们在即将面临决策时对未来将会发生的事件有一定的评估和预期，同时，伴随产生的与决策相关的情绪反应被称为前瞻性情绪（卢长宝等，2020a）。预支情绪和预期情绪是两种典型的前瞻性情绪（卢长宝等，2021）。其中，预支情绪是个体当下对风险和不确定的即时反应（卢长宝等，2020a），反映人们对未来事件出现理想或不理想状态可能性的情感评估（Barsics et al.，2016）。预期情绪则与产品期望类似，是个体对决策后果可能会带来情绪反应的预期（冯莹等，2015），即对结果情绪的预期。本章研究主要关注消费者的预支情绪。

　　预支情绪不是通过思考产生的（Loewenstein et al.，2001），而是一种当下已经体验到的指向未来的即时感觉（Caplin and Leahy，2001）。预支情绪包含了基于未来将要发生事件的不确定性与风险的情感反应（Förster et al.，2004），不确定性是引发预支情绪产生的重要因素之一（Davis et al.，2009）。预支情绪无须借助任何认知就能直接影响人们的判断（Schwarz and Clore，2003）。在情绪构成上，预支情绪包含积极和消极两种类别，希望与焦虑是两种典型的预支情绪（卢长宝等，2020b）。

　　预支情绪是在结果还未确定时产生的前瞻性情绪，而当结果确定后人们根据当下结果所体验到的情绪被称为体验情绪（郑亚楠，2011），包括高兴、沮丧等。

　　情绪与心流之间存在积极的关联。消费者完全专注于与媒介的交互并屏蔽其他感知的状态被称为心流（Hoffman and Novak，1996）。这种心理状态将会积极影响消费者之后的认知、行为和情感反应（Noort et al.，2012）。一项关于宜家 AR 应用的研究表明，AR 应用能够更生动地展示产品，具有更高的交互性，并给消费者带来更高的沉浸感和享受等情感反应（Kowalczuk et al.，2021）。沉浸感和享受被认为是心流的重要组成部分（Noort et al.，2012）。因此，AR 产品展示的高交互性能够给消费者带来高程度的心流体验，这种由于使用 AR 产品展示而产生的积极感受将会从媒介传播到产品，从而积极影响消费者对产品的情感评价（Kowalczuk et al.，2021）。此外，使用 AR 应用也会给消费者带来一种心流体验，从而影响消费者的情感反应（Javornik，2016b；Kowalczuk et al.，2021）。作为一种情绪体验（Ho and Wu，2011），积极的情感反应往往意味着消费者在整个过程中具有积极的情绪。因此本章研究预计，消费者在购买前使用 AR 虚拟试用产品后不确定性会减少，对决策更有信心，在此过程中产生的心流带来更积极的情感反应，从而产生更积极的预支情绪。

　　情绪也能形成记忆，对事件情绪信息的学习和存储形成的记忆被称为情绪记忆（LeDoux，1993）。有研究指出，精细加工能够加深记忆线索（Bradshaw and Anderson，1982）。当记忆线索很强时，体验真实发生后这些记忆线索将会被重新激活，然后被整合到消费者对持续消费体验的反应中（Chun et al.，2017）。AR 产品展示提供更真实的购物体验，提高消费者的认知过程（Fan et al.，2020），促进精细加工，能够产生比较强的情绪记忆线索。本章研究预计，当消费者收到真实产品后，发现 AR 试用环境下的产品和真实产品的差距很小，产生积极的体验情绪，此时有关积极预支情绪的记忆将被重新激活，对消费者当下的体验产生正向影响，并进一步提高消费者的体验情绪。

除认知维度外，情绪维度也是形成满意的重要因素（Martin et al., 2008）。消费后产生的情绪要早于满意的产生（Westbrook and Oliver, 1991），并在满意过程的每个阶段都能产生影响（Phillips and Baumgartner, 2002）。情绪反应可以作为满意反应的情感描述（Kumar and Oliver, 1997），积极的情绪将会正向影响消费者满意（Dai et al., 2015）。因此，本章研究预计消费者在收到产品后的体验情绪将会正向影响消费者满意度，从而影响之后的产品评分。

综上，本章研究预计 AR 产品展示能够通过降低产品不确定性和产生心流体验来积极影响消费者的预支情绪，由于情绪记忆的存在，预支情绪又会进一步积极影响体验情绪，提高消费者满意度，从而影响消费者在线评分。因此，本章研究提出以下假设。

$H_{9.3}$：AR 产品展示能够提高消费者的预支情绪，从而提高体验情绪，并最终影响消费者在线评分。

9.3.5　产品价格的调节作用假设

价格可以定义为消费者为了获得产品而放弃或牺牲的东西（Zeithaml, 1988）。

首先，从期望确认角度来考虑价格的调节作用。价格从两个方面影响消费者行为。一方面，消费者认为价格与质量高度相关（Völckner and Hofmann, 2007），增加货币支出可以提高产品质量，因此消费者通常把价格当作质量指标（Audrain-Pontevia and Balague, 2008），也就是说，高价产品通常被认为比低价产品具有更高的质量（Graciola et al., 2018）。一般来说，消费者对高价产品的期望要远高于对低价产品的期望。当消费者对产品性能的主观判断与购买前的期望相差甚远，即高度不确认时，消费者对高价产品的不满意程度将高于低价产品。另一方面，价格会影响消费者的决策方式（Kim and Benbasat, 2014）。价格与感知风险密切相关。在决策情况下，消费者需要支付的产品价格越高，消费者感知到的风险就越高（Ba and Pavlou, 2002；Bart et al., 2018）。与低价产品相比，消费者在购买高价产品时可能会遭受更多损失（Ba and Pavlou, 2002）。消费者决策过程的复杂性随感知到的决策准确性的重要性的变化而变化（Cait and Stacy, 2010）。在购买低价产品的情况下，消费者对可能存在的金钱损失的感知很小，因此该部分消费者倾向简化决策过程，不会在信息处理上花费太多精力，其他提供产品信息的方式（如 AR）起到的作用可能会比较小。相比之下，在购买高价产品的情况下，消费者对可能存在的金钱损失的感知是巨大的，为了避免可能的损失，消费者通常会更加努力地搜索和处理产品信息（Zhu and Zhang，2010），从而有利于形成合理的产品期望。综上，消费者在购买高价产品时需要更多的产品信息来辅助决策，且消费者通常对高价产品有更高的期望，这可能会导致期望不确认的产生。与低价产品相比，AR 产品展示可以为消费者提供虚拟产品体验，并在购买前形成合理的产品预期，降低对高价产品过高的期望值，提高决策的准确性，降低期望不确认的可能性，从而影响消费者在线评分。因此，本章研究假设价格对 AR 产品展示和期望确认之间的关系有调节作用。具体来说，与低价产品相比，AR 产品展示将会更多地提高购买高价产品的消费者的期望确认程度。本章研究提出以下假设。

H$_{9.4}$：产品价格能够调节 AR 产品展示与期望确认的关系。具体来说，相比低价产品，AR 产品展示能够更多地提高消费者对高价产品的期望确认程度。

其次，从情绪角度来考虑价格的调节作用。高价产品被认为比低价产品具有更高的质量（Graciola et al.，2018）。因此，高价产品在产品属性上往往会更吸引人。但消费者在购买高价产品时往往拥有更高的感知风险，决策时也会更加谨慎（Pamuru et al.，2021），更加注重信息的搜索。AR 的生动性与交互性能够从性能、适配程度、使用效果等多维度还原产品的真实属性。因此，相比低价产品，高价产品在 AR 环境下将更具吸引力。已有研究证明 AR 能够提高消费者在体验过程中的愉悦度和享受（Yim et al.，2017；Smink et al.，2019），当消费者在 AR 环境下虚拟体验到一款更具吸引力的高价产品时，这种愉悦度和享受将会被增强，从而积极影响到消费者当下的预支情绪。因此，本章研究预计价格将调节 AR 产品展示与预支情绪的关系。具体而言，相比低价产品，消费者在 AR 环境下更能够体验到高价产品的优越属性，提高购物体验中的愉悦度和享受，从而产生更积极的预支情绪。本章研究提出以下假设。

H$_{9.5}$：产品价格能够调节 AR 产品展示与预支情绪的关系。具体来说，相比低价产品，AR 产品展示能够更多地提高消费者对高价产品的预支情绪。

9.3.6 产品流行度的调节作用假设

产品流行度可以定义为产品被消费者广泛购买的程度（Valenzuela and Raghubir，2009；Xu et al.，2013）。当消费者需要从丰富的选项中进行选择时，他们往往会依靠流行指标所提供的信息来决定自己的行为（Metzger et al.，2010）。

首先，从期望确认角度来考虑价格的调节作用。在网络购物过程中，消费者在购买前阶段体验产品的能力有限（Wang et al.，2004；Lee and Kozar，2006），并且需要更多信息来支持决策。之前的研究表明，信号在引导个人决策方面起着重要作用（Wells et al.，2011）。当消费者对某种产品没有足够的了解或对其质量不确定时，通常会从可用的信号中做出推断（Braddy et al.，2008）。作为质量的一个指标，产品流行度对于产品质量的感知确定性具有重要意义（Goedegebure et al.，2017）。对于那些高度规避风险的消费者来说，产品流行度信号可以提供安全感，并通过增强质量感知来帮助消费者进行决策（Jeong and Kwon，2012；Ghiassaleh et al.，2020）。因此，流行度是消费者了解产品的有用指标。具体来说，对于流行产品而言，消费者经常使用流行度作为评估产品质量的一个指标，并且消费者拥有许多其他途径来获取流行产品的信息，消费者能够在购买前就建立合理的预期。此外，流行产品通常适合大众口味，更有可能带来正面的期望确认。然而，相对流行度较高的产品而言，消费者需要付出更多的搜索努力来获取更多有关流行度较低的产品信息，以支持其购买决策并降低感知风险。由于缺乏信息，消费者更有可能根据文字描述及吸引人的照片和视频进行购买，从而产生较高的期望值，更容易产生期望不确认。AR 作为一种连接虚拟空间和物理空间的新兴技术，为消费者提供了丰富的数字技术新环境。例如，消费者可以很容易地通过手机与虚拟图像进行交互来判断产品是否符合他们的偏好。与高流行度产品相比，低流行度产品缺乏外围线索，消费者无法轻松判断低流行度产品的质量及与其自身的适配性，因此消费者需要更加努力地搜索和处理与产品相关的信息。通过 AR 虚拟试用，消费者可以更加了解某个低流行度产品是否符合他们的偏好，并为随后的决策过程奠定坚实的基础。因此，AR 产品展示可以为消费者提供更多充分体验那些流行度较低产品的机会，帮助消费者在购买前形成更合理的产品期望，从而提高购买后的期望确认程度。因此，本章研究假设产品流行度对 AR 产品展示和期望确认之间的关系具有调节作用。具体来说，与流行产品相比，AR 产品展示将会更多地提高购买低流行度产品消费者的期望确认程度。本章研究提出以下假设。

H$_{9.6}$：产品流行度能够调节 AR 产品展示与期望确认的关系。具体来说，相比高流行度产品，AR 产品展示能够更多地提高消费者对低流行度产品的期望确认程度。

其次，从情绪角度来考虑价格的调节作用。一般来说，相比低流行度产品，消费者拥有更多其他途径（如网站、电视广告、报纸、口碑等）来获取流行产品的信息，甚至消费者可能已经购买过某个流行产品。换句话说，消费者对流行产品的认知是相对饱和的，消费者在购买之前可能就已经接触过该产品。消费者在消费体验型商品超过特定水平后，会对某些属性感到满足，从中获得的享受感会大幅减少，这一过程通常被称为"饱食"（Coombs and Avrunin，1977）。饱食感被认为是一种潜在地寻求多样性行为的机制（Kahnx et al.，1997）。当消费者对某个产品感到饱食时，会将大量精力投入更有新鲜感的产品上（McAlister，1979；McAlister，1982；Caro and Martínez-de-Albéniz，2012），并会在产品属性上寻求更多的多样性（Valenzuela and Raghubir，2009）。因此，AR 产品展示对高流行度产品的影响可能是有限的。消费者对低流行度产品的认知比较少，通过 AR 技术的生动展示，消费者能够更加了解低流行度产品的特点，获取更多具有新鲜感的产品信息，降低产品不确定性并提升购物体验，从而影响预支情绪。因此，本章研究预计，产品流行度能够调节 AR 产品展示与预支情绪的关系。具体来说，消费者在购买之前可能已经通过不同途径充分了解了高流行度产品，AR 产品展示能够带来的作用相对有限，而有关低流行度产品的信息十分稀少，AR 环境下能够更好地还原低流行度产品的特点，降低产品不确定性，带来新鲜感的同时又能提升消费者的购物体验，并提高购物过程的愉悦度和享受，从而影响消费者的预支情绪。本章研究提出以下假设。

H$_{9.7}$：产品流行度能够调节 AR 产品展示与预支情绪的关系。具体来说，相比高流行度产品，AR 产品展示能够更多地提高消费者对低流行度产品的预支情绪。

本章的研究模型如图 9.1 所示。

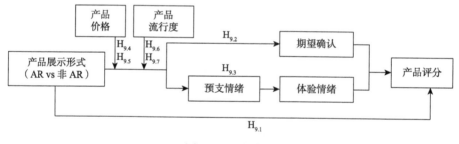

图 9.1　研究模型

9.4　研究一：平台数据分析

为了更准确地检验 AR 产品展示对消费者在线评分的影响，本章采用基于平台数据的自然实验法进行数据分析。不同于实验室实验中使用量表测量得到的数据，通过爬虫获取到的客观平台数据更具真实性，更能够反映消费者在实际购买后的真实行为，因此得到的 AR 产品展示对消费者在线评分影响的结果也更可靠。

本节首先对涉及的实验设计进行介绍，包括平台选择、数据收集、使用到的双重差分（differences-in-differences，DID）方法；其次，基于假设涉及的评分的四个维度构建计量模型，包括评分均值、高分占比、低分占比及离散程度；再次，对上述计量模型进行验证分析，得出实验结果；最后，根据实验结果进行结果讨论。

9.4.1　平台选择

本节研究选取化妆品为实验产品。因为化妆品是比较典型的体验型产品，AR产品展示在该品类中的应用十分广泛，除此之外，化妆品在电子商务环境下比较普遍，有足够的评分数量以供研究。但由于国内的电子商务网站不能获取所有的评论数据，本节研究选取美国的两个相似美妆平台作为实验平台。具体而言，选取有 AR 产品展示的 Sephora（丝芙兰）的应用程序为实验平台，选取无 AR 产品展示的 Ulta Beauty（优她美容，简称 Ulta）的应用程序为对照平台，两者都是一站式美妆购物平台。起初 Sephora 主要提供高端品牌产品，而 Ulta 主要提供价格更为便宜的药妆品牌，但最近几年两个平台的差异越来越小，它们都开始提供多种品牌的美妆产品（Gray，2021）。此外，两个平台的目标消费人群都为 18~34 岁的女性。综上所述，两个平台具有一定的相似性，这为后续研究的展开奠定了良好的基础。值得注意的是，Sephora 最初于 2016 年通过"Virtual Artist tool"工具引入 AR 产品展示，但只有极少数产品可以通过 AR 进行展示。2017 年 1~3 月，Sephora 逐渐更新了应用程序并扩大了 AR 展示的产品种类，包括高光、修容、眼影、眼线、腮红等（Kaman，2017）。基于 AR 技术，消费者可以通过人脸识别进行实时虚拟试妆，由此判断产品是否适合自己，如果消费者对虚拟试妆的产品满意，通过点击虚拟试妆界面的"加入购物车"按钮，就能够把对应产品加入购物车中。为了保证实验结果的科学性，本章研究选取 2016 年 1~12 月及 2017 年 4 月至 2018 年 3 月两个时间窗[①]的数据进行研究。对照平台 Ulta 在 2019 年之前都未曾引入 AR 技术进行产品展示，更多的还是依靠图片、文字描述、视频等方式提供产品信息。

9.4.2　数据收集

Sephora 和 Ulta 同时提供许多种类的美妆产品，但是在 Sephora 的应用程序中并不是所有的产品都具有 AR 产品展示功能。为了确定最终的实验产品集合，先

---

① 本章研究收集了 2016 年 1 月至 2018 年 3 月的数据，其中 2017 年 1~3 月是 AR 模型陆续上线的时间，因为本章研究需要比较 AR 引入前和 AR 引入后的差异，所以删除了 2017 年 1~3 月的数据，并将 2016 年 1~12 月和 2017 年 4 月至 2018 年 3 月设置为两个时间窗。

根据关键字 "A~Z" 从两个平台中匹配出相同的产品品牌，接着从中筛选出在 Sehora 的应用程序中具有 AR 产品展示功能的产品，并在 Ulta 平台中匹配这些产品。由于无法获取每个平台中每个产品的上线时间，选取每个产品的第一条评论时间代替上线时间，接着排除上线时间在 2017 年 3 月之后的产品。本节研究关注的是评分结构，较少的评分数量会导致计算高分占比和低分占比时没有意义，因此根据产品评论数须大于 100 条的原则，获取得到最终的实验产品集合。在确定实验产品集合后，通过 Python 爬虫共收集到 44 个产品的 72 769 条评分数据，包括 6 款眼影、9 款口红、4 款高光、3 款修容、4 款腮红、9 款眼线笔、9 款眉笔。除了收集在 2016 年 1 月至 2018 年 3 月期间的评分数据之外，还获取了每个产品的品牌名、产品名、价格、收藏数。由于 Sephora 在 2017 年 1~3 月逐步更新 AR 产品展示应用的产品种类，本节研究将该时间段的数据剔除，并按照月份对数据进行分组，共有 24 个组的数据。

9.4.3　计量模型

本节研究采用 DID 方法来探究 AR 产品展示对消费者在线评分的影响。DID 方法也被称为倍差法，是一种被广泛应用于通过设置实验组和对照组从而估计某一政策影响的计量方法（Bertrand et al., 2004），其核心思想是，将调查样本分为两组，即将未实施政策的调查样本划分为对照组，而将实施政策的调查样本划分为实验组，根据实验组和对照组在政策实施前后的相关信息，可以计算实验组在政策实施前后某个指标的变化量，同时计算对照组在政策实施前后同一指标的变化量，然后计算上述两个变化量的差值以确定这项政策对该指标的影响，即"倍差"。基于 DID 方法，将 Ulta 平台的数据当作对照组，将 Sephora 平台的数据当作实验组，对每个假设进行计量建模，从而探究 AR 产品展示对在线评分的影响。

1. 评分均值

为了检验 $H_{9.1a}$，即探究 AR 产品展示对消费者在线评分均值的影响，本节参考 Chen 等（2018）的研究，基于 DID 方法进行计量建模，模型如下：

$$\text{Rating}_{ijk} = \beta_0 + \beta_1 \times \text{Post} + \beta_2 \times \text{Post} \times \text{Treat} + \beta_3 \times \text{Treat} \\ + \beta_4 \times \log n_{ijk} + \beta_5 \times X_{ij} + \alpha_i + \varepsilon_{ijk} \tag{9.1}$$

其中，i 表示产品；k 表示平台（Sephora 或 Ulta）；j 表示当前评分在全部爬取到的产品 i 的评分中的顺序；Rating_{ijk} 表示产品 i 在平台 k 的第 j 条评分；Post 表示时间虚拟变量，评分的时间在引入 AR 产品展示之后时取值为 1，在引入 AR 产品展示之前时取值为 0；Treat 为实验组的虚拟变量，若评分来源于 Sephora 则取值为 1，若评分来源于 Ulta 则取值为 0；Post × Treat 项的系数 β_2 可以用来衡量引入 AR 产品展示的作用；n_{ijk} 表示产品 i 在平台 k 的第 j 条评分之前的所有评论数量，因此随着评论数量的积累，其系数 β_4 可以控制产品的评分趋势。除了 AR 产品展示以外，一些其他产品信息或者促销活动可能也会影响消费者在线评分，为了排除这些变量的影响，引入一组控制变量的集合 X_{ij}，包括有无促销活动、产品展示视频的数量、产品图片的数量、包含模特的产品图片数量、产品颜色数量、有无"消费者喜爱"标签及产品在剩余产品推荐列表中出现的次数。表 9.1 对所有控制变量进行了详细介绍。α_i 表示产品固定效应，ε_{ijk} 表示随机误差项。为了验证 $H_{9.1a}$，本节研究预计 β_2 的系数为正值，即 AR 产品展示能够正向影响消费者在线评分的均值。

表9.1 控制变量的描述

控制变量名称	含义
Promotion	虚拟变量，产品 i 在某一时刻有无促销活动，取值为 0/1
Video	产品展示视频的数量
Picture	产品图片的数量
Model_pic	包含模特的产品图片数量
Color	产品颜色数量
Fanfave	虚拟变量，产品有无"消费者喜爱"标签，取值为 0/1
Match	产品 i 在剩余产品推荐列表中出现的次数

2. 高分占比

为了检验 $H_{9.1b}$，即探究 AR 产品展示对消费者在线评分中高分占比的影响，基于 DID 方法进行计量建模。根据 Sen 和 Lerman（2007）的研究，当消费者在线评分的满分为 5 分时，4 分和 5 分可以被认为是比较积极的评分，因此本节研究将 4 分和 5 分认为是较高的评分，并构建计量模型如下：

$$\text{HighRating}_{ijk} = \beta_0 + \beta_1 \times \text{Post} + \beta_2 \times \text{Post} \times \text{Treat}$$
$$+ \beta_3 \times \text{Treat} + \beta_4 \times \log n_{ijk} + \beta_5 \times X_{ij} + \alpha_i + \varepsilon_{ijk} \tag{9.2}$$

其中，因变量 HighRating_{ijk} 表示产品 i 在平台 k 的第 j 条评分之前的所有评分中，4 分和 5 分在其中的占比，即高分占比。Post × Treat 项的系数 β_2 用来衡量引入 AR 产品展示对评分中高分占比的作用。为了验证 $H_{9.1b}$，本节研究预计系数 β_2 为正值，即 AR 产品展示能够提高消费者在线评分中的高分占比。

3. 低分占比

为了检验 $H_{9.1c}$，即探究 AR 产品展示对消费者在线评分中低分占比的影响，基于 DID 方法进行计量建模。类似上文，根据 Sen 和 Lerman（2007）的研究，当消费者在线评分的满分为 5 分时，1 分和 2 分可以被认为是比较消极的评分，因此本节研究将 1 分和 2 分认为是较低的评分，并构建计量模型如下：

$$\text{LowRating}_{ijk} = \beta_0 + \beta_1 \times \text{Post} + \beta_2 \times \text{Post} \times \text{Treat} + \beta_3 \times \text{Treat}$$
$$+ \beta_4 \times \log n_{ijk} + \beta_5 \times X_{ij} + \alpha_i + \varepsilon_{ijk} \tag{9.3}$$

其中，因变量 LowRating_{ijk} 表示产品 i 在平台 k 的第 j 条评分之前的所有评分中，1 分和 2 分在其中的占比，即低分占比。$\text{Post} \times \text{Treat}$ 项的系数 β_2 用来衡量引入 AR 产品展示对评分中低分占比的作用。为了验证 $H_{9.1c}$，本节研究预计系数 β_2 为负值，即 AR 产品展示能够降低消费者在线评分中的低分占比。

4. 离散程度

正如之前所讨论的，本节研究预计消费者在 AR 产品展示的帮助下会形成更合理的预期，感知性能和购买前期望之间的差距将会减小，导致消费者的当前评分更接近于之前所有消费者报告的评分均值，即评分的离散程度将随着时间的增加而减小。因此，本节研究预计 AR 环境下的消费者评分将会与之前所有评分的均值相似，从而影响评分的离散程度。为了验证 $H_{9.1d}$，即探究 AR 产品展示对消费者在线评分离散程度的影响，本节研究将探究引入 AR 产品展示能否减少当前评分与之前评分的平均值的距离，并借鉴 Chen 等（2018）的研究进行计量建模，模型如下：

$$\text{Deviation}_{ijk} = \left| \text{Rating}_{ijk} - \mu_{i(j-1)k} \right| \tag{9.4}$$

$$\text{Deviation}_{ijk} = \beta_0 + \beta_1 \times \text{Post} + \beta_2 \times \text{Post} \times \text{Treat}$$
$$+ \beta_3 \times \text{Treat} + \beta_4 \times \log n_{ijk} + \beta_5 \times X_{ij} + \alpha_i + \varepsilon_{ijk} \tag{9.5}$$

其中，因变量 Deviation_{ijk} 表示产品 i 在平台 k 的第 j 条评分（Rating_{ijk}）与从第 1 条评分到第 $j-1$ 条评分均值（$\mu_{i(j-1)k}$）的绝对距离。$\text{Post} \times \text{Treat}$ 项的系数 β_2 衡量引入 AR 产品展示对评分的离散程度的作用。为了验证 $H_{9.1d}$，本节研究预计系数 β_2 为负值，即 AR 产品展示能够降低消费者在线评分的离散程度。

9.4.4　实证结果

在检验具体的假设之前，对各因变量在 AR 产品展示引入之前和之后进行描述性统计分析。表 9.2 分别展示了两个平台中的因变量在引入 AR 产品展示前后的对比。从表 9.2 中可以看出，引入 AR 产品展示后 Sephora 平台上的消费者在线评分均值是提高的，且评分的离散程度是降低的，而没有引入 AR 产品展示的 Ulta 平台中的消费者在线评分均值是降低的，且评分的离散程度是提高的。

表9.2 AR产品展示引入之前与之后的对比

变量	组别	Sephora			Ulta		
		观察值	均值	标准差	观察值	均值	标准差
均值	之前	23 151	4.30	1.14	19 089	4.52	0.98
	之后	17 136	4.40	1.05	13 393	4.51	1.01
高分占比	之前	23 151	0.82	0.13	19 089	0.88	0.08
	之后	17 136	0.83	0.11	13 393	0.89	0.08
低分占比	之前	23 151	0.10	0.10	19 089	0.07	0.06
	之后	17 136	0.10	0.08	13 393	0.06	0.06
离散程度	之前	23 151	0.81	0.71	19 089	0.67	0.67
	之后	17 136	0.77	0.66	13 393	0.68	0.70

表 9.3 展示了对各因变量进行 DID 回归的结果，为了更清晰地展示结果，表 9.3 中将控制变量的详细结果省去，并同时考虑了产品固定效应和时间固定效应。如表 9.3 的第一列所示，当因变量为评分均值时，Post×Treat 项的系数为正值且显著（$\beta_2=0.130$，$p<0.01$），说明引入 AR 产品展示能够显著提高消费者在线评分均值，从而支持 $H_{9.1a}$。

表9.3 AR产品展示对消费者在线评分影响的模型估计结果

变量	（1）均值	（2）高分占比	（3）低分占比	（4）离散程度
Post	-0.050^{**} （0.013）	-0.007^{**} （0.001）	0.007^{**} （0.001）	0.028^{**} （0.008）
Treat	-0.314^{**} （0.016）	-0.092^{**} （0.001）	0.054^{**} （0.001）	0.186^{**} （0.010）
Post×Treat	0.130^{**} （0.016）	0.007^{**} （0.001）	-0.005^{**} （0.001）	-0.063^{**} （0.010）
控制变量	是	是	是	是
产品固定效应	是	是	是	是
时间固定效应	是	是	是	是
观察值	72 769	72 769	72 769	72 769
R^2	0.087	0.865	0.815	0.131

**表示显著性水平小于 0.01
注：Post×Treat 项的系数表示 AR 产品展示对消费者在线评分的影响；括号中数据为回归系数分布的标准误

同理，如表 9.3 的列（2）所示，当因变量为高分占比时，Post×Treat 项的系数为正值且显著（$\beta_2=0.007$，$p<0.01$），说明引入 AR 产品展示能够显著提高消费者在线评分中的高分占比，从而支持 $H_{9.1b}$。

表 9.3 的列（3）表明当因变量为低分占比时，Post × Treat 项的系数为负值且显著（β_2=-0.005，$p<0.01$），说明引入 AR 产品展示能够显著降低消费者在线评分中的低分占比，从而支持 $H_{9.1c}$。

表 9.3 的列（4）表明当因变量为离散程度时，Post × Treat 项的系数为负值且显著（β_2=-0.063，$p<0.01$），说明引入 AR 产品展示能够显著降低消费者在线评分的离散程度，从而支持 $H_{9.1d}$。

9.4.5　鲁棒性分析

在使用 DID 方法时，有一个十分重要的前提假设是平行趋势假设（Bertrand et al.，2004），即假设引入 AR 产品展示前实验组和对照组之间的差异随时间的变化是稳定的。若两个平台在引入 AR 产品展示前评分的差异是稳定的，则在 AR 产品展示引入后这种差异也应该存在，而通过 DID 得到的两个平台评分差异的变化就可以归因于 AR 产品展示。

首先，本节借鉴 Stamatopoulos 等（2021）的研究，进行平行趋势检验。具体来说，只保留 AR 产品展示引入前的数据，并创建新的时间虚拟变量 Post，当评分数据来自 2016 年 1 月时，时间虚拟变量设置为 1，当评分数据来自 2016 年 2 月时，时间虚拟变量设置为 2，以此类推。引入 Post × Treat 项，保留控制变量、时间固定效应、产品固定效应，重新对 4 个因变量进行回归。若 Post × Treat 项系数显著为正值，则说明两个平台评分的差异随时间的变化是增加的，反之则说明差异随时间的变化是减小的。回归得到的结果如表 9.4 所示。

表9.4　引入AR产品展示前评分趋势差异检验

变量	（1）均值	（2）高分占比	（3）低分占比	（4）离散程度
Post × Treat	−0.013 （−1.379）	0 （0.137）	0 （1.208）	0.006 （1.111）
控制变量	是	是	是	是
产品固定效应	是	是	是	是
时间固定效应	是	是	是	是
R^2	0.114	0.846	0.805	0.166

注：Post × Treat 项的系数表示平台差异随时间的变化情况

结果表明，Post × Treat 项的 4 个系数都不显著，也就是说，在 AR 产品展示引入之前，实验组和对照组之间差异的时间趋势是稳定的，符合平行趋势假设。

其次，进行安慰剂检验以确保结果的稳健性。本节研究参考 Wang 等（2021）的研究，对 AR 产品展示引入之前的数据进行了安慰剂检验。具体而言，假设 AR

产品展示于 2016 年 6 月引入，并根据该时间点将 AR 产品展示引入之前的时间段（2016 年 1~12 月）一分为二。然后，创建一个新的时间虚拟变量 Time，如果评分时间是在时间段的前半部分则为 0，在后半部分则为 1。引入 Post × Treat 项，保留控制变量、时间固定效应、产品固定效应，并再次对每个因变量进行回归。若 Post × Treat 项系数显著，则说明在 2016 年 6 月前后两个平台的评分存在显著差异。结果如表 9.5 所示。

表9.5 安慰剂检验

变量	（1）均值	（2）高分占比	（3）低分占比	（4）离散程度
Post × Treat	−0.032 （−0.478）	−0.004 （−1.264）	0.004 （1.404）	0.021 （−0.544）
控制变量	是	是	是	是
产品固定效应	是	是	是	是
时间固定效应	是	是	是	是
R^2	0.113	0.845	0.803	0.166

注：Post × Treat 项的系数表示安慰剂作用

结果显示，Post × Treat 项的所有系数均不显著，说明安慰剂检验均未产生实际效果，即在 AR 产品展示引入之前两个平台的评分均值、高分占比、低分占比及离散程度均不存在显著差异，符合平行趋势假设。为了进一步验证本节研究所得到的实证结果具有稳健性，还对其他月份进行了安慰剂检验，由于篇幅问题并未展示结果。类似上述结果，使用不同月份作为安慰剂节点后，Post × Treat 项的各系数都不显著，再次证明了本节研究的实证结果十分稳健。

综上所述，引入 AR 产品展示能够积极影响消费者在线评分，即 $H_{9.1}$ 得到支持。具体而言，AR 产品展示能够提高消费者在线评分均值和评分中的高分占比，并降低评分中的低分占比和离散程度，因此 $H_{9.1a}$~$H_{9.1d}$ 得到验证。

9.5 研究二：随机实验数据分析

由平台数据分析可知，AR 产品展示已被证明能够积极影响消费者在线评分，包括提高评分均值和高分占比，降低低分占比和离散程度。由于获取到的平台数据信息有限，很难从中得到有关 AR 产品展示影响消费者的内在机制信息。为了进一步解释其中的影响机制，本节聚焦于评分均值，并设计实验室实验来检验期望确认和情绪的中介作用，除此之外还将检验产品价格和产品流行度的调节作用，从而更好地揭示 AR 产品展示对消费者在线评分的影响。

本节首先对随机实验部分的实验设计进行介绍，其中实验设计包括受试者招募、平台选择、产品选择和问卷设计；其次，介绍具体的实验步骤，对问卷收集到的数据进行描述性统计分析，并检验操纵变量和控制变量，以及问卷的信度和效度；再次，对假设涉及的中介作用和调节作用进行验证分析；最后，对实验结果进行讨论。

9.5.1   实验设计与研究对象选择

1. 实验设计

本节研究选取三款不同色系、不同价格、不同产品流行度的口红作为实验产品，受试者被随机分为 AR 组和非 AR 组，实验内容是让受试者充分浏览三款口红的产品页面，并从中挑选一款最喜欢的口红，目的是排除受试者对口红的个人偏好的影响。挑选口红之后，受试者被要求根据自己所挑选的口红完成接下来的实验任务。

2. 平台选择

研究选取京东客户端 v10.3.0 版本（有 AR 产品展示功能）及京东小程序（无 AR 产品展示功能）作为两个实验平台，每个平台分别选取相同的产品作为实验产品，形成平台之间的对照。两个平台所提供的关于相同产品的信息基本一致，保证了信息的一致性，最大的区别是京东客户端可以使用 AR 工具虚拟体验产品。其中 AR 展示根据不同的产品也有不同的细分，如试妆、试戴、试穿、3D 功能展示等，本节研究主要利用京东客户端的 AR 试妆功能。相比之下，京东小程序只提供一些产品的静态图片、文字介绍、规格参数、售后保障、商家提供的服务、视频展示及其他消费者的评价等信息。因此，本节研究中京东客户端为实验平台，京东小程序为对照平台。

3. 产品选择

为了探究价格和产品流行度的调节作用及排除消费者个人偏好的影响，实验选取三款不同色系、不同价格、不同产品流行度的口红作为实验产品，分别如下：价格为 335 元，评论数为 10 万+条的 A 品牌番茄红色；价格为 99 元，评论数为 1 000+条的 B 品牌深红棕色；价格为 49.9 元，评论数为 5 万+条的 C 品牌蜜豆奶茶色。受试者被要求从中挑选一款最喜欢的口红进行接下来的实验任务，因此能够有效排除消费者偏好的干扰。具体的产品情况如表 9.6 所示。

表9.6　实验产品信息汇总

实验产品	品牌名	颜色	价格	流行度（评论数）
价格实验产品	A 品牌	番茄红色	335 元	10 万+
	C 品牌	蜜豆奶茶色	49.9 元	5 万+
流行度实验产品	B 品牌	深红棕色	99 元	1 000+
	C 品牌	蜜豆奶茶色	49.9 元	5 万+

　　具体而言，本节研究选取 A 品牌口红和 C 品牌口红的数据来探究产品价格的调节作用。原因是 A 品牌口红的价格最高，且 A 品牌口红价格与 C 品牌口红价格相差最大（前者约为后者的 7 倍），但两者的流行度相比之下相差不大（前者约为后者的 2 倍）。另外，虽然 A 品牌口红价格与 B 品牌口红价格相差比较大（前者约为后者的 3 倍），但 A 品牌口红的流行度与 B 品牌口红的流行度相差非常大（前者约为后者的 100 倍）。因此，为了排除产品流行度的干扰，本节研究选择 A 品牌口红和 C 品牌口红的数据探究产品价格的调节作用。

　　本节研究选取 B 品牌口红和 C 品牌口红的数据来探究产品流行度的调节作用。原因是 B 品牌与 C 品牌口红的价格较为接近，但两者的流行度相差较大（后者约为前者的 50 倍）。另外，虽然 B 品牌与 A 品牌口红的流行度相差非常大，但两者之间的价格相差也比较大（后者约为前者的 3 倍）。因此为了排除价格的干扰，本节研究选择 B 品牌口红和 C 品牌口红的数据，以检验产品流行度的调节作用。

9.5.2　实验实施

1. 问卷设计

　　本节研究的问卷包括三部分。第一部分为实验前问卷，用于收集受试者的基本资料，包括受试者的受教育背景、年龄、可支配收入、使用口红的频率、化妆频率、购物频率、平台熟悉度、品牌熟悉度、AR 熟悉度等，这些变量将和 AR 组在产品浏览实验后测得的 AR 真实性一起作为本节研究的控制变量。第二部分为产品浏览实验后的问卷，包括价格和流行度的操纵题项、预支情绪、AR 真实性（AR 组）等变量。第三部分为收到产品后的问卷，包括期望确认、体验情绪、产品评分等变量。

为了确保问卷调查数据的准确性和有效性，本节研究采用先前研究人员所用的成熟量表，并根据网络购物的现实情况，对量表稍做修改，以适应本节研究。问卷对每个测量项使用利克特 7 级量表进行衡量，按受试者感知的强烈程度划分为 1~7 分，1 分为非常不同意，7 分为非常同意。以下是对各个变量的测量设计。

感知价格参照 Chiang 和 Jang（2007）的研究分为 4 个题项，分别为"该口红的价格昂贵"、"该口红的价格不合理"、"该口红的价格是不合适的"及"我负担不起该口红的价格"。

社会化信号流行度的 3 个题项改编于 Goedegebure 等（2020）的研究，分别为"这款口红很流行"、"这款口红的需求量很大"及"这款口红很受欢迎"。

本节研究通过对现有文献的梳理，将预支情绪划分为 6 个维度并形成对应的 6 个题项，分别为"兴奋"、"高兴"、"期待"、"充满信心"、"乐观"及"放松"。

期望确认的 4 个题项改编于 Bhattacherjee（2001）的研究，分别为"该产品的质量符合我的预期"、"我和该产品的适配程度符合我的预期"、"总体而言，我对该产品的预期得到满足"及"我对该产品的预期是正确的"。

类似预支情绪，本节研究在受试者收到口红后，从"兴奋"、"高兴"、"愉悦"、"快乐"、"乐观"及"放松"6 个维度测量体验情绪。

2. 实验步骤

在正式实验开始之前，受试者会填写一份包括人口统计学、化妆频率、口红使用频率、先前平台知识、先前品牌知识及 AR 使用经验等的调查问卷。此外，研究人员还会对所有受试者进行一个简单的京东购物使用培训，确保每名受试者都能够基本掌握京东平台的购物操作，并且使用的培训产品都是与正式实验同类别且较为相似的产品。特别地，研究人员还会对 AR 组的受试者进行额外的 AR 技术使用培训，使这些受试者能熟练使用京东客户端提供的 AR 试用功能，为正式实验奠定良好的基础。

在开启正式实验后，研究人员向受试者简单介绍实验情境，并要求受试者充分浏览三款口红的产品页面信息，并注意对比每款产品的价格和流行度，其中 AR 组还可以进行 AR 虚拟试妆。为了排除产品评论的干扰，受试者在浏览过程中不能查看评论信息。在充分浏览完三款口红后，受试者被要求选出最喜欢的一款口红。在选择完口红以后，受试者会被要求根据浏览该款口红时的情境和真实想法填写一份关于预支情绪、感知价格、社会化信号流行度、AR 真实性（AR 组填写）等因素的问卷。

在填写完上述问卷后，受试者将会收到自己所选择的真实口红，并且可以对其进行观察、触摸、真实试用等。在充分了解实物口红的各项信息后，受试者会被要求填写第三部分问卷，包括期望确认、体验情绪、产品评分等。

3. 受试者招募与样本分布

由于口红的消费群体绝大部分为女性，本节研究通过在网上发布信息，共招募 186 名女性大学生作为实验受试者，每名受试者均为自愿参与实验，并会获得一定的酬劳。

在排除受试者觉得选取的口红不符合自己审美及 AR 真实性过低的问卷后，共收集到 180 份有效问卷。实验中受试者可以根据自己的喜好选择不同的口红，因此不同的实验组具有不同的样本量，且每组的样本量在 29~32。表 9.7 展示了每个实验组的具体样本分布情况。

表9.7　各实验组的样本量

组别	产品	样本量
实验组（AR 组）	A 品牌	31
	B 品牌	29
	C 品牌	30
对照组（非 AR）	A 品牌	32
	B 品牌	29
	C 品牌	29

4. 操纵与控制检验

操纵检验可以检验实验中对不同品牌口红的价格和流行度的操纵是否如预期，即价格实验选取的 A 品牌和 C 品牌口红在感知价格上存在显著差异但在社会化信号流行度上不存在显著差异，流行度实验选取的 B 品牌和 C 品牌口红在社会化信号流行度上存在显著差异但在感知价格上不存在显著差异。

本节研究使用单因素方差分析对操纵变量和控制变量进行检验。使用单因素方差分析的一个重要前提是方差齐性，只有满足方差齐性检验才能进行之后的单因素方差分析。

首先，对 A 品牌和 C 品牌口红的价格和流行度进行操纵检验。方差齐性检验结果表明感知价格（莱文统计量=2.328，p=0.130>0.05）和社会化信号流行度（莱文统计量=1.360，p=0.246>0.05）的测量结果均满足方差齐性检验要求，因此可以进一步对感知价格和社会化信号流行度进行单因素方差分析。感知价格的单因素方差分析结果显示，受试者对 A 品牌和 C 品牌口红的价格感知存在显著差异，且对 A 品牌口红的价格感知高于 C 品牌口红 $[M_A$=4.074，M_C=1.689，$F(1, 120)$=119.331，p<0.05$]$，结果符合预期，说明价格实验中对 A 品牌和 C 品牌口红的价

格操纵是成功的。社会化信号流行度的单因素方差分析结果显示，受试者对 A 品牌和 C 品牌口红的流行度感知的差异不显著［M_A=5.163，M_C=4.959，$F(1，120)$=3.107，$p>0.05$］，结果符合预期，说明价格实验中对 A 品牌和 C 品牌口红的流行度操纵是成功的。

其次，对 B 品牌和 C 品牌口红的价格和流行度进行操纵检验。方差齐性检验结果表明感知价格（莱文统计量=0.094，p=0.759>0.05）和社会化信号流行度（莱文统计量=1.149，p=0.286>0.05）的测量结果均满足方差齐性检验要求，因此可以进一步对感知价格和社会化信号流行度进行单因素方差分析。如表 9.8 所示，受试者对 B 品牌和 C 品牌口红的流行度感知存在显著差异，且对 C 品牌口红的流行度感知高于 B 品牌口红［M_B=4.184，M_C=4.959，$F(1，117)$=19.394，$p<0.05$］，结果符合预期，说明流行度实验中对 B 品牌和 C 品牌口红的流行度操纵是成功的。感知价格的单因素方差分析结果显示，受试者对 B 品牌和 C 品牌口红的价格感知的差异不显著［M_B=1.962，M_C=1.689，$F(1，117)$=1.392，$p>0.05$］，结果符合预期，说明流行度实验中对 B 品牌和 C 品牌口红的价格操纵是成功的。

表9.8　操纵变量检验

实验	测量变量	均值		F 值	p 值
价格实验	品牌名称	A 品牌	C 品牌		
	感知价格	4.074	1.689	119.331	0
	社会化信号流行度	5.163	4.959	3.107	0.103
流行度实验	品牌名称	B 品牌	C 品牌		
	感知价格	1.962	1.689	1.392	0.241
	社会化信号流行度	4.184	4.959	19.394	0

除对口红的价格和流行度进行操纵检验外，本节研究还对控制变量进行了检验。在方差齐性检验通过后（$p>0.05$），对各个控制变量进行单因素方差分析。如表 9.9 所示，AR 组和非 AR 组受试者在可支配收入（F=0.070，p=0.791）、使用口红的频率（F=2.019，p=0.157）、化妆频率（F=0.031，p=0.861）、购物频率（F=1.705，p=0.193）、平台熟悉度（F=0.019，p=0.891）、A 品牌熟悉度（F=1.099，p=0.296）、B 品牌熟悉度（F=0.328，p=0.568）、C 品牌熟悉度（F=0.002，p=0.966）、AR 熟悉度（F=0.301，p=0.584）上都没有显著差异，说明上述控制变量不会影响实验结果。

表9.9　控制变量检验

测量变量	均值		F 值	p 值
	非 AR 组	AR 组		
可支配收入	3.590	3.630	0.070	0.791
使用口红的频率	4.520	4.890	2.019	0.157
化妆频率	3.990	3.940	0.031	0.861
购物频率	5.820	6.070	1.705	0.193
平台熟悉度	4.570	4.600	0.019	0.891
A 品牌熟悉度	4.130	4.390	1.099	0.296
B 品牌熟悉度	2.390	2.260	0.328	0.568
C 品牌熟悉度	3.560	3.570	0.002	0.966
AR 熟悉度	3.360	3.490	0.301	0.584

9.5.3　数据分析与讨论

1. 信度和效度分析

信度和效度分析结果如表 9.10 和表 9.11 所示。

表9.10　因子分析结果

测量因子	题项	成分 1	成分 2	成分 3	成分 4	成分 5
感知价格 （PPR）	PPR_1	0.925				
	PPR_2	0.852				
社会化信号 流行度 （PPOP）	$PPOP_1$		0.908			
	$PPOP_2$		0.908			
	$PPOP_3$		0.892			
预支情绪 （AE）	AE_1			0.840		
	AE_2			0.891		
	AE_3			0.796		
	AE_4			0.811		
	AE_5			0.822		
	AE_6			0.644		
期望确认 （EC）	EC_1				0.570	
	EC_2				0.415	
	EC_3				0.657	
	EC_4				0.533	

续表

测量因子	题项	成分1	成分2	成分3	成分4	成分5
体验情绪 （EE）	EE$_1$					0.842
	EE$_2$					0.932
	EE$_3$					0.942
	EE$_4$					0.936
	EE$_5$					0.818
	EE$_6$					0.802
累计百分比		34.756%	55.383%	68.233%	76.173%	80.868%

注：感知价格（PPR）原本有 4 个测量题项，即 PPR$_1$~PPR$_4$，信度和效度检验后，删去了 PPR$_2$ 和 PPR$_3$，因此只剩下 PPR$_1$ 和 PPR$_4$

表9.11　问卷信度和效度检验

测量变量	项目数	Cronbach's α	AVE	CR
感知价格	2	0.769	0.791	0.883
社会化信号流行度	3	0.927	0.815	0.930
预支情绪	6	0.909	0.947	0.916
期望确认	4	0.939	0.503	0.829
体验情绪	6	0.960	0.776	0.954

由表 9.10 和表 9.11 可知，各个变量的 Cronbach's α 系数均在 0.7 以上，问卷具有可靠性。KMO 和 Bartlett 球形检验结果显示，问卷的 KMO 值为 0.872，接近于 1，适合做因子分析，Bartlett 球形检验系数 p 值为 0，小于 0.05，说明结果显著。因子分析共计提取出 5 个公共因子，特征值累计方差贡献率达 80.868%，说明提取主因子后对原题项具有较好的解释度。各变量的因子载荷系数都达到了 0.4 以上且变量与变量之间不存在交叉载荷。本节研究还计算了 AVE 值和 CR 值。如表 9.11 所示，5 个变量的 AVE 值都大于 0.5，且 CR 值都大于 0.7，说明该问卷具有较好的聚合效度。

2. 描述性统计

各变量的描述性统计结果如表 9.12 所示。AR 组受试者的期望确认（$M_{AR}=5.791$，$M_{非AR}=4.783$）、预支情绪（$M_{AR}=5.248$，$M_{非AR}=4.954$）、体验情绪（$M_{AR}=5.672$，$M_{非AR}=4.691$）、产品评分（$M_{AR}=5.800$，$M_{非AR}=4.990$）均高于非 AR 组。这说明 AR 产品展示能够给消费者带来一些积极的影响。相关分析结果如表 9.13 所示，所有变量之间的相关系数均大于 0，且显著性都小于 0.05，说明各变量之间都存在正相关关系。

表9.12　分组变量测量的描述性统计结果

组别	期望确认		预支情绪		体验情绪		产品评分	
	均值	标准差	均值	标准差	均值	标准差	均值	标准差
非 AR 组	4.783	1.362	4.954	1.071	4.691	1.327	4.990	1.166
AR 组	5.791	0.990	5.248	0.798	5.672	0.969	5.800	0.864

表9.13　相关分析结果

变量	均值	标准差	期望确认	预支情绪	体验情绪	产品评分
期望确认	5.287	1.291	1			
预支情绪	5.101	0.954	0.270*	1		
体验情绪	5.182	1.259	0.820**	0.425**	1	
产品评分	5.390	1.101	0.812***	0.222**	0.766**	1

*表示显著性水平小于 0.05，**表示显著性水平小于 0.01，***表示显著性水平小于 0.001

3. 中介效应检验

采用 Bootstrap 抽样法检验期望确认的中介作用。抽样 5 000 次后的结果如表 9.14 所示。以 AR 产品展示→期望确认→产品评分为路径的间接效应值为 0.677（95% 的置信区间为[0.440，0.926]），95%的置信区间未跨过零，说明期望确认能够中介 AR 产品展示与产品评分的关系，从而支持 $H_{9.2}$。

表9.14　中介效应分析结果

中介路径	效应	效应值	标准误	置信区间
AR 产品展示→期望确认→产品评分	总效应	0.811	0.153	[0.509，1.113]
	直接效应	0.134	0.104	[−0.072，0.339]
	间接效应	0.677	0.124	[0.440，0.926]
AR 产品展示→预支情绪→体验情绪→产品评分	总效应	0.811	0.153	[0.509，1.113]
	直接效应	0.177	0.113	[−0.046，0.400]
	间接效应	0.100	0.054	[0.007，0.219]

类似地，采用 Bootstrap 抽样法检验情绪的中介作用。如表 9.14 所示，以 AR 产品展示→预支情绪→体验情绪→产品评分为路径的间接效应值为 0.100（95%的置信区间为[0.007，0.219]），95%的置信区间未跨过零，说明 AR 产品展示能够通过提高消费者的预支情绪，从而正向影响体验情绪，进而提高产品评分，从而支持 $H_{9.3}$。

4. 调节效应检验

为了排除流行度的干扰，使用 A 品牌口红和 C 品牌口红的数据检验价格的调节作用。自变量 AR 产品展示（有/无）和调节变量价格（高/低）都是分类变量，因此通过双因素方差分析来检验 AR 产品展示和价格的交互作用，从而确定价格的调节作用，结果如表 9.15 和图 9.2 所示。

表9.15　价格的调节作用检验

变量	期望确认		预支情绪	
	F 值	p 值	F 值	p 值
AR 产品展示（有/无）	34.454	0***	6.353	0.014*
价格（高/低）	2.528	0.116	0.494	0.484
AR 产品展示×价格	7.371	0.008**	4.294	0.042*

*表示显著性水平小于 0.05，**表示显著性水平小于 0.01，***表示显著性水平小于 0.001

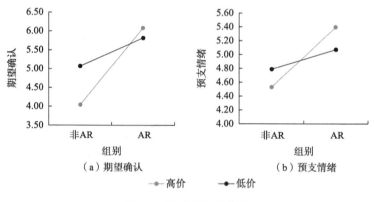

（a）期望确认　　　　　　　（b）预支情绪

——高价　——低价

图 9.2　价格的调节作用

当因变量为期望确认时，结果满足方差齐性检验要求（$p>0.05$），并且 AR 产品展示与价格的交互项系数显著（$p<0.01$），说明价格能够调节 AR 产品展示与期望确认之间的关系。具体而言，AR 虚拟试用高价产品情况下的受试者（$M_{AR高价}=6.086$）比其他三种情况下的受试者具有更高的期望确认（$M_{非AR高价}=4.044$，$M_{非AR低价}=5.068$，$M_{AR低价}=5.819$），说明 AR 产品展示对期望确认的影响在高价产品中更明显，从而支持 $H_{9.4}$。

当因变量为预支情绪时，结果满足方差齐性检验要求（$p>0.05$），并且 AR 产品展示与价格的交互项系数显著（$p<0.05$），说明价格能够调节 AR 产品展示与预支情绪之间的关系。具体而言，AR 虚拟试用高价产品情况下（$M_{AR高价}=5.397$）的受试者比其他三种情况下的受试者具有更高的预支情绪（$M_{非AR高价}=4.529$，$M_{非AR低价}=$

4.788，$M_{\text{AR低价}}$=5.073），说明 AR 产品展示对预支情绪的影响在高价产品中更明显，从而支持 $H_{9.5}$。

为了排除价格的干扰，使用 B 品牌口红和 C 品牌口红的数据检验流行度的调节作用。类似价格的调节作用检验，本节研究通过双因素方差分析来检验 AR 产品展示和流行度的交互作用，从而确定流行度的调节作用，结果如表 9.16 和图 9.3 所示。

表9.16　流行度的调节作用检验

变量	期望确认		预支情绪	
	F 值	p 值	F 值	p 值
AR 产品展示（有/无）	31.028	0***	1.512	0***
流行度（高/低）	4.874	0.031*	2.107	0.152
AR 产品展示 × 流行度	3.273	0.075•	0.551	0.461

•表示显著性水平小于 0.10，*表示显著性水平小于 0.05，***表示显著性水平小于 0.001

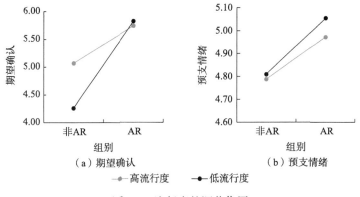

图 9.3　流行度的调节作用

当因变量为期望确认时，结果满足方差齐性检验要求（$p>0.05$），并且 AR 产品展示与流行度的交互项系数弱显著（$p<0.10$），说明流行度能够调节 AR 产品展示与期望确认之间的关系。具体而言，AR 虚拟试用低流行度产品情况下（$M_{\text{AR低流行度}}$=5.819）的受试者比其他三种情况下的受试者具有更高的期望确认（$M_{\text{非AR高流行度}}$=5.068，$M_{\text{非AR低流行度}}$=4.267，$M_{\text{AR高流行度}}$=5.739），说明 AR 产品展示对期望确认的影响在低流行度产品中更明显，从而支持 $H_{9.6}$。

当因变量为预支情绪时，结果满足方差齐性检验要求（$p>0.05$），但 AR 产品展示与流行度的交互项系数不显著（$p>0.05$），说明流行度并不能够调节 AR 产品展示与预支情绪之间的关系。具体而言，AR 虚拟试用低流行度产品情况下（$M_{\text{AR低流行度}}$=5.054）的受试者比其他三种情况下的受试者具有更高的预支情绪（$M_{\text{非AR高流行度}}$=

4.788，$M_{\text{非AR低流行度}}$=4.811，$M_{\text{AR高流行度}}$=4.973），但这些差距不具有统计学意义，因此拒绝 $H_{9.7}$。

5. 结果讨论

根据以上分析结果可知，AR 产品展示通过两个中介机制影响消费者在线评分。一方面，AR 产品展示能够提供更多产品信息，降低信息不对称并提高期望确认程度来影响满意，最终影响在线评分，$H_{9.2}$ 得到支持。另一方面，AR 产品展示的交互性和生动性能够有效提升消费者的购物体验，降低产品不确定性，并积极影响消费者的预支情绪，而预支情绪又会积极影响体验情绪，提高消费者满意度，从而影响消费者在线评分，$H_{9.3}$ 得到支持。此外，产品价格和产品流行度对上述两种中介机制具有调节作用。具体来说，相比低价产品，AR 产品展示更能提高消费者对高价产品的期望确认程度和预支情绪，从而正向提高在线评分，$H_{9.4}$、$H_{9.5}$ 得到支持。在产品流行度方面，AR 产品展示能够更多地提高消费者对低流行度产品的期望确认程度，$H_{9.6}$ 得到支持。但是流行度对 AR 产品展示与消费者的预支情绪之间的关系没有显著影响，$H_{9.7}$ 被拒绝。因此，产品流行度对 AR 产品展示与预支情绪关系的调节作用不显著。

根据以上数据分析，本节研究的假设验证结果如表 9.17 所示。

表9.17　假设验证结果

假设	假设内容	验证结果
$H_{9.1}$	AR 产品展示能够积极影响消费者在线评分	支持
$H_{9.1a}$	AR 产品展示能够提高评分均值	支持
$H_{9.1b}$	AR 产品展示能够提高评分中的高分占比	支持
$H_{9.1c}$	AR 产品展示能够降低评分中的低分占比	支持
$H_{9.1d}$	AR 产品展示能够降低评分的离散程度	支持
$H_{9.2}$	AR 产品展示通过影响期望确认从而影响消费者在线评分	支持
$H_{9.3}$	AR 产品展示能够提高消费者的预支情绪，从而提高体验情绪，并最终影响消费者在线评分	支持
$H_{9.4}$	产品价格能够调节 AR 产品展示与期望确认的关系。具体来说，相比低价产品，AR 产品展示能够更多地提高消费者对高价产品的期望确认程度	支持
$H_{9.5}$	产品价格能够调节 AR 产品展示与预支情绪的关系。具体来说，相比低价产品，AR 产品展示能够更多地提高消费者对高价产品的预支情绪	支持
$H_{9.6}$	产品流行度能够调节 AR 产品展示与期望确认的关系。具体来说，相比高流行度产品，AR 产品展示能够更多地提高消费者对低流行度产品的期望确认程度	支持
$H_{9.7}$	产品流行度能够调节 AR 产品展示与预支情绪的关系。具体来说，相比高流行度产品，AR 产品展示能够更多地提高消费者对低流行度产品的预支情绪	不支持

9.6　结论与展望

本章研究根据 9.4 节的数据分析结果得出 AR 产品展示对消费者在线评分影响的研究结论，为了进一步探究其中的机制原理，本章研究在 9.5 节补充验证了 AR 产品展示对消费者在线评分的影响机制。在此基础上，本节首先将对这些研究结论进行总结；其次，根据得到的研究结论，阐述本章研究对理论和实践两个方面的研究贡献；最后，指出本章研究存在的局限性，并提出未来可以继续深入研究的方向。

9.6.1　研究结论

本章研究首先对 AR 技术、AR 对消费者行为的影响研究、消费者在线评分的相关研究进行梳理，并将 AR 产品展示和消费者在线评分作为本章的研究对象，由此确定了本章的研究思路；其次，对有关期望确认理论等本章研究涉及理论的相关文献进行了梳理，并由此提出研究假设；再次，设计基于真实购物平台数据的自然实验，并构建计量模型来验证 AR 产品展示对消费者在线评分影响的相关假设；最后，设计基于问卷调查的实验室实验，通过方差分析、相关分析、回归分析等方法来验证 AR 产品展示对消费者在线评分影响的中介作用假设和调节作用假设。

本章研究得出以下结论：①AR 产品展示能够积极影响消费者在线评分。具体来说，AR 产品展示能够显著提高消费者在线评分均值和评分中的高分占比，并且能够显著降低评分中的低分占比和离散程度。这说明 AR 产品展示能够积极影响消费者对产品的购买后评价，并积极影响未来的销售。有研究指出 AR 能增加消费者购买后的评分均值（Yang and Xiong，2019），本章研究在此基础上扩展了这一结论。②AR 产品展示通过增加消费者收货后的期望确认程度从而积极影响在线评分。结果表明，使用 AR 产品展示后的消费者购买前期望和购买后感知的差距，即期望确认程度要比没有使用 AR 产品展示的消费者高，因此该部分的消费者购买后评分也比没有使用 AR 产品展示的消费者高。这意味着，AR 的生动性和互动性能够更好地虚拟展示产品，使得消费者建立更接近真实产品的预期，从而提高期望确认程度来影响满意，最终影响在线评分。这一结论也与 Xu 等（2018）提出的猜想一致，本章研究验证了期望确认的中介作用。③AR 产品展示能够增加消费者的预支情绪，从而积极影响收到产品后的体验情绪，最终积极影响在线评分。本章研究发现，AR 能够积极影响消费者的预支情绪和体验情绪，最终影响消费者在线评分。④产品价格对 AR 产品展示与期望确认之间的关系具有显著的调节作用。具体来说，相比低价产品，AR 产品展示能够更多地提高消费者对高价产品的期望确认程度。这是因为消费者在购买高价产品时面临的风险更大，需要更多的信息来辅助决策，并且消费者通常对高价产品有更高的期望，这可能会导致期望不确认的产生。AR 产品展示可以帮助消费者在购买前形成合理的产品预期，降低对高价产品过高的期望值，提高决策准确性，降低期望不确认的可能性，从而影响消费者在线评分。⑤产品价格对 AR 产品展示与预支情绪之间的关系具有显著的调节作用。结果表明，相比低价产品，AR 产品展示能够更多地提高消费者对高价产品的预支情绪。相比低价产品，消费者在 AR 虚拟环境下更能够体验到高价产品的优越属性，提高购物体验中的愉悦度与享受，从而产生更积极的预支情绪，进而影响购买后评分。⑥产品流行度对 AR 产品展示与期望确认之间的关系具有显著的调节作用。具体来说，相比高流行度产品，AR 产品展示能够更多地提高消费者对低流行度产品的期望确认程度。消费者在购买低流行度产品时往往需要更多信息来辅助购买决策。通过 AR 虚拟试用，消费者可以更加了解低流行度产品是否符合他们的偏好，并为随后的决策过程奠定坚实的基础。因此，AR 产品展示可以为消费者提供更多充分体验流行度较低产品的机会，帮助消费者在购买前形成更合理的产品期望，从而提高之后的期望确认程度，进而影响购买后评分。⑦产品流行度对 AR 产品展示与预支情绪之间关系的调节作用不显著。这可能是因为流行产品更加符合大众口味，与非流行产品相比具有独特的优势，而 AR 产品展示能够更加真实地还原这些优势，使得消费者在购物过程中的愉悦度和享受增加，抵消饱食效应带来的影响，因此产品流行度对 AR 产品展示与预支情绪之间关系的调节作用不显著。

9.6.2　理论贡献

首先，本章研究是对有关 AR 对消费者购买后行为研究文献的补充。以往关于 AR 对消费者行为的研究主要集中在购买前的消费体验上，而很少有研究关注 AR 对消费者购买后行为的影响。之前虽有研究指出 AR 能够提高消费者的购买后满意度，但并没有深入研究 AR 对消费者在线评分结构的影响。本章研究探究了 AR 对消费者在线评分结构影响的研究，包括评分均值、高分占比、低分占比和离散程度。

其次，本章研究通过认知路径（期望确认）和情绪路径（预支情绪和体验情绪）来解释 AR 对消费者在线评分的影响。现有文献很少探究 AR 与消费者购买后行为的关系，关于 AR 如何影响消费者对产品的购买后体验更是知之甚少。本章研究提出的两种解释路径填补了这些研究空白。

再次，本章研究考虑了不同产品价格对 AR 产品展示与消费者在线评分的关系。结果表明，与购买低价产品的消费者相比，AR 产品展示能够使购买高价产品的消费者获得更高的期望确认程度和预支情绪，从而提高消费者的购买后评分。通过引入产品价格为调节变量，本章研究为 AR 作用的边界条件提供了见解。

最后，本章研究考虑了不同产品流行度对 AR 产品展示与消费者在线评分的关系。结果表明，与 AR 环境下购买流行产品的消费者相比，AR 环境下购买低流行度产品的消费者能获得更大程度的期望确认，从而具有更高的购买后评分。但两类消费者的预支情绪没有显著差异。通过引入产品流行度为调节变量，本章研究进一步为 AR 作用的边界条件提供了见解。

9.6.3　实践启示

首先，本章研究结果对网络零售商来说具有参考价值，即引入 AR 产品展示能够改善消费者的购买后评估，这对网络零售商的营利能力和长期成功来说都具有十分重要的作用。本章研究结果表明，AR 产品展示的引入可以有效提高消费者在线评分的评分均值和高分占比，并降低在线评分的低分占比和离散程度。已有研究表明负面评价对产品销售的影响要大于正面评价对产品销售的影响（Li et al.，2018a）。因此，本章研究指出 AR 能够改善未来销售的潜力，进而促进网络零售商的长期成功。

其次，本章研究结果表明，AR 产品展示能通过提高消费者的期望确认程度来影响购买后评分。这启示网络零售商在开发 AR 模型时需要给消费者提供更多的产品信息，减少信息不对称，帮助消费者形成合理的购前期望，减少期望不确认产生的可能，从而增加购买后满意度。

再次，本章研究指出情绪能有效影响消费者的购买后评分。这启示网络零售商在开发 AR 模型时需要着重注意消费者体验过程的愉悦度和享受，使得消费者在购物过程中产生更多的积极情绪，从而提高购买后满意度。

最后，本章研究启示网络零售商在部署 AR 产品展示功能时应该更加关注产品属性。本章研究提供了产品价格和产品流行度对 AR 产品展示和消费者在线评分之间关系作用的见解。相比低价产品，高价产品将会从 AR 产品展示中受益更多。类似地，相比高流行度产品，AR 产品展示对低流行度产品的作用更加显著。因此，网络零售商在部署 AR 产品展示功能时应该权衡自己的业务目标，更多考虑高价产品和低流行度产品，争取获得更大利益。

9.6.4　研究局限与展望

其一，样本数量有限。本章研究的自然实验使用了 44 种产品和 72 834 条评论的真实数据。为了保证结果的准确性，本章研究只选择评论数量超过 100 条的产品，这在一定程度上限制了产品的数量。未来的研究可以扩充更多的产品集合，以获得更普遍的结果。

其二，产品对象相对同质化。由于化妆品是典型的体验型产品，而 AR 产品展示对体验型产品的作用更显著，本章研究的自然实验和实验室实验都是基于化妆品进行的。未来的研究可以通过扩大产品类型来总结 AR 产品展示对其他产品类型中消费者在线评分的影响，以确定 AR 产品展示对消费者在线评分的影响是否会因产品类型的不同而不同。

其三，消费者群体较为单一。化妆品的主要目标对象通常是女性，因此本章研究的结论大多是基于女性消费者的角度获得的。未来的研究方向可以深入探究 AR 产品展示对消费者在线评分的影响是否存在性别差异。

其四，AR 产品展示与消费者购买后行为关系的研究有待深入。本章研究只考虑了在线评分这种购买后行为。未来可以考虑 AR 产品展示对更多消费者购买后行为的影响，如评论内容、退货率等，并深入探究其中的中介机制等。

其五，只考虑了 AR 虚拟试用产品（基于人脸的增强）这种模式。未来的研究还可以探究 AR 产品展示的不同应用模式下对消费者购买后行为的影响，如基于位置的增强、基于环境的增强等模式。

本　章　小　结

本章研究了沉浸式交互系统对在线评分结构的影响。研究发现，沉浸式交互系统能够提高消费者的购买后评分，其中存在两种机制：一方面，AR 产品展示通过提高消费者的期望确认程度，从而影响消费者满意度，进而影响消费者在线评分；另一方面，AR 产品展示能积极影响消费者在收货前的预支情绪，由于情绪记忆的存在，积极的预支情绪还将提高消费者在收货后的体验情绪，从而影响消费者满意度，进而影响消费者在线评分。此外，产品价格和产品流行度对上述两种机制起到调节作用。

参 考 文 献

冯莹，甘怡群，柳之啸，等. 2015. 不确定性反应风格和未来取向应对的关系探究：预期情绪的中介作用. 北京大学学报（自然科学版），51（3）：485-494.

刘盼盼，郭建校. 2022. 电子商务在线评论有用性影响因素研究综述. 时代经贸，19（2）：28-30.

卢长宝，邓新秀，林嗣杰. 2021. 前瞻性情绪及其对购买意向影响的演化过程——基于双十一网络大促的多时点调查研究. 北京工商大学学报（社会科学版），36（5）：37-50.

卢长宝，柯维林，庄晓燕. 2020a. 大型网络聚集促销决策中前瞻性情绪的诱发机制：限时与限量的调节作用. 南开管理评论，23（5）：28-40.

卢长宝，彭静，李杭. 2020b. 限量促销诱发的前瞻性情绪及其作用机制，管理科学学报，23（5）：102-126.

徐峰，张新，马良，等. 2020. 在线评论动态性偏差对评论有用性影响研究. 管理学报，17（9）：1383-1390.

郑亚楠. 2011. 展望理论框架下情绪驱动忠诚的动态机制研究. 西南交通大学博士学位论文.

Arifin Y，Sastria T G，Barlian E. 2018. User experience metric for augmented reality application：a review. Procedia Computer Science，135：648-656.

Audrain-Pontevia A F，Balague C. 2008. The relationships between dissatisfaction，complaints and subsequent behavior in electronic marketplace. Advances in Consumer Research，35：475-482.

Azuma R，Baillot Y，Behringer R，et al. 2001. Recent advances in augmented reality. IEEE Computer Graphics Application，21（6）：34-47.

Ba S，Pavlou P A. 2002. Evidence of the effect of trust building technology in electronic markets：price premiums and buyer behavior. MIS Quarterly，26（3）：243-268.

Baek H，Lee S，Oh S，et al. 2015. Normative social influence and online review helpfulness：polynomial modeling and response surface analysis. Journal of Electronic Commerce Research，16（4）：290-306.

Barsics C，van der Linden M，D'Argembeau A. 2016. Frequency，characteristics，and perceived functions of emotional future thinking in daily life. Quarterly Journal of Experimental Psychology，69（2）：217-233.

Bart Y，Shankar V，Sultan F，et al. 2018. Are the drivers and role of online trust the same for all web sites and consumers? A large-scale exploratory empirical study. Journal of Marketing，69：133-152.

Bertrand M，Duflo E，Mullainathan S. 2004. How much should we trust differences-in-differences estimates? The Quarterly Journal of Economics，119：249-275.

Bhattacherjee A. 2001. Understanding information systems continuance：an expectation-confirmation model. MIS Quarterly, 25 (3): 351-370.

Bhattacherjee A, Premkumar G. 2004. Understanding changes in belief and attitude toward information technology usage: a theoretical model and longitudinal test. MIS Quarterly, 28 (2): 229-254.

Braddy P W, Meade A W, Kroustalis C M. 2008. Online recruiting: the effects of organizational familiarity, website usability, and website attractiveness on viewers' impressions of organizations. Computers in Human Behavior, 24 (6): 2992-3001.

Bradshaw G L, Anderson J R. 1982. Elaborative encoding as an explanation of levels of processing. Journal of Verbal Learning Verbal Behavior, 21 (2): 165-174.

Cait P, Stacy W. 2010. Smart Subcategories: how assortment formats influence consumer learning and satisfaction. Journal of Consumer Research, 37 (1): 159-175.

Cao Q, Duan W, Gan Q. 2011. Exploring determinants of voting for the helpfulness of online user reviews: a text mining approach. Decision Support Systems, 50 (2): 511-521.

Caplin A, Leahy J. 2001. Psychological expected utility theory and anticipatory feelings. The Quarterly Journal of Economics, 116 (1): 55-79.

Carmigniani J, Furht B, Anisetti M, et al. 2011. Augmented reality technologies, systems and applications. Multimedia Tools Applications, 51 (1): 341-377.

Caro F, Martínez-de-Albéniz V. 2012. Product and price competition with satiation effects. Management Science, 58 (7): 1357-1373.

Chen C F, Chen F S. 2010. Experience quality, perceived value, satisfaction and behavioral intentions for heritage tourists. Tourism Management, 31 (1): 29-35.

Chen P Y, Hong Y, Liu Y. 2018. The value of multidimensional rating systems: evidence from a natural experiment and randomized experiments. Management Science, 64 (10): 4629-4647.

Cheung C M Y, Sia C L, Kuan K K. 2012. Is this review believable? A study of factors affecting the credibility of online consumer reviews from an ELM perspective. Journal of the Association for Information Systems, 13 (8): 618-635.

Chevalier J A, Mayzlin D. 2006. The effect of word of mouth on sales: online book reviews. Journal of Marketing Research, 43 (3): 345-354.

Chiang C F, Jang S C S. 2007. The effects of perceived price and brand image on value and purchase intention: leisure travelers' attitudes toward online hotel booking. Journal of Hospitality Leisure Marketing, 15 (3): 49-69.

Choi A A, Cho D, Yim D, et al. 2019. When seeing helps believing: the interactive effects of previews and reviews on e-book purchases. Information Systems Research, 30 (4): 1164-1183.

Choi J E, Yeu M, Lee D H. 2013. Effects of online reviews' volume, distribution and consumers' self-construal on movie purchase decision. The Korean Journal of Advertising, 24 (7): 87-103.

Chun H H, Diehl K, MacInnis D J. 2017. Savoring an upcoming experience affects ongoing and remembered consumption enjoyment. Journal of Marketing, 81 (3): 96-110.

Coombs C H, Avrunin G. 1977. A theorem on single-peaked preference functions in one dimension. Journal of Mathematical Psychology, 16 (3): 261-266.

Dai H, Luo X R, Liao Q, et al. 2015. Explaining consumer satisfaction of services: the role of innovativeness and emotion in an electronic mediated environment. Decision Support Systems, 70（2）: 97-106.

Dalvi N, Kumar R, Pang B. 2013. Para 'normal' activity: on the distribution of average ratings. Proceedings of the International AAAI Conference on Web and Social Media, 7（1）: 110-119.

Davis T, Love B C, Maddox W T. 2009. Anticipatory emotions in decision tasks: covert markers of value or attentional processes? Cognition, 112（1）: 195-200.

Dieck M C, Jung T H, Rauschnabel P A. 2018. Determining visitor engagement through ugmented reality at science festivals: an experience economy perspective. Computers in Human Behavior, 82: 44-53.

Diehl K, Lamberton C P. 2010. Great Expectations?! Assortment Size, Expectations and Satisfaction. Los Angeles: Social Science Electronic Publishing.

Duan W, Gu B, Whinston A B. 2008. The dynamics of online word-of-mouth and product sales—an empirical investigation of the movie industry. Journal of Retailing, 84（2）: 233-242.

Dwivedi Y K, Ismagilova E, Hughes D L, et al. 2021. Setting the future of digital and social media marketing research: perspectives and research propositions. International Journal of Information Management, 59: 102168.

Engler T H, Winter P, Schulz M. 2015. Understanding online product ratings: a customer satisfaction model. Journal of Retailing Consumer Services, 27: 113-120.

Etumnu C E, Foster K, Widmar N O, et al. 2020. Does the distribution of ratings affect online grocery sales? Evidence from Amazon. Agribusiness, 36: 501-521.

Fan L, Suh Y H. 2014. Why do users switch to a disruptive technology? An empirical study based on expectation-disconfirmation theory. Information Management, 51（2）: 240-248.

Fan X, Chai Z, Deng N, et al. 2020. Adoption of augmented reality in online retailing and consumers' product attitude: a cognitive perspective. Journal of Retailing and Consumer Services, 53: 101986.

Filieri R, Raguseo E, Vitari C. 2018. When are extreme ratings more helpful? Empirical evidence on the moderating effects of review characteristics and product type. Computers in Human Behavior, 88: 134-142.

Flavián C, Ibáñez-Sánchez S, Orús C. 2019. The impact of virtual, augmented and mixed reality technologies on the customer experience. Business Research, 100: 547-560.

Förster J, Friedman R S, Liberman N. 2004. Temporal construal effects on abstract and concrete thinking: consequences for insight and creative cognition. Journal of Personality Social Psychology, 87（2）: 177-189.

Fu X, Liu S, Fang B, et al. 2020. How do expectations shape consumer satisfaction? An empirical study on knowledge products. Journal of Electronic Commerce Research, 21（1）: 1-20.

Gallino S, Moreno A. 2018. The value of fit information in online retail: evidence from a randomized field experiment. Manufacturing & Service Operations Management, 20: 767-787.

Gavilan D, Avello M, Martinez-Navarro G. 2018. The influence of online ratings and reviews on hotel booking consideration. Tourism Management, 66: 53-61.

Ghiassaleh A, Kocher B, Czellar S. 2020. Best seller!? Unintended negative consequences of popularity signs on consumer choice behavior. International Journal of Research in Marketing, 37（4）: 805-820.

Goedegebure R, Herpen E V, Trijp H J F Q, et al. 2020. Using product popularity to stimulate choice for light products in supermarkets: an examination in virtual reality. Food Quality Preference, 79: 103786.

Goedegebure R P, van Herpen E, van Trijp H. 2017. Certainty of popularity: extending naive theories of popularity with uncertainty reduction. Advances in Consumer Research, 45: 622-623.

Goes P B, Lin M, Yeung C M A. 2014. Popularity effect in user-generated content: evidence from online product reviews. Information Systems Research, 25（2）: 222-238.

Graciola A P, de Toni D, de Lima V Z, et al. 2018. Does price sensitivity and price level inuence store price image and repurchase intention in retail markets? Journal of Retailing Consumer Services, 44: 201-213.

Gray D. 2021. Sephora vs ulta: which store has a better bang for your buck? https://www.thelist.com/ 393664/sephora-vs-ulta-which-store-has-a-better-bang-for-your-buck/, 2021-07-05.

Grönroos C. 1984. A service quality model and its marketing implications. European Journal of Marketing, 18（4）: 36-44.

Hayes A F. 2017. Introduction to Mediation, Moderation, and Conditional Process Analysis: A Regression-Based Approach. New York: The Guilford Press.

He Z, Wu L, Li X R. 2018. When art meets tech: the role of augmented reality in enhancing museum experiences and purchase intentions. Tourism Management, 68（10）: 127-139.

Heller J, Chylinski M, Ruyter K D, et al. 2019a. Let me imagine that for you: transforming the retail frontline through augmenting customer mental imagery ability. Journal of Retailing, 95（2）: 94-114.

Heller J, Chylinski M, Ruyter K D, et al. 2019b. Touching the untouchable: exploring multi-sensory augmented reality in the context of online retailing. Journal of Retailing, 95（4）: 219-234.

Herrmann P, Kundisch D, Zimmermann S, et al. 2015. How do Different Sources of the Variance of Consumer Ratings Matter? Thirty Sixth International Conference on Information Systems, Fort Worth.

Hilken T, de Ruyter K, Chylinski M, et al. 2017. Augmenting the eye of the beholder: exploring the strategic potential of augmented reality to enhance online service experiences. Journal of the Academy of Marketing Science, 45: 884-905.

Hilken T, Keeling D I, Ruyter K D, et al. 2020. Seeing eye to eye: social augmented reality and shared decision making in the marketplace. Journal of the Academy of Marketing Science, 48（2）: 143-164.

Ho C H, Wu W. 2011. Role of Innovativeness of consumer in relationship between perceived attributes of new products and intention to adopt. International Journal of Electronic Business Management, 9: 258-266.

Ho Y C C, Wu J, Yong T. 2017. Disconfirmation effect on online rating behavior: a structural model. Information Systems Research, 28（3）: 626-642.

Hoffman D L, Novak T P. 1996. Marketing in hypermedia computer-mediated environments: conceptual foundations. Journal of Marketing, 60（3）: 50-68.

Hornik J, Satchi R S, Cesareo L, et al. 2015. Information dissemination via electronic word-of-mouth: good news travels fast, bad news travels faster! Computers in Human Behavior, 45: 273-280.

Hsu C L, Lin C C. 2015. What drives purchase intention for paid mobile apps? An expectation confirmation model with perceived value. Electronic Commerce Research Applications, 14: 46-57.

Hu N, Pavlou P A, Zhang J J. 2017. On self-selection biases in online product reviews. MIS Quarterly, 41: 449-471.

Huang T L. 2021. Restorative experiences and online tourists' willingness to pay a price premium in an augmented reality environment. Journal of Retailing Consumer Services, 58: 102256.

Javornik A. 2014. Classifications of augmented reality uses in marketing. 2014 IEEE International Symposium on Mixed and Augmented Reality-Media, Art, Social Science, Humanities and Design, Munich.

Javornik A. 2016a. Augmented reality: research agenda for studying the impact of its media characteristics on consumer behavior. Retailing Consumer Service, 30: 252-261.

Javornik A. 2016b. It's an illusion, but it looks real! Consumer affective, cognitive and behavioural responses to augmented reality applications. Journal of Marketing Management, 32（9/10）: 987-1011.

Jeong H J, Kwon K N. 2012. The effectiveness of two online persuasion claims: limited product availability and product popularity. Journal of Promotion Management, 18（1）: 83-99.

Jessen A, Hilken T, Chylinski M, et al. 2020. The playground effect: how augmented reality drives creative customer engagement. Journal of Business Research, 116: 85-98.

Jha C, Mc A, Kdra B, et al. 2019. Touching the untouchable: exploring multi-sensory augmented reality in the context of online retailing. Journal of Retailing, 95（4）: 219-234.

Jiang B, Zou T. 2020. Consumer search and filtering on online retail platforms. Journal of Marketing Research, 57（5）: 900-916.

Jiang Z J, Benbasat I. 2007. The effects of presentation formats and task complexity on online consumers' product understanding. MIS Quarterly, 31: 475-500.

Jung T, Chung N, Leue M C. 2015. The determinants of recommendations to use augmented reality technologies: the case of a Korean theme park. Tourism Management, 49: 75-86.

Kahneman D. 1992. Reference points, anchors, norms, and mixed feelings. Organizational Behavior Human Decision Processes, 51（2）: 296-312.

Kahnx B, Ratner R, Kahneman D. 1997. Patterns of hedonic consumption over time. Marketing Letters, 8: 85-96.

Kaman A. 2017-03-17. Sephora's latest app update lets you try virtual makeup on at home with AR. https://www.theverge.com/2017/3/16/14946086/sephora-virtual-assistant-ios-app-update-ar-makeup.

Kanouse D E, Hanson Jr L. 1987. Negativity in evaluations//Jones E E, Nisbett R E. Attribution: Perceiving the Causes of Behavior. Mahwah: Lawrence Erlbaum Associates: 47-62.

Karaman H. 2021. Online review solicitations reduce extremity bias in online review distributions and increase their representativeness. Management Science, 67 (7): 3985-4642.

Kim D, Benbasat I. 2014. Trust-assuring arguments in B2C e-commerce: impact of content, source, and price on trust. Journal of Management Information Systems, 26 (3): 175-206.

Kim D J, Ferrin D L, Rao H R. 2009. Trust and satisfaction, two stepping stones for successful e-commerce relationships: a longitudinal exploration. Information Systems Research, 20 (2): 237-257.

Kim J, Forsythe S. 2008. Adoption of virtual try-on technology for online apparel shopping. Journal of Interactive Marketing, 22 (2): 45-59.

Knox G, van Oest R. 2014. Customer complaints and recovery effectiveness: a customer base approach. Journal of Marketing, 78 (5): 42-57.

Kowalczuk P, Siepmann C, Adler J. 2021. Cognitive, affective, and behavioral consumer responses to augmented reality in e-commerce: a comparative study. Journal of Business Research, 124: 357-373.

Kumar A, Oliver R L. 1997. Cognitive appraisals, consumer emotions, and consumer response. Advances in Consumer Research, 24: 17-18.

LeDoux J E. 1993. Emotional memory systems in the brain. Behavioural Brain Research, 58 (1/2): 69-79.

Lee J, Park D H, Han I. 2008. The effect of negative online consumer reviews on product attitude: an information processing view. Electronic Commerce Research & Applications, 7 (1/4): 341-352.

Lee S, Lee S, Baek H. 2020. Does the dispersion of online review ratings affect review helpfulness? Computers in Human Behavior, 117: 106670.

Lee Y, Kozar K A. 2006. Investigating the effect of website quality on e-business success: an analytic hierarchy process (ahp) approach. Decision Support Systems, 42 (3): 1383-1401.

Li C, Cui G, Peng L. 2018a. Tailoring management response to negative reviews: the effectiveness of accommodative versus defensive responses. Computers in Human Behavior, 84: 272-284.

Li H, Biocca D F. 2003. The role of virtual experience in consumer learning. Journal of Consumer Psychology, 13 (4): 395-407.

Li H, Gupta A, Zhang J, et al. 2020. Who will use augmented reality? An integrated approach based on text analytics and field survey. European Journal of Operational Research, 281 (3): 502-516.

Li X, Hitt L M. 2008. Self-selection and information role of online product reviews. Information Systems Research, 19 (4): 456-474.

Li X, Yi W, Chi H L, et al. 2018b. A critical review of virtual and augmented reality(vr/ar)applications in construction safety. Automation in Construction, 86: 150-162.

Li Y, Li G, Research G K T J E C, et al. 2019. Try-before-you-buy: online retailing strategy with customer self-mending. Electronic Commerce Research & Applications, 36: 1-15.

Lin Z, Zhang Y, Tan Y. 2016. An investigation of free product sampling and rating bias in e-commerce. Thirty Seventh International Conference on Information Systems, Dublin.

Loewenstein G F, Weber E U, Hsee C K, et al. 2001. Risk as feelings. Psychological Bulletin, 127 (2): 267-286.

Loureiro S M C, Guerreiro J, Eloy S, et al. 2019. Understanding the use of virtual reality in marketing: a text mining-based review. Journal of Business Research, 100: 514-530.

Martin D, O'neill M, Hubbard S, et al. 2008. The role of emotion in explaining consumer satisfaction and future behavioural intention. Journal of Services Marketing, 22 (3): 224-236.

Mauri A G, Minazzi R. 2013. Web reviews influence on expectations and purchasing intentions of hotel potential customers. International Journal of Hospitality Management, 34: 99-107.

McAlister L. 1979. Choosing multiple items from a product class. Journal of Consumer Research, 6 (3): 213-224.

McAlister L. 1982. A dynamic attribute satiation model of variety-seeking behavior. Journal of Consumer Research, 9 (2): 141-150.

McLean G, Wilson A. 2019. Shopping in the digital world: examining customer engagement through augmented reality mobile applications. Computers in Human Behavior, 101: 210-224.

Metzger M J, Flanagin A J, Medders R B. 2010. Social and heuristic approaches to credibility evaluation online. Journal of Communication, 60 (3): 413-439.

Milgram P, Kishino F. 1994. A taxonomy of mixed reality visual displays. Ieice Transactions on Information Systems, 77 (12): 1321-1329.

Mudambi S M, Schuff D. 2010. What makes a helpful online review? A study of customer reviews on Amazon. com. MIS Quarterly, 34 (1): 185-200.

Ng A, Gr B, Ai A, et al. 2019. The dimensions of hotel customer ratings that boost revpar. International Journal of Hospitality Management, 77: 583-592.

Nikhashemi S, Knight H H, Nusair K, et al. 2021. Augmented reality in smart retailing: a (n) (a) symmetric approach to continuous intention to use retail brands' mobile AR apps. Journal of Retailing Consumer Services, 60: 102464.

Nilsson M, Olsson S, Bagmark P. 2015. Stereoscopic 3D to Reduce Product Uncertainty in e-commerce// IEEE Computer Society. Proceedings of the 2015 48th Hawaii International Conference on System Sciences: 497-506.

Noort G V, Voorveld H, Reijmersdal E. 2012. Interactivity in brand web sites: cognitive, affective, and behavioral responses explained by consumers' online flow experience. Journal of Interactive Marketing, 26 (4): 223-234.

Oliver R L. 1977. Effect of expectation and disconfirmation on postexposure product evaluations: an alternative interpretation. Journal of Applied Psychology, 62 (4): 480.

Oliver R L. 1980. A cognitive model of the antecedents and consequences of satisfaction decisions. Journal of Marketing Research, 17 (4): 460-469.

Olshannikova E, Ometov A, Koucheryavy Y, et al. 2015. Visualizing big data with augmented and virtual reality: challenges and research agenda. Big Data, 2 (1): 1-27.

Pamuru V, Khern-Am-Nuai W, Kannan K N. 2021. The impact of an augmented reality game on local businesses: a study of pokemon go on restaurants. Information System Research, 32 (3):

950-966.

Pantano E, Rese A, Baier D. 2017. Enhancing the online decision-making process by using augmented reality: a two country comparison of youth markets. Journal of Retailing Consumer Services, 38: 81-95.

Parasuraman A, Zeithaml V A, Berry L L. 1994. Alternative scales for measuring service quality: a comparative assessment based on psychometric and diagnostic criteria. Journal of Retailing, 70 (3): 201-230.

Park M, Yoo J. 2020. Effects of perceived interactivity of augmented reality on consumer responses: a mental imagery perspective. Journal of Retailing Consumer Services, 52: 101912.

Pennington D C. 2012. Social Cognition. London: Routledge.

Phillips D M, Baumgartner H. 2002. The role of consumption emotions in the satisfaction response. Journal of Consumer Psychology, 12 (3): 243-252.

Poushneh A. 2018. Augmented reality in retail: a trade-off between user's control of access to personal information and augmentation quality. Journal of Retailing Consumer Services, 41: 169-176.

Poushneh A, Vasquez-Parraga A Z. 2017. Discernible impact of augmented reality on retail customer's experience, satisfaction and willingness to buy. Journal of Retailing Consumer Services, 34: 229-234.

Pozharliev R, de Angelis M, Rossi D. 2022. The effect of augmented reality versus traditional advertising: a comparison between neurophysiological and self-reported measures. Marketing Letters, 33 (1): 113-128.

Qw A, Rykl A, Hx B. 2021. The impact of social executives on firms' mergers and acquisitions strategies: a difference-in-differences analysis. Journal of Business Research, 123: 343-354.

Rauschnabel P A. 2021. Augmented reality is eating The real-world! The substitution of physical products by holograms. International Journal of Information Management, 57: 1022279.

Rauschnabel P A, Felix R, Hinsch C, et al. 2022. What is xr? Towards a framework for augmented and virtual reality. Computers in Human Behavior, 133: 107289.

Rauschnabel P A, Felix R, Hinsch C. 2019. Augmented reality marketing: how mobile AR-apps can improve brands through inspiration. Journal of Retailing Consumer Services, 49: 43-53.

Rauschnabel P A, Rossmann A, tom Dieck M C. 2017. An adoption framework for mobile augmented reality games: the case of pokémon go. Computers in Human Behavior, 76: 276-286.

Reeder G D, Brewer M B. 1979. A schematic model of dispositional attribution in interpersonal perception. Psychological Review, 86 (1): 61-79.

Roggeveen A L, Sethuraman R. 2020. Customer-Interfacing retail technologies in 2020 & beyond: an integrative framework and research directions. Journal of Retailing, 96 (3): 299-309.

Schaik P, Ling J. 2009. The role of context in perceptions of the aesthetics of web pages over time. International Journal of Human-Computer Studies, 67 (1): 79-89.

Schneider C, Weinmann M, Mohr P, et al. 2020. When the stars shine too bright: the influence of multidimensional ratings on online consumer ratings. Management Science, 67 (6): 74966.

Schoenmueller V，Netzer O，Stahl F. 2020. The polarity of online reviews：prevalence，drivers and implications. Journal of Marketing Research，57（5）：853-877.

Scholz J，Duffy K. 2018. We are at home：how augmented reality reshapes mobile marketing and consumer-brand relationships. Retailing Consumer Service，44：11-23.

Scholz J，Smith A N. 2016. Augmented reality：designing immersive experiences that maximize consumer engagement. Business Horizons，59（2）：149-161.

Schwarz N，Clore G L. 2003. Mood as information：20 years later. Psychological Inquiry，14（3/4）：296-303.

Scurati G W，Gattullo M，Fiorentino M，et al. 2018. Converting maintenance actions into standard symbols for augmented reality applications in Industry 4.0. Computers in Industry，98：68-79.

Sen S，Lerman D. 2007. Why are you telling me this? An examination into negative consumer reviews on the web. Journal of Interactive Marketing，21（4）：76-94.

Smink A R，Frowijn S，van Reijmersdal E A，et al. 2019. Try online before you buy：how does shopping with augmented reality affect brand responses and personal data disclosure. Electronic Commerce Research and Applications，35：100854.

Smink A R，van Reijmersdal E A，van Noort G，et al. 2020. Shopping in augmented reality：the effects of spatial presence，personalization and intrusiveness on app and brand responses. Journal of Business Research，118：474-485.

Stamatopoulos I，Bassamboo A，Moreno A. 2021. The effects of menu costs on retail performance：evidence from adoption of the electronic shelf label technology. Management Science，67（1）：242-256.

Suh K S，Lee Y E. 2005. The effect of virtual reality on consumer learning：an empirical investigation. MIS Quarterly，29（4）：673-697.

Tan Y C，Chandukala S R，Reddy S K. 2022. Augmented reality in retail and its impact on sales. Journal of Marketing，86：48-66.

Tom Dieck M C，Jung T H，Rauschnabel P A. 2018. Determining visitor engagement through augmented reality at science festivals：an experience economy perspective. Computers in Human Behavior，82：44-53.

Valenzuela A，Raghubir P. 2009. Position-based beliefs：the center-stage effect. Journal of Consumer Psychology，19：185-196.

van Schaik P，Ling J. 2009. The role of context in perceptions of the aesthetics of web pages over time. International Journal of Human-computer Studies，67（1）：79-89.

Venkatesakumar R，Vijayakumar S，Riasudeen S，et al. 2021. Distribution characteristics of star ratings in online consumer reviews. Journal of Management，18：156-170.

Völckner F，Hofmann J. 2007. The price-perceived quality relationship：a meta-analytic review and assessment of its determinants. Marketing Letters，18：181-196.

Wan J N，Du J，Chiu Y L，et al. 2018. Dynamic effects of customer experience levels on durable product satisfaction：price and popularity moderation. Electronic Commerce Research Applications，28：16-29.

Wang S, Beatty S E, Foxx W. 2004. Signaling the trustworthiness of small online retailers. Journal of Interactive Marketing, 18: 53-69.

Wang Y, Chaudhry A. 2018. When and how managers' responses to online reviews affect subsequent reviews. Journal of Marketing Research, 55: 163-177.

Watson A, Alexander B, Salavati L. 2018. The impact of experiential augmented reality applications on fashion purchase intention. International Journal of Retail Distribution Management, 48 (5): 433-451.

Wedel M, Bigné E, Zhang J. 2020. Virtual and augmented reality: advancing research in consumer marketing. International Journal of Research in Marketing, 37 (3): 443-465.

Wells J D, Valacich J S, Hess T J. 2011. What signal are you sending? How website quality influences perceptions of product quality and purchase intentions. MIS Quarterly, (2): 373-396.

Westbrook R A, Oliver R L. 1991. The dimensionality of consumption emotion patterns and consumer satisfaction. Journal of Consumer Research, 18: 84-91.

Xu P, Liu D, Lee J. 2018. Mobile augmented reality, product sales, and consumer evaluations: evidence from a natural experiment. International Conference on Interaction Sciences 2018, San Francisco.

Xu Y C, Cai S, Kim H W. 2013. Cue consistency and page value perception: implications for web-based catalog design. Information Management, 50: 33-42.

Yang S, Carlson J R, Chen S. 2020. How augmented reality affects advertising effectiveness: the mediating effects of curiosity and attention toward the ad. Journal of Retailing Consumer Services, 54: 102020.

Yang S, Xiong G. 2019. Try it on! Contingency effects of virtual fitting rooms. Journal of Management Information Systems, 36 (3): 789-822.

Yaoyuneyong G, Foster J, Johnson E, et al. 2016. Augmented reality marketing: consumer preferences and attitudes toward hypermedia print ads. Journal of Interactive Advertising, 16 (1): 16-30.

Yim M Y C, Chu S C, Sauer P L. 2017. Is augmented reality technology an effective tool for e-commerce? An interactivity and vividness perspective. Journal of Interactive Marketing, 39 (1): 89-103.

Yim M Y C, Park S Y. 2019. I am not satisfied with my body, so I like augmented reality (AR): consumer responses to AR-based product presentations. Journal of Business Research, 100: 581-589.

Yin D, Bond S D, Zhang H. 2014. Anxious or angry? Effects of discrete emotions on the perceived helpfulness of onnline reviews. MIS Quarterly, 38 (2): 539-560.

Zeithaml V A. 1988. Consumer perceptions of price, quality, and value: a means-end model and synthesis of evidence. Journal of Marketing, 52 (3): 2-22.

Zhao Y, Xun X, Wang M. 2018. Predicting overall customer satisfaction: big data evidence from hotel online textual reviews. International Journal of Hospitality Management, 76: 111-121.

Zhu F, Zhang X. 2010. Impact of online consumer reviews on sales: the moderating role of product and consumer characteristics. Journal of Marketing, 74 (2): 133-148.

Zhu J J, Chang Y C, Ku C H, et al. 2021. Online critical review classification in response strategy and service provider rating: algorithms from heuristic processing, sentiment analysis to deep learning. Journal of Business Research, 129: 860-877.

第 10 章　沉浸式交互系统对在线评论文本主题的影响

本章以真实零售商网站的产品评论文本为数据源，探讨沉浸式交互系统对在线评论文本主题的影响。

10.1　研　究　背　景

在线零售的快速发展不仅为消费者提供了更多的便利，也加剧了零售商之间的竞争。与实体零售相比，在线零售中的消费者无法通过实时互动来体验产品（Gallino and Moreno，2018），这可能会产生产品适配不确定及其引发的一系列负面影响（Chen et al.，2021）。因此，如何创造有效的在线客户体验成为零售商提升核心竞争力的关键（Bleier et al.，2018）。在这种市场环境下，技术解决方案逐渐被引入在线零售中，特别是沉浸式交互技术——AR 技术的兴起为变革消费者体验提供了更加可观的机会（Tan et al.，2021），而且已有文献证明 AR 技术的确可以带来潜在的经济影响（Pamuru et al.，2021）。

AR 技术将计算机渲染生成的虚拟场景与真实世界中的场景无缝融合，增加了用户对现实世界的感知，使得用户能够拥有独特的沉浸式交互体验（Rauschnabel et al.，2022）。根据全球著名市场研究机构 Strategic Analytics 的数据，2021 年全球终端市场规模约为 72 亿美元，同比增长约 66%。AR 技术在创新消费者体验方面显示出巨大的潜力，它所带来的沉浸式交互体验吸引着零售商的广泛关注（He et al.，2018）。目前，许多零售商已经将基于 AR 技术的产品展示功能整合到他们的电子商务平台中（Kowalczuk et al.，2021），消费者可以将产品虚拟地覆盖在自己的身体上或放置在周围的环境中，就好像它们是现实世界的一部分一样（Smink et al.，2020）。这将有助于消费者更好地评估产品属性，并可视化这些产品是否与他们相匹配（Tan et al.，2021），从而有可能弥合线上购物与线下购物体验之间的差距（Bonetti et al.，2018）。正如之前所言，AR 技术在提供增强的上下文信息和交互式内容的同时（Wedel et al.，2020），彻底改变了消费者的在线购物体验（Qin et al.，2021a）和评估目标产品的方式（Poushneh and Vasquez-Parraga，2017），也对消费者的决策过程产生重要的影响（Rese et al.，2017）。考虑到在线零售平台引入 AR 技术将会承担较高的投资成本，深入了解消费者在购物过程中的反应至关重要，这将为在线零售中 AR 技术的开发和部署提供更深刻的见解（Wedel et al.，2020）。

　　之前的研究已经探索了 AR 技术所带来的沉浸式交互体验如何影响消费者的产品选择和购买意愿，如沉浸式交互体验可以改善消费者的品牌态度（Keng and Liu，2013；Choi and Taylor，2014；Esch et al.，2019），从而激发他们的购买意愿（Verhagen et al.，2014；Park and Yoo，2020；Fan et al.，2020）。然而，上述文献通常从品牌或产品层面考察 AR 技术在产品购买过程中对消费者的影响，而忽略了购买完成之后消费者的反应，如购买后评论文本中的主题情况。此外，这些评论文本主题大部分都与产品的各种属性相关，也从侧面反映了消费者决策过程中的属性偏好，即各种产品属性在消费者决策过程中的相对重要性。许多文献指出消费者并不是简单地购买产品，而是购买大量的各种属性（Hsu and Lin，2015），因此属性才是产品评价的核心，是影响消费者行为决策的关键因素（Wan et al.，2016），通过理解消费者的属性偏好，进而分析消费者评论中对各属性的关注情况具有较高的价值。Tan 等（2021）明确指出，通过分析属性的相对重要性来了解沉浸式交互技术对消费者理性决策的影响是一个重要的研究问题。为了进一步了解 AR 技术对消费者购买后行为的影响，本章将研究视角转换到属性层面，分析沉浸式交互体验是否会改变评论文本主题的结构。相关研究结果将有助于指导在线零售中 AR 技术的集成和设计，从而创造更有效的消费者体验。

　　为了得到沉浸式交互体验对评论文本主题的最终影响，我们首先分析了它对消费者的属性偏好可能产生的影响，进而直接推断出 AR 技术应用之后评论文本主题发生的变化。建设性偏好的相关理论表明，偏好是由信息环境属性与人类信息处理系统之间的相互作用形成的（Liu and Karahanna，2017）。Simola 等（2020）指出，消费者的属性偏好极大地受到信息环境特征的影响，信息环境的差异甚至有可能导致偏好逆转现象。李倩倩和陆晓杰（2017）的研究表明信息展示是造成消费者偏好变化的关键原因。Roggeveen 等（2015）证实了使用动态视觉格式呈现产品将会使消费者更加关注享乐属性并增强他们对享乐选项的偏好。因此，基于 AR 的产品展示作为一种新形式，其所带来的沉浸式交互体验可能会改变消费者对不同属性的偏好，从而导致评论文本中消费者对各种属性主题的讨论权重发生变化。遵循 Min 和 Cunha（2019）的做法，我们进一步将产品属性划分为垂直属性和水平属性。垂直属性是指那些所有消费者均有普遍共识的属性，如口红的价格。水平属性则是那些没有统一衡量标准的属性，往往会因消费者的个体差异而产生不同的评估效果（Maiyar et al.，2018；Min and Cunha，2019）。在此基础上，我们认为消费者评论文本中有关垂直属性与水平属性的主题权重也将会随属性偏好的改变而发生变化。另外，考虑到产品特性与消费者的决策行为密切相关（Bang et al.，2014），我们还分析了沉浸式交互体验对评论文本主题的影响在不同产品特征下的差异，如产品流行度、评分和价格。

　　我们从一家国际美妆零售平台获得研究数据，该平台在数据观察期内为部分产品引入了 AR 技术来协助产品展示，为用户提供了沉浸式交互体验，也为我们的研究提供了一个自然实验环境。数据包含 2016~2021 年约 4 000 种产品的基本信息（类别和价格等）和评论信息（文本和评分等）。鉴于评论文本隐含着消费者的观点和偏好（Maiyar et al.，2018），我们使用文本挖掘方法来衡量评论文本中垂直属性与水平属性的主题变化。总结来说，我们发现沉浸式交互体验确实改变了消费者评论文本中的属性主题权重，促使消费者在评论中更加关注反映个人品位的水平属性，而不是具有统一评价标准的垂直属性。同时，异质性分析的结果表明，沉浸式交互体验对评论文本中水平属性的主题权重的影响会因产品特性而异，但产品特性对沉浸式交互体验与评论文本中关于垂直属性的主题权重之间的关系并没有显著的调节作用。

　　我们的研究有三方面的贡献：第一，我们从购买后评论文本中有关属性主题的角度创新地扩展了现有的研究，它为识别沉浸式交互体验在网络零售中的价值提供了一条新途径，有助于进一步了解基于 AR 技术的产品展示下的消费者反应；第二，我们利用来自在线零售平台的真实数据检验沉浸式交互体验对消费者的潜在影响，同时我们采用基于主题模型的文本挖掘方法捕捉消费者评论文本中的属性主题，从而提高了研究结果的可解释性；第三，本章的研究结果将为考虑产品特性的 AR 技术的开发和部署提供更多的见解，从而促使零售商和消费者实现双赢。

10.2　文　献　综　述

10.2.1　沉浸式交互体验与用户反应

　　随着 AR 技术在在线零售中的使用越来越多，其所带来的沉浸式交互体验对消费者的影响也引起了研究人员的广泛关注，他们开始根据 AR 技术的特点重新审视现有的消费者行为概念和理论，已经开展的研究主要从平台、品牌和产品的角度来探讨这个问题。

在平台层面，Smith 等（2011）首先研究了虚拟试用模型（try it on model）如何影响消费者对平台的感知，他们提出虚拟试用模型在改善消费者对平台态度方面的有效性取决于沉浸式交互体验满足消费者对特定信息需求的能力。然而，不仅仅是信息内容的契合度会对沉浸式交互体验的效果产生影响，Choi 和 Taylor（2014）发现基于 AR 技术的产品展示的生动程度也会影响消费者再次访问网站的意愿，并且对于触摸需求不高的消费者这种影响关系更具说服力。在此之后，Bonnin（2020）还在研究模型中整合了在线购物风险的作用，他的实验表明沉浸式交互体验可以通过降低消费者的感知风险来增加购物平台的吸引力，从而引发消费者更高的光顾意愿。总体而言，沉浸式交互体验将会影响消费者对在线购物平台的态度和再次购买时的光顾意愿。

由于品牌是消费者对特定零售商的长期忠诚度的驱动力（Huang，2019），沉浸式交互体验对消费者-品牌关系的塑造引起了研究者的极大兴趣。通过多种定性分析方法，Scholz 和 Duffy（2018）发现沉浸式交互体验可以支持消费者的自我表达，能够培养密切的消费者-品牌关系。后来的研究人员分析了潜在的机制，以进一步探索这种关系是如何产生的，Huang（2019）阐明了增强现实交互技术（augmented-reality interactive technology，ARIT）的特性（如可控性和可重复性）可以触发消费者的自我参照和技术认知的心理机制，从而进一步激发他们对品牌的喜爱度。其他的一些研究则表明，沉浸式交互体验的多维度特征将会塑造消费者的品牌态度，如交易便利性（Esch et al.，2019）和感知个性化（Smink et al.，2020）。此外，消费者个性的差异可能会在拥有沉浸式交互体验的购物环境中引起消费者对不同品牌的反应。

在产品层面，相关研究主要关注 AR 的沉浸式交互体验对产品态度、选择信心和购买意愿的影响。相较于其他形式的产品展示，基于 AR 技术的产品展示更具交互性和生动性（Park and Yoo，2020；Whang et al.，2021），这种沉浸式交互体验将会影响消费者的控制力进而激发购买意愿。Park 和 Yoo（2020）的研究揭示了沉浸式交互体验的可控性和趣味性可以唤起消费者的心理意象，进而改变他们的产品态度。此外，AR 产品展示的基本特征，如信息质量（Kowalczuk et al.，2021）、美学质量和享乐质量（Poushneh and Vasquez-Parraga，2017），在消费者的产品选择信心中也起着重要作用。Qin 等（2021a）与 Verhagen 等（2014）则将虚拟存在视为了解沉浸式交互体验在产品层面产生影响的主要因素，其中 Qin 等（2021a）通过应用"感知-情感-行为意愿"概念框架来扩展这一研究方向，以研究沉浸式交互体验如何重塑消费者的购买决策；Verhagen 等（2014）则受媒体技术文献的启发，提出了本地存在的概念，并评估了它对在线产品体验的两个维度，即产品有形性和产品喜爱度的积极影响（Verhagen et al.，2014）。此外，还有研究发现沉浸式交互体验的环境嵌入和模拟物理控制特征可以减少消费者的认知负荷，提高信息处理的流畅度（Fan et al.，2020），从而促使他们做出更好的购买决策。简言之，沉浸式交互体验对产品的评估和选择做出了重大贡献。

根据上述文献，我们可以看到已有的研究大多是从产品或品牌层面进行的，但缺乏对购买后评论中属性层面的分析。产品属性是影响消费者行为决策的关键因素（Wan et al.，2016）。Tan 等（2021）明确指出，通过分析属性的相对重要性来了解沉浸式交互体验对理性决策的影响是未来的一个重要研究方向。因此，有必要通过在线评论的文本主题从属性层面探讨沉浸式交互体验对在线零售的影响。

10.2.2　在线评论的文本主题

在线评论属于用户生成内容的范畴，是消费者对产品和购物体验的评价和表达。从广义上来说，在线评论包含评论文本、评论评级、评论图像及有用性投票等多方面的内容。与其他用户生成内容不同的是，评论文本作为一种非结构化数据，通常包含大量结构化数据所不能提供的信息，这些信息通常涉及有关产品的各个方面及消费者的个人偏好等。Maiyar 等（2018）的研究表明，在线评论的文本内容不仅可以为其他消费者的购买决策提供参考，还可以使得卖家依靠评论的文本内容来形成对消费者体验的全面理解。因此，通过文本挖掘探究产品评论中的深层次信息，更能全面详细地了解消费者的各项反应。

由于评论文本中夹杂着大量的语义信息，想要了解和研究评论的文本内容，往往需要通过文本挖掘和主题提取的操作来对其中的主题进行分析。评论文本中所提取的主题或相关概念，本质上是对文本内容进行缩减和提炼，从而得到文本的中心内容（Ahani et al.，2019）。通过文本主题分析可以得到大量有价值的信息，鉴于在线评论主题对企业和消费者决策具有重要意义，国内外学者对在线评论主题开展了系列研究。Kim 和 Kang（2018）等利用评论文本挖掘方法发现了美妆产品中的判别属性。Yang 等（2021）指出评论主题分析有助于企业了解消费者真正的购物需求，以更好地改进产品或服务质量。同时，研究发现多主题的在线评论是评论可信度的决定性因素，为企业了解消费者反应提供了更具价值的参考（徐峰等，2020）。另外，由于在线评论主题研究具有丰富的实践价值，研究者已经在多个领域提出了多种有效的评论主题提取方法，以更好地适应各领域评论的特点，其中主题模型方法仍然是目前普遍使用的一类方法。因此，本章研究希望通过主题建模来识别评论中消费者所讨论的主题，进而分析沉浸式交互体验对消费者的影响。

10.2.3　属性偏好与评论文本主题

评论文本主题与消费者的属性偏好息息相关，消费者对某一属性的偏好越高，其所产生的评论中就会有更多关于该属性的信息，因此该小节我们对属性偏好方面的研究进行阐述，以期形成沉浸式交互体验对文本主题影响的解释。属性偏好被定义为消费者对各产品属性的重视程度（Liu and Karahanna，2017）。消费者通常会根据不同的属性（如颜色、价格和尺寸）评估产品并制定购买决策（Liu et al.，2021），根据费希贝因态度模型，消费者对购物中的不同属性赋予不同程度的重要性，他们对产品的整体态度取决于重要性权重和对每个属性的评估（Silverstein，1968）。传统的属性偏好度量方法主要是设置具有不同优势属性的产品选项，然后根据参与者对每个选项的选择概率对其进行表征，如 Min 和 Cunha（2019）、Chang 和 Hung（2018）的研究。此外，一些研究人员直接让参与者对实验中每个属性的重要性进行排名，以衡量属性偏好。近年来，随着大数据技术的发展，研究人员开始根据消费者评论识别产品属性并了解消费者偏好（Ahani et al.，2019），提供了一个从真实数据中理解属性偏好的机会，也就是我们所要分析的评论文本中关于各类属性的主题权重。

行为决策研究建立了构建偏好的概念，表明属性偏好不是静态的，而是会受到特定环境的影响，从而导致消费者做出看似不一致的决定（Amir and Levav，2008）。影响属性偏好的因素大致可以分为两类，一类来源于消费者的个体差异，另一类来源于信息环境。对于前者而言，Min 和 Cunha（2019）的研究表明，具有较高风险感知的消费者倾向利用能反映他们个人偏好的水平属性信息来进行决策。Chang 和 Hung（2018）提出高度自我关注的消费者将更多地依赖情感感受，并提高对情感属性占优产品的评价。此后，Zhang 等（2021）还发现具有独立自我构想的消费者在决策中更关心不可对齐属性，而且他们对产品的熟悉程度也起着重要的调节作用。

至于后者，Simola 等（2020）指出消费者的属性偏好将主要受信息环境特征的影响，在不同的环境中消费者可能会转换他们的属性关注焦点（Carlson and Bond，2006），甚至产生偏好逆转现象（李倩倩和陆晓杰，2017）。信息环境对属性偏好的影响主要涉及两个方面的研究。一方面，关注卖家提供的信息（即产品展示）。例如，Roggeveen 等（2015）基于生动性理论，证实产品信息的动态展示形式改善了在线购物体验，增强了消费者对享乐选项的偏好。类似地，Wan 等

（2016）发现产品的拟人化展示可以提高消费者对外观属性而非功能属性的偏好，Dion 等（1972）认为消费者对美则是好的信念主导了这种关系。随着推荐系统的广泛应用，Adomavicius 等（2013）也验证了以推荐系统提供的评级作为锚点，可以重建消费者的偏好。另一方面，主要集中在消费者生成的信息上。例如，Narayan 等（2011）发现当消费者面临着关于同伴选购的信息时，会以贝叶斯方式更新他们的属性偏好。同时，带有评论的购物环境已经成为在线零售的常态，与只有卖家提供的信息环境相比，它提供了更多个性化的内容来赋能消费者（Kim and Kang，2018），Liu 和 Karahanna（2017）通过实验认为在线评论会对消费者的属性偏好产生摇摆效应，评论中属性信息的数量、观点的矛盾性等都会显著影响消费者对各种属性的关注度。

　　基于 AR 技术的产品展示作为一种新的卖家提供的信息，其所带来的沉浸式交互体验已被证实确实对消费者决策产生了不可否认的影响，然而现有研究并未从产品属性的角度利用评论文本主题挖掘揭示其效果。此外，从上述文献中我们可以知道，不同的卖家提供的信息对属性偏好的影响是不同的，因此沉浸式交互体验也可能会对消费者的评论文本主题产生特定的影响。

10.3　理论基础与研究假设

10.3.1　沉浸式交互体验与评论文本主题

　　如上所述，产品属性是影响消费者评价或选择产品的重要因素（Yang et al.，2021）。许多研究人员对产品属性进行了分类，以揭示它们在消费者决策中的机制。根据消费者偏好标准的一致性，产品属性可分为垂直属性和水平属性（黄敏学等，2018），垂直属性是消费者之间具有评价共识的属性，而水平属性则没有统一的标准，但往往会因个人感觉或品位的差异而产生不同的评价。消费者在决策过程中对产品不同属性的重视程度不同，由此衍生出属性偏好的概念（Liu and Karahanna，2017），并反映在消费者的购买后评论中。以往的研究表明，消费者的属性偏好往往受信息环境和个体差异的影响，李倩倩和陆晓杰（2017）提出信息展示是影响消费者偏好的重要原因，如具有动态产品展示的购物环境将提高消费者对享乐选项的偏好（Roggeveen et al.，2015），产品的拟人化展示可以提高消费者对外观属性而非功能属性的偏好（Wan et al.，2016）。在我们的研究情境下，基于 AR 技术的产品展示作为一种新兴的信息展示方式，为消费者提供了一个相较于传统形式更具生动性和交互性的（Wedel et al.，2020）沉浸式购物体验（Collins et al.，1988）。大量研究证实，AR 技术对消费者的决策有着不可否认的影响，我们提出沉浸式交互体验将会影响消费者的垂直属性或水平属性偏好，体现在在线评论文本中则是关于水平属性的主题权重提高，关于垂直属性的主题权重降低。由于属性偏好是由信息环境的属性与人类信息处理系统之间的相互作用形成的（Liu and Karahanna，2017），我们分别从这两个角度提出我们的假设。

从信息环境属性的角度来看，我们参考了由 Feldman 和 Lynch（1988）提出的可及性-可诊断性理论的观点。该理论指出不同的属性信息如何进入消费者的评价过程，取决于信息的可访问性和可诊断性。可访问性表示从记忆中提取或使用信息的难易程度（徐峰等，2020），一般来说，新接触的信息或经常使用的信息更容易提取，同时信息的生动性等特征也会影响可访问性（黄敏学等，2018）。可诊断性则代表了信息线索对帮助消费者形成判断或决策的有用性（徐峰等，2020），当信息在消费者判断过程中越突出时，信息的可诊断性就越高，而且导致信息可访问性或可诊断性的因素可以增加决策中采用信息的可能性（Niu et al.，2021）。与传统的在线展示环境相比，基于 AR 技术的产品展示提供了更多关于水平属性的信息，并以更加生动的形式呈现给消费者（Whang et al.，2021），潜在地提高了水平属性信息的可访问性，这可能会让消费者更加关注这些属性，从而增加了评论文本中与此相关的主题。此外，AR 技术的沉浸式交互体验提升了在线购物的交互性与个性化，为消费者提供了更多表达个体差异的机会（Wedel et al.，2020），增强了消费者的感官体验（Rese et al.，2017）并降低了产品适配不确定性（Gallino and Moreno，2018）。由于水平属性与消费者的个人体验和喜好密切相关，这实际上表明 AR 技术提供了更多可诊断的水平属性信息，激发消费者有更强的动力去关注水平属性信息而较少地关注垂直属性信息（Brannon Barhorst et al.，2021），从而增加了评论文本中与水平属性相关的主题。

从信息处理的角度来看，我们分析了消费者的评估策略以了解沉浸式交互体验对评论文本主题的影响。以往文献指出有两种评估策略可用于构建偏好，即基于感觉和基于计算的评估策略（Hsee and Rottenstreich，2004）。消费者通过基于计算的评估策略对产品进行评估时，会将更多的精力放在量化信息上，并通过判断产品选项在属性大小上的差异来做出决策（高成等，2021）；相反，基于感觉的评估策略则强调消费者根据他们在评估过程中经历的情感感受形成判断和决策（Chang and Hung，2018）。AR 技术呈现的独特和个性化的信息，以及它为消费者提供的沉浸式交互体验，可以激发消费者的情感感知，从而增加他们使用基于感觉的评估策略的倾向。因此，消费者在决策中会更加关注相对依赖于感觉或个性的水平属性，而不是对数值极其敏感的垂直属性（Hsee and Rottenstreich，2004）。基于以上分析，我们预计沉浸式交互体验将显著提升消费者评论文本中与水平属性相关的主题权重。但由于消费者的注意力有限，也意味着 AR 技术会降低消费者对垂直属性的偏好及相关的讨论。因此，我们假设如下。

H$_{10.1}$：沉浸式交互体验将促使评论文本中关于水平属性的主题权重更大。

H$_{10.2}$：沉浸式交互体验将促使评论文本中关于垂直属性的主题权重更小。

10.3.2　产品特性的调节作用

信息技术的本质是帮助用户更好地完成特定任务的工具，根据匹配理论的相关观点，我们可以知道信息技术的影响取决于它与任务的契合度（Qin et al.，2021b）。在网络零售中，消费者的主要任务是根据相关信息完成产品评价和决策，然而产品往往具有不同的特征，这些特征可以被视为在线购物线索，影响消费者的具体任务需求和决策过程（Bang et al.，2014），使得信息技术的影响随着产品特性的不同而有所差异。Chen 等（2021）表明，营销策略对消费者解决网购痛点的效果往往受到产品流行度和吸引力等产品特性的影响。因此，探究不同产品特性下沉浸式交互体验对在线评论文本主题的影响显得尤为重要，这不仅可以了解消费者在购买具有不同特性产品时的反应，还可以指导零售商应该如何将 AR 技术集成到什么样的产品之中。具体来说，我们考察了产品流行度、评分和价格三个特征的调节作用，它们是所有产品普遍具有的特征，也是消费者决策过程中的重要参考信息。此外，在 Tan 等（2021）的研究中，这三个特征已被证明可以调节 AR 技术对销售的影响，然而它们对沉浸式交互体验与在线评论文本主题之间关系的影响仍有待分析。

产品流行度是指产品的市场接受度，可以通过该产品的销量或者评论数量来衡量（Wang et al.，2018a）。作为最具代表性的产品特性，产品流行度是决定消费者购买决策的主要因素之一（Jang and Chung，2021），以往的研究已经发现它在各种购物场景中起到不可忽视的调节作用。例如，Moen 等（2017）提出产品流行度会缓和在线评论对销量的影响；Tan 等（2021）表明，AR 技术的使用对不同流行度产品的销量有着不同的影响。产品流行度可以被视为产品质量的信号，它在减少消费者不确定性方面发挥着作用（赵英男等，2020），它作为一种外部线索可以帮助消费者理解或处理大量的产品信息（Ghiassaleh et al.，2020）。产品流行度反映了大多数人的偏好，甚至还会产生产品购买的从众现象（Jang and Chung，2021），因此对于高流行度产品，消费者不会花费太多精力去处理其他信息来做出决定，产品流行度降低了沉浸式交互体验所带来的信息价值，削弱了沉浸式交互体验对消费者产品属性偏好的影响，从而在线评论文本中有关水平属性的主题将会减少。当产品流行度较低时，消费者需要通过其他渠道（如沉浸式交互体验）获取更多信息，用来了解产品和规避风险，此时沉浸式交互体验所提供的信息价值提高，从而增强了沉浸式交互体验对消费者产品属性偏好的影响，在线评论文本中有关水平属性的主题也将会增加。因此，我们假设如下。

$H_{10.3a}$：沉浸式交互体验对评论文本中关于水平属性主题的影响在流行度较低的产品中更强。

$H_{10.4a}$：沉浸式交互体验对评论文本中关于垂直属性主题的影响在流行度较低的产品中更弱。

产品评分是指在线产品的消费者评论的效价，表示已购买产品的消费者对产品的总体评价分数（Kwark et al.，2021）。以往的研究大多表明产品评分越高，消费者对产品的态度就越积极。此外，随着在线评论的积累，评分往往会反映真实的产品质量，这是影响消费者决策的重要因素（廖俊云和黄敏学，2016），特别是评分较高的产品会塑造消费者的良好态度，增加他们的购买意愿，从而显著增加产品销量（Moen et al.，2017）。Tan 等（2021）调查了产品评分是否会缓和 AR 技术对产品销量的影响，但发现相关假设并未得到支持。在目前的研究中，我们认为评分可能会调节沉浸式交互体验对消费者在线评论文本主题的影响。具体来说，虽然高评分在一定程度上说明了产品的质量，但并不能表达产品是否符合消费者的喜好，消费者需要进一步处理与水平属性相关的信息，而沉浸式交互体验则可以让消费者选择更适配的产品，此时它将在消费者的产品评估中发挥着更重要的作用，进一步增强消费者对水平属性的关注度及在评论中的讨论度。对于低评分的产品，消费者会花费更少的精力去评价该产品，因为从评分中可看出产品的质量已经不能满足消费者的期望，沉浸式交互体验所发挥的作用减弱。因此，我们假设如下。

$H_{10.3b}$：沉浸式交互体验对评论文本中关于水平属性主题的影响在评分较高的产品中更强。

$H_{10.4b}$：沉浸式交互体验对评论文本中关于垂直属性主题的影响在评分较高的产品中更弱。

价格是获得某种产品或服务所需的金额（Fostera and Johansyahb，2020），它也是消费者为获得产品或服务的利益而交换的价值的总和（Sleiman et al.，2021）。许多文献对价格与消费者决策间的关系进行了研究，Amron（2018）指出消费者期望价格与他们购买的产品质量相称，消费者需要通过在资源有限的情况下做出权衡决策，来最大限度地满足他们的期望（曹柠梦等，2022）。当面对高价产品时，消费者会感知到较大的风险，此时错误决策的成本也更高，他们可能会仔细权衡付出成本与产品价值（王家宝等，2021）。因此他们将会更加关注满足自身需求的各种属性信息，那么沉浸式交互体验将在决策过程中占据更重要的位置，对消费者的属性偏好的影响也会更大，此时评论文本中关于水平属性的信息将会更多。对于低价产品，消费者面临的购物风险较小，他们可以用更少的努力快速做出决策，属性信息在决策中的重要性将降低，沉浸式交互体验对消费者的作用也会减弱。因此，我们假设如下。

$H_{10.3c}$：沉浸式交互体验对评论文本中关于水平属性主题的影响在价格较高的产品中更强。

$H_{10.4c}$：沉浸式交互体验对评论文本中关于垂直属性主题的影响在价格较高的产品中更弱。

总结而言，我们提出沉浸式交互体验将会提高评论文本中关于水平属性的主题权重而降低有关垂直属性的主题权重，并且这种关系受到产品特性的调节，图 10.1 展示了我们所提出的研究模型。

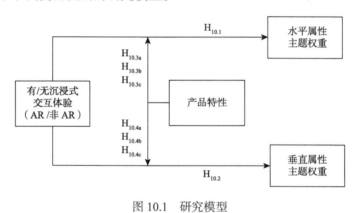

图 10.1　研究模型

10.4　研究设计

10.4.1　实验策略

AR 技术已被用于在线零售中来协助产品的在线展示，并通过沉浸式交互体验帮助消费者做出购买决策。以往有关沉浸式交互体验的研究选择了不同的产品作为刺激物来探索沉浸式交互体验对消费者的影响，本章研究选择美妆产品的在线零售作为实验场景。本章研究选择美妆产品主要有两方面的原因：一方

面，美妆产品在以往沉浸式交互体验的研究中被广泛用作刺激物，如 Whang 等
（2021）、Fan 等（2020）、Smink 等（2020）、Scholz 和 Duffy（2018）及 Javornik
（2016）的研究都为我们提供了参考；另一方面，因为美妆行业被认为是 AR
技术最具潜力的应用市场（Whang et al.，2021），这将使我们的研究更有价值和
意义。

　　为了实现研究目标，我们计划利用美妆行业中的一个自然实验来进行分析，
我们从一家国际化妆品在线购物平台获取了数据，该平台是美国最大的美妆零售
平台之一，拥有着数十年历史和活跃的用户群体。该平台在我们的数据观察期间
为部分产品引入了基于 AR 技术的产品展示功能，这实际上为我们提供了一个自
然实验环境来检验我们的假设。具体来说，该平台于 2018 年 11 月增加了一项名
为 "Virtual-Try-On" 的功能，消费者使用该功能将能够在自己的脸上 "试用" 化
妆品并决定是否购买。我们计划利用 AR 技术引入前后三年的数据进行实验，根据
AR 技术的上线时间，我们将数据分为三个阶段：AR 技术上线的前一年（2017
年）是第一阶段，主要用于稳健性检验；AR 技术上线年份（2018 年）和 AR 技
术上线的后一年（2019 年）分别为第二阶段和第三阶段，主要用于检验沉浸式交
互体验对评论文本主题的影响。

10.4.2　数据和预处理

　　我们使用自动化脚本获取了实验平台 2016~2021 年 3 个类别（脸部、眼部和
唇部）的 4 158 个产品的数据。为了得到更加可靠的实验结果，我们需要确保用
于分析的产品在 2017 年之前上线，此外遵循 Mankad 等（2016）的做法，这些产
品在每个阶段的评论数都应该不少于 30 条，以更适应基于主题模型的评论文本
主题挖掘。因此，我们首先根据各产品的上线时间删除了 2017 年以后的产品；其
次，我们删除了重复的评论和少于 5 个单词的评论，只保留满足评论数量要求的
产品；最后，我们得到了 632 个产品的数据用于实验分析。我们根据这些产品是
否在 2018 年 11 月被整合了基于 AR 技术的沉浸式交互体验功能来对它们进行分
组，如果某一产品在该时间点整合了 AR 技术，则将该产品归类为 AR 组，否则
被归类为非 AR 组。最终我们共筛选出 AR 组 208 个产品，非 AR 组 424 个产品，
观察期内的评论数量约为 47 万条。

　　在分析非结构化文本之前，文本预处理是最关键的一步，需要将自由格式的
文本转换为结构化文本，该项工作的总体目标是通过删除不重要的词来强调有意
义的词，并防止语料库中出现的单一词的数量变得非常大（Mankad et al.，2016）。
与已有研究类似，我们对评论文本的预处理采用了标准的预处理步骤，包括文本

分词、单词转小写、去除无意义字符、去除停用词及删除长度低于 1 的单词；我们基于词性标记对所有单词进行了词形还原，需要注意的是词干提取并不在我们的处理过程中，这是因为处理后的单词可能会被认为是与处理前含义不同的术语，并且同一单词的变体通常出现在同一主题中；此外，我们还过滤了出现次数少于 5 个评论文本的单词，Python 中的自然语言工具包（natural language toolkit, NLTK）被用来实现文本预处理。

10.4.3　产品属性识别

在进行实验分析之前，最关键的问题是如何提取在线评论文本中的产品属性及如何衡量有关该属性的主题权重。过去的研究发现，如果消费者关心某个属性，则与该属性相关的信息很可能会出现在他的评论之中（Banerjee et al., 2021），由于我们的研究需要区分产品属性并计算它们的相对重要性，我们选择了极具优势的主题模型方法，通过主题建模来实现相关变量的测量。

主题模型［如 LDA（latent Dirichlet allocation，隐含狄利克雷分布）］已经成为以无监督方式理解文档语料库的强大工具（Puranam et al., 2017），并且已被应用于许多实证研究之中。但纯粹无监督的性质并不会为我们带来更有意义的主题，Jagarlamudi 等（2012）表明主题模型可以通过添加种子信息来引导学习用户感兴趣的主题，于是他们基于这个思想提出了 Guided LDA 主题模型方法，该方法显著提高了建模结果的可解释性，并已被应用于科学研究。例如，Toubia 等（2018）根据心理学文献开发了与心理主题相关的种子词，并应用 Guided LDA 来获得相关文档特征，这些被提取出来的特征使得电影观看行为预测模型输出了更好的效果。在当前研究中，我们构建了一组属性种子词，并对评论文本进行了 Guided LDA 建模分析。

如上所述，为了在 Guided LDA 学习过程中添加部分监督，我们需要定义一组与产品属性相关的种子词，遵循以往研究的做法，我们的种子词涵盖了名词、动词和形容词这三大词性，该项工作需要对美妆产品的一系列相关属性词进行提炼和总结。首先，我们利用评论数据的词频统计结果得到了初始的属性词集合。其次，我们参考了有关美妆产品属性研究的文献。例如，Kim 和 Kang（2018）将美妆产品属性分为包装、颜色、价格等类别；Pense-Lheritier（2015）在综述美妆产品感官评价方法的过程中，提出了黏性、光滑度和光泽度等一系列属性；Dooley 等（2009）基于焦点小组访谈和专业人员讨论，开发了一个通用词典用于对美妆产品的质地和效果进行感官分析。这些研究都可以为我们的属性词集的构建提供一些见解。最后，我们又结合产品在线描述及属性类别内涵定义了八个属性词集，水平属性包括颜色（color）、效果（effect）、气味（smell）和包装（package），垂直属性包括质地（texture）、持久性（lasting）、价格（price）和规格（size）。种子词集如表 10.1 所示。

表10.1　产品属性的种子词集

属性		种子词
水平属性	颜色	finish, matte, color, undertone, pigmented, blue, green, pink, orange, gold
	效果	coverage, look, natural, shine, cover, style, glossy, sheer, effective, brighten, glittery, sparkly, shiny, effect, appearance, bright, glow, shimmer
	气味	smell, scent, fragrance, aroma, flavor
	包装	pump, bottle, container, applicator, packaging, wand, tube, precise
垂直属性	质地	smooth, creamy, silky, greasy, heavy, glide, texture, clumpy, sticky, thick, smudge, soft, residue, stickiness, thickness, waxy
	持久性	last, long, lasting, stay, fade, hour, day, hold
	价格	price, value, quality, pricey, expensive, cost, cheap, money, sale, worth
	规格	size, amount, sample, volume, version, mini

在 Guided LDA 主题模型中，我们将 Gibbs 采样方法应用于推断过程，并利用先前定义好的种子词集在学习过程中进行监督，然后我们遵循 Jagarlamudi 等（2012）的各项参数设置，并迭代运行 2 000 次。同时，我们通过计算困惑度（perplexity）分数和主题一致性分数来选择合适的主题数量，其中困惑度是衡量语言模型预测能力的标准方法，分数越低表明模型的预测能力越高（Wang et al., 2018c）；主题一致性则是基于"若一个主题更容易解释，那么该主题下词的共现频率则比较高"的假设，用来衡量主题可解释性指标（Röder et al., 2015）。此外，具有大量主题的模型通常更好地拟合数据，并且可以支持文本中更细粒度的划分，但是难以解释的主题数量也随着主题数量的增加而增加（Puranam et al., 2017），为了避免过度聚类并提高主题的可解释性，我们需要通过权衡这两个指标来选择合适的主题数量。在实验中我们将主题数量设置为 8~50 个，分别进行主题建模并记录下两个指标在各主题数量下的取值，通过比较困惑度与主题一致性结果的取值与走势，我们便可以发现综合效果比较好时的主题数量。最后，Guided LDA 算法将会输出两个重要的分布，即主题-词分布和文档-主题分布，前者表示每个主题中单词的后验概率，它捕获了给定单词属于该主题的可能性（Mankad et al., 2016），这些主题将被概念化为不同的产品属性；后者则显示了每个文档中各主题的后验概率，描述了该文档属于每个主题的可能性，在我们的研究场景中是指消费者对每个属性的讨论概率或者该属性在评论文本中的主题权重。

所获得的文档-主题矩阵描述了第 i 个产品的第 r 个文档（评论）中对每个主

题 k（属性）的讨论概率 p_{ikr}，我们可以计算该产品第 r 个评论文本中第 k 个属性的主题权重 $\mathrm{AP}_{ikr} = p_{ikr}$，假设在引入沉浸式交互体验之前（之后）有 m（n）条评论，我们可以计算第 k 个产品属性在评论文本中的平均主题权重为 $\mathrm{AP}_{ik} = \dfrac{1}{m}\sum_{r=1}^{m}p_{ikr}\left(\mathrm{AP}_{ik} = \dfrac{1}{n}\sum_{r=1}^{n}p_{ikr}\right)$。假设水平（垂直）属性包含 u（v）个基本属性，可以通过计算与其对应的所有属性的主题权重平均值来计算产品的水平（垂直）属性的主题权重：$\mathrm{AP}_{iH} = \dfrac{1}{u}\sum_{k=1}^{u}\mathrm{AP}_{ik}\left(\mathrm{AP}_{iV} = \dfrac{1}{v}\sum_{k=1}^{v}\mathrm{AP}_{ik}\right)$。基于上述计算方法，我们便可以得到给定产品的评论文本中每个属性的主题权重及水平或垂直属性的整体主题权重。需要说明的是，由于得到的属性偏好都是相对较小的概率值，为了更好地显示结果，我们对属性偏好进行了 100 倍的放大，然后将处理后的数据用于实验分析。

10.4.4　模型与变量操作化

对于每个产品 i，我们主要建模了沉浸式交互体验如何影响在线评论的文本主题权重及各种产品特性的调节作用。实验分析模型如下：

$$\begin{aligned}\mathrm{AP}_i =\ &\beta_0 + \beta_1 \times \mathrm{AR}_i + \beta_2 \times \mathrm{Popular}_i + \beta_3 \times \mathrm{Rating}_i + \beta_4 \times \mathrm{Price}_i + \beta_5 \times \mathrm{Picture}_i \\ &+ \beta_6 \times \mathrm{Detail}_i + \beta_7 \times \mathrm{Similar}_i + \beta_8 \times \mathrm{Qnum}_i + \beta_9 \times \mathrm{Recom}_i + \varepsilon_i\end{aligned}$$

$$(10.1)$$

其中，AP_i 代表评论文本中水平属性或垂直属性的主题权重；AR_i 代表核心自变量，被设置为虚拟变量，如果观察数据是在引入 AR 技术之后的阶段，则 AR_i 的值等于 1，否则等于 0；$\mathrm{Popular}_i$ 代表第一个调节变量，由于我们无法获取销量数据，我们使用评论数量的对数作为代理；Rating_i 与 Price_i 均代表调节变量，它们分别代表产品总评分和产品价格的对数。为了检验沉浸式交互体验对在线评论文本主题的作用如何受三个调节因素的影响，我们使用了分组回归的方法，如在考察产品流行度的调节作用时，我们根据所有产品流行度的平均值将产品分为高流行度组和低流行度组，之后分别对每组数据进行回归分析。方程右侧的其余变量代表可能影响消费者购买决策或属性偏好的控制变量，$\mathrm{Picture}_i$ 代表产品展示页面上的图片数量；Detail_i 代表产品展示页面上的文字描述层面的数量；$\mathrm{Similar}_i$ 代表产品展示页面上的同类产品数量；Qnum_i 代表产品问答数量加 1 的对数；Recom_i 代表产品展示页上消费者对产品 i 的推荐率。各变量的含义如表 10.2 所示，各变量的汇总统计如表 10.3 所示。

表10.2　模型变量的含义

变量	含义
AR	虚拟变量，取值为 0 或 1
Price	产品价格的对数
Popular	产品评论数量的对数
Rating	产品总评分
Picture	产品展示页上的图片数量
Detail	产品展示页上的文字描述层面的数量
Similar	产品展示页上的同类产品数量
Qnum	产品问答数量加 1 的对数
Recom	产品展示页上消费者对产品的推荐率
HorizontalAP	产品评论文本中水平属性的主题权重
VerticalAP	产品评论文本中垂直属性的主题权重

表10.3　模型变量的描述性统计

变量	AR 组					非 AR 组				
	均值	标准差	最小值	中值	最大值	均值	标准差	最小值	中值	最大值
Price	2.86	0.71	1.10	3.00	4.06	2.71	0.69	0.69	2.64	4.93
Picture	3.37	1.74	0	3.00	6.00	2.37	1.81	0	2.00	6.00
Detail	4.37	0.65	3.00	4.00	5.00	3.98	0.92	1.00	4.00	5.00
Similar	9.18	2.95	1.00	10.00	12.00	10.43	2.34	0	12.00	12.00
Qnum	3.35	2.32	0	3.58	8.61	1.90	1.75	0	1.95	7.26
Rating	4.25	0.32	2.90	4.30	4.90	4.24	0.37	2.60	4.30	4.80
Recom	0.84	0.09	0.50	0.86	0.97	0.83	0.11	0.50	0.86	1.00
Popular	7.07	0.97	2.77	6.90	9.66	6.15	1.07	4.01	6.13	9.05
HorizontalAP	3.83	2.23	0.59	3.24	13.92	4.54	4.38	0.20	2.90	13.69
VerticalAP	2.49	1.91	0.25	1.79	9.30	3.88	3.40	0.21	2.79	13.63

10.5　实　验　结　果

10.5.1　沉浸式交互体验对评论文本主题权重的影响

　　为了探究沉浸式交互体验是否可以对评论文本中各属性的主题权重产生影响，我们首先进行了配对样本 t 检验，分析评论文本中各属性的主题权重在引入

AR 技术之前（2018 年）和之后（2019 年）是否存在显著性差异。图 10.2 展示了引入 AR 技术之前（非 AR）和之后（AR）的对比。

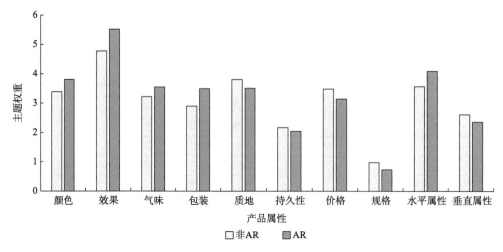

图 10.2 沉浸式交互体验对评论文本主题的影响

结果显示在表 10.4 中。从表 10.4 我们可以看出，对于水平属性而言，评论文本中所有相关属性的主题权重在引入 AR 技术之后都得到了提升，并且总体的水平属性主题权重显著增加（$M_{\text{beforeH}} = 3.57$，$M_{\text{afterH}} = 4.09$，$p<0.001$）。至于垂直属性，在引入 AR 技术之后，评论文本中相关属性的主题权重均有不同程度的降低，总体的垂直属性主题权重也显著下降（$M_{\text{beforeV}} = 2.61$，$M_{\text{afterV}} = 2.36$，$p<0.001$）。结果表明，AR 技术带来的沉浸式交互体验改变了消费者原有的属性关注度，使得评论文本中各属性的主题权重都有不同程度的变化。

表10.4 沉浸式交互体验对评论文本主题的影响（t检验）

属性	after	before	差值	t 值	自由度	p 值
颜色	3.81	3.39	0.42	2.262	207	0.025*
效果	5.52	4.77	0.75	3.146	207	0.002**
气味	3.55	3.22	0.32	2.610	207	0.010*
包装	3.50	2.90	0.60	3.096	207	0.002**
水平属性	4.09	3.57	0.52	5.972	207	0***
质地	3.51	3.81	−0.30	−2.007	207	0.046*
持久性	2.04	2.17	−0.13	−1.384	207	0.168
价格	3.15	3.48	−0.32	−2.696	207	0.008**
规格	0.74	0.98	−0.24	−2.365	207	0.019*
垂直属性	2.36	2.61	−0.25	−4.163	207	0***

*表示显著性水平小于 0.05，**表示显著性水平小于 0.01，***表示显著性水平小于 0.001

为了进一步阐明沉浸式交互体验对评论文本主题影响的显著性，我们进行了两次回归分析，其因变量分别是评论文本中水平属性和垂直属性的整体主题权重。结果如表 10.5 所示。从表 10.5 中我们可以看出，所有变量的方差膨胀因子（variance inflation factor，VIF）值都小于 5，说明变量之间不存在多重共线性。从表 10.5 中还可以看出，沉浸式交互体验对评论文本中水平属性的主题权重具有显著的正向影响（0.523，$p<0.05$），而对垂直属性的主题权重具有显著的负向影响（-0.249，$p<0.1$）。$H_{10.1}$ 和 $H_{10.2}$ 得到了支持。

表10.5　沉浸式交互体验对评论文本主题的影响（回归）

变量	主题权重			
	水平属性	VIF	垂直属性	VIF
常数项	1.816（1.028）		8.515*（6.386）	
AR	0.523*（2.441）	1.000	−0.249⁻（−2.043）	1.000
Popular	−0.355**（−2.799）	1.318	0.221⁻（2.336）	1.318
Rating	1.087**（2.901）	1.248	−1.192*（−4.253）	1.248
Price	−0.473*（−2.239）	1.963	−0.818*（−5.172）	1.963
Picture	是	是	是	是
Detail	是	是	是	是
Similar	是	是	是	是
Qnum	是	是	是	是
观测值	416		416	
R^2	0.287		0.328	
F, p 值	$F(8, 407)=3.109$, $p=0.002$		$F(8, 407)=20.064$, $p=0$	

−表示显著性水平小于 0.10，*表示显著性水平小于 0.05，**表示显著性水平小于 0.01

10.5.2　产品特性的调节效应

为了检验产品流行度在沉浸式交互体验与评论文本主题关系中的调节作用，我们根据所有产品的流行度将产品分为高流行度组和低流行度组，并进行分组回归分析。从表 10.6 可以看出，沉浸式交互体验在低流行度组对评论文本中的水平属性主题权重有显著的正向影响（0.723，$p<0.05$），而在高流行度组中，沉浸式交互体验对水平属性主题权重没有显著影响（0.322，$p>0.10$）。Chow 检验可以通过检查两组不同数据的线性回归系数是否具有显著差异，来对变量的调节效应的显著性做出解释，一般而言，当具有显著性差异时则说明变量发挥了调节作用，否则没有调节作用。在此次分析中，Chow 检验结果表明两组的系数有显著差异（$p<0.01$），因此产品流行度调节了沉浸式交互体验对评论文本中水平属性主题

权重的影响，$H_{10.3a}$得到支持。然而，在沉浸式交互体验与评论文本中垂直属性主题权重的回归分析中，沉浸式交互体验在两组产品中均没有显著性影响，因此产品流行度并不会调节沉浸式交互体验对评论文本中垂直属性主题权重的影响，$H_{10.4a}$未得到支持。

表10.6 产品流行度的调节效应

常数项	水平属性		垂直属性	
	低流行度	高流行度	低流行度	高流行度
常数项	−1.637（−0.617）	0.582（0.273）	9.396*（4.714）	10.531*（6.395）
AR	0.723*（2.143）	0.322（1.248）	−0.300（−1.185）	−0.197（−0.987）
Rating	1.095⁻（1.935）	1.168*（2.488）	−1.008⁻（−2.369）	−1.199*（−3.304）
Price	0.211（0.667）	−1.113*（−4.127）	−1.078*（−4.526）	−0.650*（−3.115）
Picture	是	是	是	是
Detail	是	是	是	是
Similar	是	是	是	是
Qnum	是	是	是	是
观测值	208	208	208	208
R^2	0.270	0.354	0.302	0.415
Chow 检验	$p = 0.007$**		$p = 0.585$	

−表示显著性水平小于 0.10，*表示显著性水平小于 0.05，**表示显著性水平小于 0.01

为了检验产品评分在沉浸式交互体验与评论文本主题关系中的调节作用，我们根据所有产品的平均评分将产品分为高评分组和低评分组，并进行分组回归分析。从表 10.7 中可以看出，沉浸式交互体验在两组产品中均对评论文本中的水平属性主题权重产生了显著的正向影响（$p<0.10$），同时也通过了 Chow 检验（$p<0.05$），$H_{10.3b}$得到支持，因此产品评分调节了沉浸式交互体验对评论文本中水平属性主题权重的影响。然而，在沉浸式交互体验与评论文本中垂直属性主题权重的回归分析中，沉浸式交互体验在两组产品中均没有显著性影响，因此产品评分并不会调节沉浸式交互体验对评论文本中垂直属性主题权重的影响，$H_{10.4b}$未得到支持。

表10.7 产品评分的调节效应

变量	水平属性		垂直属性	
	低评分	高评分	低评分	高评分
常数项	4.082⁻（1.974）	8.594⁻（2.072）	3.791⁻（2.031）	6.647*（2.819）
AR	0.497（1.787）	0.549⁻（1.761）	−0.261（−1.040）	−0.237（−1.340）
Popular	−0.271（−1.559）	−0.247（−1.314）	0.216（1.379）	0.172（1.610）
Price	0.316（1.194）	−1.143*（−2.937）	−0.484⁻（−2.024）	−0.672*（−3.039）
Picture	是	是	是	是

变量	水平属性		垂直属性	
	低评分	高评分	低评分	高评分
Detail	是	是	是	是
Similar	是	是	是	是
Qnum	是	是	是	是
观测值	208	208	208	208
R^2	0.266	0.367	0.291	0.323
Chow 检验	$p = 0.015^*$		$p = 0.216$	

−表示显著性水平小于 0.10，*表示显著性水平小于 0.05

为了检验产品价格的调节作用，我们根据所有产品的平均价格将产品划分为高价组和低价组，并进行分组回归分析。从表 10.8 可以看出，沉浸式交互体验在高价组中对评论文本中的水平属性主题权重有显著的正向影响（0.554，$p<0.05$），而在低价组中，沉浸式交互体验对水平属性主题权重没有显著影响（0.492，$p>0.10$），同时也通过了 Chow 检验，$H_{10.3c}$ 得到支持，因此产品价格调节了沉浸式交互体验对评论文本中水平属性主题权重的影响。然而，在沉浸式交互体验与评论文本中垂直属性主题权重的回归分析中，沉浸式交互体验在两组产品中均没有显著性影响，因此产品价格并不会调节沉浸式交互体验对评论文本中垂直属性主题权重的影响，$H_{10.4c}$ 未得到支持。

表10.8　产品价格的调节效应

变量	水平属性		垂直属性	
	低价	高价	低价	高价
常数项	−4.798（−1.503）	5.268^*（2.228）	8.215^*（3.329）	3.755^*（1.978）
AR	0.492（1.416）	0.554^*（2.397）	−0.228（−0.850）	−0.270（−1.453）
Popular	−0.212（−0.962）	$−0.359^*$（−2.793）	0.413（2.420）	0.157（1.524）
Rating	2.480^*（4.395）	−0.171（−0.373）	$−1.567^*$（−3.594）	$−0.844^*$（−2.298）
Picture	是	是	是	是
Detail	是	是	是	是
Similar	是	是	是	是
Qnum	是	是	是	是
观测值	208	208	208	208
R^2	0.266	0.341	0.212	0.361
Chow 检验	$p = 0^{**}$		$p = 0.119$	

*表示显著性水平小于 0.05，**表示显著性水平小于 0.01

10.5.3　鲁棒性分析

我们进行了三个额外的鲁棒性分析，以进一步检查结果的可靠性。Novemsky 等（2018）提出消费者对特定选择的想法会随着时间的推移而变化，从而导致表达偏好的变化。我们使用 AR 技术被引入前两年的数据扩展了分析的时间窗口，结果（表 10.9）表明从 2017 年（before2）到 2018 年（before1），评论文本中各类属性的主题权重并没有发生显著变化（$p > 0.1$）。结合之前的分析结果，我们可以知道 AR 技术应用之后评论文本中各类属性的主题权重发生了显著的变化。我们严格控制产品和时间间隔的分析结果说明，沉浸式交互体验确实影响着评论中各属性的主题权重。

表10.9　基于时间的鲁棒性检验

属性	before1	before2	差值	t 值	自由度	p 值
颜色	3.39	3.41	−0.02	−0.111	207	0.911
效果	4.77	4.93	−0.16	−1.137	207	0.257
气味	3.22	3.00	0.22	1.495	207	0.136
包装	2.90	3.02	−0.12	−0.677	207	0.499
水平属性	3.57	3.59	−0.02	−0.245	207	0.807
质地	3.81	3.99	−0.18	−1.454	207	0.148
持久性	2.17	2.04	0.13	1.290	207	0.199
价格	3.48	3.55	−0.08	−0.696	207	0.487
规格	0.98	1.28	−0.29	−0.879	207	0.380
垂直属性	2.61	2.72	−0.11	−1.236	207	0.218

我们也从消费者层面分析了结果稳健性，随着 AR 技术在网络零售中与消费者接触点的增加（Fan et al.，2020），该平台可能会吸引一些喜欢尝试新技术的消费者（Kim and Forsythe，2008），这可能会改变其原有的消费群体结构。因此，为了尽可能消除消费者结构变化的影响，我们只从数据中选取活跃消费者的样本进行分析，消费者在引入 AR 技术之前和之后均发表了在线评论。从表 10.10 我们可以看出，结果仍然与前面的分析一致，即与引入 AR 技术之前相比，引入 AR 技术之后所带来的沉浸式交互体验使得评论文本中整体的水平属性主题权重增加（$M_{\text{beforeH}} = 3.47$，$M_{\text{afterH}} = 3.91$，$p < 0.05$），垂直属性主题权重减少（$M_{\text{beforeV}} = 1.95$，$M_{\text{afterV}} = 1.58$，$p < 0.1$）。此外，基于用户级别的线性回归结果也证实了沉浸式交互体验与评论文本中水平属性主题权重的关系（$p < 0.05$）。

表10.10　基于消费者的鲁棒性检验

属性	after	before	差值	t 值	自由度	p 值
颜色	2.19	1.78	0.41	1.844	3 239	0.065⁻
效果	8.08	7.90	0.18	0.297	3 239	0.766
气味	2.81	2.28	0.53	2.119	3 239	0.034*
包装	2.54	1.92	0.62	2.638	3 239	0.008**
水平属性	3.91	3.47	0.44	2.477	3 239	0.013*
质地	1.29	1.87	−0.58	−2.845	3 239	0.004**
持久性	1.59	1.44	0.15	0.806	3 239	0.42
价格	2.93	3.88	−0.95	−3.239	3 239	0.001**
规格	0.51	0.60	−0.09	−0.991	3 239	0.322
垂直属性	1.58	1.95	−0.37	−1.453	3 239	0.073⁻

−表示显著性水平小于 0.10，*表示显著性水平小于 0.05，**表示显著性水平小于 0.01

　　我们通过使用 PSM[①]-DID 框架对沉浸式交互体验与评论文本中属性主题权重的因果关系进行了实证评估，该方法主要包括 PSM 和 DID 分析两个任务，可以分别有效地解决样本选择偏差和内生性问题（石大千等，2018）。PSM 主要是将多维协变量转化为倾向得分（PScore）来构建匹配集，使匹配的数据在实验组和对照组中具有相同的协变量分布（Wang et al.，2018b），我们的需求是在引入 AR 技术之前识别出具有相似的可观察特征的产品对。具体来说，我们选择可能影响消费者行为决策的协变量（Price，Picture，Detail，Similar，Qnum，Rating，Popularity），以先前的 AR 组和非 AR 组产品 2017~2018 年的数据，通过是否引入 AR 技术的虚拟变量对协变量进行 Logit 回归得到 PScore。随后，我们使用半径匹配的方法将两组产品进行一对一匹配，最终成功匹配到 AR 组（处理组）共 149 个产品和非 AR 组（对照组）共 73 个产品。

　　考虑到匹配质量直接影响最终的估计结果，理想的匹配需要同时满足平衡假设和共同支持条件（王晓红和胡士磊，2022），前者要求匹配后两组的协变量是平衡的，即不存在显著差异，我们使用 t 检验来验证每组之间匹配变量的差异，表10.11 的结果表明标准化偏差的绝对值小于 20%，AR 组和非 AR 组在匹配变量方面没有显著差异。后者需要 PScore 的分布尽可能接近，因此我们绘制了匹配前后 AR 组和非 AR 组的核密度图，从图 10.3 和图 10.4 可以看出 PScore 在匹配前的概率分布存在显著差异，但匹配后则变得非常接近，说明两组产品之间的差异已经明显缩小且匹配效果好。总之，匹配结果支持平衡假设和共同支持条件。

---

① PSM：propensity score matching，倾向得分匹配。

表10.11　平衡性假设检验

变量	匹配	实验组（AR 组）	对照组（非 AR 组）	SD	SD 下降百分比	t 值	p 值
Picture	before	3.365	2.368	56.08%	81.19%	6.671	0**
	after	3.299	3.118	10.55%		1.020	0.308
Detail	before	4.37	3.976	49.17%	68.44%	6.171	0**
	after	4.337	4.219	15.52%		1.501	0.134
Price	before	2.859	2.707	21.63%	95.20%	2.545	0.011*
	after	2.840	2.848	−1.04%		−0.100	0.920
Similar	before	9.178	10.427	−46.87%	77.10%	−5.333	0**
	after	9.326	9.631	−10.74%		−1.038	0.300
Qnum	before	3.349	1.903	70.25%	97.27%	7.935	0**
	after	3.202	3.161	1.92%		0.186	0.853
Rating	before	4.253	4.241	3.65%	21.12%	0.441	0.659
	after	4.244	4.253	−2.88%		−0.278	0.781
Popular	before	7.074	6.148	90.62%	88.46%	10.877	0**
	after	7.018	7.126	−10.46%		−1.012	0.312

*表示显著性水平小于 0.05，**表示显著性水平小于 0.01

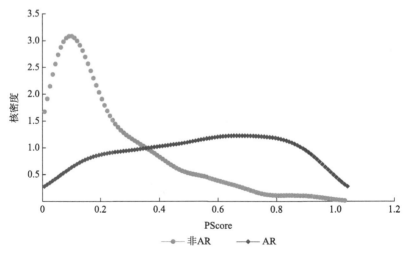

图 10.3　数据匹配前的核密度图

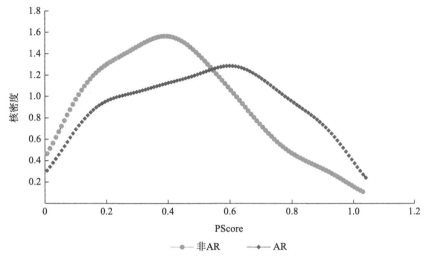

图 10.4　数据匹配后的核密度图

DID 通过将对照组的实际未处理结果变化作为实验组未处理结果变化的反事实，来验证变量间的因果关系，已经被广泛应用于自然实验分析（黄炜等，2022）。我们通过 DID 模型再次检验沉浸式交互体验对评论文本中属性主题权重的影响，以一个月为时间单位在匹配数据集的基础上构建面板数据集，将每个月的观测数据定义为原始数据的月平均值，我们用来估计的 DID 模型如下：

$$A_{it} = \beta_0 + \beta_1 \mathrm{ART}_i \times \mathrm{Time}_{it} + \beta \boldsymbol{X}_{it} + \alpha_i + \delta_t + \varepsilon_{it}$$

其中，A_{it} 代表第 t 月产生的在线评论中垂直属性或水平属性的主题权重；ART_i 代表一个分组变量，当产品 i 属于 AR 组时，ART_i 的值等于 1，否则等于 0；Time_{it} 代表表征处理阶段的虚拟变量，如果观察数据是在引入 AR 技术之后的阶段，则 Time_{it} 的值等于 1，否则等于 0；通过研究交互项 $\mathrm{ART}_i \times \mathrm{Time}_{it}$ 对被解释变量的影响，我们便可以了解其中的因果关系是否存在，系数 β_1 实际上反映了沉浸式交互体验对属性主题权重的平均处理效果；α_i 代表产品的固定效应；δ_t 捕获了月份的固定效应，指的是影响属性主题权重的特定时间效应（Pamuru et al.，2021）；$\boldsymbol{X}_{it}$ 代表一个包含之前提出的控制变量的向量；ε_{it} 代表用于修正模型的误差项。由于 ART_i 和 Time_{it} 两个变量的作用可以整合到产品和月份的固定效应中，对它们直接从模型中进行了省略（Yu et al.，2022）。最终，我们以评论文本中水平属性的主题权重和垂直属性的主题权重作为因变量来估计 DID 模型，表 10.12 给出了实验的结果。我们可以发现，DID 模型的结果与以往的研究还是一致的，与非 AR 组产品相比，AR 组产品被观察到在提供沉浸式交互体验之后，评论文本中的水平属性主题权重显著提高（$p<0.01$），而垂直属性主题权重显著降低（$p<0.05$）。因此，沉浸式交互体验与评论文本中属性主题权重的因果关系确实存在。

表10.12　基于DID的鲁棒性检验

变量	主题权重	
	水平属性	垂直属性
ART × Time	0.600^{**} （2.760）	-0.677^{*} （-2.907）
Popular	0.043 （0.688）	0.244^{*} （3.625）
Rating	1.538^{*} （8.899）	1.043^{*} （5.668）
Price	-0.988^{*} （-9.984）	-1.021^{*} （-9.547）
常数项	0.005 （0.006）	4.201^{*} （4.743）
Picture	是	是
Detail	是	是
Similar	是	是
Qnum	是	是
观测值	4 440	4 440
R^2	0.102	0.257
F，p 值	$F(10, 4\,429) = 37.009$, $p=0^{**}$	$F(10, 4\,429) = 43.814$, $p=0^{**}$

*表示显著性水平小于 0.05，**表示显著性水平小于 0.01

10.6　结论与展望

10.6.1　研究结论

在本章研究中我们探讨了沉浸式交互体验对评论文本中主题权重的影响及产品特性的调节作用。首先，实验结果说明 AR 技术所带来的沉浸式交互体验使人们更加关注水平属性而不是垂直属性，评论文本中水平属性的主题权重提高而垂直属性的主题权重降低。这可能是因为 AR 技术特别适合帮助消费者评估各种颜色、款式或其他类似的水平属性内容（Berman and Pollack，2021），而这些内容在美妆产品的选择中占据着重要地位。沉浸式交互体验让消费者在购物过程中更贴近他们的个人喜好（Gallino and Moreno，2018），同时也降低他们对价格等其他垂直属性因素的敏感度，这意味着在在线零售中，沉浸式交互体验将在评估水平属性方面发挥更重要的作用，而不是在垂直属性方面。

我们发现产品流行度调节了沉浸式交互体验对评论文本中水平属性主题权重的影响。具体来说，在引入沉浸式交互体验之后，低流行度产品的在线评论比高流行度产品的在线评论具有更高的水平属性主题权重，表明沉浸式交互体验在评价信息相对有限的低流行度产品的决策中似乎发挥了更大的作用，消费者可以通过沉浸式交互体验获得更多的产品信息和了解自己的兴趣。然而，产品流行度对沉浸式交互体验与评论文本中垂直属性主题权重之间的关系没有显著的调节作用，这可能是因为 AR 技术在呈现垂直属性信息方面没有太大优势，以至于人们对不同流行度产品的垂直属性的关注度差异不大。

我们分析了产品评分的调节作用。结果表明在高评分产品决策中，沉浸式交互体验对评论文本中水平属性主题权重的影响更大，这可能是因为评分高的产品代表了足够的质量保证，消费者还需要获取额外的与个人品位相关的信息，因此沉浸式交互体验对评论中水平属性内容的影响更强。对于评分低的产品，消费者会花费更少的精力去评价产品，因为它的质量已经不能满足消费者的期望，与评分较高的产品相比，他们会较少关注水平属性。同样，产品评分对沉浸式交互体验与评论文本中垂直属性主题权重之间的关系没有显著的调节作用，这可能是因为无论产品的评价如何，消费者都不太关注垂直属性，使得 AR 技术引入前后的评论中垂直属性主题权重的差异不明显。因此，沉浸式交互体验对于高评分产品应该更有意义。

我们的结果还表明，产品价格对沉浸式交互体验与评论文本中水平属性主题权重的关系具有显著的调节作用。与低价产品相比，沉浸式交互体验可以大大提升消费者评论中对高价产品水平属性的关注度，这可能是因为人们在网上购买高价产品时更加谨慎，沉浸式交互体验使消费者有更多的资源来评估与他们的偏好相关的信息，这为消费者提供了一个减少匹配不确定性的机会。同时，价格对沉浸式交互体验与评论文本中垂直属性主题权重之间的关系没有显著的调节作用，这也可能是由于无论价格高低，消费者对垂直属性信息的需求都相对较低，消费者评论中对不同价格产品的垂直属性关注度差异不大。

10.6.2　理论贡献

从理论角度来看，现有研究主要从平台、品牌和产品等方面考察沉浸式交互体验对消费者的影响，如沉浸式交互体验对消费者的平台惠顾意愿（Bonnin，2020）、品牌忠诚度（Huang，2019）和购买意愿的影响（Verhagen et al.，2014）。尽管这些研究对沉浸式交互体验在网络零售中的作用提出了不同的看法，但都是关于购买决策过程中整体消费者行为的变化，我们的研究则侧重于从产品属性的角度来检查沉浸式交互体验对评论文本中各属性主题权重的影响，因为消费者不仅仅是在购买产品，而是购买产品的大量属性（Liu and Karahanna，2017）。因此，本书的研究从更细粒度的视角补充了沉浸式交互体验对消费者反应与购买后评论影响的相关文献。

一方面，我们的研究可以拓展当前关于 AR 技术与沉浸式交互体验在网络零售中的理论发现，让我们对消费者的购物过程有更深入的了解。另一方面，随着建设性偏好概念的广泛传播（Amir and Levav，2008），探索不同情境下消费者偏好特征已成为一种趋势，目前的研究为发现消费者在沉浸式交互体验下的属性偏好特征提供了一个良好的开端。同时，与以往基于实验室实验的研究不同，我们使用信息更丰富的在线评论，通过文本挖掘来量化沉浸式交互体验的影响，这将为方法路径上的实证研究提供新的参考。

10.6.3　实践启示

沉浸式交互体验与评论文本中主题权重之间的关系，将为 AR 技术在在线零售中的发展和部署提供更多的见解。这些见解非常重要，因为 AR 技术的投资成本相对昂贵，而 AR 技术的作用可能会影响企业的长期业绩（Tan et al.，2021）。对于在线零售商而言，我们的研究结果可以帮助他们制定适当的政策来管理他们与 AR 技术提供商的合作关系。我们发现，引入 AR 技术后，其所带来的沉浸式交互体验使得评论文本中与水平属性相关的内容更多，说明消费者更加关注水平属性而放松了对垂直属性的评估。因此，如果产品的水平属性占优势，那么为产品提供基于 AR 技术的展示形式，并与 AR 技术提供商保持长期合作关系，无疑是一个明智的选择，这将有助于减少消费者的在线购物焦虑或匹配不确定性，并提高他们的购买意愿和满意度。此外，我们的研究发现面对各种产品特性，沉浸式交互体验对评论文本中各属性主题权重的影响是不同的，AR 技术可能更适合价格较高、评分较高、流行度较低的产品，因此在线零售商应考虑产品特性和 AR 技术功能的契合度，在平台中合理部署 AR 技术而不是盲目跟风。

对于 AR 技术供应商，我们的研究将指导他们如何开发更适合在线零售的 AR 技术应用程序。首先，AR 技术可以增强消费者对水平属性的关注程度，而水平属性通常与个人品位密切相关，因此有必要展示更多水平属性的个性化信息。其次，虽然消费者不太关心垂直属性，但在整个购物过程中它们仍然是必不可少的，因此 AR 技术供应商可能需要考虑如何更好地将 AR 技术展示与页面展示结合起来，为消费者提供更多的便利。最后，必须确保 AR 技术显示内容的质量，创造更真实的在线体验（Smink et al.，2020），否则消费者较高的属性关注度将会导致较低的满意度。

10.6.4　研究局限及展望

与大多数实证研究一样，本章研究也具有一定的局限性。

第一，尽管我们提供了沉浸式交互体验对评论文本中主题权重影响的证据，但研究结论是否可以扩展到其他类型的产品还有待观察。我们只讨论了相同类型产品内部特性的调节作用，现有研究表明产品类型在其他领域也发挥着重要作用，然而产品类型对沉浸式交互体验与评论文本中主题权重关系的影响仍然未知。

第二，由于数据的限制，我们的模型估计是保守的。尽管我们在分析中尽可能地控制了某些变量，但在线零售环境是动态的，仍有一些因素可能影响最终结果，如果将来这些变量可用，则可以重新评估已构建的模型以检查沉浸式交互体验对在线零售的影响。

第三，沉浸式交互体验对评论文本中主题权重影响的机制尚不明确。未来，我们可以通过整合其他实验进一步探索其中的机理，进而丰富理论模型。例如，在我们的研究中，沉浸式交互体验只是一个二分变量，它代表了一个产品是否可以提供沉浸式交互体验，这使得我们的研究结果比较一般化。未来可以通过其他方法来细化沉浸式交互体验变量，如将其细化为一些可测量的特征，然后探索它的哪些特征具体影响了消费者的哪些行为。同时，我们的研究只分析了沉浸式交互体验的短期效应，检验其长期动态效应将是一个很好的方向，从而验证沉浸式交互体验在网络零售中的有效性。

本 章 小 结

本章研究了沉浸式交互系统对在线评论主题的影响。研究发现，沉浸式交互系统能够提高评论文本中水平属性的主题权重，降低垂直属性的主题权重。此外，价格、评分和流行度等产品特性也会影响效果大小。具体而言，沉浸式交互体验对低流行度、高价格、高评分产品的作用更强，促使消费者在评价这些产品时更加关注水平属性。

参 考 文 献

曹柠梦，孙炳海，朱文博，等. 2022. 产品销量和推荐数对网络消费决策的影响：价格的调节效应. 心理学探新，42（1）：91-96.

高成，朱虹，乔均. 2021. 计算更多或感觉独特：决策基础对产品属性可比偏好的调节作用. 管理评论，33（7）：203-215.

黄敏学，胡秀，郑仕勇. 2018. 广告中产品信息呈现越精确越好吗——可接近性-可诊断性视角. 营销科学学报，14（Z1）：151-169.

黄炜，张子尧，刘安然. 2022. 从双重差分法到事件研究法. 产业经济评论，（2）：17-36.

李倩倩，陆晓杰. 2017. 偏好逆转现象：决策问题态度和行为预测的考量. 预测，36（2）：75-80.

廖俊云，黄敏学. 2016. 基于酒店销售的在线产品评论、品牌与产品销量实证研究. 管理学报，13（1）：122-130.

石大千，丁海，卫平，等. 2018. 智慧城市建设能否降低环境污染. 中国工业经济，（6）：117-135.

王家宝，武友成，王全丽，等. 2021. 电商主播属性、消费者信任与购买意愿关系研究——基于商品价格和电商平台声誉的调节作用. 价格理论与实践，（12）：151-154.

王晓红，胡士磊. 2022. 校企合作提升了制造业企业的技术创新绩效吗？——基于倾向得分匹配方法的实证研究. 技术经济，41（4）：30-43.

徐峰，张新，马良，等. 2020. 在线评论动态性偏差对评论有用性影响研究. 管理学报，17（9）：1383-1390.

赵英男，王欣，王全胜，等. 2020. 默认好评对消费者购买行为的影响. 管理科学，33（4）：137-148.

Adomavicius G，Bockstedt J C，Curley S P，et al. 2013. Do recommender systems manipulate consumer preferences? A study of anchoring effects. Information Systems Research，24（4）：956-975.

Ahani A，Nilashi M，Yadegaridehkordi E，et al. 2019. Revealing customers' satisfaction and preferences through online review analysis：the case of canary islands hotels. Journal of Retailing and Consumer Services，51：331-343.

Amir O，Levav J. 2008. Choice construction versus preference construction：the instability of preferences learned in context. Journal of Marketing Research，45（2）：145-158.

Amron A. 2018. The influence of brand image，brand trust，product quality，and price on the consumer's buying decision of MPV cars. European Scientific Journal，14（13）：228.

Banerjee S，Dellarocas C，Zervas G. 2021. Interacting user-generated content technologies：how questions and answers affect consumer reviews. Journal of Marketing Research，58（4）：742-761.

Bang Y，Lee D J，Han K，et al. 2014. Channel capabilities，product characteristics，and the impacts of mobile channel introduction. Journal of Management Information Systems，30（2）：101-126.

Berman B，Pollack D. 2021. Strategies for the successful implementation of augmented reality. Business Horizons，64（5）：621-630.

Bleier A，Harmeling C M，Palmatier R W. 2018. Creating effective online customer experiences. Journal of Marketing，83（2）：98-119.

Bonetti F，Warnaby G，Quinn L. 2018. Augmented reality and virtual reality in physical and online retailing：a review，synthesis and research agenda. Augmented Reality and Virtual Reality，129（6）：119-132.

Bonnin G. 2020. The roles of perceived risk，attractiveness of the online store and familiarity with AR in the influence of AR on patronage intention. Journal of Retailing and Consumer Services，52：101938.

Brannon Barhorst J，McLean G，Shah E，et al. 2021. Blending the real world and the virtual world：exploring the role of flow in augmented reality experiences. Journal of Business Research，122：423-436.

Carlson K A，Bond S D. 2006. Improving preference assessment：limiting the effect of context through pre-exposure to attribute levels. Management Science，52（3）：410-421.

Chang H H，Hung I W. 2018. Mirror，mirror on the retail wall：self-focused attention promotes reliance on feelings in consumer decisions. Journal of Marketing Research，55（4）：586-599.

Chen P，Hitt L M，Hong Y，et al. 2021. Measuring product type and purchase uncertainty with online product ratings：a theoretical model and empirical application. Information Systems Research，32（4）：1470-1489.

Choi Y K，Taylor C R. 2014. How do 3-dimensional images promote products on the internet? Journal of Business Research，67（10）：2164-2170.

Collins R L，Taylor S E，Wood J V，et al. 1988. The vividness effect：elusive or illusory? Journal of Experimental Social Psychology，24（1）：1-18.

Dieck M C T，Jung T H，Rauschnabel P A. 2018. Determining visitor engagement through augmented reality at science festivals：an experience economy perspective. Computers in Human Behavior，82：44-53.

Dion K，Berscheid E，Walster E. 1972. What is beautiful is good. Journal of Personality and Social Ppsychology，24（3）：285-290.

Dooley L M，Adhikari K，Chambers Iv E. 2009. A general lexicon for sensory analysis of texture and appearance of lip products. Journal of Sensory Studies，24（4）：581-600.

Esch P V，Arli D，Gheshlaghi M H，et al. 2019. Anthropomorphism and augmented reality in the retail environment. Journal of Retailing and Consumer Services，49：35-42.

Fan X，Chai Z，Deng N，et al. 2020. Adoption of augmented reality in online retailing and consumers' product attitude：a cognitive perspective. Journal of Retailing and Consumer Services，53：101986.

Feldman J M，Lynch J G. 1988. Self-generated validity and other effects of measurement on belief，attitude，intention，and behavior. Journal of Applied Psychology，73（3）：421-435.

Fostera B，Johansyahb M D. 2020. The effect of product quality and price on buying interest with risk as intervening variables（study on lazada.com site users）. International Journal of Innovation，

Creativity and Change, 9 (12): 66-78.

Gallino S, Moreno A. 2018. The value of fit information in online retail: evidence from a randomized field experiment. Manufacturing & Service Operations Management, 20 (4): 767-787.

Ghiassaleh A, Kocher B, Czellár S. 2020. Best seller!? Unintended negative consequences of popularity signs on consumer choice behavior. International Journal of Research in Marketing, 37 (4): 805-820.

He Z, Wu L, Li X. 2018. When art meets tech: the role of augmented reality in enhancing museum experiences and purchase intentions. Tourism Management, 68: 127-139.

Hsee C K, Rottenstreich Y. 2004. Music, pandas, and muggers: on the affective psychology of value. Journal of Experimental Psychology General, 133 (1): 23-30.

Hsu C L, Lin J C C. 2015. What drives purchase intention for paid mobile apps? An expectation confirmation model with perceived value. Electronic Commerce Research and Applications, 14 (1): 46-57.

Huang T L. 2019. Psychological mechanisms of brand love and information technology identity in virtual retail environments. Journal of Retailing and Consumer Services, 47: 251-264.

Jagarlamudi J, Daumé H, Udupa R. 2012. Incorporating lexical priors into topic models//Association for Computational Linguistics. Proceedings of the 13th Conference of the European Chapter of the Association for Computational Linguistic: 204-213.

Jang S, Chung J. 2021. What drives add-on sales in mobile games? The role of inter-price relationship and product popularity. Journal of Business Research, 124: 59-68.

Javornik A. 2016. Augmented reality: research agenda for studying the impact of its media characteristics on consumer behaviour. Journal of Retailing and Consumer Services, 30 (4): 252-261.

Javornik A, Marder B, Pizzetti M, et al. 2021. Augmented self-the effects of virtual face augmentation on consumers' self-concept. Journal of Business Research, 130: 170-187.

Keng C J, Liu C C. 2013. Can avatar and self-referencing really increase the effects of online 2-D and 3-D advertising? Computers in Human Behavior, 29 (3): 791-802.

Kim J, Forsythe S. 2008. Adoption of virtual try-on technology for online apparel shopping. Journal of Interactive Marketing, 22 (2): 45-59.

Kim S G, Kang J. 2018. Analyzing the discriminative attributes of products using text mining focused on cosmetic reviews. Information Processing & Management, 54 (6): 938-957.

Kowalczuk P, Siepmann C, Adler J. 2021. Cognitive, affective, and behavioral consumer responses to augmented reality in e-commerce: a comparative study. Journal of Business Research, 124: 357-373.

Kwark Y, Lee G M, Pavlou P A, et al. 2021. On the spillover effects of online product reviews on purchases: evidence from clickstream data. Information Systems Research, 32 (3): 895-913.

Liu Q B, Karahanna E. 2017. The dark side of reviews: the swaying effects of online product reviews on attribute preference construction. MIS Quarterly, 41 (2): 427-448.

Liu X, Su C, Barapatre A, et al. 2021. Interpretable attribute-based action-aware bandits for within-session personalization in e-commerce. IEEE Data Engineering Bulletin, 44（2）: 65-80.

Maiyar L M, Cho S, Tiwari M K, et al. 2018. Optimising online review inspired product attribute classification using the self-learning particle swarm-based Bayesian learning approach. International Journal of Production Research, 57（10）: 3099-3120.

Mankad S, Han H S, Goh J, et al. 2016. Understanding online hotel reviews through automated text analysis. Service Science, 8（2）: 124-138.

Min D J, Cunha M. 2019. The influence of horizontal and vertical product attribute information on decision making under risk: the role of perceived competence. Journal of Business Research, 97: 174-183.

Moen Ø, Havro L J, Bjering E, et al. 2017. Online consumers reviews: examining the moderating effects of product type and product popularity on the review impact on sales. Cogent Business & Management, 4（1）: 1368114.

Narayan V, Rao V R, Saunders C. 2011. How peer influence affects attribute preferences: a Bayesian updating mechanism. Marketing Science, 30（2）: 368-384.

Niu W, Huang L, Chen M. 2021. Spanning from diagnosticity to serendipity: an empirical investigation of consumer responses to product presentation. International Journal of Information Management, 60: 102362.

Novemsky N, Dhar R, Schwarz N, et al. 2018. Preference fluency in choice. Journal of Marketing Research, 44（3）: 347-356.

Pamuru V, Khern-am-nuai W, Kannan K. 2021. The impact of an augmented-reality game on local businesses: a study of pokémon go on restaurants. Information Systems Research, 32（3）: 950-966.

Park M, Yoo J. 2020. Effects of perceived interactivity of augmented reality on consumer responses: a mental imagery perspective. Journal of Retailing and Consumer Services, 52: 101912.

Pense-Lheritier A M. 2015. Recent developments in the sensorial assessment of cosmetic products: a review. International Journal of Cosmetic Science, 37（5）: 465-473.

Pizzi G, Scarpi D, Pichierri M, et al. 2019. Virtual reality, real reactions? Comparing consumers' perceptions and shopping orientation across physical and virtual-reality retail stores. Computers in Human Behavior, 96: 1-12.

Poushneh A, Vasquez-Parraga A Z. 2017. Discernible impact of augmented reality on retail customer's experience, satisfaction and willingness to buy. Journal of Retailing and Consumer Services, 34: 229-234.

Puranam D, Narayan V, Kadiyali V. 2017. The effect of calorie posting regulation on consumer opinion: a flexible latent dirichlet allocation model with informative priors. Marketing Science, 36（5）: 726-746.

Qin H, Osatuyi B, Xu L. 2021a. How mobile augmented reality applications affect continuous use and purchase intentions: a cognition-affect-conation perspective. Journal of Retailing and Consumer Services, 63: 102680.

Qin H, Peak D A, Prybutok V. 2021b. A virtual market in your pocket: how does mobile augmented reality (mar) influence consumer decision making? Journal of Retailing and Consumer Services, 58: 102337.

Rauschnabel P A, Felix R, Hinsch C, et al. 2022. What is XR? Towards a framework for augmented and virtual reality. Computers in Human Behavior, 133: 107289.

Rese A, Baier D, Geyer-Schulz A, et al. 2017. How augmented reality apps are accepted by consumers: a comparative analysis using scales and opinions. Technological Forecasting and Social Change, 124: 306-319.

Röder M, Both A, Hinneburg A. 2015. Exploring the space of topic coherence measures//Association for Computing Machinery. Proceedings of the Eighth ACM International Conference on Web Search and Data Mining: 399-408.

Roggeveen A L, Grewal D, Townsend C, et al. 2015. The impact of dynamic presentation format on consumer preferences for hedonic products and services. Journal of Marketing, 79 (6): 34-49.

Scholz J, Duffy K. 2018. We ARe at home: how augmented reality reshapes mobile marketing and consumer-brand relationships. Journal of Retailing and Consumer Services, 44: 11-23.

Silverstein A. 1968. Readings in attitude theory and measurement. Educational and Psychological Measurement, 28 (3): 957-959.

Simola J, Kuisma J, Kaakinen J K. 2020. Attention, memory and preference for direct and indirect print advertisements. Journal of Business Research, 111: 249-261.

Sleiman K A A, Cai X, Lan J, et al. 2021. Relationship marketing and information technology's impact on customer satisfaction and commitment. Open Journal of Business and Management, 9 (3): 1030-1049.

Smink A R, van Reijmersdal E A, van Noort G, et al. 2020. Shopping in augmented reality: the effects of spatial presence, personalization and intrusiveness on app and brand responses. Journal of Business Research, 118: 474-485.

Smith S P, Johnston R B, Howard S. 2011. Putting yourself in the picture: an evaluation of virtual model technology as an online shopping tool. Information Systems Research, 22 (3): 640-659.

Tan Y C, Chandukala S R, Reddy S K. 2021. Augmented reality in retail and its impact on sales. Journal of Marketing, 86 (1): 48-66.

Toubia O, Iyengar G, Bunnell R, et al. 2018. Extracting features of entertainment products: a guided latent dirichlet allocation approach informed by the psychology of media consumption. Journal of Marketing Research, 56 (1): 18-36.

Verhagen T, Vonkeman C, Feldberg F, et al. 2014. Present it like it is here: creating local presence to improve online product experiences. Computers in Human Behavior, 39: 270-280.

Wan E W, Chen R P, Jin L. 2016. Judging a book by its cover? The effect of anthropomorphism on product attribute processing and consumer preference. Journal of Consumer Research, 43 (6): 1008-1030.

Wang J N, Du J, Chiu Y L, et al. 2018a. Dynamic effects of customer experience levels on durable product satisfaction: price and popularity moderation. Electronic Commerce Research and Applications, 28: 16-29.

Wang M, Chunchen L, Zhi G. 2018b. Statistical approaches for causal inference. Scientia Sinica Mathematica, 48 (12): 1753-1778.

Wang W, Feng Y, Dai W. 2018c. Topic analysis of online reviews for two competitive products using latent dirichlet allocation. Electronic Commerce Research and Applications, 29: 142-156.

Wedel M, Bigné E, Zhang J. 2020. Virtual and augmented reality: advancing research in consumer marketing. International Journal of Research in Marketing, 37 (3): 443-465.

Whang J B, Song J H, Choi B, et al. 2021. The effect of augmented reality on purchase intention of beauty products: the roles of consumers' control. Journal of Business Research, 133 (2): 275-284.

Yang C, Wu L, Tan K, et al. 2021. Online user review analysis for product evaluation and improvement. Journal of Theoretical and Applied Electronic Commerce Research, 16 (5): 1598-1611.

Yu Y, Chen H, Peng C H, et al. 2022. The causal effect of subscription video streaming on DVD sales: evidence from a natural experiment. Decision Support Systems, 157: 113767.

Zhang Y, Wen Y, Hou M. 2021. The effect of attribute alignability on product purchase: the moderating role of product familiarity and self-construal. Frontiers in Psychology, 12: 636922.